인권복지론

박영숙 · 천정환 · 곽효문 · 김정훈 · 김우수 · 김문수
정상규 · 오봉욱 · 윤지현 · 신관우 · 김주연

도서출판 진 영 사

인권복지론

박영숙 · 천정환 · 곽효문 · 김정훈 · 김우수 · 김문수 · 정상규 · 오봉욱 · 윤지현 · 신관우 · 김주연

2014년 9월 16일 초판인쇄
2014년 9월 19일 초판발행
발행인 박 진 영
발행처 도서출판 진영사
인천광역시 부평구 갈산동 16-22번지
전화 : 032)505-4207
팩스 : 032)505-4206
E-mail : 0183734207@hanmail.net
등록 : 122-91-77317

ISBN 978-89-6541-191-8 93300
값 20,000원

서 문

인권복지론은 아직 한국사회에서는 학문적으로 발달되지 않은 학문이다. 인권론과 인권복지론은 관련성은 있으나 성격이 다른 학문의 분야들이다. 인권론이 법학적, 행정학적, 사회학적 성격의 단일 학문적 성격이라면 인권복지론은 사회복지적 성격이 강한 학문이다. 아직 대학에서는 이와 관련된 학문이 발달되어 있지 않으나 앞으로는 많은 발달이 있을 것으로 확신한다. 인권복지의 학문적 발전을 위하여 한국인권사회복지가 오래전에 태동했으며 인권복지학회의 학술지인 인권복지연구에는 많은 논문들이 수록되어 있다. 따라서 본 편저에서는 인권복지연구에 발표된 논문들 중에서 인권사회복지와 관련된 글들을 모아 인권사회복지론으로 편제했음을 밝혀둔다. 따라서 제1장 1은 인권복지 3호에 실린 김주연의 글이며 제1장 2는 인권복지연구 7호에 실린 박영숙의 글이다. 제2장 1은 6호에 실린 정상규의 글이고 제2장 2는 5호에 실린 신관우의 글이다. 제3장 1은 14호에 실린 김정훈의 글이다. 제4장 1은 13호에 실린 곽효문의 글이고 제4장 2는 5호에 실린 김우수의 글이다. 제5장 1은 11호에 실린 박영숙의 글이다. 제6장 1은 14호에 실린 오봉욱의 글이고 제6장 2는 7호에 실린 김문수의 글이다. 제7장은 인권복지연구 14호에 실린 윤지현의 글이다. 제 8장은 천정환 교수가 따로 작성하였다. 아무쪼록 본 편제가 한국인권사회복지에 조그마한 도움이 될 것으로 기대한다.

편저자 일동

차 례

01장 교정과 인권복지

제1절 인권과 교정복지

Ⅰ. 서론

1. 범죄문제의 심각성

오늘날의 각 나라들은 그 어느 때보다도 다양한 사회문제들로 고민하고 있다. 실업문제, 인구의 노령화, 생태계파괴와 환경오염, 가족해체, 빈곤과 식량부족, 범죄문제, 인종차별, 자원의 고갈, 인간성의 상실 등 그 문제들을 다 나열하기조차 매우 곤란하다. 그러나 이러한 사회문제가 국제적으로나 국내적으로 언급될 때마다 문제의 심각성이 충분히 인정되고 있지 않는 부분이 바로 범죄문제이다. 그렇게 생각되는 이유 가운데 하나는 인간사회가 복합적인 인간관계(human relations)로 섬유조직(fabric)처럼 엮여져, 각 개인은 이들 관계 속에서 자아현실을 이루고자 하지만, 범죄는 이와 같은 사회 구성원의 삶의 목표를 원천적으로 봉쇄하기 때문이다. 뿐만 아니라 범죄는 사회 속에 존재하는 암세포와 같아서 무서운 파괴력을 발휘하고 한 번 발생하면 범죄 그 자체와 그로 인한 결과(consequences)를 완전히 제거하기가 매우 곤란하기 때문이다.

이와 같이 범죄문제는 새로운 세기로 이어진 국제적인 당면과제가 되었다. 이는 양적인 증가뿐 아니라 질적 측면을 고려할 때 이 문제의 심각성을 깨닫게 된다. 우리나라도 예외일 수 없으며, 지난 30년 동안 우리나라의 범죄발생건수를 가지고 그래프를 그리면 45도에 가까운 상승곡선을 그린다(법무부, 1998:28-29). 우리나라의 범죄발생건수의 추이를 보면 1979년부터 10년 사이에 약 2배로 증가하였으며 재범자와 누범자에 의한 범죄비율은 전체 범죄건수의 약 43.2%에 이르고,

그 가운데 재범 2회 이상이 64.5%이며, 5회 이상도 20%에 이르고 있다. 지난 5년간의 소년범죄를 보면 1993년 이후 지속적으로 증가추세를 보이고 있다.

1997년에는 1993년에 비하여 48.4%가 증가하여 전체 범죄증가율 21.8%보다 2배 이상의 높은 증가를 보이고 있다(문화관광부, 1998:430). 물론 내용면에서도 흉악화, 저연령화, 집단화되고 있다. 이는 교정을 통하여 범죄자가 결국에 가서는 사회에 복귀하고 사회와 통합을 시키고자 하는 우리나라 행형의 일차적 목적(조준현, 1991:1)을 이루지 못하고 있는 근거라고 할 수 있다. 더군다나 우리 사회의 범인성 환경이 증대되어 범죄를 유발하거나 조장하는 등 범죄의 발생을 용이하게 할 것이다. 특히 범죄는 통계수치 그 자체가 의미하는 것보다 훨씬 큰 영향을 미치고 있다. 피해자와 그 가족은 물론이고 지역사회의 크나큰 악영향을 미치며 사회 구성원의 삶의 공동체를 파괴하고 삶의 질에 극약과 같은 것이기 때문에 비행과 범죄에 대한 사회의 지대한 관심이 절실하다.

그럼에도 불구하고 범죄가 우리 사회에서는 당면한 문제가 아닌 것처럼 인식하는 경향이 없지 않다. 현재 전국 교정시설에 수용된 재소자 수만 하더라도 최대 수용인원을 55,000명으로 볼 때 이미 그 한계를 넘어섰고, 교정시설의 과잉수용 문제가 이미 다가왔다. 이 과잉수용의 문제는 재소자에 미치는 부정적인 영향은 물론이거니와 제 아무리 완벽한 제도와 교육훈련된 요원을 공급한다 하더라도 '교정'의 실효를 거둘 수 없도록 만든다.

교정시설의 수용인원 악화현상을 보면, 미국의 경우 1970년대 초에 비해 오늘날의 성인교도소 인구는 3배로 증가하였고, 1980년에대만 하더라도 168%까지 나타났다(Mika, 1995:119). 우리의 개념으로 천문학적인 교정비용을 쓰고 이러한 결과를 낳고 있는 것이다.

몇 년 전 미국의 연구 결과에 따르면, 당시의 범죄증가 추세를 보아 21세기 초에는 1990년대 초 전체 주정부와 연방정부의 교도소 인구의 2배에 이른다는 것이다(Mika, 1995:68). 미국을 비롯한 선진국들이 낳은 국가재정과 노력을 투자 했음에도 불구하고 오히려 범죄문제는 심각해지고 있기 때문에, 현재의 형사사법체계와 사법정책을 그대로 유지 할 수도 또한 유지하지 않을 수도 없는 딜레마에 빠져 있다.

범죄사건은 우리에게 경제적, 물리적 또는 경우에 따라 신체적 해를 입힌다. 그로인한 해가 적을지라도, 실제로 받은 정신적 또는 심리적인 영향은 그것을 측정할 수 없을 정도로 클 수 있다. 범죄가 발생하면 지역주민 사이에 두려움과 공포감이 생기고 모든 사람들이 주변의 사람들을 의심하게 된다. 지역공동체의 상호신뢰하는 관계가 파괴된다. 뿐만 아니라 범죄사건이 범죄피해자와 그의 가족, 지역사회에 주는 영향은 경우에 따라서는 엄청난 혼돈과 고통에 처하게 만든다. 그리하여 하나의 범법행위가 개인의 존엄과 사회 전체의 응집력을 산산조각 내기에 충분하다(Peanuy, 1994). 이는 범죄가 일어나기 전에는 범죄피해자 개인의 세계가 질서 있고 평온하며 모든 것들이 신뢰되었지만 범죄사건이 있는 후 피해자의 상황은 판이하게 달라진다. 범죄피해자는 범죄로 인한 피해와 관련하여 그 자신과 다른 사람들을 비난하게 되고, 그가 잃은 자신의 온전함(wholenesszehr, 1990:25)을 회복할 수 없다. 결국 이러한 범죄피해자가 늘어나고 있다는 것을 주의 깊게 생각하여 보면 오늘날 우리 사회가 겪고 있는 아픔과 상처야말로 대단한 것이다.

정부가 더 많은 재정을 투자하여 더 많은 수용시설을 지어 범죄자를 구금하고 재소자를 위해 더 투자한다면 범죄자가 감소되어야 하겠지만, 현실을 보면 우리의 바람과는 정반대 현상이 일어나고 있다. 현실의 상황을 냉정히 볼 때, 교도소에 막대한 비용을 투자하여 교정효과가 없음(Quinlan. 1995 : Crawford etal, 1990:4)에도 불구하고 과거 어느 때보다도 교도소에 의존하고 있는 것이 대부분 국가들의 실정이다. 예를 들어, 미국 사회의 경우에도 향후 10년간 청소년 범죄가 놀라울 정도로 급증하리라고 예상하고 있는데(Colson, 1995:3) 이들에 대해 어떻게 대응해야 할지는 큰 도전이지 않을 수 없다.

2. 사회 환경의 악화와 청소년 비행

최근 우리나라 부부의 이혼은 매년 증가하여 1970년도 초에는 1만 4천 건에서 1997녀에는 9만 3천건으로 크게 증가하였다(문화관광부, 1999;25). 이와 같이 증가하는 우리나라 가정의 이혼율은 분열되는 가정 자체가 큰 문제인 것은 물론이고, 그 가정의 청소년 자녀에게 미치는 영향은 이루 말할 수 없다. 또한 경제의 급속한 발전과 개방화에 편승하여 향락퇴폐업소 및 폭력, 음란성 매체 증가, 황금만능주의 팽배 등 일반사회적인 만연함에 따라, 특히 청소년의 경우 그 문제가 심각해지고 있다. 청소년 가출, 약물남용, 성폭행, 청소년 윤락, 청소년 폭력, 미성년자 고용 등 청소년 문제가 심각한 사회적 현안문제로 대두되게 되었다(문화관광부,1998:373)

청소년범죄의 성격을 보면, 재범률이 1993년 이후 매년 증가되고 있고, 전과의 경험이 있는 경우가 1997년의 경우 전체 26%에 이르고 있다. 특히 이들의 가족관계에서는 실부모가 있는 소년들이 77.9%로 가장 많으며, 범행동기에서는 별다른 이유 없이 우발적으로 저지르는 경우가 전체 21.9%이어서, 유흥비 충당 등 이욕(利慾)범행 14%보다 훨씬 높은 것으로 보인다. 결국 청소년범죄가 결손가족에서 빈곤과 생존의 기본적 욕구를 위해 일어나던 과거와는 달리 이제는 실부모가 있는 가정에서, 필요한 욕구의 충족을 위해서라기보다는 자신들의 쾌감을 추구하려는 경향이 있고, 별다른 이유 없이 범행이 이루어지는 경향이 강해지고 있다.

특히, 청소년 범죄의 증가 원인을 다음과 같이 몇 가지를 들 수 있는데, 이들은 청소년에 대한 사회 환경의 영향을 다소나마 짐작할 수 있게 해준다.

전반적으로 과거에 비하여 우리의 생활수준이 향상된 것은 사실이다. 그렇다면, 청소년들이 지니는 문제가 줄어드는 것이 당연하지만, 현실은 그렇지 못하고 오히려 악화일로에 있다는 것이 전체적인 경험이다. 더구나 이러한 청소년의 경향이 긍정적으로 예측되기보다는 그 반대적인 요인이 강하게 나타나고 있다. 그렇게 생각할 수 있는 주요 요인들을 살펴보면 다음과 같다.

첫째, 우리 사회는 지난 10여 년 동안, 그 중에서도 지난 몇 년 간 예전에는 상상하기 힘들었던 급속한 사회변화를 체험하고 있다. 산업화 사회에서 정보화 사회로의 변화는 세계 각국이 추구하는 방향이기도 하고 그렇다고 다른 선택이 있는 것도 아니다. 이러한 급변하는 사회의 흐름 속에서 기존의 전통과 가치와 새로운 가치관의 차이에서 오는 세대 간의 갈등이 발생하고 우리 사회의 전체적인 혼돈상태를 야기 시키고 있다고 볼 수 있다. 정보화 또는 세계화로 인하여 외부로부터 유입된 여러 가지가치와 생활방식은 청소년들에게 혼돈을 가중시키는 요인이 될 수 있다. 이들은 단시일 내에 청소년들에게 새로운 변화와 적응을 요구하는 결과가 되지만, 다원화된 사회에서 다양한 생활방식과 가치관에 익숙하지 않은 우리 사회는 결코 용이한 일이 아니다. 그렇기 때문에 사회에서 요구되는 정보와 지식의 획득을 위한 경쟁 속에서 뒤떨어지는 사람들이 겪는 새로운 소외현상이 발생되고 때로는 자포자기로 이어져 비인간적인 흉악한 범죄를 저지르는 경우도 있다.

둘째, 우리 사회의 급격한 변화 속에서 전 생에 가운데 그 어느 때보다도 예민한 청소년들은 사회변화의 긍정적 영향보다는 부정적 영향에 쉽게 노출되는 현상이 있다. 물론 그들은 다른 연령층에 비하여 심리적· 정신적으로 쉽게 상처 받을 수 있지만(vulneralble), 이들은 보호하거나 지원할 만한 별다른 사회적 제도나 장치나 마비하여 유흥환경, 음란성 매체, 그리고 불건전한 성인성 가치관에 영향을 받게 된다. 다시 말해서, 여러 가지 반사회적인 환경요인에 자극을 받아 청소년들은 가출과 약물남용, 성폭행과 유흥업소 출입, 각종 폭력행위, 그리고 기타 비행과 범죄 등 사회문제의 제공자로 낙인 되기도 한다.

셋째, 여러 가지 이유로 인하여 청소년들을 공동체의식이 과거 어느 때보다도 부족하다. 이들이 생활하는 사회나 학교에서도 마찬가지이다. 이는 최근 우리사회의 전반적인 급격한 변화로 인한 것이기도 하겠지만, 가족생활이 안정되지 못하고 부부간의 불화로 인한 불완전한 부모기능에 연유할 수 있다. 특히 가정에 관한 전통적 윤리의식의 변화, 핵가족화에 의한 역기능 증가, 여성의 사회활동 증가 등으로 인한 부부간의 갈등과 가정의 불화로 이혼의 경향이 급속히 높아지고 있고 전통적으로 가족 내의 문제는 가족 내에서 스스로 해결하려고 하던 것과는 달리 국가적 또는 법정과 같은 공공 기체(formal mechanism)를 통하여 문제를 해결하려고 하는 것도 최근 두드러지게 나타나는 현상이다. 그렇기 때문에 이처럼 공적인 문제해결 기제를 통하여 부부간의 문제가 외형적으로는 해결되는 경우일지라도 문제에 관여된 당사자들이나 자년들의 심리적, 정신적인 갈등은 여전히 남아 있게 된다. 대부분의 경우 가정의 지속되는 갈등 속에서 청소년들은 필요한 애정과 관심의 대상이 되지 못하고 아픔과 상처를 경험하게 되는 피해자가 되는 경우가 상당하다.

넷째, 청소년들의 대부분이 학생 신분인데 바로 학생들에 의한 범죄나 비행이 상당부분을 차지하고 있다는 점이다. 최근 5년간만 보더라도 학생에 의한 범죄는 급격하게 증가되어 그 증가율이 우리나라 전체 범죄 및 소년범죄의 증가율을 능가하고 있고, 소년범죄 가운데 학생에 의한 범죄가 차지하는 비율 역시 계속 증가 추세에 있다.

〈표 1〉 학생범죄의 연도별 현황

(단위 : 천명, %)

연도	전체범죄(A)	소년범죄		학생범죄	
		인원(B)	구성비(B/A)	인원(C)	구성비(C/B)
1994	1,660,973 (100)	108,342 (100)	6.5	69,611 (100)	64.3
1995	1,804,405 (108.6)	124,244 (114.7)	6.9	82,442 (118.4)	66.4
1996	2,018,296 (121.5)	146,986 (135.7)	7.3	91,750 (131.8)	62.4
1997	2,117,759 (127.5)	164,182 (151.5)	7.8	103,292 (148.4)	62.9
1998	2,341,431 (141.0)	161,277 (148.9)	6.9	99,625 (143.1)	61.8

* 주 : ( )안은 기준 연도 대비율임

* 자료 : 대검찰청

* 출처 : 문화관광부(1999) p. 498.

학교라는 하는 공교육의 현장과 관련되는 범죄가 상당히 존재하고 더구나 증가일로에 있는 것은 쉽게 묵과할 수 없는 일이다. 그 어느 곳보다도 학교는 신성시되어야 하고 어느 사회에서든지 그 사회를 위한 미래에의 투자와 관심의 초점이 되기 때문이다. 과거에 도심의 빈곤지역이나 낙후지역에서 범죄나 비행이 발생한다는 것은 이해될 만한 일이고 그 원인부터도 찾아내기가 상대적으로 용이하였다.

3. 정보화 시대

21세기에 들어서면서 가장 급속히 우리의 생활 속에 파고 들어온 과학문명의 가운데 하나를 말하라고 하면 주저 없이 인터넷이라고 할 것이다. 신문에서 특정 지면을 할당받아 경제, 사회, 문화, 교육 등 사회 전반에 걸쳐 각종 인터넷 정보를 쏟아내기 시작한 지 벌써 몇 년이 되었고, 국가적 차원에서도 전 국민의 정보화 마인드 구축이라는 목표 아래 학생은 물론 일반인들을 대상으로 한 인터넷 교육의 열기도 어렵지 않게 우리 주변에서 읽을 수 있다. 그 결과 최근 집계 된 인터넷 사용자 수는 2000년 7월 말 현재 1천 600만명에 이르렀으며, 불과 반년 만에 50% 가까운 증가를 보였다.

가정이나 청소년 자신의 컴퓨터 이용 여부에 대해 조사한 결과, 현재 컴퓨터를 이용하고 있는 청소년은 전체 응답자 중 71.5% 과거사용 청소년이 17.2%로 컴퓨터 이용률은 88.7%로 나타났다. 이러한 수치는 1998년 국민 평균 컴퓨터 이용률 41.7%, 1999년 37.9%보다 2배가 넘은 수치이다. 또한 일본 청소년의 경우, 현재 컴퓨터를 이용하고 있는 청소년이 42.8%, 과거에 이용한 경험이 있는 청소년이 41.9%로 총 84.7%의 청소년이 컴퓨터를 이용한 경험이 있는 것으로 조사되어 우리나라와 비슷한 경향을 보였다.

인터넷 이용이 일반화되면서 국내 인터넷 이용자 수는 1994년 말 13만 8,000명에서 해마다 2배 이상 증가하고 있다. 2000년 3월 말에 한국인터넷정보센터(KRNC)에서 설문 조사한 자료(한국전산원, 2000:337-338)에 따르면, 국내 인터넷 이용자 수가 1,393만 명으로 집계됨으로써 6년 만에 무려 100배가 넘는 폭발적인 증가를 보이고 있다.

정보화 시대에 들어서면서 청소년들은 훨씬 신속하고 다양하게 정보를 접하게 되는 등 편리한 생활을 영위하게 되겠지만 무제한적 정보의 무차별적 확산으로 인해 청소년의 건전한 성장을 저해하게 되었고 정서함양에 부정적 영향을 미치게 되었다. 한 단체에서 실시한 조사(대전광역시 청소년유해환경 감시단, 1997)에 의하면, 청소년들이 가장 유해하다고 지적한 매체는 음란비디오(33.9%), 음란PC통신(13.5%), 불법 CD-ROM(10.4%), 성인영화(10.0%) 순으로 나타났다. 또한 음란비디오를 본 적이 있는 청소년은 32.5%, 성인영화를 본 적이 있는 경우는 77.1%,

음란PC통신을 한 적이 있는 경우는 63.4%, 불법 CD-ROM을 본 적이 있는 경우는 72.9%, 국내 외 음란잡지를 본 경험이 있는 경우는 77.4~79.9%로 나타나 적지 않은 청소년이 음란매체에 노출되어 있음을 알 수 있다.

청소년이 접하게 되는 유해매체는 크게 폭력성과 음한성이 문제가 된다. 폭발적으로 밀려드는 다양한 매체를 평가할 수 있는 안목이 형성되지 않는 채 가출, 유흥장 출입, 음주, 흡연, 폭력, 가출, 남녀 혼숙, 흉기 소지, 환각물질 오남용으로 이어질 수 있다. 1997년 청소년백서에 의하면, 1996년 20세 미만의 가출인의 39.9%보다 7.5%나 증가했다.

청소년 폭력 또한 큰 문제가 되었다. 1995년 형사정책연구원이 조사한 학교폭력 피해에 관한 결과에 의하면, 1900년 3,704건, 1992년 5,196건, 1994년 5,296건, 1995년 8월까지는 4,044건의 학교폭력이 적발되었다. 피해 내용으로는 금품피해가 22.6%, 폭력피해 14.1%, 협박 등 심리적 피해가 15.8%로 나타났으며, 전체 학생의 36.1%가 피해를 당한 경험이 있는 것으로 나타났다.

특히 자살문제가 최근 우리나라의 심각한 문제로 등장하고 있다. 이는 인터넷이 큰 영향을 미치는데 세계 검색엔진에 자살이라는 검색어를 입력하면 2만여개의 사이트가 나타나며, 이들 중 자살을 실제적으로 부추기는 사이트가 1,200개에 달한다. 특히 일본에서는 자살방법을 구체적이며 실질적으로 가르쳐 주고 있는 웹사이트가 150여 개에 이른다는 것이다. 우리나라도 이런 사이트가 최근 들어 급증하고 있다. 서울시 청소년종합상담실(1998)에서 서울시의 중·고등학교 청소년 503명을 대상으로 실시한 조사에 의하면 33.2%의 청소년들이 자살하고 싶다는 생각을 해본 적이 있다고 응답했다. 이러한 자살충동 경험 여부는 특성별로 살펴보면, 자살충동 경험이 있다는 응답은 여자(43.7%), 고등학생(37.0%), 학년이 올라갈수록 높아지는 것으로 나타났으며. 인문계 고등학생(39.1%), 월 가족소득 300만원 이상인 고소득층 청소년(41.5%)에서 높게 나타났다.

이는 인터넷이 급속히 확산되면서 정보시대에 있어서 이러한 정보매체를 통한 접속물들이 특히 청소년들에게 지대한 영향을 미치고 있을 뿐 아니라 그들의 생활 패턴과 사고방식을 변화시키는 단적인 측면을 보여주고 있다.

4. 현행 형벌제도의 한계점

현행 형벌제도의 대표적인 형태는 구금형이며 이 구금형을 통하여 범죄자를 처벌한다. 사실 처벌이라는 것은 한 개인이 범법하였기 때문에 이에 대한 대가로서 고통과 불쾌감을 부가하는 것이다. 소위 범죄란 국가의 법을 위반하여 유죄가 인정된 것이기 때문에 사법체계는 정해 놓은 사법정의(justice)에 따라 얼마만큼 질책할지를 결정하고 그 정도에 따라 고통을 부과한다. 이러한 관점은 소위 응보주의에 근거한 형벌에 입각한다. 범죄자에게 부과되는 고통이라는 것은 가정과 사회로부터 격리하는 것이다. 사회의 보호라는 명분에서 범죄자를 사회로부터 격리시키는 것이 불가피하다고 하겠지만, 격리 자체는 범죄자를 사회에의 재통합시키고자 하는 교정의 궁극적 목적과는 상반되는 것이다. 현행 형 처벌에서 보면, 사법정의란 단지 범죄자를 일반사회에서 숨겨진 사회로 옮겨 그곳에 소외된 채 공동수용하는 것 이상의 별다른 의미가 없다. 범죄자는 대부분이 자신의 가치를 낮게 가지고 있고, 자신의 자율성이 낮은 것이 사실이다. 그러나 교도소 생활은 이러한 범죄자 자신에 대한 가치를 한층 낮게 만들뿐만 아니라, 자신에 대한 인식을 높이는 데 필요로 하는 차원에 접근하기가 더욱 어렵게 한다. 현행의 형사 사법체계와 교정체계는 그 한계를 분명히 나타내고 있다. 무엇보다도 범죄자가 겪어야 하는 지속적인 악순환은 범죄자의 주변 환경을 범죄 이전보다 훨씬 어렵게 만든다. 많은 범죄자들이 범죄 후에 자기 가정으로부터, 사회로부터 소외될 수 밖에 없는 것이 사실이다.

위와 같은 현행 형벌제도의 한계점들을 다음과 같은 교정의 문제점으로부터 좀 더 구체적으로 살펴볼 수 있다.

현대사회는 그 어는 시대보다 매우 복잡한 기능과 역할을 개인에게 요구하기 때문에 이에 대응하는 개인의 활동이야말로 단순화시키기가 거의 불가능하다. 그렇기 때문에 정상인에 비하여 가정, 학교, 지역사회, 직장 등에서 어려운 처지에 있는 범죄자가 만들어 내는 행동 하나 하나를 대응해 나가는 데는 한층 어려움이 있다. 결국, 범죄자는 교정 차원에서 인간으로 다루어져야 한다. 인간이 인간으로 다루어질 때 가장 순수해지며 인간으로 돌아갈 수 있기 때문이다. 예측을 불허하는 인간행동의 특성을 기존의 형벌이념에 깔려 있는 100%, 응보도, 100% 재활만을 위한 것도 아닌 애매모호한 태도로 대하는 것은 최선의 방법이 아니다. 그렇다면 범죄자를 인간으로 다루어야 한다면 범죄행위를 차지해도 되는지, 어느 정도까지 범죄자를 처벌하고 어느 정도까지 인간으로 다루어야 하는지 등의 질문이 계속 제기된다. 정의와 공동성 개념을 염두에 두면 또 다른 질문이 연결된다. 그러나 분명한 것은 범법행위에 대하여 '맛 좀 보라'는 식의 범죄대응책은 계속 유지할 만한 해결책이 못 된다는 것이 입증되었다, 이는 오늘날 각국의 교정현실이 입증해 주고 있다.

구금형은 시설 내에 범죄자를 일정 기간 구속하여 관리 감독한다. 이와 관련되어 발생하고 있는 문제가 바로 교정시설의 과밀수용 문제이다. 국제적으로도 교정시설에서의 과밀수용 문제는 매우 심각한 상태이다. 교정선진국인 미국의 경우 천문학적인 교정비용을 쓰고도 이러한 결과가 나타나고 있다. 미국은 최근 1년 동안 교도소를 건설하고 이를 운영하는 데만 210억 달러를 쓰고도 상태는 악화되고 있다. 예를 들어, 1993년 말, 미국 캘리포니아 주 교정 국에서는 그 주 내에 최대수용능력의 184%에 해당하는 재소자를 수용하고 있었다. 교정시설에 최대수용인원을 초과 수용할 경우 교정시설의 기능을 다할 수 없다. 이러한 미국의 교정시설 과밀수용 현장은 1970년대 시작된 범죄에의 '강경책(tough on crime)'에 많은 영향을 받고 있다. 결국 이러한 정책이 범죄문제를 해결하거나 감소시키는데 도움이 되지 못한다는 것을 시인하지 않을 수 없게 된 셈이다. 이는 증가하는 재소자를 수용하기 위해서는 예를 들어 1991년 한 해 동안 구금인원 120만 명을 감안하면, 한 해 동안 500명 수용이 가능한 교도소를 매주 건설해야 한다는 계산이 나오기도 한다. 재소자 한 사람을 수용하는 데 필요한 공간을 교도소 하나의 총 건립비용에서 계산한다면 약 5만 달러가 소요된다고 하니, 대단한 정부예산을 소비하게 된다.

교정시설의 건립비용뿐만 아니라 재소자 한 사람을 1년간 수용하는데 필요한 비용 또한 막대한 예산이 필요하다. 1995년 미국 법원 행정당국(the Administrative Office of U.S Courts)의 자체문서에 의하면, 보호관찰을 받고 있는 범죄자 한 사람을 1년동안 관리 감독하는 데에 필요한 비용은 2,344달러인 반면에, 동일한 한 사람을 교정시설에 구금하는 데 소요되는 비용은 24,783달러로서 약 10.6배에 상당한 미국 국민의 세금이 드는 셈이다.

이같이 교정시설을 건립하고 재소자들을 시설에 수용하는 데 소요되는 비용이 지난 15년 동안 대부분의 주정부 예산(state budgets) 가운데 가장 빠르게 증액되어 주정부 예산의 8% 내지 10%에 해다하고 있는데, 이와 같은 예산증액은 고등교육, 환경보호 등을 위한 예산이 줄이는 대신 할당하고 있다.

우리나라의 교정시설에 수용된 재소자들의 하루 평균 인원을 보면 지난 20년동안 지속적인 증가현상을 보이고 있다, 그러한 추세가 법무부에 따르면 1998년 12월 현재 수용인원은 7만 4,000명에 이르러 전국의교도소와 구치소의 적정수용 인원을 5만 6,000명으로 볼 때 30%나 초과한 상태이다. 이러한 교정시설에서의 과밀수용이 문제가 될 수밖에 없는 이유는 그러한 상황에서 재소자의 '교정'을 기대할 수 없기 때문이다. 과잉수용의 상화에서는 재소자들 사이에 적대감이 증대되고 심지어는 상호간에 폭력을 사용한 싸움이 일어나기도 한다. 수용시설을 지을 때 계획한 적정 인원이 수용된다 하더라도 재소자들을 집단적으로 기거하게 함으로써 생활에서 미치는 악영향이 보고되고 예상되는 형편인데, 이와 같은 과밀수용의 상황에서 행형의 목적을 기대하기란 어려운 실정이다.

교정시설에 수용인원이 증가한다는 것은 우리 정부에게도 지출비용이 그만큼 커진다. 우리의 경우 1인 재소자 수용 연간 경비는 6,155,000원인 것을 보면 결코 적은 비용이 아니며, 반면 보호관찰 대상자 한 사람을 위한 비용은 372,000원에 불과한 것으로 나타났다.

범죄자에게 형벌을 가할 때, 벌을 부과하는 입장에서는 범죄를 저지른 행동에 대한 보복(retribution)의 의미가 가장 강하게 부여되고 있다. 외형적으로 수용되어 있는 동안 겪게 될 여러 가지 차원에서의 고통을 감수하면서 반성하는 계기를 삼으리라는 의미이지만, 벌을 주는 자나 이러한 사건을 듣는 자들의 내심에서는 이번에는 '맛 좀 봐라' 메시지가 가장 크게 소리를 낸다. 그렇게 때문에, 기존의 행형제도에서 범죄자가 '죄의 대가'를 치르는 동안 무슨 생각을 하게 될지는 가치있는 연구의 대상이다. 그들이 가지는 생각과 가치, 또는 그들의 과거 행동이 형벌을 받는 동안 변화가 있는지 그 여부는 추후 그들의 행동에서 미루어 짐작 할 수 있다. 불행하게도 형벌을 마치고 또 다시 범죄하는 자가 상당수 있다는 것은 그 형벌이 범죄자 자신의 범행으로 인한 결과를 해결하지 못한다는 증거가 된다. 물론 범죄자 가족에게 그의 범죄로 인하여 겪게 되는 고통과 상처는 거론할 여지가 없다.

범죄는 다른 사람의 생명과 재산을 위협하고 때로는 항구적인 신체적 · 심리적 상처를 남김으로써 무죄한 개인의 삶이 바뀌게 되는 경우가 있다. 피해자가 받은 물리적 · 신체적 · 피해에 대하여 사건처리 과정에서 또는 피해자 주변에 있는 사람들의 태도, 특히 분별없는 소문, 호기심을 드러낸 시선, 또는 몰래 이루어지는 험담 등으로 피해자는 마음의 상처가 한층 심해질 수 있다. 이처럼 범죄는 개인뿐만 아니라, 그 가족 전체의 행복과 평화를 짓밟아 놓은 경우가 흔히 일어난다. 그렇지만 기존의 형벌과 행형제도는 범죄피해자와 그 가족에게 관심을 갖고 있지 못하다.

범죄가 발생되고 사건이 일어났다는 이야기를 듣기만 해도 지역주민들 사이에 두려움과 공포감이 생기게 마련이다. 그리하여 서로를 의심하고 경계하도록 만들며 자신의 신변을 위한 안전장치를 설치하는 경향이 있다. 범죄는 이처럼 사회계를 파괴하여 큰 혼돈과 고통에 처하게 만들기도 한다. 현재 실행되고 있는 형벌은 범죄자가 잡혔기 때문에 그에 의한 범행이 지역사회 내에서 또는 그 주민들에게 당분간만이라도 다시 일어나지 않을 것이라는 것 외에 다른 것을 의미하는 바가 없다. 시간이 지나면 자연적으로 잊게 될 것이라는 기대가 있을 뿐 지역 사회가 본래의 신뢰를 되찾고 인간적인 관계가 회복되어 삶의 공동체가 이루어지는 일에는 관심을 갖지 않는다. 그런 이유에서 우리의 지역공동체는 하루하루 튼튼해지기보다는 날이 지날수록 허약해지고 있다(배임호, 2000).

Ⅱ. 인권과 교정복지의 의의

교정복지학은 사회복지학의 한 분야론 임에도 불구하고 사회복지학의 다른 분야론인 아동복지, 청소년복지, 노인복지, 장애인복지 등과 비교하여 상대적으로 학자들의 관심을 덜 받고 있는 실정이다. 따라서 축적된 연구도 상대적으로 많지 않다. 이는 다음의 두 가지 이유에서 연유한다고 생각한다. 첫째, 교정복지는 본 분야의 주 대상자인 비행청소년, 범죄인, 출소인 등의 클라이언트가 사회복지의 다른 분야론의 클라이언트에 비해서 도움 대상으로서의 사회적 공감과 합의에 대한 이론이 발달되어 있지 않다. 둘째, 교정 복지는 사회복지와 법, 그 중에서도 특히 형법과 형사소송법 등의 결합이기 때문에 그 범위가 광범위하여 접근하기가 용이치 않다. 이러한 이유로 사회복지학계 내부에서 교정복지를 주 전공으로 하여 연구하는 학자들은 소수에 그치고 있으며 그 결과 다른 분야론에 비하면 본 과목을 개설하여 운영하는 사회복지학과도 적은편이다.

미국 등의 외국에서도 대학 또는 대학원에서 비행청소년 관련과목(social work & juvenile justice) 등의 교과목은 개설되어 있으나 교정사회사업(correctional social work)이라는 과목으로 개설하여 강의하는 곳을 찾기란 쉽지 않다.

그럼에도 불구하고 외국 선진국에서는 교정과 관련된 현장에 많은 사회복지사가 참여하여 범죄인들의 교정, 교화나 사회재적응을 지원하는 등의 상당히 가치 있는 활동을 왕성하게 하고 있다. 예를 들면, 미국의 많은 주에서는 우리나라의 소년원과 같은 시설의 전문가 상당수가 사회복지사로 구성되어 있다, 이는 교정복지 현장이 다른 어느 사회복지 현장 못지않게 사회복지의 가치가 구현되고 사회복지의 지식과 기술이 요구되는 곳이라는 것을 인식하고 있는 결과라고 생각한다.

그러나 우리나라의 교정복지 현장에서는 사회복지사를 만나기가 쉽지 않다. 교정복지가 주로 공공의 영역에서 이루어지고 있고 사회적으로 충분히 개방되어 있지 못하며 아직 전문적 영역으로서의 그 위상을 정립하지 못하고 있기 때문이다. 그러나 근래에 들어 보호시설 등의 공적인 영역에서 개방화가 일정수준 진행되고 있고 또한 그동안 사적인 영역에서는 언급조차 할 수 없었던 교도소의 민영화가 진행되고 있다. 교정 현장의 이러한 개방화와 민영화는 체계의 변화에 따른 일부 부작용이 없을 수 없겠으나 장기적으로는 그동안 줄기차게 요구되어 오던 교정 분야의 전문화에 긍정적인 영향을 미칠 것으로 판단된다. 교정 현장의 이러한 전문화의 경향이 현실 속에서 하루 빨리 구체적인 결실을 맺을 수 있도록 사회복지계의 보다 적극적인 참여가 요망된다. 그리하여 비록 범죄 행위로 인하여 사회에 누를 끼친 사람일지라도 선진국과 같이 사회복지사로부터의 양질의 서비스를 받아 개인적 자립을 통한 건강한 사회구성원으로서의 역할과 의무를 다할 수 있는 기회가 주어져야 한다. 더불어 재범방지를 통한 사회적 안전의 증진도 이루어져야 한다.

주지하듯이 사회복지는 전체 국민의 삶의 질을 높이는 것과 관계가 있으며, 복지 수혜의 자격과 내용에 있어서 선별적이거나 차별을 하지 않는 것이 복지 서비스 제공의 대원칙이다. 그런데 사회복지의 여러 대상 중의 하나인 범죄인에 대한 관심은 그 범죄의 원이 어디에 있든지 간에 범죄의 피해자가 될 확률이 높은 관계로 그 사회의 주도적 계층과는 적대적 관계에 있을 개연성이 높다. 때문에 그들의 존엄과 권리는 스스로의 주체적 역량에 의해서가 아니라 복지 마인드를 가지고 있는 일부 실천가들의 노력에 의해 이루어지는 경우가 대부분이다. 이러한 연유로 범죄인을 위한 효율적인 복지제도의 도입과 정착은 항상 국가정책의 우선순위에서 밀릴 수밖에 없는 실정이다(홍봉선, 1997:57). 이는 사회에 위해를 끼쳤던 사람들이라는 그들에 대한 부정적인 고정관념(최인섭외, 1995 : 51-73)으로 인하여 국민의 공감대를 얻지 못하기 때문으로 판단된다.

또한 이들에 대한 정책적 지원과 프로그램의 마련도 현실적인 어려움이 많다. 이는 사회복지실천에서 매우 중요하게 다루어지고 있는 사회적 자원을 활용하는데 많은 장벽이 존재하기 때문이다. 이러한 이유도 교정복지가 이론의 정립과 실천적 기술의 개발이라는 학문적 발전을 이루는데 상당한 어려움으로 작용한다. 그러나 역설적으로 바로 이러한 이유 때문에 사회복지학계는 교정복지의 학문적 발전에 보다 적극성을 보여야 한다. 왜냐하면 사회복지는 인간의 존엄성 향상과 사회적 자원의 공평 배분이라는 불변의 가치를 토대로 사회적 통합에 기여하고자하는 궁극적 목적을 가지고 실천하는 학문인 반면, 교정복지현장은 사회복지의 다른 현장에 비해 클라이언트의 존엄성을 확보하기가 매우 취약하여 범죄인은 사회적 통합의 대상에서 제외될 개연성이 현실적으로 가장 크기 때문이다.

최옥채는 교정현장에의 사회복지 접근의 필요성을 다음과 같은 사회복지학의 특성으로 설명하고 있다(최옥채, 2003:60-61).

첫째, 사회복지학은 인간의 존엄성과 변회의 능력을 인정하고 인간을 돕는 정신을 바탕으로 태동하고 발전한 학문이다. 따라서 사회복지사는 어느 전문가들보다 인간다운 정신과 기술을 가지고 비행청소년이나 범죄인의 재활에 적극적으로 개입할 수 있다. 실제로 사회복지실천은 빈곤 지역사회의 비행청소년과 범죄인을 위한 활동으로부터 시작하였다.

둘째, 사회복지학에서 중시하는 기술은 클라이언트 개인은 물론 그의 가족과 관련인 그리고 지역사회를 동시에 조망할 수 있도록 개발되었더, 그러므로 사회복지사의 역할은 어떤 분야의 전문가보다 비행청소년이나 범죄인의 재활에 이들 개인뿐 아니라 이들의 가족과 관련인, 그리고 지역사회를 함께 변화시켜야 한다는데 더욱 중점을 두고 있다.

셋째, 사회복지학은 사회복지사 자신의 능력 정도에 따라 클라이언트기 지니는 심층적인 문제에까지도 접근할 수 있는 기술을 준비하고 있다. 그러므로 정신장애로 어려움을 겪고 있는 비행청소년이나 범죄인의 재활에도 다른 분야의 전문가와 함께 손색없이 일할 수 있다.

넷째, 사회복지사는 지역사회의 유용한 자원을 끌어들이고 활용하는데 뛰어난 기술을 겸비하고 있다. 비행청소년 혹은 범죄인의 재활을 위해서는 지역사회의 다양하고 많은 자원을 필요로 한다, 사회복지사는 평소 여러 형태의 연계망(network)을 구축하고 있어 지역사회 내의 자원을 조직하고 활용하는 데 특출할 뿐 아니라 그렇게 활동할 수 있는 여건을 충분히 마련하고 있다.

Ⅲ. 교정복지의 개념

미국의 Correctional Social Work은 직역하면 교정사회사업이라고 하여야 할 것이다. 영국에서는 Correctional Service라는 용어를 사용한다. 그러나 한국 용어로는 사회복지대학교육협의회에서 제시한 사회복지학 교과목지침서에 교정복지로 명명되어 있다, 다른 분야론들, 즉 아동복지, 청소년복지, 장애인복지 등도 분야 명(名)에 복지라는 용어만 붙이고 있으므로 그와 균형을 맞추려고 하는 의도로 생각된다, 그러나 그러한 분야 론은 이미 그 용어가 널리 사용되어 그 과목들이 사회복지학의 한 분야라는 것을 인정받고 있으므로 그렇게 사용하여도 무관하다고 본다. 반면에 교정 복지는 아직 우리 사회에서 사회복지학의 한 분야로 널리 받아들여지지 못하고 있는 실정임을 감안하여, 교정사회복지라(Correctional Social Work)는 용어를 사용하는 것이 바람직하다고 본다. 현재 School Social Work를 학교사회복지라고 명명하는 것과 마찬가지이다. 본서에서는 대학교육협의회의 권고를 수용해 교정 복지라는 용어로 통일하여 사용하고자 한다.

그러나 최근에는 미국에서도 'Correction'이라는 용어는 수사, 기소 등의 법집행단계(Law Enforcement)와 재판단계(the Courts), 그리고 교정단계(Corrections)로 이어지는 형사사법체계의 연속과정에서 마지막 단계에만 집중하는 경향이 있으므로 이들 전(全) 단계에서 사회복지사의 개입의 의미가 강한 Forensic Social Work이라는 용어를 사용하기도 한다(Young, 2001). Robett는 Forensic Social Work 교육이란 법률에 초점을 두고 사회복지 대상자의 법적 측면에 대한 법전문가를 양성하는 것과 관련 있는 사회복지 실천이며 이것은 가정폭력, 법원, 소년사법, 성인교정, 법집행에서의 사회복지실천이다(Robett, 1999)라고 설명하고 있다.

그러나 우리나라에서는 아직 본 용어가 생소할 뿐만 아니라 사법체계의 마지막 단계인 교정 단계에서 조차도 아직 사회복지사의 개입이 이루어지지 않고 있는 실정이므로 본 용어의 사용은 학자들의 폭넓은 논의와 합의가 이루어진 후에 이루어져야 할 것으로 본다. 그러나 장차 Forensic Social Work은 우리 사회에서도 반드시 활성화되어야 할 내용과 명제라고 생각한다. 다행이 현재의 교정복지 교육의 내용에 Forensic Social Work의 내용이 일부 포함되어 있다.

그리고 교정복지의 주 대상인 범죄인도 다른 학문 영역에서는 대부분 죄를 지어 현재 구금 상태에 있는 범죄자로 불리고 있으나 여기서는 다른 사람의 의견을 인용하는 것일 경우 외에는 범죄인으로 통칭하고자 한다. 이에는 재소자, 출소자뿐만 아니라 수사 및 재판 단계에 있는 사람들까지 법적인 용어로 말하면 장차 유죄로 확정되는 피의자, 피고인까지 포함한다는 것을 미리 밝혀 두고자 한다. 아무튼 학자들이 어떠한 용어를 사용하든 범죄인을 대상으로 하는 사회복지 영역이나, 교정 복지의 개념에 대해서는 다른 사회과학의 영역에서와 마찬가지로 통일된 정의는 존재하지 않는다. 교정 복지에 관한 국낸 학자들의 견해를 살펴본후 영국의 Correctional Service의 정의와 저자의 견해를 밝히고자 한다.

구종회는 교정사회사업은 교정기관에서 비행과 범죄(delinquency & crime)로 인하여 조사받거나 수용보호, 또는 처벌 대상자, 그리고 교육명령, 사회봉사명령제에 가담하는 교정 수혜자와 그들의 가족들에게 사회사업의 윤리와 철학에 기초하여 사회적 기능(social functioning)을 회복시켜 주며 예방시키고 보다 안녕(well-being)된 사회생활을 돕는 전문직이라고 설명하고 있다(구종회, 2001:178).

이에 비해 남진열은 교정 복지를 협의와 광의로 구분하여 정의하였는데, 그의 정의에 따르면 협의로는 오히려 재활 도는 지역사회 재통합, 재적응을 할 수 있도록 사회복지의 가치와 지식, 기술을 기초로 사회복지 실천방법을 활용하여 시설과 지역사회 내에서 범죄인에 대한 처우를 통해 범죄인의 가치와 행동을 지역사회의 가치와 행동에 모순되지 않도록 변화시키는 사회복지의 전문 분야라고 할 수 있다 라고 하였다. 그리고 광의로는 범죄인에 대한 처우뿐만 아니라 범죄 예방 활동과 범죄 피해자에 대한 보상 그리고 피해 이전의 정상적인 생활로 복귀할 수 있도록 사회복지적인 접근에서의 모든 지원 활동이라고 할 수 있다 라고 하고 있다(남진열, 2002:390).

또한 최옥채는 교정복지란 개별사회사업(case work), 집단사회사업(group work), 지역사회사업(community work) 등과 같은 기초적인 사회복지실천방법론을 활용하여 범죄인이나 비행청소년이 심리, 사회적으로 가장 편안한 상태를 유지하면서 사회에 적응해 갈 수 있도록 돕는 활동이다. 그러므로 범죄인의 재활을 위해 정상적이고 원칙적인 활동에 참여하려는 사회복지사는 사회복지실천에 관한 전문적인 지식과기술을 익혀야 하고, 나아가 범죄인과 비행청소년에 대한 전반적인 상황 그리고 당국의 정책 등을 필수적으로 이해해야 한다 라고 설명하고 있다(최옥채, 2003:63).

교정복지에 대한 세 학자의 개념은 교정복지의 요체를 가장 간단하면서도 설득력 있게 정의하고 있으므로 다른 개념을 덧붙일 것이 없다고 생각된다. 그러나 본 과목은 사회복지학의 일반 다른 과목에 비해 법(Law), 특히 형법의 개념이 상당수 포함되어 있어 상대적으로 이해하기가 난해한 부분이 있다. 이러한 의미에서 영국의 교정사업은 법적 개념을 포함하여 좀 더 포괄적으로 설명하고 있는 것으로 보인다.

교정사업(correctional service)은 범죄인 또는 비행자를 교화, 개선시켜 건전한 사회인의 한 사람으로 사회에 복귀하게 하는 일련의 활동이다. 이를 교화, 개선의 측면에서 보면 교정활동(correction)이고 사회복귀라는 측면에서 보면 재활(rehabilitation)이 되는데, 보통 이 두 과정, 즉 교정과 갱생보호를 합한 개념이다. 따라서 교정사업은 이와 같은 교정사상을 밑바탕으로 하여 범죄인의 사회복귀를 용이하게 하고 또 재범을 방지하기 위한 사회적, 형사적, 교육적, 의료적 및 심리학적 처우의 총체이며 이는 오늘날 사회사업의 한 부분이기도 하면서 동시에 경찰, 검찰, 재판 등과 같이 범죄인 처우에 관한 국가의 형사사법제도의 한 분야에 속한다고 하고 있다.

현대에 이르러 교정복지의 대상에 범죄의 피해자를 포함시키려고하는 흐름이 분명 존재한다는 것이다.

그러나 교정복지의 개념에 범죄의 피해자를 주 대상자로 포함시킨 경우, 사회적 분위기로 인해 교정복지의 초점이 급속도로 피해자로 옮겨갈 개연성이 있다고 본다. 이러한 연유로 범죄인과 범죄피해자 공히 사회구주적 결합에 의한 희생자라는 관점이 보다 널리 우리사회에서 통용되기 전까지는 범죄인과 범죄피해자를 같은 무게로 다루는 것이 상당히 주저된다. 때문에 다른 학자들과 마찬가지로 본서에서도 아직은 교정 복지의 대상을 범죄인을 중심으로 하는 전통적인 관점에서 교정복지의 개념을 다루고 있음을 밝힌다.

교정복지는 사회복지의 한 분야 론으로서 그 대상이 성인이든 청소년이든 혹은 재소자이든 출소자이든 그리고 내국인이든 외국인이든 간에 범법행위를 한 사람과 그 가족을 대상으로 하여 사회복지의 철학과 가치관을 근간으로, 사회복지의 정책과 실천기술을 활용하여 그들의 삶의 질을 높이는 활동이다. 구체적으로는 사회복지의 가본 가치인 인간존엄성과 헌법과 법률에 명시되어 있는 생존권적 권리를 그들이 향유하고 있음을 명확하게 하고 그것이 현실화 될 수 있도록 하는 국가적 차원의 각종 사회복지정책과 개인, 가정, 지역사회 단위의 전문프로그램을 활용하여 그들의 교정, 교화는 물론 건강한 재사회화와 그들이 속한 가정의 문제해결을 지원하는 총체적인 활동이다.

Ⅳ. 교정학 및 형사정책과 교정복지의 비교

교정복지 사회과학의 종합적 성격을 가지고 있으므로 여러 사회과학관련 학문영역에서 다루어지고 있는 것은 당연하다. 그리고 실제 범죄인의 복지증진을 위해서는 많은 사회과학 분야들이 상호 긴밀한 협력을 해야 한다.

구체적으로 우리나라에는 교정복지학과 많은 부분 상호 관련이 있는 교정학과 및 경찰행정학과가 독립된 과(department)로 설립되어 있고 법학과에서는 형사정책이라는 과목(subject)이 존재한다. 그 밖에 사회학, 심리학, 교육학 등의 사회과학에서도 범죄 및 교정과 관련하여 나름대로 활발한 연구를 진행하고 있다. 교정복지 그 중에서 특히 교정학 및 형사정책학과 밀접한 관련을 가지고 있다. 용어의 사용에 있어서도 상호 대체되어 쓰이는 등 중복되는 부분이 적지 않다.

그러나 엄밀하게 살펴보면 이들 세 영역은 상호 다른 독자적인 가치체계와 학문적 배경 및 기술을 가지고 있다. 때문에 교정 복지에 대한 이해를 높이기 위해서는 이 세 영역의 면밀한 비교를 시도할 필요가 있다. 그러나 이 세 영역에 대한 비교를 시도한 선행 연구가 전무하여 교정학이나 형사정책에 관한 깊이 있는 연구를 하지 못하는 관계로 심도 있는 비교 분석을 하는 것은 대단히 어려운 작업이다. 또한 교정학은 우리 현실에서는 독립적인 과의 영역이고 형사정책학은 법학의 한 과목이며, 교정 복지도 사회복지의 한 과목인 관계로 이렇게 서로 외연이 다른 영역을 비교하는 것은 그 기본 전제가 되지 않는다는 비판이 있을 수도 있다. 그럼에도 불구하고 이들 세 영역의 비교는 그것이 비록 기초적이며 평면적 수준일지라도 교정복지를 이해하는 데에는 크게 도움이 될 것으로 생각하기 때문에 세 학문의 영역과 방향에 대하여 비교를 시도하고자 한다.

교정학 및 형사정책학과 교정복지는 먼저 언급한 바와 같이 서로 다른 학문영역에서 다루고 있지만 세 영역 모두 기본적으로는 연구 및 그 관심 대상이 범죄와 범죄인이고 범죄 없는 사회건설이라는 공통적인 목적을 가지고 있다. 그러나 그러한 연구 및 목적을 달성하기 위한 접근방식에 있어서는 기본적으로 다른 철학적 배경을 가지고 있다.

우선 교정학은 사회공동생활의 안녕과 질서를 침해하는 반사회적인 범죄인이나 우범자들로부터 범죄를 진압하여 국가사회를 보호하고, 이에 기초하여 행사하는 국가 형벌권이 수형자들이나 피수용자들에게 어떠한 영향과 고통 그리고 피해를 주며, 그 집행의 효과는 어떤 것이며 어떻게 하여야 발전 가능성이 있는지에 대하여 이론적으로 연구하는 학문이다. 다시 말하면, 각종 형벌과 처벌이 여하한 방법으로 행사되는 것이 일반 경계상(警戒上)의 가치 등이 있는가를 실증적으로 논증하지 않으면 아니 된다. 이러한 연구방법을 총칭하여 형벌학 또는 교정학이라고 한다. 그러나 이러한 모든 것들은 궁긍적으로 국가 형벌권의 엄청난 행사(격리구금)와 범죄인의 악성교정(교정교육)으로 요약할 수 있다. 그러나 양자는 서로 상반되고 합일될 수 없는 별개의 핵이다. 결과적으로 교정은 상반되고 합일될 수 없는 격리구금과 교정교육을 서로가 만족하는 상태로 가장 가까운 위취에 접근 시켜 놓느냐 하는 것이 교정학에 주어진 명제라고 보아야 한다(정간섭,1990:15-16).

한편 형사정책학은 보통 학문적인 개념으로 쓰이고, 실무에서 범죄와 관련된 정부의 정책을 말할 때는 범죄대책 또는 형법입법문제라고 한다. 그러므로 형사정책은 범죄에 관한 다양한 학문적 정보와 함께 그것에 따른 정부의 각종 대책을 종합적으로 연구하는 과학이다. 형사정책에 대한 통일된 정의는 아직 내려지지 않고 있으나 국가나 사회공공단체가 범죄현상을 파악하고 이에 대한 원인을 탐구하여 범죄방비대책을 수립하는 일체의 활동을 의미하는 것으로 정의하는 것이 보통이다(배종대, 2001:3).

위의 간단한 정의에서 알 수 있듯이 교정학은 형벌권이 범위 내에 있는 사람들, 좀 더 구체적으로는 교정시설에 수용되어 있는 사람들을 주 대상으로 하여 그들의 교정, 교화를 위한 각종 제도나 프로그램의 개발을 심도 있게 연구하는 학문적 영역이다. 그에 비해 형사정책학은 범죄와 관련된 보다 넓은 영역, 즉 범죄의 예방과 범죄 그 자체에 대한 연구 및 정책 수립, 나아가 범죄인의 처우에 이르기까지의 국가시책을 포함한다. 따라서 형사정책은 교정학의 주 초점인 범죄인의 교정을 위한 제도 및 프로그램의 개발에 대한 집중성은 상대적으로 떨어지는 것으로 보아진다.

이에 비해 교정 복지는 범죄인이라는 클라이언트의 인간적 존엄성과 권리에 대한 가치를 확인하는 것에 보다 강한 초점을 두면서 그들과 그들 가족들의 사회적

적응과 재활을 위한 정책적, 프로그램적 성격을 강조한다. 즉 범죄인의 재활을 통한 재범방지 그리고 재범방지를 통한 사회보호의 목적을 달성하고자 한다. 여기에서 범죄인의 가족이 교정복지의 대상이 되는 것에 의문이 들 수 있다. 결론부터 말하자면 범죄인의 가족은 결코 교정의 대상이 될 수도 될 필요도 없지만 일반적으로 교정 복지의 서비스 대상에는 포함된다. 주지하듯이 가족 중에 범죄인이 존재한다는 것은 가족 내의 상호작용이나 외부적 환경과의 관계에서 많은 어려움이 예상되므로 보다 적극적인 사회적 서비스가 이들 가정에 제공될 필요성이 존재하기 때문이다.

세 영역의 차이점을 〈표 2〉에 제시하였다. 주의할 것은 이것은 어디까지나 상대적인 관점이라는 것이다. 예를 들면, 교정학 및 형사정책은 주로 성인을 그 대상으로 하고 교정 복지에서는 비행청소년에 상대적으로 더 무게를 두고 있으나 성인 범죄인의 교정과 재활을 위한 지원에도 그에 버금가는 관심을 두고 있다는 의미이다. 반면에 교정학, 형사정책학은 성인 범죄인에 보다 더 관심을 가지고 있으나 비행청소년도 당연히 그 대상에는 포함된다. 다만 교정복지에서 성인을 그 대상으로 하는 정도에는 상대적으로 미치지 못한다고 생각하는 것이다, 그 외의 다른 영역에도 그러한 상대적 관점은 똑같이 적용된다. 그리고 교정 복지에서의 연령 대상자별에서 비행청소년에 상대적으로 무게를 두는 이유는 첫째, 비행처소년이 성인 범죄인에 비해 심리, 정서적으로 더욱 위축되어 있기 때문에 사회복지적 욕구가 크다는 것이다.

〈표 2〉 교정학, 형사정책학 그리고 교정 복지학의 차이점 비교

내용영역	대상자 (연령)	대상자 (재소자, 출소자, 범법자)	보호방법의 강조	정책 및 프로그램의 초점	형벌의 지향	궁극적 목표
형사정책학	성인	범법자	시설,사회내 보호를 함께 거론	범죄 예방 및 준법시민 양성	일반예방	범죄인의 재활에 앞서 사회보호를 강조

교정학	성인	재소자	시설내 보호	재소자의 반사회성 교정	소극적 특별예방	사호보호를 위한 재소자 교정
교정복지학	비행청 소년과 성인	재,출소자 함께 강조하고 가족도 포함	사회내 보호	범죄인의 인간존엄성 및 생존권적 기본권의 확인과 재활 프로그램	적극적 특별예방	범죄인 재활을 통한 사회보호

둘째, 비행청소년은 성인에 비해 사회내처우가 많고 따라서 사회적 자원을 활용하는 전문적인 프로그램을 진행하기가 상대적으로 용이하다는 것이다. 셋째, 두 번째의 이유로 인해 비행청소년에의 접근성은 어느 수준까지는 그 확보가 가능하나 성인 범죄인을 수용하고 있는 교도소나 구치소는 직원이 아닌 경우에는 접근하기가 현실적으로 어렵다는 것이다. 마지막으로 교정복지의 본질적 가치지향은 아니나 비행청소년이 성인에 비해 아직 인성형성이 상대적으로 유연하기 때문에 재활의 가능성이 높고 장차 사회적 기여에 대한 기대도 크다는 것이다.

크게 보면 형사정책학은 일반 예방이고 교정학과 교정 복지학은 특별예방 지향이다. 즉, 형사정책은 범죄인의 교정에 앞서 사회보호를 지향하고 사회보호라는 목적을 달성하기 위하여 범죄의 원인, 대책 등의 정책을 다룬다. 따라서 그 내용에는 사회보호를 위해서 범죄인의 오랜 사회적 격리도 당연히 포함될 수 있다. 이에 비해 교정학과 교정복지학은 특별예방의 관점을 지향한다. 즉, 개별적 차원에서의 범죄인의 교정 및 재활에 초점을 맞춘다. 다만 교정학에서는 범죄인의 시설수용 등의 구금, 즉 엄격한 법집행과 교정프로그램의 중요성을 동시에 달성하고자 한다. 특히 교정시설의 운영과 정책방향에 대하여 심도 있게 다룬다. 그러나 범죄인의 교정과 재활은 사회보호라는 보다 궁극적인 목적을 달성하기 위한 것으로 보아야 한다. 반면에 교정복지학은 범죄인의 교정과 재활 그 자체가 목적이다. 그래서 무엇보다도 먼저 그들의 인간적 존엄성과 생존권적 기본권의 가치를 확인하고자 한다. 이것은 범죄인이 사회적 가해자인 동시에 피해자이기도하다는 명제에 기꺼이 동의한다는 것을 포함한다. 때문에 범죄인의 교정과 재활에 보다 유리한 정책과 전문 프로그램의 확보와 환경 조성을 강조한다. 그리고 사회보호의 가치를 소중히 생각하나 그것은 범죄인의 교정과 재활을 통하여 자연스럽게 달성되는 과제로 간주한다.

V. 결론

범죄자의 법적 지위가 보장되고 인권이 지켜져야 한다는 것은 그리 쉬운 일이 아니었다. 그들에 대한 처벌의 우선적인 목적이 그들의 자유를 박탈하여 행동에 제한을 가하는 것이기 때문이다. 법을 위반하였기 때문에 그들의 인권이 어느 정도 침해되는 것은 사회적으로 묵인된 사실이다.

교정시설 내의 재소자에 대한 인권은 미국의 경우 1960년대 흑인과 여성의 인권운동이 시작되면서부터 부각되었다. 다시 말하면, 비록 범죄를 행하고 유죄가 인정되는 재소자이지만 이들에 대한 기본적 인권이 보장되어야 하고 인간의 기본적 존엄성이 지켜져야 한다는 인식이 생긴 것이다. 그리하여 현재는 어느 교정시설에서든지 법전과 같은 서적이 교정시설 내의 도서관에 항상 비치됨으로써 재소자는 필요한 법률정보를 얻을 수 있게 되었고, 대부분 시설의 경우 자원봉사자로 일하는 변호사가 방문하게 됨으로 필요한 법률서비스를 무료로 받을 수 있다.

교정복지에서의 인권에 관한 이슈는 재소자도 인간으로서의 가치를 인정받고 인간의 기초적 생활을 유지함으로써 결국 사회 내의 정상생활에로의 복귀를 도모하자는 것이다. 범죄자를 넘어서서 그들의 기본적인 권리까지도 박탈당하고 '증오의 존재'로만 간주하던 시대도 있었던 것 같다. 특히 오늘날은 국내에서도 수용시설 내에서 예전보다 인권의식이 높아졌다. 그리하여 재소자 사이에 그리고 재소자와 시설의 직원 사이에 범죄 소송도 과거보다 많이 제기되고 있다. 아울러 재소자의 권리를 지켜 주기 위한 몇 가지 장치도 마련되어 있다. 예를 들어, 재소자에게 소송을 제기할 기회를 제공한다든가 헌법소원, 행형옴부즈맨(Ombudsman)제도 등을 들 수 있다. 결국 교정시설에서 환경 속에서 인도적 처우가 이루어진다면 성숙한 교정복지의 실현은 앞당겨질 것이 분명하다.

교정복지는 범죄자나 비행청소년의 재활과 정상인으로서의 사회복귀를 돕고 범죄사건으로 인한 제반 영향(consequences or harm)을 해결하기 위한 전문적 사회복지의 한 분야이다. 이러한 교정 복지의 개념에는 범죄자와 범죄피해자, 그들의 가족, 나아가 범죄가 발생되는 지역사회에서의 문제해결과 예방적 관점에서 범죄와 비행으로 인한 영향으로부터 정상적 상태로 회복시키고자(restore) 행해지는 일체의 활동이다. 또한 이들을 위한 정책을 수렵하고 행정을 위한 전문적인 제반 활동을 포함한다. 일반적으로 교정의 개념은 범죄를 행한 개인이 자신을 돌아보고 과거의 태도를 변화시킬 수 있도록 도와주며 그의 잠재력 개발과 사회에의 재적응을 지원하는 것으로 매우 협의의 의미에 머물렀다. 그러나 교정 복지는 교정의 문제를 사회 복지적 차원에서 대처함으로써 범죄자나 비행청소년의 개인 차원은 물론이거니와 그들을 둘러싼 사회 환경에 개입함으로써 당면한 문제뿐 아니라 재범예방 차원에서 효율성을 증진시키고 범죄나 비행이 야기 시킨 부정적인 결과를 제거하여 사회 구성원의 복지증진에 기여하고자 체계적으로 연구하는 새로운 학문분야이다.

교정활동을 사회복지 차원에서 실천하는 데에는 다양한 활동현장이 있음을 알 수 있다. 먼저 교정기관 및 교정시설은 물론이거니와 교정대상자들을 상담, 훈련 및 교육을 위한 민간 또는 공공국가기관이 있다, 그리고 또한 범죄사건을 다루는 경찰, 검찰, 법원 등 사법기관, 각종 학교, 종교기관 및 시설, 그리고 지역사회복지관과 다양한 복지기관과 시설이 포함될 수 있다. 교정복지사의 활동현장은 청소년범죄자가 사법 처리되는 절차를 보고서도 이해할 수 있을 것이다.

교정복지는 공급주체 면에서 크게 공적부문과 민간부문으로 나누어 수행되고 있다고 할 수 있다. 공적부문에서는 경찰과 검찰, 법원, 교정청, 보호관찰소, 소년원 등으로 조직화되어 있고, 민간부문에서는 법인이나 단체 등이 수탁 운영하는 민간시설, 종교단체나 사회봉사조직, 혹은 개인적 차원에서 행해지는 서비스를 들 수 있다. 여기서는 이 가운데에서 주요한 교정 관련 기관 및 시설을 중심으로 대략적인 내용을 요약 제시해 보면 〈표 3〉과 같다.

〈표 3〉 교정 복지시설 및 기관과 주요활동

구분	주요시설	활동 및 서비스
수용시설	교도소(구치소)	형의 유무에 따라 기결(미결)수용자를 수용, 성별, 연령별, 죄의 경중, 기능별로 분류수용
	보호감호소	재범의 위험이 있는 자에 대해 특수한 교육, 개선 및 치료가 필요할 경우, 수용 및 교정
	특수교도소	약물, 알코올남용, 나환자 등 특수처우가 필요한 대상을 수용
보호시설	보호관찰소	교정시설에 수용하지 않고 일상 사회생활을 영위하면서 재범에 빠지지 않도록 대상자를 지도, 감독하고 원호하는 사회 내 처우(상담,취업알선, 학교 복귀, 환경 개선 등) – 사회봉사명령 : 지정 시간에 무보수로 근로에 종사함으로써 죄를 반성하고 지역사회에 봉사하도록 하는 형사제재
	소년원	가정법원소년부에서 송치된 비행소년들을 보호, 수용하여 교정교육을 하는 특수교육기관(학교교육, 직업훈련, 심성순화, 심신의 보호, 지도 등)
	소년분류심사원	범죄소년에 대한 분류심사를 실시하여 법원소년부에 자료제공, 교정 처우 지침 제시, 사후지도 권고 등
	치료감호소	범죄를 저지른 장애인 및 약물중독자의 재활을 위한 보호와 서비스
민간시설	갱생보호기관 (한국갱생보호공단)	집행유예나 선고유예자, 가석방처분이나 출소자를 대상으로 정신적, 물질적 원조 제공, 건전한 사회복귀와 재적을 도모
	소년보호시설	소년법원에서 4호 처분을 받은 소년들을 아동복지시설 또는 소년보호시설 등에 위탁하여 감호, 학업 및 직업교육 제공
	종교, 사회기관 및 시설 지역사회복지기관 및 복지시설	다양한 교정기관, 시설로부터 서비스 대상자를 위탁받음

제2절 수용자의 교육권 보장

Ⅰ. 서론

산업화, 도시화와 함께 하루가 다르게 급성장하고 있는 현대사회는 물질적으로는 풍요로운 생활을 누리게 되었지만 다른 한편으로는 가치관의 혼란, 도덕성의 상실, 빈부격차의 심화, 양극화 현상 등으로 범죄률은 높아지고 있다. 특히 재범자, 누범자에 의한 범죄률이 날로 높아지고 있고 그 양상은 날로 흉포화, 지능화, 집단화되고 있어 우리 교정복지의 현 상황을 다시 한번 되돌아보게 하고 있다.

교정복지란 범죄자 및 비행청소년을 교정·교화함으로써 다시는 범죄를 저지르지 않도록 재사회화하는 것이다. 이러한 교정복지 활동이 그 역할을 다하지 못하고 범죄자나 비행청소년을 재사회화하는데 실패했기 때문에 재범률, 누범률이 높아지고 있는 것이고 이는 사회 전체적인 범죄률을 높이고 있다.

교정복지 현장이라고 할 수 있는 교정시설은 범죄자 개선의 장이다. 그러나 교육시설의 미비, 처우체제의 불합리, 교육내용의 불충실, 교육기법의 미흡 등 다양한 문제로 인하여 오히려 범죄 교실화라는 비판을 면치 못하고 있다. 구금시설이 지니고 있는 비교육적인 특수성과 구금에 따른 사회와의 격리, 강제, 단조로움에 지배되는 생활은 수용자에 대한 교육적인 효과와 사회복귀를 위한 적응능력의 향상을 기대하기는 어려운 실정이다. 그러나 이러한 여건 속에서도 그동안 실행되어 온 교정교육은 통계적으로도 그 효과가 상당하다고 분석되고 있는 측면이 있으며 재범방지를 위한 하나의 노력으로서 범죄억제적 작용이 있다는 것이 확인되고 있다(이일노, 2007:2).

우리나라 헌법 제34조 제1항에서는 모든 국민의 인간다운 생활을 할 권리를 규정하고 있으며 제31조는 제1항에서 모든 국민은 능력에 따라 균등하게 교육받을 권리를 가진다라고 교육권을 규정하고 있다. 또한 동조 제2항 이하에서는 교육받을 권리를 실현할 구체적 수단 등을 명시하고 있다.

이러한 헌법의 이념적 기초는 인간의 존엄성이다. 인간의 존엄성이란 인간다운 삶을 살아갈 권리이며 나아가 복지를 누릴 권리이다. 인간이 인간답게 살아가기 위해서는 교육이 필요하며, 이러한 교육을 받을 권리가 성립하려면 거기에는 교육권(right to education)의 정당화 논의가 요구된다. 그 정당화는 한 마디로 표현하면, 인간답게 살아야 한다는 존엄성(human dignity)과 '결핍의 상태'에서 요구되는 '필요(need)'의 개념에 의존한다(김정래, 2002). 그런데 수용자도 인간으로서의 존엄성을 가지며 결핍에 대한 필요를 요구하고 있다. 따라서 수용자에 대한 교육권 보장은 그 정당성이 인정되며 이에 우리는 수용자에 대한 교정교육의 강화를 위하여 노력해야만 한다.

이에 현재 우리나라에서 실시되고 있는 수용자에 대한 교정교육의 현황과 문제점을 살펴보고 그에 대한 활성화 방안을 논의해 보고자 한다.

Ⅱ. 이론적 배경

1. 교정교육의 개념

초기의 행형은 응보형을 목적으로 하여 처벌에 중점을 두었으나 오늘날의 행형은 응보적·일반예방적 목적이 아닌 재소자의 갱생, 재활을 통한 사회복귀에 중점을 두는 교정처우를 지향하고 있다. 따라서 교정시설에서의 교육이 단지 구금을 위한 수단이 아니라 교도소 생활 속에서 새로운 출발을 위한 재사회화의 작용으로 행해지는 것이다. 현재 우리나라에서는 행형법에서 교육형을 선언하고 있어 재소자가 교정시설에 수용되어 있는 동안에 적극적인 교정교육을 실시하여 사회복귀와 재범방지에 주력하고 있다(장규원, 1995:48-50).

교정교육에 대해서 학자들마다 다양하게 정의를 내리고 있어서 이에 대해 합된 정의는 없다. 교정교육에 대해서 김용우(1981:62-63)는 "교정이란 수용자에게 개전을 촉진하여 사회생활에 적응케 하는 능력을 갖도록 해주며, 또한 그러한 능력을 달성하기 위한 방법을 포함하는 것이다."라고 하였으며, 김용준 외(1994:21)는

"교정이란 시설 내에 있어서의 처우를 의미하며 시설 외의 처우와 구별된다."고 하였고, 이백철·양승은(1995:27-28)은 "교정교육은 모든 사회구성원들이 비행자 혹은 범죄자를 대상으로 그들이 안고 있는 비행성 또는 범죄적 요소를 순화시키고, 동시에 준법시민으로서 사회발전에 적극적으로 참여하여 기여할 수 있는 사람으로 변화시키기 위하여 그들이 존재하는 모든 장소에서 행하는 제반활동"이라고 하였다. 또한 송태호(1995:76)는 "교정의 궁극이념과 목적인 교육형주의의 시각에서 수용자(청소년 · 성인 범죄자)들에게 교회, 생활지도, 정서지도 등의 목적적 교육과 교과교육, 직업훈련 등의 수단적 교육 등의 정신적, 지식적, 기능적 교육을 실시하여 사회생활에 원만하게 적응해서 자주적, 자립적, 생활인으로 살아갈 수 있도록 교정시설 내외에서 이루어지는 모든 교정교육적 활동을 의미한다."고 하였다.

이렇듯 다양하게 정의되고 있지만 교정교육이란 '교정'이란 단어와 '교육'이란 단어가 합성된 합성어로 '교정'이란 의미가 비행청소년이나 범죄인의 잘못된 품성이나 행동을 바로 잡는 것이라고 본다면 결국 교정교육이라는 것은 비행청소년 및 범죄인의 잘못된 품성이나 행동을 바로 잡고 나아가 출소 후 사회에 잘 적응할 수 있도록 하기 위하여 교정시설 내에서 행해지는 모든 교육이라고 할 수 있다.

2. 교정교육의 특성

수용자가 교정시설에 수용됨과 동시에 국가와 수용자는 법치주의의 일반원칙이 적용되지 않는 특별법에 의한 특별권력관계의 입장에 놓이게 된다. 그러나 현대 민주국가에서는 행형법과 교정관계법령이 정한 특별법에 저촉되는 것 외에는 수용자의 기본권을 제한해서는 안된다고 규정하고 있어 수용자일지라도 교육을 받을 권리가 부여되고 있다.

또한 교정교육은 수용자 개개인의 심리적, 행동적 문제에 중점을 두고 다양한 교육프로그램을 제공해서 범죄성을 제거하여 건전한 사회인으로 복귀를 돕는 것, 즉 수용자를 교정, 교화시켜 사회생활에서 재범을 저지르지 않고 정상적인 사회생활을 할 수 있도록 돕는 것에 그 목적을 두고 있다(김재경 · 이농춘, 2009:357-358).

이러한 교정교육은 강제적, 타의적, 수동적으로 이루어지기 때문에 일반인 다수에게 받아들여지고 통용되는 건전한 상식과 사리판단 실정법과 윤리규범에 비추어 본인의 행동이 잘못되었다는 인식이 중요하며 본인이 납득할만한 합리적인 재판이 뒤따라야만 가능하다는 특성을 가진다. 대부분의 교정교육 대상자들은 잘못을 시인하지 않거나 시인을 하더라도 일부만을 인정하며 심리적으로 재판의 유책범위와 범죄행위의 결과에 대하여 상대적으로 과중하고 억울하다는 생각을 하여 재판결과에 쉽게 승복하지 않는다.

이들은 정해진 수용기간을 가급적 쉬운 방법으로 안락하게 보내려고 하며 국가 또는 시설의 교정서비스를 단순히 관리를 위한 수단으로 생각하여 불이익을 당한다고 생각할 때에는 적부판단에 앞서 우선 이를 부정하거나 이에 저항하는 방법을 선택하는 경우가 있다

교정교육은 인간의 삶을 바람직한 방향으로 전환시키기 위한 조직적 활동이라는 점에서는 일반교육과 동일한 작용을 한다고 볼 수 있으나 비행과 관련된 비도덕적인 인식체제와 행동 가치를 도덕적인 인식체계와 행동가치로 변화시키는 활동이라는 점에서는 일반교육과 차이가 있으며 자발적인 교육이 아니고 강제적으로 시행되는 교육이라는 특성을 가진다(박길영, 2002:47).

3. 교정교육의 원리

교정교육의 원리란 수용자에게 교정·교화를 목적으로 교육활동을 전개하기 위한 교육방법의 기준을 의미한다. 이는 교정교육의 효과성을 높이기 위한 방안으로 다음과 같은 원리로 제시할 수 있다(송태호, 2001:3-4).

1) 인간존중의 원리

인간존중의 사상은 존 로크(John Locke)의 천부인권사상에서 찾아볼 수 있다. 그의 사상에 의하면 인간은 그 자체로서 가치가 있고 존엄하다고 말하고 있다.

민주주의의 기본 이념 중에서 개인존중의 덕목은 가장 중요하고 기본적 가치 로 인식하고 있다. 따라서 설령 범죄자일지라도 헌법과 법률이 정한 기본적 권리로서

이간다운 생활을 보장받을 권리는 지켜져야 한다. 이는 범죄자를 교정·교화시키는 데 중요한 것은 비록 범죄자도 독립된 인격체로 인정해 줄 때만이 그는 개과천선하려는 의욕을 가질 수 있게 된다. 만일 범죄자라고 해서 인격을 지나치게 무시하고 꾸짖는다면 그들의 성격은 오히려 공격적, 폭력적, 반감적 성향으로 더욱 왜곡되어 교정의 효과는 반감될 소지가 있다.

그러므로 교정교육은 범죄자의 인격을 존중하고 자주성을 키울 수 있는 방안을 강구해서 실시되어야 한다. 이는 범죄자에게도 바람직한 인간존중의 신뢰감을 심어줌으로써 스스로 범죄자 자신이 바람직한 방향으로 변화하도록 하자는 데 의도가 있다. 이러한 의미도 범죄자도 한 인간으로서 인간에 대한 신뢰와 존중이라는 인간존중의 사상으로 교정교육의 효과는 그만큼 더 증대될 수 있을 것이다.

2) 자기인식의 원리

교정교육은 교육자와 범죄자 간의 상호 인간관계를 통해서 이루어지게 된다. 따라서 교정교육자는 교육자 자신에게 인지된 인식을 통해 사고, 판단, 행동 등에 있어서 책임감을 지녀야 한다. 또한 능동적인 주체자로서의 인간관을 지녀야 한다. 자기자신을 잘 알지 못하는 교육자는 범죄자도 알지 못하기 때문에 범죄자의 교정 · 교화에도 효과적으로 도움을 줄 수 없다.

민주주의 사상은 성별, 연령, 학력, 빈부, 직업, 문화, 민족, 종교 등의 차이에도 불구하고 인간은 상호 평등한 인간으로 존중되어야 한다. 이는 교정교육에 대한 원리도 민주적인 절차와 방법에 의하여 실시되어야 하는 만큼 사사로운 편견이나 선입관은 배제되어야 한다.

결국 교정교육의 자기인식의 원리는 지피지기는 백전백승이라는 의미와도 같다. 따라서 모든 교정교육 지도자는 진정한 자기 자신의 존재의식을 갖고 범죄자의 교정교육에 임하여야 할 것이다.

따라서 교정교육 지도자는 교정교육에 확고한 의지와 가치를 지니고 임할 때에 교정교육 효과 또한 증진될 수 있을 것이다.

3) 자조의 원리

자조의 원리란 자기계발 또는 자기활동을 말하는데 이는 자립과 주체성 확립의 전제조건으로서 자발성의 원리라고 말할 수 있다. 이것은 재소자의 교정교육의 활동을 수동성에서 능동성으로 바꾼다는 점이다. 교정교육을 보다 효과적이고 효율적으로 하기 위해서는 교정교육 대상자인 범죄자의 자발성에 호소해야 한다.

그러나 수용자들은 자유박탈로 인한 구금생활로 확고한 신념도 없이 극히 불안하고 불안정한 정신상태에 있기 때문에 이들을 교정·교화시킨다는 것은 매우 힘든 일이라고 말할 수 있다.

하지만 교정교육의 목적이 범죄자에게 교정교육을 통한 정신적, 행동적 변화를 바라는 의도가 일반교육과 동일한 입장이라면 그들이 무엇 때문에, 왜 교정교육을 받아야 하는지에 대한 동기와 필요성에 대한 설득과 이해지도가 있어야만 교정교육의 효과가 극대화될 수 있다. 예컨대, 범죄자에 대한 교정교육은 그들이 갖고 있는 각종 해결과제들을 강요적인 방법보다는 그 해결과제들에 대한 다양한 정신적, 행동적 방안을 범죄자에게 제시해서 사정과 상황에 따라 가장 적절한 해결책이라고 판단되는 방법을 자기의사로서 결정하도록 해야한다. 이러한 방법만이 재범을 줄이고 갱생을 돕는 제1의 첩경이 될 수 있을 것이다. 그러므로 교정교육은 범죄자의 자발성에 호소해야만이 교정교육의 효과가 증대될 수 있다.

4) 신뢰의 원리

인간의 믿음은 서로 간의 벽(gap)을 좁혀주고 사랑과 이해를 동반하게 만든다. 마찬가지로 교정교육지도자와 범죄자 간의 상호신뢰 조성은 자신들이 서로 지니고 있는 왜곡된 감정을 바르게 볼 수 있는 계기가 될 수 있다. 범죄자의 경우 격리로 인한 자유상실, 명령에 의해 좌우되는 특수환경에서 심신상태는 비관과 체념 그리고 극도의 심신불안 상태에 놓일 수도 있다.

따라서 교정교육의 본질은 상호협력을 통한 문제해결이 바람직하기 때문에 교정교육 지도자와 범죄자가 함께 참가시키는 것이 중요하다. 더욱이 상호 신뢰는 범죄자에 대한 인간성의 존중과 그들의 사적 비밀을 지켜줄 때 조성될 수 있다. 그러므로 교정교육은 교정교육지도자와 범죄자의 믿음이 존재할 때 서로 간의 벽

(gap)이 허물어져 원만한 인간관계가 조성되어 교정교육의 효과가 증진될 수 있다.

따라서 교정교육의 시작은 교정교육 지도자와 수용자 간의 상호 신뢰 조성이 선행되어 상호 간의 불신의 벽(gap)을 허무는 것부터 시작되어야 할 것이다.

5) 개별화의 원리

개별화의 원리란 교육형주의에 입각한 현대 교정사조로서 이는 범죄인을 올바로 인식한 후에 그에게 적합한 교정처우를 실시해야 한다는 것을 의미한다.

인간이란 근본적으로 개인차가 있어서 모든 면에 동일하게 취급할 수 없다. 따라서 교정교육의 방법도 각각 범죄자의 직업, 적성, 능력, 유전이나 환경 또는 경험 등을 고려해서 적합한 요구수준에 다라 지도방법을 모색해야 한다.

이러한 이유는 범죄자 간의 개인적인 차이로 교정교육의 이해정도가 다르기 때문이다. 만일, 범죄자의 개성을 무시하고 획일화된 교정처우를 한다면 교정교육의 효과는 반감될 뿐만 아니라 오히려 범죄성을 조장시킬 우려가 있다. 따라서 이러한 문제점을 방지하고 교정교육의 효과적인 목적을 달성하기 위해 처우의 개별화는 당연히 필요하다고 말할 수 있다.

따라서 교정교육의 효과를 극대화하기 위해서는 첫째, 교정교육 지도자는 범죄자에게 독립된 인격체로 인정해 줄 수 있는 인간존중의 사상을 지녀야 한다. 둘째, 교정교육 지도자는 확고한 의지를 갖고 재소자를 지도할 수 있는 사람이어야 한다. 셋째, 교정교육은 강압적 방법보다는 범죄자 자신이 스스로 문제해결을 할 수 있도록 자발적 방법을 제시해 주어야 한다. 넷째, 교정교육은 교육지도자와 범죄자 간의 상호신뢰의 기반이 조성되어야 한다. 끝으로 교정교육은 범죄자에게도 개인차를 고려한 교정교육의 개별화 방안이 마련되어야 한다.

Ⅲ. 수용자 교정교육 현황

현재 우리나라에서 실시되고 있는 교정교육을 법무부에서 제시하고 있는 수용자 교육교화 운영지침(개정 2009. 8.20. 법무부예규 제862호)을 참고로 생활지도교육, 인성교육(정신교육), 학과교육, 대학교육·한자교육 등으로 구분하여 살펴보도록 하겠다.

1. 생활지도교육

수용자에 대한 생활지도교육은 신입자 교육과 석방 예정자 교육으로 나누어진다. 신입자 교육은 신입수용자의 수용생활에 필요한 교육을 통하여 구금으로 인한 초조와 불안 심리를 해소시키고 명랑하고 안정된 수용생활을 도모하고자 하는 교육이다.

신입자 교육의 대상자는 미결신입 수용자, 기결신입 수용자, 타 교정시설에서 이입된 수용자 등이다.

신입자 교육은 수용자가 입소한 날로부터 3일 이내에 시행하며, 1일 7시간 범위 내에서 미결신입자와 기결신입자(이입자 포함)를 구분하여 시행한다.

교육 내용은 신입자들이 수용환경에 조기 적응할 수 있도록 수용생활에 필요한 내용을 중심으로 하는데 미결신입자에게 중점적으로 교육하는 사항으로는 수용생활 안내(접견, 서신, 청원, 상담, 신문구독 등), 거실생활 내용(동작시간, 점검, 식사, 거실정돈, 금지사항 등), 위생관리(운동, 목욕, 이발.면도, 진료.치료 등), 영치 및 구매물 신청절차, 출정시 행동요령(사복착용 등), 소송서류 작성 및 국선변호인 선임 안내, 부당행위에 대한 신고(이른바 신입식 등 규율위반 행위) 등이다.

또한 기결 신입자는 수용 및 거실생활 안내, 분류처우제도, 수용자의 권리와 의무에 관한 행형법규, 명적업무 및 가석방제도, 교육 및 신앙생활, 교도작업 및 직업훈련, 급식 및 생활필수품 급.대여, 상담, 청원 등 고충처리 제도 등을 중점적으로 교육한다.

만기석방 예정자 교육은 형기종료일이 임박한 수용자에 대하여 사회복귀에 필요한 교육을 실시함으로써 갱생의욕을 고취시키고 출소와 동시에 정상적인 사회생활을 할 수 있도록 하고자 하는 교육이다.

만기석방 예정자 교육은 형기종료 1개월 전 수용자를 대상으로 하며 외국인, 노역장유치자, 심신미약자는 제외한다. 만일 교육대상자가 10명 미만일 경우에는 형기종료 2개월 전인 수용자로 교육반을 편성할 수 있다.

교육기간은 3일간 전일교육으로 시행하며, 정신수련에 유익한 내용 40%, 사회생활에 필요한 내용 60%의 비율로 과정을 편성한다.

정신수련에 유익한 교육내용으로는 출소자의 정신자세, 참된 삶, 종교 및 신앙생활, 결의문 발표 등이며, 사회생활에 필요한 교육내용으로는 창업 및 취업정보, 생활상식(주민등록증 취득, 주택임대차 보호법 등), 갱생보호 및 보호관찰제도, 법률구조제도, 생활계획 수립, 기타 사회적응력 향상 및 자립기반조성에 필요한 과목 등이 있다.

가석방예정자교육은 가석방예정자를 대상으로 사회복귀에 필요한 교육을 실시하여 개선 의지를 새롭게 하는 계기를 부여하고 출소와 동시에 정상적인 사회생활을 할 수 있게 함으로써 궁극적으로는 재범을 방지하고 하는 교육이다. 이 교육은 가석방예정자로 선정된 수용자를 대상으로 각 기관별로 시행한다.

가석방 예정자 교육은 만기석방예정자에 대한 교육내용을 준용하여 10일 이내에서 시행한다. 다만, 사회봉사훈련을 50%로 편성하여야 한다. 교육은 전일교육으로 하며 교육수료와 동시에 가석방증을 교부할 수 있도록 교육계획을 수립한다.

최근에는 석방예정자 교육을 수용자 취업 및 창업교육으로 개편하여 장기수용자의 경우 사회변화 및 경제동향, 취업 및 창업 정보를 제공하고, 단기 수용자에게 자신감 회복을 돕는 출소자 성공사례 강연 등을 편성하고 교육을 실시하고 있다.

2. 인성교육(정신교육)

수용자 정신교육은 수용자의 건전한 민주의식과 준법정신을 함양시키고 인격도야와 개과천선을 촉진시키기 위하여 1970년부터 시작된 새마을 정신교육의 근면,

자조, 협동 정신을 계승하여 실시되어 왔다.

정신교육은 수용자의 나태, 부도덕성 및 타성에 젖은 의식구조를 개선하고 건전한 생활기풍을 조성함과 아울러 준법정신을 생활화하는 것을 목표로 한다. 정신교육은 수용자에 대한 건전한 인격형성과 심신단련을 도모하는 한편 수용생활 및 사회복귀에 필요한 내용을 교육하기 위한 것이다.

정신교육은 소속 간부 직원으로 구성된 교관단을 편성하여 교육을 시행하되, 필요하다고 인정될 때에는 외부 인사를 강사로 활용할 수 있다. 외부강사는 사회 저명인사 또는 해당분야의 전문가를 초빙하며 예산의 범위 내에서 수당을 지급 할 수 있다. 외부강사가 교정시설을 출입하는 경우 신속하고 친절하게 안내하는 등 교육에 지장이 없도록 세심한 배려를 하여야 한다.

정신교육은 모든 수용자를 대상으로 매년 1회 2주간 시행하였다가 2008년부터는 1주간(15시간 이상) 시행하고 있다. 교육평가 결과 성적이 일정 기준에 미달하는 자에 대하여는 교육기간 및 횟수를 증가하여야 한다. 단, 학과교육.외국어교육.직업훈련을 목적으로 집금된 자와 외부 통근작업이나 외부 출장 직업훈련을 시행중인 자는 교육기간을 1주로 단축할 수 있다.

또한 60세 이상자, 노역장유치자 및 외국인, 공안 및 공안관련사범, 기타 신체장애 등으로 교육에 부적합하다고 인정되는 자는 교육을 면제할 수 있으며, 환자로서 교육을 감내할 수 없을 때, 징벌집행 중에 있거나 규율위반혐의로 조사 중일 때, 성격특이자 등으로 분류되어 독거수용 중일 때, 임산부, 기타 교육을 이수하지 못할 특별한 사유가 있을 때는 그 사유가 해소될 때까지 교육을 보류하여야 한다.

교육과정은 수용자의 건전한 인격형성을 촉진하고 정신수련 및 신체단련에 필요한 과목을 중심으로 편성하는데 수용자 정신수련에 필요한 교육과목은 다음과 같으며, 정신수련과목 90%, 단체적응 및 신체단련 종목 10%의 비율로 편성한다.

〈표 1〉 정신수련 및 신체단련에 필요한 과목

구 분	정신수련	단체생활 적응 및 신체단련
교육과목 내용	1. 통일 및 국가관 확립 2. 민주시민의식 및 준법정신 함양 3. 인간의 존엄성 및 충.효.예의 생활화 4. 마약의 폐해 5. 직업윤리 6. 신앙과 인간생활 7. 갱생 성공사례 8. 국민생활과 경제 9. 지식 정보화사회 10. 기타 정신수련에 필요한 과목	1. 건전가요 및 레크레이션 2. 건강체조 등 생활체육 3. 제식훈련 및 구보 4. 선착순 달리기 등 신체훈련(PT체조 등) 5. 기타 단체적응 및 체력단련에 적합한 종목

정신교육은 전일교육으로, 1회 교육시행 인원은 50명 내외로 편성한다. 다만, 연간 교육대상 인원 및 교육시설 등을 감안하여 1회 교육 인원을 증감할 수 있다.

평가는 교육효과 측정에 필요한 시험을 시행하여야 하며 일일자성록 및 결의문을 징구하여 평가에 반영하여야 한다. 정신교육 평가는 절대평가 방식으로 하며 평가할 내용 및 배점비율은 다음과 같다.

〈표 2〉 정신교육 평가내용 및 평가비율

평가내용	배점비율
1. 교육결과(교육성적 등)	30%
2. 단체적응도(화합, 동료애 등)	20%
3. 반성도(자성록 내용 등)	10%
4. 개선의지(결의문 내용)	10%
5. 교관단 가점(규율준수, 교육열의)	20%
6. 수용생활(성실도 등)	10%

평가결과에 의거 교육생의 개선가능성을 측정하여야 하는데, 이때의 측정은 100점을 만점으로 하며 다음과 같이 구분한다. 그리고 이러한 평가를 담당하기 위하

여 교관단을 포함한 3명 이상으로 "정신교육평가회의"를 구성하여야 한다.

1. A급(개선가능자) : 60점이상
2. B급(개선미흡자) : 40점~59점
3. C급(개선곤란자) : 39점이하

평가결과 성적이 우수한 교육생은 자체 포상하고 행형성적 및 처우에 반영한다. 반면 C급(개선곤란)에 해당하는 수용자는 당해 기관에서 시행하는 차기 교육에 편입하여 재교육을 실시한다. 다만, "특정강력범죄의처벌에관한특례법" 제2조의 "특정강력사범"은 청송제2교도소로 이송 신청하여 제2단계 정신교육에 편입하여야 한다.

또한 재교육을 받은 수용자의 성적이 C급(개선곤란)에 해당할 때에는 정신교육불량자로 청송제2교도소에 이송 신청하여 제2단계 정신교육에 편입하여야 한다. 정신교육 이수사항은 당해 수용자의 신분카드에 기록된다.

제2단계 정신교육은 청송제2교도소장이 시행한다. 제2단계 정신교육 대상자는 특정강력범죄의처벌에관한특례법 제2조의 특정강력사범, 제1단계 정신교육 평가결과 재교육 성적 불량자, 규율위반 등 문제수용자 시찰판정에 의거 청송 제2교도소에 이송된 자이다.

제2단계 정신교육은 전일교육으로, 4주간 시행하며, 교육과정은 정신수련 교육과목 70%, 단체생활 적응 및 신체단련 교육종목 30%의 비율로 편성된다. 평가결과 A급으로 분류된 자는 정신교육 우수자임을 명시하여 이송신청을 하여야 하며 B급 및 C급으로 분류된 자는 재교육(제3단계 정신교육이라 함)을 시행한다.

제3단계 정신교육은 청송제2교도소장이 실시하며 대상자는 제2단계 정신교육 평가결과B급 및 C급으로 평가된 수용자들이다. 제3단계 정신교육은 전일교육으로 4주간 시행하며, 교육과정은 정신수련 교육과목을 60%, 단체생활 적응 및 신체단련 교육종목을 40%로 한다.

제3단계 정신교육의 평가결과 A급으로 분류된 자는 정신교육 우수자로, B급 및 C급으로 분류된 자는 교육불량자임을 명시하여 이송을 신청할 수 있다. 다만, 규율위반 등 문제수용자 시찰판정에 의거 청송 제2교도소에 이송된 자는 예외로 한다. 또한 평가결과 이송된 수용자에 대하여는 1년 이내에 정신교육을 위하여 청송제2교도소로 재이송할 수 없다.

2008년부터 정신교육은 인성교육으로 그 명칭을 변경하였고 교육내용도 감수성 훈련, 인간관계 회복, 도덕성 회복, 시민의식 및 준법정신 함양 등을 포함하고 있다.

3. 학과교육

수용자 학과교육의 기본목표는 일반학교의 교육목적과 크게 다를 바 없으나, 그 대상자가 범죄를 행한 수용자로서 특수성을 갖는 만큼 구금으로 인한 학업중단 사례를 방지하고 지적능력을 개발, 배양시켜 인격도야와 개과천선을 촉진하여 성공적으로 사회에 복귀(재통합)할 수 있게 하는데 그 기본목표를 두고 있다(남상철, 2000:140).

학과교육은 수용자의 학력정도에 따라 학교과정교육, 검정고시반교육, 방송통신교육 등으로 구분하여 실시하며, 교정시설에 있는 동안 학업을 계속할 수 있도록 하는데 목적을 두고 있다.

대상자는 각 교육과정의 선정요건을 기준으로 교육 대상 수용자를 선정하되, 각 교육과정별 교육을 신청하는 수용자가 교육정원을 초과하는 경우에는 선발시험을 거쳐 고득점자 순으로 선발할 수 있다. 이때 교육개시일을 기준으로 잔여 형기가 1 년 미만인 자이거나 그 밖에 집합수용 및 교육 분위기를 저해할 우려가 있다고 소장이 인정하는 자는 교육생으로 선발하거나 추천할 수 없다.

교육의 효과를 높이기 위하여 소장은 교육실의 설치, 환경의 개선, 교육생을 위한 거실의 별도지정, 교육용품 지급 등 교육관리에 필요한 조치를 강구하여야 하며, 특별한 사유가 없는 한 교육생을 다른 기관으로 이송할 수 없다. 또한 교육목적을 위하여 필요하다고 인정되는 경우에는 외부강사를 초빙하여 교육을 담당하게 할 수 있다.

각 과정의 수업일수는 연간 220일 이상이며, 1일 4시간 이상(수업시간에는 작업 이 면제됨), 주 26시간 이상을 이수하여야 한다. 소장은 주 5일 근무제를 실시하고 천재지변 또는 교육 진행상 필요하다고 인정되는 때에는 수업일수를 감축하거나 교육과목을 조정할 수 있다.

학급편성은 매년 초 교육과정별로 학급을 편성하는데 이 경우 학급당 인원은 40 명 이내로 한다. 교재는 교육인적자원부장관이 검정 또는 인정한 교과용 도서 및 보완교재 중에서 선정한다. 다만, 필요하다고 인정하는 경우에는 적합한 교재를 직접 발행하거나 그 밖의 참고도서를 교재로 활용할 수 있으며 이에 필요한 교재 및 학용품 등을 지급하거나 대여할 수 있다.

학과교육의 담당은 학습지도능력이 있는 교회직(敎誨職)공무원을 선발하여 담당하게 하되, 필요한 경우에는 교회직이 아닌 소속공무원으로 하여금 교육을 담당하게 할 수 있다.

또한 학과교육 과정 중에 있는 교육생의 학습능력을 측정하기 위하여 연 2회 이상 평가시험을 실시한다. 평가시험 결과 성적이 우수한 교육생에 대하여 포상을 할 수 있으며 반대로 평가시험 결과 수학능력이 현저히 부족하다고 인정되는 교육생에 대하여는 그 선정을 취소할 수 있다.

학교과정 교육 중 초등과는 초등학교 중퇴정도 학력의 수용자를 대상으로 기초적인 과목을, 중등과는 초등학교 졸업정도 학력의 수용자를 대상으로 중학교 과정에 준하는 필수적인 과목과 기초직업 훈련과목을, 고등과는 중학교 졸업정도 학력의 수용자를 대상으로 고등학교 과정에 준하는 필수적인 과목과 고급기능훈련에 필요한 과목을 교육하고 있다. 다음은 학교과정 교육의 교육대상, 교육과정, 과목 등이다.

〈표 3〉 학교과정 교육의 교육대상·교육과정·과목

과정별	교육대상	교육내용	과 목	수업기간
초등과	- 한글해독 및 문장작성 능력이 없거나 기초수리 능력이 없는 자 - 초·중등교육법에 의한 초등학교 과정을 졸업하지 아니한 자	- 한글해독, 기본문장표현, 기초수리계산 등 - 초등학교 교육 과정에 준하는 기본적 능력 배양	- 도덕, 국어, 수학, 사회, 자연, 체육, 음악, 미술, 실과, 영어 등	1년

중등과	- 초·중등교육법에 의한 초등학교 졸업자 또는 이와 동등 이상의 학력이 있다고 인정되는 자	- 중학교 교육과정에 준하는 필수적인 내용 및 직업훈련에 필요한 기본 교육	- 고등학교입학 자격 검정고시 과목 - 도덕, 국어, 수학, 사회, 과학, 영어 - 선택Ⅰ - 선택Ⅱ	1년
고등과	- 초·중등교육법에 의한 중학교 졸업자 또는 이와 동등이상의 학력이 있다고 인정되는 자	- 고등학교 교육과정에 준하는 필수적인 내용 및 고급기능훈련에 필요한 기본교육	- 고등학교졸업 학력 검정고시 과목 - 윤리, 국어, 국사, 공통수학, 공통사회, 공통과학, 공통영어 - 선택Ⅰ - 선택Ⅱ	1년

1994년부터 2008년까지의 각 교육과정 참여인원 현황은 다음과 같다.

〈표 4〉 수용자 학과교육 참여인원

연도	계	초등과	중등과	고등과
1994	1,050	503	340	207
1995	1,531	429	524	578
1996	1,399	493	413	493
1997	1,473	390	538	545
1998	1,633	558	519	556
1999	2,168	180	882	1,106
2000	1,478	145	564	769
2001	1,595	250	545	800
2002	1,595	250	545	800
2003	1,595	250	545	800
2004	1,500	150	500	850
2005	1,384	365	383	636
2006	698	121	172	405
2007	475	45	170	260
2008	608	98	181	329
계	20,182	4,227	6,821	9,134

주: 1. 법무부 교정본부 통계

2. 피보호감호자 포함

교육생이 교육과정을 수료하거나 교육기간 중이라도 학업성적이 일정 수준에 도달하였다고 인정되는 경우에는 각 시.도 검정고시위원회가 시행하는 검정고시에 응시하게 할 수 있으며, 교육기간 중이라도 검정고시에 합격한 교육생을 해당 교육과정을 조기 수료시키거나 상위 교육과정에 임시 편입시킬 수 있다.

중등과 및 고등과 교육을 효율적으로 실시하기 위하여 학과교육 중점실시기관을 지정·운영할 수 있는데, 이 경우 지방교정청장은 여러 기관에서 학과교육 중점교육대상자를 선정하여 중점교육기관에 집합시킨 후 교육을 실시할 수 있다.

소장은 고등학교 졸업 또는 이와 동등 이상의 학력이 인정되는 수용자를 대상으로 대학입학시험 준비반을 편성.운영할 수 있게 하고 있다. 또한 중학교 졸업 또는 이와 동등 이상의 학력이 인정되는 수용자가 한국방송통신고등학교를 지원하여 합격한 때에는 방송통신교육과정의 교육생으로 선정할 수 있다. 이때 선정된 교육생 을 수용하는 거실에 교육방송을 청취할 수 있는 시설을 설치하는 등 방송 및 통신에 의한 교육이 효율적으로 시행될 수 있도록 하여야 한다.

4. 대학교육, 외국어 교육 등

고등학교 졸업 또는 이와 동등한 학력이 있는 수용자에게 학사학위 취득 기회를 부여하기 위하여 전국 교정기관 중 11개 중점 교육기관을 선정하여 연평균 약180여명을 교육하고 있다.

교정시설 내에 전문대학 위탁교육과정을 설치하여 청주교도소 주성대학, 순천교도소 청암대학 등 2개 대학에서 약 160여명을 교육하고 있다.

전문대학 위탁교육과정의 대상자 선정 요건은 고등학교 졸업 또는 이와 동등 이상의 학력이 있다고 인정되는 자, 교육개시일을 기준으로 형기의 3분의 1(무기형인 경우에는 7년 이상을 말한다) 이상이 경과하고 잔여 형기가 2년 이상인 자, 그 밖에 학습의욕 등을 감안하여 소장이 필요하다고 인정하는 자 중에서 전문대학 위탁교육 과정에 지원하여 합격한 자이다.

전문대학 위탁교육에 소요되는 비용은 교육생의 자비부담이며, 선정된 교육생이 해당 학기 수강신청 교과목 중 3과목 이상에서 학점이 미달한 경우에는 교육생

선 정을 취소할 수 있다.

소장은 수용자에게 방송통신에 의한 고등교육기회를 부여하기 위하여 방송통신대학교육과정을 설치할 수 있도록 하고 있는데 여주교도소 등 4개 교정시설에서 약110명이 교육을 받고 있다.

대상자 선정 요건은 고등학교 졸업 또는 이와 동등 이상의 학력이 있다고 인정되는 자, 교육개시일을 기준으로 형기의 3분의 1(무기형인 경우에는 7년 이상을 말한다) 이상이 경과하고 잔여 형기가 2년 이상인 자, 그 밖에 학습의욕 등을 감안하여 소장이 필요하다고 인정하는 자 중에서 한국방송통신대학교를 지원하여 합격한 자 이다.

교육생의 출석수업은 한국방송통신대학교에서 주관하는 대체시험으로 갈음하며, 방송통신대학교 교육에 소요되는 비용은 교육생의 자비부담으로 한다. 선정된 교육생이 해당학기 수강신청 교과목 중 3과목 이상에서 학점이 미달한 경우에는 교육생 선정을 취소할 수 있다.

소장은 수용자에게 독학에 의한 학위취득 기회를 부여하기 위하여 독학에 의한 학사학위취득 교육과정을 설치할 수 있다.

대상자 선정 요건은 고등학교 졸업 또는 이와 동등 이상의 학력이 있다고 인정되는 자, 교육 개시일을 기준으로 형기의 3분의 1(무기형인 경우에는 7년 이상을 말한다) 이상이 경과하고 잔여 형기가 2년 이상인 자, 그 밖에 학습의욕 등을 감안하여 소장이 필요하다고 인정하는 자 중에서 학사고시반 교육이 필요하다고 인정되는 수용자에 대하여 교육생으로 선정할 수 있다.

학사고시반 교육은 독학에 의한 자율학습을 원칙으로 한다. 다만, 학습 효과를 높이기 위하여 집합교육 및 외부강사에 의한 보충교육을 시행할 수 있다. 학사고시반 교육에 필요한 비용은 자비부담을 원칙으로 하며, 선정된 교육생이 교육생으로 선정된 후 2년 동안 독학시험을 한 단계도 합격하지 못한 경우에는 교육생 선정을 취소할 수 있다.

급변하는 국제화시대의 사회환경에 능동적으로 대처할 수 있도록 하며, 실생활에서 활용도가 높은 외국어 및 한자 교육을 실시하고 있다. 외국어 교육은 전문교육과 생활영어교육으로 구분하며, 전문교육의 경우 영어, 일본어, 중국어를 중심으로 1~2년의 교육기간을 정하여 여주교도소 등 3개 교정시설에서 120여명의 수용자를 대상으로 운영하고, 생활영어교육 및 한자교육은 전 교정기관의 수용자를 대상으로 실시하고 있다.

교육대상은 모든 수용자가 대상이 되며, 이 경우 자체 방송시설을 이용하거나 일일학습량을 정하여 각 거실단위로 시행할 수 있다. 전문교육과정은 학습의욕 및 학습능력이 있다고 인정되는 수용자를 대상으로 시행하되 전문강사가 교육에 필요한 시설 및 기자재를 갖추고 행한다.

또한 대전교도소 등 3개 교정시설에서 외국인을 대상으로 연평균 100여명에게 한국어 특별교육을 실시하여 기초적인 의사소통을 가능하게 하고 한국문화와 역사를 이해시키는 등 사회적응력 향상을 기하고 있다.

Ⅳ. 교정교육 활성화 방안

1. 생활지도교육

생활지도는 입소할 때와 만기가 되었을 때 실시되는데 입소할 때는 앞으로의 수용생활에 대한 안내를 하고 만기가 되었을 때는 출소 후의 사회생활에 대한 안내를 한다. 교정시설 입소 후 처음하는 교육이자 출소 전의 마지막 교육으로서 그 중요성의 비중이 크지만 실제로는 그 중요성에 비하여 성의없이 형식적으로 이루어지고 있다는 지적이 있다.

신입자 생활지도를 보면 이 교육은 신입수용자의 불안감을 해소하고 교정처우의 내용을 정확히 이해시켜 각종 사고 예방은 물론 교정교육의 성과를 제고하는데 주안점이 있다. 학과교육, 직업훈련 등이 교정교육의 각론적 의미가 있다면 신입자 생활지도는 교정교육 전반에 대한 이해도를 높여 바른 생활자세를 확립 하려는 교정교육의 총론적 의미가 있다고 할 수 있다(주세현, 2000:75).

그러나 이러한 중요성에 비해 교육기간이 단 2일로 너무 짧다. 또한 초범자와 누범자 구별없이 앞으로의 수용생활에 대한 안내를 하는 것은 효율적이지 못하다.

누범자의 경우는 이미 수용생활을 경험하였기 때문에 이미 알고 있는 내용에 대한 교육이므로 시간낭비일 수 있다.

따라서 신입자 생활지도 교육의 경우, 초범자와 누범자를 구분하여 따로 교육을 실시하여야 한다. 초범자들에게는 수용생활에 대한 안내로 현재의 교육과정을 그대로 실시하고, 누범자들에게는 수용생활에 대한 안내와 같은 이미 알고 있는 내용이 아닌 앞으로의 생활 계획에 대한 고민을 상담한다든지 교정에 도움이 될 수 있는 간담회를 실시하는 것이 필요하다.

교육기간에 있어서도 현재의 2일은 너무 짧으므로 최소한 일 주일 정도로 연장하여 앞으로의 수용생활에 잘 적응하는데 도움이 될 수 있는 실질적인 교육이 될 수 있도록 해야 한다. 강사들도 우수한 능력을 갖춘 전문인들을 초빙하여 교육 효과를 더욱 높일 수 있도록 하여야 할 것이다.

또한 만기석방예정자 생활지도는 그동안의 수용생활을 정리하고 출소 후 사회생활에 대한 자신감과 재활의지를 확고하게 하여 사회생활의 적응력을 키우기 위한 교육이다. 그런데 이들의 교육을 담당하고 있는 강사들 대부분은 시설 내의 직원들이어서 교육 내용이 부실하고 형식화·획일화되어 있어 수용자 출소 후 건전한 생활자세 확립에 별 도움이 되지 못하고 있는 실정이다.

따라서 이러한 문제점들을 해결하고 교정교육이 알찬 결실을 맺기 위해서는 생활지도 교육이 형식성에서 벗어나 보다 내실있게 운영되어야 한다. 그러기 위해서는 먼저 교정시설 관리자로부터 교육 담당 실무직원에 이르기까지 생활지도 교육의 중요성에 대한 인식을 확고히 하고 생활지도 교육이 신입 수용자에게 수용생활 중의 교화활동을 총정리하는 귀결점이 되도록 해야 한다(주세현, 2000:75).

2. 인성교육(정신교육)

현대적 학습방법은 학습자의 직접적인 행동의 변화를 시도하는 것이 특징이다. 그리고 교정교육의 방법은 행동의 변화에 있다. 여러 교정교육이 이러한 교육의 원리에 충실하도록 하여야 하는네 그 중에서도 수용자 인성교육이 이러한 원리에 대한 접근이 보다 쉽다. 그 이유는 정신교육의 목적이 정신감화를 통한 행동의 변화를 유도하는데 있기 때문이다.

따라서 자발성의 원리, 개별화의 원리, 사회화의 원리, 직관의 원리 등 학습 지도원리를 바탕으로 교육의 궁극적인 목적인 인간행동의 변화를 유도하여야 하는데 이를 위해서는 언어위주의 학습에서 탈피하고 현실세계의 구체적인 사물 또는 그 상태와 결부되는 학습지도 방법이 필요하다(박길영, 2002:105).

수용자들의 인성교육에 있어서 보다 효과적인 교육이 이루어지기 위해서는 전문강사에 의한 교육이 이루어져야 한다. 현재 강사초빙에 따른 예산이 확보되어 있기는 하지만 예산이 너무 적은 관계로 인하여 수용자들에게 교정교육에 꼭 필요한 전문강사 확보가 어려운 실정이다.

그리고 인성교육을 통하여 수용자들에게 긍정적인 결과를 얻었지만 해당과목들의 프로그램이 경직화되어 있다는 문제점이 제기되고 있고 또 계속해서 반복되는 과목을 청취함으로써 오는 교육의 효과가 반감되는 현상도 나타나고 있다.

또한 근로 적응훈련 실시에 있어서도 예산상의 확보가 전혀 되어있지 않은 실정이어서 문제점으로 지적된다(주세현, 2000:75).

인성교육은 단순한 강의식 교육보다는 다양한 교육 매체와 프로그램을 활용하여 수용자들의 인격개조라는 수용자 인성교육의 목표를 달성할 수 있도록 해야한다.

수용자의 인성교육은 올바른 인성을 갖추도록 함으로써 교정·교화의 효과를 가져올 수 있게 하는 중요한 교육이다. 이에 보다 다양한 교육 프로그램과 충분한 재원 투자로 보다 효과적인 교정교육이 될 수 있도록 해야 할 것이다.

3. 학과교육

교도소에 수용자들의 교육복지 욕구는 그다지 높지 않다. 그러나 이는 그들이 교육을 받고자 하는 의욕이 없어서가 아니라, 전과자로 낙인이 찍혀 사회의 냉대를 받아야 하는 입장에서 교육욕구는 사치라고 판단한 자포자기의 결과라고 판단된다. 따라서 수용자들이 사회에 복귀한 후에도 계속해서 교육을 받을 수 있는 환경과 기반을 구축할 필요가 있으며, 학과교육도 이점과 연관시켜 파악해야 한다.

즉 학과교육은 단지 졸업장의 취득에 그 의의가 있는 것이 아니라 사회복귀 이후 계속적으로 교육을 받을 권리와 기회를 수용자에게 부여한다는 의미도 있다. 그러나 교도소 출소 이후 이들에게 교육을 받을 권리를 제대로 보장하고 있는지도 의문이다. 교도소에서의 학과교육 도중에 중도 퇴소하는 수용자들에게 일반학교에 편·입학 할 수 있는 제도가 법적으로 규정되어 있기는 하지만, 교도소 수용기간의 공백을 극복하고 학교수업에 적응하기는 쉽지가 않다. 따라서 대안학교 등 교도소 출소자들을 위한 교육프로그램이 마련되어야 하며 이를 위한 행정적·재정적 지원이 이루어져야 한다(이영우, 2002:126).

또한 학과교육은 현재 담당 직원의 부족과 함께 외부 강사 초빙에도 예산상의 문제로 어려움을 겪고 있으며, 각 기관이 도심지와 떨어져 있어 각급 학교, 학원 등 유관 기관과의 협조체제 유지에 어려움이 있다. 시설과 학습기자재에 있어서도 학과교육대상 수용자들이 일과 후 자습을 할 수 있는 시간이 보장되어 있지 않고 책상, 교육자재, 라디오 등의 교육용구도 부족한 상황이다.

뿐만 아니라 소년 수용자의 경우, 학력취득 위주의 교육과정으로 인격함양과 민주시민으로서의 자질을 배양하려는 학과교육 본래의 취지에서 벗어나 강의 및 자습을 통한 학습능력 향상에 치중한 나머지 교사에 의한 감화나 생활지도가 어려운 제도적 문제점도 안고 있다(주세현, 2000:72).

이러한 문제점을 해결하기 위해서는 학과교육 중심의 교정시설 몇 군데를 지정하여 학과교육을 원하는 수용자들이 모여서 집중적으로 교육을 받을 수 있게 하는 방안을 검토해볼 만하다. 교육에 필요한 다양한 교육 시설, 설비 등을 지정된 교정시설에 설치하게 되면 재원적인 측면에서도 효율적일 수 있으며 학과교육이 집중적으로 이루어져 보다 효과적일 수 있다.

4. 대학교육, 외국어 교육 등

대학교육의 경우 그 인원이 제한적이어서 수용자의 교육 욕구를 제대로 충족 시켜줄 수 없다. 그러나 수용자들의 교육권 보장을 위해서는 보다 많은 대학 교육의 기회를 제공해야 한다.

법무부 교정국이 1996년부터 2000년까지의 5년간 가석방자에 대한 출소 후 5

년이내의 가석방자 재입소율을 조사한 바 있는데, 그 중 대입합격을 한 가석방자 13명 중에서 재범자는 없는 것으로 나타났다(정유철, 2004:122). 또한 고학력 범죄자의 경우 재범률이 낮다는 독일 록켄베르크 교정시설에서의 연구결과를 보더라도 학과교육을 통한 수용자의 학력 증진은 교정·교화에 매우 효과적인 것을 알 수 있다. 따라서 현재 실시 중인 대학교육의 기회를 보다 많은 수용자들이 누릴 수 있도록 하는 노력과 지원이 절실하다.

또한 다양한 교과목이 개설될 수 있도록 하고 적성을 살려 교육을 받을 수 있도록 하여야 한다. 그리고 대학 교육과 관련된 많은 참고도서와 서적, 자료들을 접할 수 있도록 도서관을 보다 확충해 나가야 가며 나아가 집중하여 공부할 수 있도록 조용하고 안락한 분위기의 독서실을 많은 수용자들이 이용할 수 있도록 하는 노력도 필요하다.

Ⅴ. 결론

수용자들의 교정교육은 출소 후 사회적응의 성패에 영향을 미치며 이들의 교육권 보장 차원에서도 우리가 분명히 관심을 두어야 할 분야이다. 특히 최근의 형벌은 응징이 아닌 수용자들의 건전한 사회복귀를 위한 교정교화에 중점을 두면서 교정교육의 역할은 매우 중요해 졌다. 그러나 교정시설에서의 교정교육은 예산 부족, 전문 인력 부족, 시설 및 기자재 부족 등으로 형식적, 비현실적으로 이루어지는 경우가 많다.

따라서 수용자의 성공적인 재사회화와 더불어 수용자들의 교육권을 보장하고 보호해 주기 위하여 교정교육은 다음과 같은 문제점들이 먼저 해결되어야 한다. 우선 생활지도 교육의 경우 먼저 교정시설 관리자로부터 교육 담당 실무직원에 이르기까지 생활지도 교육의 중요성에 대한 인식을 확고히 해야 한다. 또한 교육과정을 이원화 하여 초범자와 전과 경력자를 구분해서 교육하고 교육기간을 일주일 정도로 연장해야 하며 능력이 인정된 전문강사를 초빙하여 교육 효과를 높일 수 있도록 해야 한다.

인성교육에 있어서는 교정교육에 꼭 필요한 전문강사를 초빙하여야 하며 단순한 강의식 교육에서 벗어나 다양한 교육 기자재와 매체를 활용한 다양한 프로그램이 제공되어야 하는데 이를 위해서는 과감한 예산 배정이 요구된다.

학과교육에 있어서는 보다 효율적인 교육이 될 수 있도록 학과교육 중심 교정시설을 따로 지정하여 집중적인 재정 투자로 교육에 필요한 다양한 교육 시설, 설비 등을 갖추어 놓고 수용자들의 교육권 보장을 위하여 학과교육을 원하는 수용자들은 누구든지 교육을 받을 수 있도록 해야 한다.

대학교육의 경우도 보다 많은 수용자들이 대학교육을 받을 수 있는 기회를 부여해 주고 다양한 교과목 개설 및 전공 확대를 통하여 최대한 적성을 살려 교육을 받을 수 있도록 해야 한다. 또한 도서관을 확충하여 대학교육에 도움이 될 수 있는 많은 문헌들을 갖출 수 있도록 하고 조용한 분위기에서 공부할 수 있는 공간으로서 독서실 등을 마련해 주어야 한다.

이외에도 교정교육이 그 본래의 목적을 달성하고 수용자의 교육권 보장을 위해서는 수형자 개개인의 특성에 맞는 프로그램이 개발·운영되어야 하며 하루가 다르게 급변하고 있는 다양한 사회환경을 고려하여 이에 보조를 맞출 수 있도록 교정교육 프로그램이 될 수 있도록 해야 한다.

그리고 수용자의 교육권 보장을 통한 교정교육이 무용지물이 되지 않도록, 즉 수용자가 출소 후 사회에 잘 적응할 수 있도록 우리 사회는 전과자에 대한 편견과 선입관을 없애고 이들을 포용하는 태도를 가져야 한다. 수용자들에 대한 직접적인 교정교육도 중요하지만 우리 모두가 성숙된 시민의식을 가지고 수용자들을 따뜻한 애정과 관심으로 대하며 이들이 재사회화에 성공할 수 있도록 돕는다면 이들의 교육권 보장으로 인한 교정교육의 효과는 빛을 발할 수 있을 것이다.

02장 회복적 사법과 인권

제1절 회복적 사법

Ⅰ. 회복적 사법의 개념

1. 회복적 사법의 기초 개념

사전적인 의미로서 회복적 사법(原狀回復, Wiedergutmachung)은 어떠한 사물이나 사실관계를 본래의 상태로 되돌려 놓는 것을 의미한다. 이에 따라, 범죄가 발생한 경우 회복적 사법은 범죄행위로 인하여 발생한 손해(침해의 결과)를 피해자에게 직접 또는 간접으로 상쇄함으로써 법익을 침해 이전의 상태로 돌려놓는 것을 말한다.

여기서 회복적 사법의 의무는 두 가지 요소가 있음을 알 수 있다. 첫째는 회복적 사법은 행위결과로서 '손해'를 전제로 하며, 둘째로 회복적 사법은 손해의 '상쇄를 위한 급부'를 필요로 한다는 것이다(장규원, 1992: 108-110:Bundesministeriumder Justiz(Hrsg.) Schadenwiedergutmachung im Kriminalrecht, 1988, S. 1 If. : Muller-Dietz, 1993 : 21). 여기에서 손해는 반드시 민법 적으로 청구 가능한 손해에 한정하지 않으며, 손해 또한 반드시 민법 적으로 청구 가능 급부도 여러 가지를 생각할 수 있다. 절도범이 훔친 물건을 그대로 반환하는 전형적이며 가장 단순한 형태뿐만 아니라 현실적으로 민사법의 영역에서 저하고 있는 금전 배상, 이외에 사과의 의사표시나 노력 봉사도 경우에 따라서는 충분히 회복적 사법의 방법이 될 수 있다. 이러한 뜻에서 사회에 대한 손해를 상쇄하는 방법으로는 사회봉사나 공익을 위한 기탁금의 납부 등과 같은 형태도 가능하며, 범죄자 개인의 급부가 아닌라도 제3자의 대납(代納)이나 보험, 또는 범죄피해자보상제도와 같이 국가의 사회보장적 배려에 의한 원상복고도 이야기할 수 있다.

회복적 사법의 개념 정의는 바라보는 관점에 따라 서로 달리 정의할 수 있다. 예컨대, 피해자 중심의 회복적 사법 개념에서는 "피해자의 손해", 행위자 중심의 회복적 사법 개념에서는 "행위결과", 그리고 화해 중심의 회복적 사법 개념에서는 "사회적 갈등"이 개념 정의의 중심이 될 것이다. 이것이 단순한 뉘앙스의 차이가 아니라 회복적 사법과 형사법체계의 기능에 대한 입장의 차이를 헤아려야 한다. 따라서 이 글에서는 형사법체계에서 회복적 사법의 활용 기능성을 살펴보는 것이 주된 관심이기 때문에, 다양한 관점이 '형사법체계 내의 회복적 사법'을 적절히 위치지우고 정당화하는데 얼마나 유용한가에 초점을 맞춰 그 개념을 제시하기로 한다.

무엇보다도 피해자학적 관점은 회복적 사법 개념을 가지고 피해자의 손해회복을 형법체계에 결합하도록 촉구한다. 라는 의미에서는 지극히 바람직하다. 이 때 회복적 사법은 형법체계의 메커니즘과 결합하여 가능한 한 최대한으로 피해자를 위하여 행위자의 손해배상급부를 실현시키는 것을 목적으로 삼게 된다. 이것은 피해자보호라는 관점에서는 상당히 시용적인 의미를 지닐 수 있다(한인섭, 1995 : 67). 그러나 피해자학적 관점은 형법체계가 기본적으로 행위자에 대한 국자적 강제로서 형사제재를 산출하는 정형화된 체계임을 간과하게 된다. 회복적 사법이 피해자의 이익이라는 견지에서 형법체계 속으로 깊숙이 들어올수록 그서은 형법 체계의 목적과 구조, 즉 행위자의 제반 권리 및 행위자에 대한 법적 효과와 충돌 할 위험성이 커지게 마련이다. 따라서 피해자의 이익보호는 피고인의 권리보호의 문제와 항상 맞물리는 것이다.

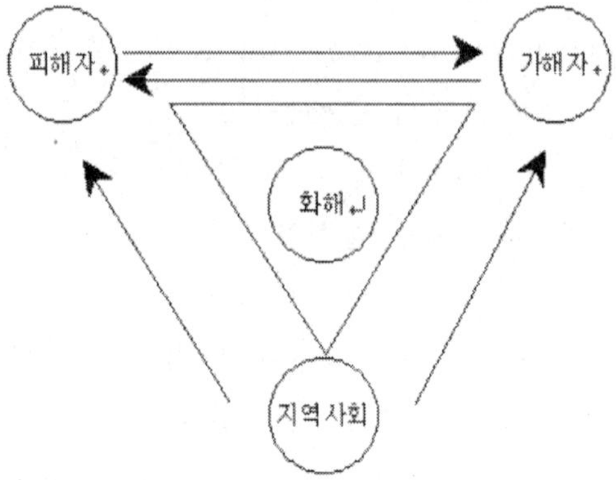

[그림 1] 회복적 사법모델

자료: 째어외브라이웨이트의 사법모델이론에서 참고

이러한 점에서 형사법체계 내에서의 회복적 사법을 다루는 관점으로는 자연스럽게 '행위자 중심의 회복적 사법 개념'의 유용성이 부각된다. 그것은 애당초 형법체계 내에서 회복적 사법의 형벌 대체적 잠재력을 행위자에 대한 법적 효과에 연계시키기 위하여 개념화된 것이기 때문이다. 이러한 관점은 사형과 징역형 등 의 혹독한 제재수단을 끊임없이 최후의— 수단으로 밀어내면서 소위 '자유박탈 없는 형사제재'로 대체하려고 해왔던 그간의 형사 정책적 흐름과 맥을 같이 하고 있다. 이에 형법상의 회복적 사법을 "범죄로 인한 갈등의 해소에 기여하는, 행위자의 피해자에 대한 급부"라고 정의 한다(이호중, 1997 : 31이하).

회복적 사법[1]이라는 개념은 1970년대 후반에 처음 사용되었는데 당시 이 용어는 북미와 유럽에서 행해지고 있는 다양한 형태의 피해자, 범죄자조정프로그램을 표현하는 말이었다. 회족적 사법의 개념은 형사사법의 세 가지 유형 즉, 응보적 사법, 분배적 사법, 회복적 사법이 그것이다. 정통적인 처벌과 처우모델이 범죄자의 행동에 초점을 맞추어 사법절차에 피해자참여를 거부하고 단지 범죄자에 의한 수동적인 참여를 요구할 뿐이다.

이에 반해 회복적 사법에 의하면 우선 피해자, 지역사회 그리고 범죄자에게 해를 미치는 결과를 초래하는 개인 사이의 갈등으로서 정의되며, 국가에 대한 침해는 단지 2차적 의미를 지닐 뿐이다. 다시 말하면 범죄자는 추상적인 통합체 즉 국가에 대하여 빚을 지는 것이 아니라 그들의 피해자와 실질적인 지역사회에 대하여 책임이 있다(J. Hudson/B. Galaway, 1996 : 2).결국 회벅적 사법에서는 범죄자의 행위결과인 해악적인 효과에 초점을 맞추어 적극적으로 배상과 사회복귀 절차에 피해자와 범죄자를 관련시킨다.[2]

2. 유사개념의 정리

독일에서는 오랫동안 회복적 사법의 개념이 정확히 정의도지 않고 피해자 보

1) 회복적 사법이라는 용어를 처음 사용한 학자는 알버트 이글래쉬(Albert Eglash)이었다. 일본에서는 회복적 사업을 수복적 사업이라는 용어를 쓰고 있으나 그 의미는 동일하다.
2) 회복적 사업은 피해자·가해자 조정 프로그램과 밀접한 연관성을 가지고 있다. 이 프로그램은 영국, 뉴질랜드, 호주, 독일 등에서 도입되어 운영되고 있다.

상(Entschadigung), 갈등 해결(Konflistregulierung), 화해(Aussohnug), 행위자와 피해자와의 조정(TOA : Tater-Opfer-Ausgleich) 등과 같은 동의어로 사용되었다(장규원, 1992 : 108이하). 일본의 경우에는 이를 수복적 사법이라는 용어로 사용하고 있다.

피해보상이라는 개념은 국가 또는 공적 부조의 차원에서 범죄피해자나 그 가족이나 유족들에 대해 국가가 지급하는 금전적 급부를 가리키는 개념으로 자리 잡으면서, 행위자가 직접 피해자에게 손해를 보전하는 회복적 사법의 개념과 구별되었다.

갈등 해결이라는 개념은 범죄행위로 인해 야기된 갈등이 범좌자와 피해자, 나아가서는 사회공동체 사이의 관계에서 합리적으로 해결되어야 한다는 생각이 담긴 개념이다(Bundesministerium der Justiz, 1998 : 11). 갈등해결이라는 개념은 '갈등'(Konfikt)이라는 개념에 바탕을 두고 있다. 갈등이라는 개념은 상당히 다의적으로 사용된다. 그것은 종종 범죄행위와 관련이 없거나 혹은 범죄행위를 야기하는 전단계로서의 문제 상황내지 비난받을 만한 형태를 지칭하기도 한다. 갈등이 사회적 상호작용의 영역에서 발생하는 것인 만큼, '갈등 해결'의 개념도 사회적 차원에서 다양한 방법으로 행해질 수 있는 갈등해서의 과정을 통칭한다. 회복적 사법이 갈등 해결의 중요한 계기가 되는 것은 분명하지만, 이 개념에서는 갈등을 해소하는 과정이나 형식, 수단과 방법은 실제로 다양하다.

따라서 갈등해결이라는 개념은 형사법체계의 회복적 사법을 다루는데 있어서는 너무나 추상적이고 포괄적인 단점이 있다. 그러나 형법체계가 의도하는 침해된 규범 효력의 회복과 파괴된 법적 평화의 재건이 이미 가해자와 피해자 사이의 사회적 의사소통의 과정을 통한 자율적인 갈등 해결로 가능하다면 그러한 갈등을 형사법체계가 '범죄'로서 투입-처리할 필요가 없어질 수도 있다.[3)]

회복적 사법 내지 그 절차와 관련하여 화해라는 개념이 종종 샅이 사용되는데 이 것은 형이상학적 의미에서가 아니라 보다 세속화된 의미에서 이해할 수 있다.

---

3) 이에 독일 형법학자 야콥스(Jakobs)는 당사자 사이의 자율적인 갈등 해결이 규범적 기대를 부분적으로 인식적 기대로 전환시킬 수 있다고 하면서, 그 한도에서 회복적 사법은 충분한 적극적 일반예방의 기능을 수행하고 형벌을 불필요성을 근거지을 수 있다고 본다(Jakobs (1900) 1.Abs. Rn. 13c).

그러한 의미에서 화해는 일반적으로 "사회공동체를 포함하여 모든 관련 당사자들의 적극적인 협력과 수용의 의하여 사회적 평화를 회복하는 것"이라고 정의된다(이호중, 1997 : 31 : 장규원, 1992 : 109). 이 개념은 갈등 해결의 절차에 따른 결과를 수용하는 것뿐만 아니라 갈등 해결의 과정에서 당사자들의 합력의 유형과 방식에도 중요한 의미를 부여한다(Muller-Dietz, 1993 : 17).

그러나 화해는 갈등 당사자들이 기본적으로 사회적으로 통용되는 가치와 규범에 대한 내면적인 합의 내지 사대방의 관점을 관용적으로 수용할 것을 전제로 한다는 것이 일반적인 견해이다(Bundesministerium der Justiz, 1998 : 11). 이러한 의미에서 화해는 가장 이상적인 사회상을 표현하고 있지만, 그만큼 도달 가능성이 희박한 이념의 차원에 머물러 있다. 따라서 화해는 회복적 사법을 통한 갈등해결의 최종적인 이념적 목표이기는 하지만 강제될 수 없는 목표이기도 하다. 실제 사회에서 활용 할수 있지만 규범적인 차원으로 끌어올려서 법 규정으로 만들거나 제도화하는 일은 어렵다 할 것이다.

'행위자와 피해자와의 조정'이라는 개념은 넓은 의미로는 피해자와 가해자 사이의 관계에서 범죄행위로 인하여 야기된 갈등을 해소하는 것을 뜻한다(Muller-Dietz, 1993 : 22 : Doling, 1992 : 494). 갈등 해소의 과정은 행위자와 피해자의 당사자가 상호 수용 가능한 해결책을 찾기 위하여 함께 협력할 것을 요구하게 된다. 양 당사자의 능동적 역할 인수를 전제로 하고 합의 도출을 지향하지만, 화해에 이를 것을 요구하지 않는다는 점에서 화해와는 구별된다. 오히려 행위자와 피해자 사이의 화해의 이념을 보다 '객관화한 변형 형태'라고 한다(Muller-Dietz, 1993 : 23). 이로써 '행위자와 피해자와의 조정'과 회복적 사법의 개념적 관계도 분명하게 드러난다. 조정 절차에 있어서 회복적 사법은 조정의 내용이자 그 결과물이 된다. 회복적 사법은 그러한 의미에서 '행위자와 피해자와의 조정'의 목표로 보기도 한다(Pfeiffer, 1993 : 23).

Ⅱ. 형사제재로서의 회복적 사법

서양의 고대에서부터 중세시대에 이르기까지 존속하였던 속죄금 제도에서, 그리고 한국 고대사회에서 사용되었던 배상적 제재를 상기하면, 적어도 당시에는 피해자와 유족 외에 피해자에 속한 셰퍼(Schafer)는 이를 '피해자의 황금시대'라 하였다(Schafer(1960) 참조). 그 후 사회생활이 복잡해지고 또한 법제도가 분화되고 정비됨에 따라 형사책임과 민사책임이 구별되고 그리고 형사재판과 민사재판이 구분되어 범죄자를 처벌하는 것과 가해자가 그 손해를 피해자에게 배상하는 것을 서로 관계가 없게 되었다. 당시 범죄자의 대부분은 재산이 없는 빈민계층 또는 무산계급 출신이었으므로 저지른 범죄에 대한 준엄한 형벌이 피해자의 응보감정을 만족시킨다는 것 이외에 가해자에게 피해자의 손해를 묻는 것은 문제 밖의 일이었다.

벌금이 부과된다고 하더라도 벌금은 국고에 귀속되며 피해자와는 무관한 것이었다. 셰퍼는 이를 '피해자의 쇠퇴시대'라 하였다. 중세의 형사재판은 국왕이나 영주들의 자의로 행해진 암흑재판이었다고 한다. 1718세기의 이른바 계몽시대에 시민의 권리를 위정자의 자의로부터 보호하기 위하여 인권이 강조되었으며, 재판에 의하여 인권을 지키려는 사고가 자리잡기 시작하였다. 19세기 형사법제도 자유주의적 국가관에 근거한 범죄 관, 형벌 관에 바탕을 두면서 대다수 국가에서 발전해 갔다.

'형벌은 범죄자를 위한 권리장전이다'라는 유명한 독일의 형법학자 리스트(Liszt)의 말에서와 같이, 강력한 국가권력을 배경으로 하는 행사재판에 있어 피의자나 피고인의 권리를 지키면서 범죄자의 책임을 붇는 것이 근대적 재판제도의 기본적인 형태였다는 점에 의견의 일치가 이루어졌다. 그 동안에도 범죄의 피해자는 항상 이른바 '모기장의 바깥'에 놓여 있었다. 형벌에 있어서는 피해자의 동의, 동의살인. 촉탁 살인 동의낙태 등 몇 안되는 규정 속에 피해자가 등장하고 형사소송법의 규정에서는 피해자에 대한 참고인으로서 진술과 증인으로서 증언 그리고 감정할 때에 감정인으로서 사건 정황을 듣는 그늘 속의 존재에 지나지 않았다. 주역은 항상 가해자인 범우와 시설 내 또는 사회 내에서의 범죄자의 처우가 당면

문제였다. 형사정책의 대상으로써 피해자가 문제된 것은 19세기말에 범죄 실증학파, 사회학적 범죄 관에서 '범죄피해자에게 구원의 손을 내밀지 않는다면, 피해를 받는 결과 생활고에 빠져 범죄를 저지를 위험이 있기 때문에 국가나 사회는 피해자의 경제적·정신적 위기에 적절한 대응이 꾀해야 한다.'라고 주장하면서 비롯되었다. 범죄의 피해를 범죄발생의 사회적 원인의 하나로 취급한 것이다. 이를 '피해자의 부활시대'라고 한다.

오늘날 회복적 사법의 형사 정책적 가치를 논할 때 과거에 대하여 일종의 유토피아적 환상을 가지는 것은 마땅히 경계해야 한다. 그러나 갈등해결 및 사회통제의 형식이라는 측면에서 볼 때 회복적 사법이 개인 간의 갈등을 해소하고 더불어 사회공동체의 평화를 유지하는 임무를 수행했다는 사실을 일단 그 자체만으로도 회복적 사법을 민법상의 손해배상의 문제로 한정하고 있는 오늘날의 법체계가 과연 합리적인가에 대한 의문을 던져주고 있다. 회복적 사법이 범죄행위에 대한 통제수단으로 기능하였다는 역사적 사실을 오늘날 회복적 사법에 관한 형사 정책적 관심을 유도하는 중요한 근거가 될 수 있지만, 현재의 형법체계에서 회복적 사법을 범죄행위에 대한 통제수단으로 복원하고자 한다면 근대적 합리성의 이름 아래 형법과 민법을 엄히 구별하고 있는 우리의 근대적 법체계가 가장 큰 걸림돌이 된다.

형벌과 손해배상이 역사적으로는 물론이고 그 본질에 있어서 서로 구별되는 것이 아니라, '불법에 대한 대응이라는 같은 지붕(Jung, 1981 : 1155)' 밑에 있는 '기능상의 천적' 상이라고 이해한다면(Frehsee, 1987 : 30), 이론적으로나 법 정책적으로 이를 엄격히 구별해야 할 필연성은 없다. 따라서 형법과 민법이 본질적으로 다른 법체계라는 인식을 떨쳐버려야 한다.[4] 현형 법체계상으로 회복적 사법은 민법의 손해배상으로 규율되지만, 그렇다고 하여 형법의 대응 수단, 즉 형법적 법적 효과로 구성 될 수 없다는 논리는 성립하지 않는다(김성돈, 1997 : 132). 그러나 반대로 회복적 사법이 무작정 형사법의 체계 속으로 진입하여 들어와서 형법의 범적 효과로 자리 잡아야 한다는 주장도 아직 이르다. 민법과 형법의 엄격한 구분은 지향되어야 하겠지만, 현재로서는 최소한 민법 체계와 형법 체계의 독자적

4) 독일에서도 회복적 사법의 형법적 도입을 주장하는 학자들은 한결같이 형법과 민법의 이분법적 사고가 선입견에 불과하며, 그러한 인식을 경계해야 한다고 지적한다. 대표적으로 Jung(1981)1154 이하 참조.

인 기능을 인정하고, 오랜 세월을 거쳐 합리화 과정을 거쳐 민 · 형법 체계의 분화 상태를 인정하여야한다. 그렇다면 형법의 체계에서 회복적 사법을 의미있는 대안으로 자리매김을 하기 위해서는 지금까지 형법의 체계가 고유하게 발전시켜온 자기정당화의 관점에서 회복적 사법의 형사제재 적합성을 검토하는 작업이 요구된다.

1. 회복적 사법과 형벌의 목적

형벌의 이론적 정당화나 목적의 문제는 법철학적인 질문에서부터 경합적 효과 내지 실천적인 합의에 이르기까지 다양한차원에서 지금까지도 끊임없이 논쟁이 계속되고 있다.

그러나 일반적으로 형벌목적에 관한 논의는 응보와 일반예방. 그리고 특별예방을 중심으로 전개되고 있다(Jeschech/Weigend. 1996 : 70ff; 이재상. 2004 : 40 이하' 임웅, 2003 : 44이하 ; 오영근, 2002, : 15이하). 이 글에서는 형벌의 정당화라는 관점에서 각각의 형벌목적의 관하여 상세히 검토할 필요는 느끼지 않는다. 그러나 회복적 사법과 형벌에 목적에 관한 논의를 위해서는 각 형벌 이론에 대한 비판적 검토가 함께 행해져야 하는 것만은 분명하다. 형벌의 목적이란 사회적 제도로서 형벌이 정당하게 추구해야 하는 것을 의미하는 것이지. 형벌의 기능 내지 효과를 말하는 것은 아니기 때문이다.

1) 절대적 형벌이론과 회복적 사법의 사상

절대적 형벌이론, 즉 응보이론은 범죄행위의 책임을 형벌을 통하여 상쇄한다는 점에서 형벌의 의미를 찾는다(Roxin, 1996 : 70). 형벌의 정당성과 필연성은 범죄 그 자세로부터 나온다. 형벌은 다른 목적에 봉사하기 위한 해악 부과에 있다. 특히 칸트(Kanr)는 형법이 정언명령(定言命令)으로서 절대적인 구속력을 지니며, 따라서 형벌은 오로지 범죄자가 “범죄를 했다는 이유에서만 부과되어야 한다.”는 것이다.

응보적 정의의 원리와 회복적 사법의 이론적 결합 가능성은 법질서의 회복이라는 논리에서 찾을 수 있다. 법질서의 회복이라는 개념은 상징적·이념적 의미에서 법질서에 대한 손해의 회복이라고 이해할 수 있으며, 범죄로 인하여 야기된 손해의 지양이 바로 형벌의 목적이 된다.

물질적 손해의 지양이 민법에 의하여 이루어지는 반면에 이념적 손해(intellektuelle Shaden)를 제거하는 일은 형법의 역할이 되는 것이다. 피해자에게는 범죄가 그의 권리를 침해함으로써 그의 법적 확신을 파괴하며, 일반시민에 대해서는 범죄에 함축된 "법과 국가에 대한 공공연한 무시"로 인하여 법의식이 약화되고, 행위자 자신에게서는 합법적 의지의 결여로 인하여 자신의 도덕적 인간존엄의 상실로 나타난다. 형법은 이러한 이념적 손해를 제거함으로써 피해자에게는 존엄성의 회복을, 행위자에게는 법적 의지 합일성의 회복을, 일반시민에게는 법질서에 대한 존중과 신뢰를 회복해야 한다는 것이다.

이러한 고전적 견해는 손해의 회복이라는 목적 동일성에서 형벌을 법체계적으로 그리고 법 이론적으로 손해배상과 같이 보고 있는 것이다. 이로부터 형벌과 손해배상의 상호의존성과 교환가능성, 그리고 더 나아가서는 손해배상의 우선성과 형벌의 보충성이 강조되고 있음을 알 수 있다.

2) 예방목적과 회복적 사법

회복적 사법은 위하의 수단으로는 적합하지 않다. 만약 절도 등의 범죄행위에 대한 통제수단으로 회복적 사법만이 '위하'된다면, 그것은 범죄의 억지에 기여하기는 커녕 오히려 일단 저지르고 보자는 식으로 잠재적 범죄자들을 부추기게 될 수 있다. 왜냐하면 그들은 범죄행위가 발각되더라도 절취한 물건을 반환하거나 손해배상을 하는 등 회복적 사법만하면 될 뿐이고 그 이상의 불이익을 당할 염려가 없다는 생각을 할 것이기 때문이다.

그러나 형벌의 예방목적과 회복적 사법의 부조화 문제는 예방적 형벌목적론에서 찾을 수 있다. 종래의 형벌 이론에서 범죄행위는 응보의 대상으로서, 행위자는 또 다른 범죄로 나아가지 않도록 하는 것으로 설명되었다. 그러나 여기서 행위자와 피해자의 관계는 간과되어 왔다. 이러한 인식을 바타으로 오늘날에는 피해자에 대한 회복적 사법이 특별예방의 목적과 일반에방의 목적을 구현할 수 있다는 주장이 늘어나고 있다(Frehsee, 1987 : 87). 예컨대, “형법적 비난의 대상이 손해가 아니라 규범위반으로서의 행위라 하여도 그것은 손해에서 구체화되는 것이며, 규범이 타당하다는 점을 명확히 해주는 데에는 손해의 회복을 지향한 행위자의 의무 인수가 행위 연관이 없는 형벌만큼 적합하거나 오히려 형벌보다 더욱 적합한 것이다.”(Frehsee,1987:94) 이러한 점에서 손해의 회복적 사법이 원칙적으로 형사제재로서의 적격성을 가지고 있다는 결론을 이끌어내기도 한다(김성돈, 1997 : 130-131).

2. 회복적 사법의 제재체계

회복적 사법과 형벌의 관계에서 회복적 사법의 형사 제재적 적합성을 수긍할 수 있고, 회복적 사법을 억압적인 형벌에 대한 대안으로 활용할 수 있다는 것을 확인할 수 있다. 그러면 어떠한 형식으로 위치하게 할 것인가의 문제가 논의되어야 한다. 오늘날 대다수의 형법은 형벌과 보안처분이라는 이원주의의 형사제재의 체계를 가지고 있다. 최근에 우리의 경우에 보안처분, 특히 보호감호의 폐지 논쟁으로 일원화의 경향도 찾을 수 있으나, 뿌리는 분명 두 가지의 기둥으로 이루어져 있다.

현재 회복적 사법을 형법의 법률효과체계에 편입하는 방식으로는 그것을 형벌의 하나로 구성하자는 생각과 형벌·보안처분 외의 ‘제3의 유형’(dritte Spur)으로 구성할 수 있다는 생각으로 정리할 수 있다. 여기서 분명한 것은 회복적 사법의 성격상 범죄자의 위험성을 제로 하여 부과되는 형사제재, 즉 보안처분은 회복적 사법의 활용 공간으로는 처음부터 배제된다고 할 것이다.

형사제재로서의 회복적 사법은 먼저 피해자와 가해자 사이에서 시도되는 개인적인 갈등 해결의 방법을 찾을 수 있다. 입법례로서는 오스트리아 형법 제 167조와 같이 회복적 사법을 경미한 재산범죄와 같이 일정한 범죄에 대한 처벌조작사유로 규정하는 것이다(이재상, 1991 : 127). 그러나 이러한 방식에 있어서는 한계가 있다. 보다 중요한 법익보호의 필요성이 있는 영역에서도 국가가 형벌권을 철 회한다면, 더 이상 법과 질서가 확립되기 어렵기 때문이다(김일수, 1993 : 6). 한편 피해자에 대한 회복적 사법이 하나의 새로운 형벌의 종류로서 인정하자는 견해는 회복적 사법이 형벌의 하나라면 민사상의 손해배상 또한 그 실질적인 내용상 역시 형사 벌의 하나라고 할 수밖에 없는 모순에 빠지게 된다. 회복적 사법제도가 꾀하고자 하는 것은 결코 형법의 민사화나 또는 민사상 손해배상의 형벌화를 초래하자는 것이 아니기 때문이다(김일수, 1993 : 8). 영국의 보상(compensation)이나 미국의 배상(restitution)과 같은 독립된 제재로서 회복적 사법은 행위자에게 범죄에 대한 법적 효과로 과하여지는 형벌의 성격을 찾을 수 있다. 회복적 사법과 형벌의 목적에서 살펴본 바와 같이, 그 예방 효과가 기대할 수 없든가 아니면 그 약한 예방 효과로 오히려 범죄행위를 야기하는 역할을 하지 않을까라는 우려가 제기되기 때문이다.

회복적 사법은 법익 침해행위와 구체적인 연관을 지니고 있다는 점에서 범죄 행위에 대한 비난의 기능을 충실히 수행할 수 있다. 또한 피해자와 범죄자의 화해 노력과 합의를 기초로 하여 회복적 사법은 사회적으로 파괴된 법적 질서를 회복하는데 기여하며, 행위자에게는 책임의식을 깨우치는데 도움을 준다고 할 수 있다. 따라서 사회적 관용의 측면에서 볼 때 회복적 사법의 이행으로 처벌 필요 성이 조각될 수 있으며, 그 한도에서 회복적 사법은 형벌을 완전히 대체하거나 최소한 부분적으로 형벌에 대신할 수 있다. 그 입법론적 모형은 형벌과 보안처분 외에 존재하는 '제3의 유형'이라는 형식을 고려할 수 있다.

형벌과 보안처분의 이원주의 이외의 '제3의 유형'이라는 의미는 회복적 사법이 형벌 목적의 달성에 기여하는 한 그 만큼 형벌을 대체하거나 최소한 감경시킬 수 있다는 점에 있다. 즉 제3원으로서의 형사제재라는 논의의 중점을 회복적 사법이 전통적인 형벌에 대한 '대체기능'(Alternative Function)을 갖는다는 것이다. 이러한 대체기능의 이론적 기초는 보충성원칙이다(AE-WGM(1992) : 24). 책임원칙의 제한을 받는 형벌이 특별 예방적 필요성을 제대로 충족시킬 수 없는 경우에 보안처분이 형벌을 대체하거나 보안하는 것과 같은 식으로, 보충성원칙을 근거로 할 때 회복적 사법이 형벌의 목적과 피해자의 이익보호에 형벌보다 낫게 혹은 최소한 형벌만큼 기여할 수 있다면 그 한도에서 형벌을 대체하거나 보안적으로 감경할 수 있다는 것이다(Roxin, 1987 : 37ff).

형벌과 보안처분, 그리고 회복적 사법이라는 삼원주의의 형사제재에 대하여 다음과 같은 비판이 제기 된다. 그것이 과연 법제도로서의 자치가 있는가? 라는 의문이다. 회복적 사법의 자의적 이행에 의하여 형벌을 대체한다면, 그것은 '형벌을 회피하는 기회'에 불과한 것이지 과연 회복적 사법이 독자적인 형사제재의 위치를 가질 수 있겠는가 하는 점이다(Lampe, 1993 : 488).

더욱이 회복적 사법이 항상 형벌의 필요성을 조작하는 것이 아니라 회복적 사법에도 불구하고 예방적 목적에서 형벌이 필요한 경우가 있는데, 이 때 회복적 사법은 결과적으로 양형에서 형량을 감경하는 기존의 방식과 차이가 없다는 비판도 따른다(Lampe, 1993 : 489).

그러나 회복적 사법의 독자적인 위상을 논의하는 것은 바로 회복적 사법을 단지 형벌을 회피하거나 대체하는 여러 제도 중 하나에 불과한 것으로 간주하는 기존의 형법체계의 틀을 극복하자는데 목적이 있다. 형벌이 그 동안 도외시해 왔던 피해자와의 갈등의 해소 그리고 그것을 통한 법적 질서의 회복을 예방 형법의 체계에서 중요한 가치를 지닌다면, 독자적인 형자제재로서의 회복적 사법이라는 구상은 나름대로의 의미를 새길 수 있는 것이다. 즉, 회복적 사법의 형벌에 대한 대체성과 우선성은 형벌 못지않은 법적 효과로서의 독자적인 위치를 자리 매김할 수 있는 것이다.

Ⅲ. 형사제재로서 구체화 방안

회복적 사법을 형사법의 법적 효과의 체게에 구체화하는 방식은 다양하지만, 이 문제는 궁극적으로는 우리 사회가 회복적 사법에 의한 범죄사건의 해결에 얼마나 관용적인가 하는 물음에서 시작하여야 할 것이다. 우리의 형사사법에서는 엄격한 처벌보다는 화해나 합의를 중시하고 있다는 현실을 찾을 수 있다. 예컨대 우리 형법 체계는 다수의 친고죄와 반의사불벌죄를 규정하고 있다. 이는 우리 형법은 범죄피해자의 회복적 사법을 요인으로 한 당사자 간의 자율적인 갈등 해결을 부분적으로 인정하고 있다고 해석할 수 있다. 더구나 반의사불벌죄는 우리 형법 고유의 제도로서 회복적 사법과 당사자 사이의 화해가 형벌에 우선한다는 점을 분명히 보여주고 있기 때문이다.

한편 가해자가 회복적 사법을 이행하였을 때 검사의 기소 재량과 법관의 양형에서도 유리하게 고려된다. 형사절차에서 범죄피해자의 피해에 대한 손해배상을 해결하기 위하여 또한 배상명령제도를 채택하고 있다. 이러한 제도들을 범죄피해자에 대한 회복적 사법이 부분적으로나마 형벌을 완화하거나 대체하는 기능을 담당하고 있음을 입증하는 것이다.

1. 비독자적인 형사제재로서의 회복적 사법

형의 유예제도와 연계하여 회복적 사법을 형사제재로서 구현이 가능할 것이다. 형법 제59조의2에 따라 선고를 유예할 때에는 보호관찰을, 집행유예를 하는 경우에는 보호관찰과 사회봉사명령, 또는 수강명령을 부과할 수 있다. 이러한 경우에 있어서 회복적 사법을 선고유예나 집행유예의 조건으로 부과할 수 있는 것이다. 즉 “피해자에게 손해배상을 할 것”을 보호관찰의 준수사항의 하나로 부과하는 방법이다.

‘보호관찰 등에 관한 법률’(이하 ‘보호관찰법’이라 한다) 제32조 및 보호관찰법 시행령 제19조는 법원과 보호관찰위원회가 보호관찰 대상자에게 부과할 수 있는 특별 준수사항을 “보고관찰대상자의 생활력, 심신상태, 범죄 또는 비행의 동기, 거주지의 환경 등으로 보아 보호관찰 대상자가 준수할 수 있다고 인정되고 자유를 부당하게 제한하지 아니하는 범위에서 개선, 자립에 도움이 된다고 인정되는 구체적 사항이어야 한다.”고 하고 있다. 이에 따르면 피해자에 대한 손해의 회복적 사법을 보호관찰의 준수사항으로 과하는 것도 가능할 것이다.

2. 독자적인 형사제재로서의 회복적 사법

회복적 사법은 그것이 규범 신뢰를 안정화하는데 충분히 기여하는 한 형벌을 대체하는 독자적인 제재 수단으로 활용하는데 주저할 이유가 없다(Frehsee, 1987 : 208). 회복적 사법을 형법 고유의 형사제재로서 형벌을 대체하는 독자적인 제재 수단으로 적용하는 것은 충분히 가능하며 바람직한 방안일 것이다.

비교법적으로는 영구의 피해보상명령(compensation)을 예로 들 수 있다. 우선 형법 고유의 독자적인 제재로서 회복적 사법은 '손해의 전보'라는 기준에 의하여 결정되는 것이 아니라, 행위자와 피해자의 관계에서 범죄로 인한 갈등의 원만한 해결을 위하여 회복적 사법은 피해자와 손해회복의 이익뿐만 아니라 범죄자의 경제력에 대한 고려를 필요로 한다. 범죄자의 이행 능력을 무사하고 오로지 손해 회복이라는 민사법적 관점에서 회복적 사법이 고려된다는 그것을 행위자에 대한 특별 예방적 효과를 달성할 수 없을 뿐만 아니라, 자칫하면 행위자의 이행불능이 곧 대체제재에 의하여 마치 채무자를 구금한다는 결과가 될 수 있기 때문이다.

둘째 독자적인 제재로서 회복적 사법은 그 불이행에 대하여 민사상의 강제집행의 방법에 의해서가 아니라 형법상의 대체제재에 의하여 이행이 담보되어야 한다.

Ⅳ. 회복적 사법과 형사사법정책

1. 형사사법의 기능과 회복적 사법

회복적 사법은 기본적으로 범적대응의 기본원칙이라고 할 수 있다. 회복적 사법은 범죄의 개념, 범죄에 대한 효과적인 대응, 형사사법의 고전적 기능에 대한 이해 등에서 전통적인 응보형 사법과 구별된다. 먼저 응보적 사법이 당사자 주의적 절차를 통해 유죄를 인정하고 있고, 적절한 처벌을 과하는 것에 초점을 맞춘 결과 범죄자는 어떠한 사회적 책임도지지 않으며, 그가 저지른 범죄로 인하여 야기된 문제를 해소하는 데에도 전혀 역할을 담당하지 않는다.

반면에 회복적 사법은 범죄자와 피해자 및 지역사회라는 보다 광범위한 관계를 형성하고 있다. 결국 회복적 사법은 응보 그 이상의 의미를 가지고 있으며, 범죄로 발생한 침해는 단지 피해자 단독의 피해라는 차원을 넘어서 피해자와 지역사회 및 범죄자 자신에 대한 침해로 이해하고 있다. 따라서 회복적 사법은 구체적인 법위반행위를 인정하지 않는 동시에 범죄자와 피해자, 지역사회를 지원하 는 사법체계라고 할 수 있다.

회복적 사법은 지금까지 공식적인 형사법체계에서 범죄자의 처우와 교정 등에 관한 관심이 집중되고 피해자와 지역사회는 등한시되어 왔다는 문제인식에서 출발한다. 피해자가 겪는 정신적. 물질적인 고통과 피해, 지역사회가 겪는 범죄로 인한 불안감, 범죄자의 사회적 책임이 도외시되는 현실에서 지역사회 전체의 재통합이 쉽지 않고 지역사회의 불신과 해체를 가속화시키는 결과를 초래하게 된다. 회복적 사법은 바로 이처럼 범죄자, 피해자, 그리고 지역사회 등의 균형과 조화를 다루는 기능을 담당한다.

2. 회복적 사법에서의 대상

회복적 사법은 기본적으로 미래에 중점을 두며, 과거에 중점을 두지 않는다는 점에서 응보적 사법과 구별된다. 즉 치료되어야 할 필요가 있는 것, 회복되어야 하는 것, 범죄로 인해 야기된 것에 대해서 배워야 할 필요가 있는 것 등에 중점을 둔다, 그러므로 회복적 사법은 잘못된 것에 대한 구제를 통해 범죄자. 피해자 모두에게 문제를 방지하는데 초점을 맞추고 있다. 여기서 형사사법체계의 성공여부는 얼마나 많은 처벌이 가해졌는가 하는 점에서가 아니라 발생한 손해 또는 해악이 얼마나 복구 되고 예방되었는가 하는 점에 달려있다.

3. 피해자, 범죄자, 지역사회의 관계에 근거한 회복적 사법

회복적 사법의 가장 큰 장점은 피해자. 범죄자. 그리고 지역사회일원 등이 중요당사자를 직접 포함시킨다는 데 있다(박미숙,1979). 회복적 사법의 개념은 사법절차에 있어서 범죄피해자의 지위와 역할을 향상시켜 피해자 본인과 피해를 입은 지역사회에 대하여 직접 변명할 책임을 범죄자에게 부과하는 것에 초점을 맞춤으로써 피해자와 범죄자의 직접적인 대화, 범죄자에 의한 피해자에서 피해배상, 범죄예방, 범죄자와의 협력, 피해자지원, 보다 안전한 지역사회의 창조 등 지 역사회의 적극적인 참여의 중요성을 강조한다는 점에서 전통적인 응보적 사법과 구별된다. 즉 회복적 사법은 범죄문제를 국가에게만 맡겨두기보다는 범죄예방과 감소를 위한 공동의 협조와 주도권의 중요성을 강조하는 특징을 가지고 있다.[5)]

따라서 범죄자 및 피해자 뿐만 아니라 지역사회의 모든 자원들이 분쟁해결절차에 참여해야 할 책임이 있다. 범죄자는 범죄행위를 인정하고 사과하며, 애도를 표하여 보상 또는 복구를 할 책임이 주어지며 피해자는 범죄자에 의해 행해진 애도와 사과를 수용하고 용서의 표현을 할 책임이 있고, 지역사회의 일원은 필요한 지원을 아끼지 않음과 동시에 당사자를 분쟁해결에 참여하도록 권함으로써 분쟁해결을 촉진한다. 이처럼 회복적 사법은 지역사회에 근거한 사법모델이다. 그렇다고 하여 회복적 사법이 전적으로 지역사회에 기초하는 것은 아니다. 경찰, 법원, 행형기관의 피해자 지원이 요구되며 이들은 지역사회의 강화를 위해 협조해야 할 책임이 있다.

결국 회복적 사법은 관련당사자의 참여와 합의를 유도하여 이미 발생한 갈등 상황에 대한 이해와 치료를 통해 완전하고 직접적인 책임추구를 하고, 이를 통해 서로 대립된 당사자를 재통합함으로써 평화와 인도주의를 실현하고, 결국에는 지역사회의 강화를 통한 향후 범죄예방에 그 목적을 두고 있다. 따라서 회복적 사법은 범죄의 당사자, 국가, 지역사회의 모든 자원들이 지역사회의 범죄문제를 해결하는데 공동으로 노력하는 사회복지적 관점의 프로그램이라고 할 수 있다.

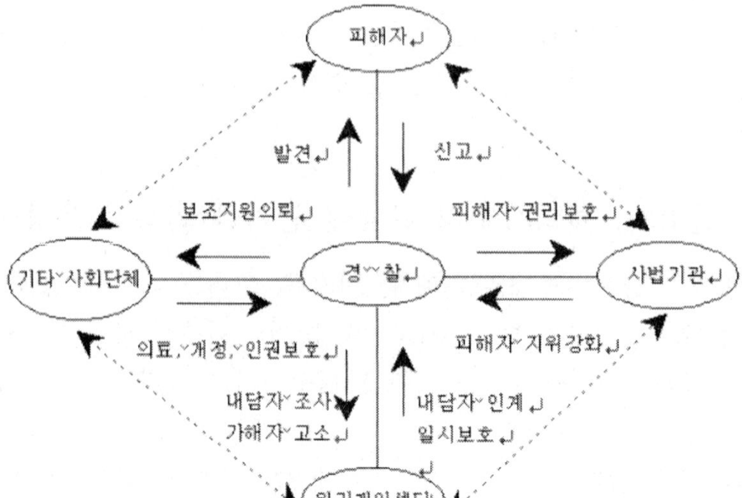

[그림 2] 성폭력 피해자에 대한 사회적 네트워크 형성 모델

5) 이런 점에서 전통적 경찰활동과 대비되는 개념인 지역사회경찰활동(community policing)과 맥을 같이한다.

지금까지는 가해자와 피해자는 적대시하고 재판소에서 정한 방식에 따라 상대하고 있었다. 한편, 회복적 사법에 경우는 서로의 대화와 교섭이 중요시 된다. 구체적으로 말하면 가해자에게 형벌을 주어 형무소에 가게 하는 것이 아니고 피해자와 직접대화하게 하고 거기서 변상을 하게 하고 사제하게 하고 서로의 타협점을 추려내고 혹은 서로가 납득할 수 있도록 하는 이와 같은 것이 회복적 사법의 생각이고 그 하나의 실천 형식인 화해 프로그램이다. 화해 프로그램의 조직의 수는 미국에서는 1994년에 120개였다. 2000년에는 459개 정도로 증가했다고 한다. 현재도 점차 그 수가 늘어나고 있는 추세이고 그 화해 프로그램에는 사법기관이 행하고 있는 곳도 있고 민간에서 행하고 있는 곳도 있다. 일본에 있어서도 예를 들면 범죄 피해자의 단체가 형사재판의 당사자로서 피해자를 위치를 자리 잡도록 하고 있고 또, 화해를 적시적으로 하고자 하는 구상(조직)도 행해져 있다.

그러나 아직 제도적인 대응에 이르지 않은 것이 현상이다. 회복적 사법의 생각은 단순히 피해자 지원의 새로운 한 형식이 아니고 형사사법에 있어서의 근본적인 개념에 변경을 요구하는 것이다. 그러나 본서에서 법적 의논을 행하는 바가 아니고 회복적 사법에 있어서는 법학 전문가의 논거도 게재되어 있기 때문에 간단히 소개하는 것에 그치고 싶다. 또 회복적 사법에 있어서도 저자의 전문적 입장, 즉 피해자의 치료에 실천의 입장에서 본다면 추진하여야 할 사고라고 생각하는 반면 실천방법에 관해서 갖가지 의문도 발생하나 흥미 있는 사람은 더욱 더 탐독해 주기 바란다.

4. 외국의 원상회복제도[6)]

1) 미 국

(1) 배상명령

이전에는 형의 선고유예 또는 보호관찰 조건으로 피해배상명령제도가 있었지만, 1982년 이후에는 원칙적으로 모든 종류의 범죄사건에 관하여 배상명령을 내릴 수

6) 이성호 외 2인 공저, 범죄피해학(2005), pp. 234-242 재인용.

있고 몇몇 범죄의 경우에는 형벌조건없이 배상명령만 부과하는 것도 가능하게 되었다. 배상의 범위는 피해품 반환이다. 그 가액의 배상, 일실수익의 전보, 치료비 또는 장제비용에 한정된다. 위자료 등 정신적 피해는 형사배상의 범위에 포함되지 않으므로 민사소송을 통해 청구해야 한다. 배상은 금전지급을 원칙으로 하나 용역으로 대신 할 수도 있다.

법원이 피해배상액을 산정할 때에는 범죄로 인해 발생한 손실과 피고인의 수입, 재산상황, 가족상황 등 제반 경제여건을 고려해야 한다. 보호관찰관이 이러한 임무를 주로 수행하며 그 결과는 공개된다.

(2) 형사화해

미국의 형사화해(VOR : Victim-offender Reconciliation)는 1978년 인디아나주 엘카아트에서 처음 시작되었는데 최초 형사화해 중재기관은 불과 10개를 넘지 않았으나, 1980년대 말에는 미국의 거의 모든 주에서 형사화해프로그램 (VORP)이 시작되었으며 1996년에는 그 수가 289개에 달하였다. 1982년 캘리포니아주헌법에서 '피해자권리에 관한 규정'이 신설된 이후 연방에서는 '범죄피해자에 관한 대통령 특별위원회'(President's Task Force on Victims of Crime)가 보고서를 제출하고 이어 '피해자 및 증인보호법'이 제정되었다. 이에 근거하여 위 법률의 시행세칙으로서 1983년에는 '피해자 및 증인보호를 위한 법무부지침'이 제정되었다.

화해중재기관의 운영주체는 주로 지역의 비종교 민간단체 또는 교회이지만, 최근에는 보호관찰기관이나 교정시설과 같은 공적기관에서 실시하는 예도 늘어나고 있다. 화해중재기관 종사자는 상근직원과 자원봉사자로 구성된다. 각 기관의 상근직원 수는 평균 2~3명, 자원봉사자는 평균 37명이었다. 피해자가해자를 조정 중재하는 역할은 주로 자원봉사자가 담당한다. 따라서 역량있는 자원봉사자의 확보와 교육은 화해중재의 성패를 좌우하는 중요한 요소라 할 수 있다.

재원은 절반이상을 지방정부와 주정부로부터의 지원에 의존하며, 설립재단, 교회의 지원과 개인적인 기부금, 연방정부보조금, United Way, 모금, 기타수입 등에 의해서도 충당한다. 한 기관의 평균예산은 연간 5만5천77달러이다.

범죄소년과 그 피해자만을 대상으로 하는 중재기관이 46개단체(45%), 성인범죄자와 그 피해자만을 대상으로 하는 기관이 9개단체(9%), 나머지 48개기관(47%)는 양쪽 모두를 대상으로 한다. 대상 범죄는 대체로 기물손괴, 단순상해 및 절도, 주거침입 중대한 폭력범죄(흉기)의 순이다. 기타 과실치사, 가정폭력범죄, 가족간 성범죄, 낯선자에 의한 성범죄, 살인미수 등의 순으로 접수처리 되었다. 중재기관이 사건을 수리하는 시점은 유죄가 확정되기 전 단계에서 사건을 수리하는 경우가 가장 많다. 유죄확정 후 처분전에 수리하는 사례와 처분결정후 수리하는 사례도 상당수를 차지한다.

형사화해의 중재절차를 개략적으로 살펴보면, 첫째 사건위탁단계인데, 대체로 보호관찰관에 의하거나 법관 또는 검사에 의해서, 비행소년에 대한 다이버전의 일환으로 사건위탁과 수리되는 경우가 일반적이나 때로는 경찰, 피고인측 변호인, 지역사회 구성원 및 피해자의 대리인, 피해자와 가해자의 합의에 의해서도 위탁된다.

둘째, 사전접촉단계에서는 화해중재기관은 당사자와 사전협의해야 한다. 사전접촉단계는 화해를 성공적으로 이끌기 위한 사전 절차이다. 이는 주로 쌍방에 대한 전화나 개별적인 만남의 형태로 이루어진다. 성공적 화해를 위해서 중재자는 가해자와 먼저 접촉한 연휴에 피해자와 접촉할 것이 권장된다.

마지막으로 화해협의 실시 및 완성단계에서는 조정자는 자신의 역할과 협의과정을 설명함으로써 협의를 개시하여 협의를 진행한다. 피해자와 가해자도 자신의 개인적 사정이나 감정 등을 이야기하고 궁금한 점을 질문하거나 사죄를 하는 등 사건의 진상과 양 당사자의 감정 등에 관한 대화를 종료되는 피해회복의 방법을 비롯한 화해의 조건을 협의한다. 만일, 합의 결렬이 최종 결정되면 사건을 송치 기관에 돌려보낸다.

2) 일본

일본은 2000년 5월 제정된 피해자보호법에 의해 민사상 합의에 대해 집행력을 부여하는 제도를 도입하였을 뿐 아직까지 배상명령이나 형사화해제도를 도입하지는 않고 있다. 따라서 이러한 민사상 합의에 대해 집행력을 부여하는 제도가 곧 가해자와 피해자 사이의 합의에 대하여 형법적 효과를 부여했다고 할 수는 없다. 하지만 피해자가 가해자에 대해 가지는 민사사의 손해배상청구권을 형사절차 진행과정에서 실현할 수 있는 길을 열었다는 점에서 회복적 사법모델을 부분 적으로 수용한 것이라고 평가할 수는 없다.

(1) 민사화해제도와 집행력부여

형사피고사건의 피고인과 피해자 사이에 당해 형사사건으로 인한 피해에 관하여 민사상의 합의가 성립한 때에는 공동으로 피고사건이 계속하는 제1심법원 또는 항소심법원에 대하여 그 합의내용을 공판조서에 기재해 줄 것을 신청할 수 있다(피해자보호법 제4조 제1항). 공판조서에 기재된 합의내용은 재판상의 화해와 동일한 효력을 가진다. 화해가 성립하여 피고인과 피해자가 공동으로 그 취지를 조서에 기재해줄 것을 신청한 때, 법원은 집행력을 부여하기 위해 필요한 조건을 구비하였는지 확인해야 한다. 즉 합의가 진실한 것인지, 합의내용이 공서양속이나 강행법규에 위반하는 것은 아닌지. 민사상의 다툼에 관한 것인지 등이다.

하지만 법원이 손해배상액 또는 그 지불방법의 적정성 등에 관해 판단할 의무는 없다.

가해자와 피해자 사이의 민사상 화해에 대해 집행력이 부여된 것은 피해자 구제를 위하여 상당히 큰 의미가 있는 것이라고 할 수 있다. 그러나 피고인이 무자력이라면 결국 피해자는 구제받을 길이 없다는 난점이 있다. 따라서 이를 피하기 위해서 충분히 자력있는 자가 피고인을 위해 보증채무나 연대채무를 부담하게 하는 방법도 가능하도록 하고 있다. 하지만 제3자가 피고인과의 공동이행을 약속 한 경우에도, 법원은 그 진의만을 확인할 수 있을 뿐, 보증인의 자력 등 실질적인 사항에 관해서 판단할 의무는 없으므로, 제3자의 보증채무에 의하더라도 피해자가 충분히 구제받지 못할 염려는 여전히 존재한다.

(2) 민사화해제도에 대한 평가

합의의 내용과 그 임의성, 진실성 또는 이행의지를 확인하기 곤란하다는 현실적 문제점 외에, 기소된 범죄사건에 대해서는 어느 정도 효용성이 인정되지만 기소되지 않은 사건의 피해자에 대해서는 적용될 여지가 없다는 한계점 때문에 형사사법에 대한 불신이 병존할 수 있다는 점이 있다. 또한 이러한 민사화해에 집행력을 부여한 것은 어디까지나 소송법상의 효과를 부여한 것뿐이지 형법적 효과를 부여했다고는 할 수 없다. 따라서 회복적 사법모델이 형사사법 절차에 도입 된 수준은 아니지만, 배상명령제도와 비교해 볼 때, '배상명령' 제도가 배상의 대상과 내용 등을 형사법원이 정하는 데 비해서 민사화해제도는 그것을 당사자의 합의에 의해서 정한다는 점에서 보아 배상명령제도보다는 '진일보한 형태'로 발전된 제도라 할 수 있다.

Ⅴ. 회복적 사법의 구체적 모델[7)]

1. 피해자와 가해자의 화해모델

1970년데 초 캐나다의 온타리오(Ontario)의 Kitchener에서 보호관찰에 토대로 둔 유죄판결 후 형선고의 대안으로 시작된 이 모델은 최적의 모델 중 하나로 간주되고 있다(L, Kurki, 2000). 미국에서는 1994년의 법률가 협회에서 이 프로그램을 전적으로 지지하여 미국 전역의 법정에서 적극적으로 활용하도록 권고하였다. 현제 Kansas주, Ohio주, Califomia주 lndiana주등에서 30개 이상의 프로그램이 실시되고 있으며, 뉴질랜드에서는 이미 합법화되어 정규형벌로 사용되고 있다.

대부분의 피해자와 가해자는 그 절차와 결과에 대해서 만족하며, 사실상 모든 사건에서 합의를 이뤄내고 있으며, 다다수의 합의들이 가해자에 의해 이행되고 있다. 만족률, 합의율, 성취율은 대략 75~100% 사이이다. 예컨대, 116개의 피해자-가해자화해 프로그램에 대한 전화조사에 의하면, 사건의 87%가 합의를 이뤘고, 그 합의 중 99% 가 해결되었다. 35개의 프로그램에 대한 어느 포괄적 분석에서 피해자와 가해자 둘 모두의 만족을 효과적으로 끌어올린다는 것을 밝혀냈다.

그러나 현재까지도 화해의 필수요소인 마음에서 우러나온 후회, 사죄, 합의, 감정의 표현, 서로간의 이해증진, 그리고 이와 유사한 것들에 대한 제대로 된 관찰은 하지 못하고 있다.

7) 이하 내용은 박상식의 논문(2005)에서 인용한 것임.

2. 가족 집단협의

가족 집단협의 제도는 가해자가 합의에 도달할 수 있게 하기 위해 어느 정도 서로 공동책임이 있을 수 있는 가족 구성원과 기타 후원자들끼리 광범위한 사람들이 포함된다. 이제도는 공무원과 경찰, 보호관찰(probation)에 크게 의지하고 있거나, 사회복지사(social offcer)들이 종종 협의를 구성하게 돕게 한다.

FGC는 1989년 뉴질랜드에서 소년사법의 새로운 계획의 일환으로 처음 도입되었다. 1990년 중반쯤에는 호주의 모든 주와 준주에서가족 그룹간 협의제도가 채택되었다. 사법 관할권마다 이론적인 토대와 목적, 관료들의 배치, 죄의 경중에 차이가 난다. 그 후 웨스턴오스트레일리아(호주 서부의 주)에서는 문화적 민감성과 마오리 부족과 호주 원주민들의 참여가 주요 화제였다. 사우스오스트레일리아(호주 남부의 주)에서는 이 협의제도가 소년사법 시스템의 일환으로 주 전체에 걸쳐서 이용되고 있다. 뉴사우스웨일즈 주의 Wagga Wagga(와가와가) 시에서는 협의제가 원래 경찰의 전환 프로그램(police diversion programme)의 일부로써 경찰관들에 의해 조직되고 촉진되었다. 그리고 Canberra(캔버라)에서는 Wagga Wagga 시의 모델을 기초로 해서 협의제도 프로그램을 시작했다. Wagga Wagga 시의 최초의 모델과 이후의 캔버라의 경찰 협의제도 모델은 미국과 캐나다 잉글랜드의 가족 그룹의 협의제도에 큰 영향을 주었다.

캔버라에서 실시한 RISE(Reintegrative Shaming Experiment, 수치심회복실험)에 의하면, 일반적으로 피해자와 가해자는 협의제도와 그 결과에 만족했다. 그러나 네 가지로 분류된 범죄종류에 따라 분명한 차이가 보였다. 예컨대, 폭력범죄의 피해자의 경우(877%가 협의에 참여) 재산범죄의 피해자들보다 협의에 덜 만족했다(72.9%가 참여). 또는 약 97%의 재산범죄 피해자와 77%의 폭력범죄 피해자들이 협의과정이 공정하게 진행되었다고 보아TEk. 너무 두려워 말을 꺼내지 못할 정도였다고 느낀 경우는 재산범죄 피해자의 경우는 거의 없었고, 폭력범죄의 경우에는 16%가 그렇게 느꼈다. 91%의 재산범죄 피해자가 그들의 의견이 존중되고 있다고 본 반면, 폭력범죄의 경우 64%만이 그렇게 보았다. 하지만 모든종류의 범죄 피해자들이 협의과정이후 범죄자에 대한 분노가 덜 했으며, 분노를 느끼는 피해자의 비율이 재산범죄의 경우 60%에서 23%로, 폭력범죄의 경우 69%에서 31%로 떨어졌다.

분명한 것은 FGC에 대한 분석은 복잡한 문제이고, 결과가 개개의 프로그램마다 심지어 한 프로그램 안에서도 달라진다. 몇몇 계획들은 화해의 목적을 실현하는데 성공적이지만, 어떤 계획들은 그렇지 못하다. 어떤 범죄자들은 추가적인 범행을 저지르는 반면 어떤 이들은 그렇지 않다. 소년범죄자다들이 억지로 협의에 참여했거나 자신이 전혀 협의에 영향을 주지 못했다고 느낄지도 모르지만. FGC의 전반적인 경험에 대해서는 여전히 만족하는 것 같다. 그러나 개별적인 분석들에서 결론을 이끌어 내기에는 근본적이 sans제가 있다. 각 프로그램들은 다양한 방식으로 FGC를 이해하고, 다양한 종류의 범죄를 다루고, 다양한 조정을 수행하고, 협의를 위해 참여자를 준비시키는 데에 대부분의 시간을 보낸다.

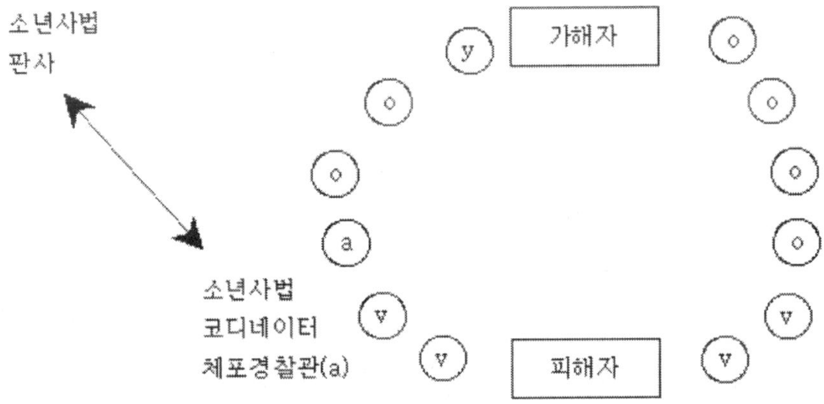

〈그림 3〉 뉴질랜드 소년사법 가족집단협의 모델

3. 순환모델(Circle Model)

순환모델은 여러 가지 형태가 있으며, 학교나 직장에서부터 형사 사법제도에 이르기까지 다양한 환경에서 사용된다. 범죄에 대한 대처로서, 판결 서클(sentencing circles)은 피해자와 가해자, 그들의 후원자들 뿐 아니라 주요 공동체 구성원들에게 발언권을 주고 합의에 이르는 것이지만, 더 큰 목ㄹ표는 장기적으로 공동체를 만들고, 공동체에게 더 많은 기능과 권환을 줄 수 있는 서로간의 신뢰와 감정적 유대를 만드는 것이다.

그러나 지금까지는 이러한 원대한 목표가 달성 가능한 것인지에 대한 증거가 아직 없다. 게다가 성공에 대한 상세한 설명이나 일화들은 있었지만, 순화과정들을 분석하려는 시도는 매우 적었다. 이러한 시도 중 하나가 Milaca와 Princeton(Minnesota)의 판결 순환모델에 참여했던 사람들과의 면담이다. 6명 중 에서 5명의 범죄자가 일반적으로 그 경험에 대해 흡족해 했다. 공동체 구성원들은 구체적인 많은 방법으로 그들을 돕고 신뢰해 주었다. 하지만 몇몇 범죄자들은 자신들의 의견을 자유로이 나타낼 수 없었다고 느꼈거나 순환모델의 공정성에 대 한 의문을 표시했다. Milaca와 Princeton(Minnesota)의 판결에서의 순환모델 경험으로 미루어 보아 순환모델의 긍정적인 효과는 범죄자보다 공동체 구성원에게 더 강하게 작용한다. 공동체 구성원들과 면담해 보면 많ㅇ흔 이들이 그들 자신에게 순환모델의 효과가 가장 크게 미쳤다고 했다. 또한 그들은 개인적인 이득과 발전이 범죄자에 대한 효과보가 훨씬 크다고 생각했다.

가해자와 그들 가족들과의 면담과 피해자와 피해자 가족들의 면담에서 양측 모두 3분의2이상이 순환모델에 참여하기를 불안해하고 초조해 했다. 모든 피해자들이 순환과정이 공정하게 진행되었고, 오직 한 피해자만이 너무 가벼운 벌이 가해졌다고 생각했다. 모든 가해자들은 순환과정과 결과가 공정하다고 보았다. 그러나 몇몇 가해자들은 부모들이 굳이 시간을 내어서 순환과정에 참석할 필요는 없다고 말했다. 피해자와 가해자 모두 그들이 가장 좋은 점이라고 말했던 것은 순환모델 내의 사람들과의 인간적 관계였다. 반대로 그들이 가장 싫어했던 점은 순환과정의 시간의 낭비였다. 가해자와 피해자 모두 다른 이들에게 순환제도를 권 유하고자 했다.

순환모델 조정자도 사람들이 공동체를 개선하는데 도움을 주고자 참여했다. 그들도 순환모델이 개인적으로도 유용하고 만족스럽다는 것을 알았다. 비록 그들도 일반 적으로는 순환모델의 프로그램을 지지하지만 실용성에 대해선 미심쩍어 한다. 즉 필요로 되는 시간과 노동력, 자격에 대한 기준, 공정성과 동등한 대우에 관해서 미심쩍어 한다. 앞으로 판결 순환 제도와 이 제도가 개인과 공동체에 주는 영향에 대한 질적 연구가 필요하다고 본다.

4. 시민 패널(Citizen Panels)

미국과 캐나다에서는 경미한 형사 사건들을 처리할 새로운 방법으로써 다양한 형태의 민간 위원회나 패널을 이용하고 있다. 성인으로 구성된 만간 패널은 미국의 여러 소년재판 관할지역에서 일어나는 비폭력적 범죄들을 해결하고 있다. 캐나다에서는 캐나다 원주민 공동체와 비원주민 공동체에서 범죄자들은 동료 공동체의 구성원들로 구성된 소수의 패널 앞에 출두한다. Minneapolis, Minnesota 등에서는 그 지역 주민들이 그들의 민간 협의회를 스스로 조직하여 운영하고 있다.(K. Knapp. 1999). 그리고 Vermont 주의 배상위원회(reparative boards)는 보호 관찰에 필요한 규정들을 만들었다.

시민 패널은 노상방뇨나 낙서, 음주, 매춘과 같이 지역사회의 삶의 지를 떨어뜨린다고 보여지는 이러한 피해자 없는 범죄들만을 다룰 수도 있다. 이 경우에는 당연히 피해자들의 패널회의에 참가할 필요는 없다. 그러나 다른 사건들의 경우와 마찬가지로 피해자의 참석률이 낮아지는 경향을 보이고 있고, 피해자들은 의(meetings)에는 거의참석하지 않는다.

Vermont 주의 민간 위원회는 배상적 보호관찰(reparative probation)의 일환으로 운영되고 있으며, 여기서 재판관은 범죄자에게 집행유예가 있는 보호관찰을 선고 할 수 있다. 자원 봉사자 위원회의 멤버들은 가해자와 피해자를 만나 같이 가해자가 이행하기로 할 계약에 합의를 한다. 그 계약의 실행이 보호관찰의 유일한규정이다. 1998년에 배상위원회는 1,200건의 형사사건을 처리했고 이것도 목표로 정한 보호관찰 담당건수의 3분의 1 이상이다. 1999년 8월경에는 1995년의 프로그램이 시작이후로 16개의 위원회가 4.000건 이상을 처리했다. 현제 300명 이상의 훈련된 봉사자들이 위원회 멤버로써 또는 보조자 역할(피해자들과의 접촉, 행정보조)로써 참여하고 있다.

반 이상의 범죄자들이 1998년의 배상적 보호관찰을 성공적으로 끝마쳤고 거의 12.000사간의 지역 봉사를 했다. 동시에 오직 15%의 피해자들(424명 가운데 62명)이 위원회 회의에 참석했다. 1996년에 배상적 보호관찰을 마친 157명의 가해자에 대한 재범률 조사에서 이후 6개월 동안 8.2%의 재범률을 보였다. 보통의 보호관찰을 마친 동종의 집행유예중인 자(probationer)의 경우 11.6%를 나타냈다. 그러나 민간 패널제도가 개인이나 공동체에 미치는 효과에 대해서는 아직까지 알려지지 않고 있다.

5. 회복적 사법의 전망

최근 회복적 사법에 대한 많은 관심과 발전은 기존의 형사정책에 대한 불만이 늘어남에 따라 이에 대한 혁신적인 정책내지 프로그램의 하나로 제시된 것이다. 회복적 사법은 위에서도 언급하였듯이 범죄자, 피해자, 지역사회를 함께 아우르는 과정으로서 범죄에 의하여 발생한 피해를 응보적 형벌로 다응하는 것이 아니라 치유하는데 중점을 두고 있다. 회복적 사법의 중요한 의의는 범죄와 처벌의 본질에 대한 기존관념의 전환에 있다. 범죄분제를 단순히 국가가 주도적으로 해결하는 관념에서 벗어나서 범죄자와 피해자, 지역사회가 공동으로 해결한다는 점에서 지역사회의 자원이 적극적으로 참여할 수 있는 환경을 조성하고 또 지역사회 자원들의 주도적 참여가 절대적으로 필요하다.

회복적 사법의 성공여부는 국자와 지방정부, 지역사회의 다양한 자원 간에 적극적인 대화와 협조가 관건으로 생각한다. 최근일부 지방에서 실시되고 있는 범죄피해자 지원센터의 설립과 경찰에서 시도하고 있는 지역사회경찰활동프로그램은 회복적 사법의 전망을 밝게 하는 것들이다. 범죄로부터의 안전을 지키는 일은 국가 또는 개인이 해결해야 할 문제라기보다는 국가와 개인, 지역사회의 모든 구성원들의 공통적인 문제라고 볼 때 범죄분제의 해결은 형사정책적인 과제인 동시에 사회복지적인 과제이다. 이런 점에서 회복적 사법은 형사정책적인 면과 사회복지적인 관점을 동시에 고려해야 그 전도가 유망할 것이라고 생각한다.

제2절 형사법상 회복적 사법

Ⅰ. 서설

형사사법체계에서 범죄자와 피해자에 대한 관계를 어떻게 보느냐하는 문제는 역사적 전개의 과정에서 다르게 나타난다. 고대시대에는 범죄문제를 피의 복수나 배상으로 처리하여 피해자와 유족에게 피의 복수권과 속죄금의 부과가 허용되어 이 시기를 '피해자의 황금기'라고 한다(차용석, 2007: 267; 조규석, 2005: 22).

중세에는 범죄란 신에 대한 불복종으로 보아 국가가 신을 대신하여 행하는 형벌로서 가혹하게 처벌하였고, 근세초기에는 범죄를 왕권에 대한 침해로 규정하고 피의자의 엄벌에만 몰두하여 이후의 시기를 '피해자의 쇠퇴시기'라고도 하며, 프랑스혁명이후에 고문이나 잔인한 형벌권의 대상인 피의자를 위한 적정절차의 보장 정도가 문명사회의 인권척도로 인정되었다. 현대에는 목적형 사상이 등장하지 만 여기서도 범죄자에게 초점이 맞추어지게 되면서(최근혁, 2007: 268), 피해자는 형사사법체계에서 '주변적 존재'(Randfigur)(Heike Jung, 1981; 박성철, 2006: 1재인용) 내지 '잊혀진 존재'(Vergessene Figur)(Thomas Weigend, 1984; 高橋則夫, 2003: 22; 박성철, 전게서: 1)로 취급받았으며, 실체적 진실이라는 명목 하에 증거 방법으로 취급되고, 제2의 피해화(second victimization)라고 할 만큼 고통스러운 과정을 겪게 되었다(박병식 역, 2007: 90.[8]) 다만, 1960대 이후부터 피해자에 대한 권리회복을 위한 피해자운동이 일어나고 법제도를 개정하여 피해자를 배려하려 는 움직임이 진행되고 있는데 이 시기 이후부터 '피해자 부활시대'라고 한다(조규석, 2005: 22)[9] 1977년에 알버트 애글래쉬(Albert Eglash)가 '회복적 사법'(Restorative Justice)이란 용어를 처음 사용한 이래로, 회복적 사법이란 용어는 1985년 하워드 제어(Howard Zehr)가 북아메리카의 피해자-가해자 화해 / 조

---

8) 3더욱 일반적으로 피해자에게 2차 피해가 발생하는 원인은 형사사법절차와 절차 명령을 담당하는 자가 피해자의 입장을 고려하지 않고 명령을 내리는 데 있다.

9) 일반적으로 범죄피해자지원의 유형에 따라 경제적 지원(1960년대), 민간단체의 지원(1970년대), 법적·제도적 지원(1980년대~1990년대), 사회복지적 지원(2000년대~)의 시기로 역사적 구분을 하기도 한다.

정 실무를 묘사하고 장려하기 위해 이 용어를 사용한 때부터 주목(김성돈, 2005: 407)받기 시작하면서 최근의 형사사법정책분야에서 유행어처럼 번지고 있다. 이후 서구의 많은 국가들은 '범죄에 새로운 대응방식 내지 새로운 사고방식'으로 정의되는 회복적 사법의 프로그램을 개발하고 운용하여 2000년에 와서는 유엔의 범죄예방 및 형사사법위원회에서 회복적 사법 프로그램을 회원국에게 적극 활용하도록 권장하는 결의안까지 채택하였다.

회복적 사법은 "피해자가 고통받는 피해를 회복시키고 범죄자가 유발한 가해행위에 대하여 책임을 지우게 하며 지역공동체에 평화를 가져오는게 하는 범죄에 대한 대응이다."[10]라고 하며, 전세계적으로 빠른 속도로 파급되어 세계각국의 사법개혁가들에게 이상적인 모델로 부각되고 있다. 오늘날 선진각국은 회복적 사법 이념 중 대안적 재제의 실험결과에 따라 구체적으로 피해자-가해자 조정(Victim-Offender Mediation), 가족집단회합(Family Group Conference), 각종 써 클(Circle) 등이 논의되면서, 회복적 사법은 단순한 처벌모델로의 복귀를 피할 수 있는 유일한 대안으로 평가되고 있다(박성철, 2006: 3). 회복적 사법이 이렇게 평 가 받는 것은 기존의 형사체계가 피해자와 가해자의 관계를 균형 있는 시각에서 바라보지 못한 오류에 대한 반성적 고려의 평가라 생각된다. 따라서 본고에서는 전통적 형사사법체계에서 회복적 사법이 등장할 수밖에 없었던 형벌적 이론의 배경에 대한 흐름을 개관하고, 회복적 사법이 어떻게 적용될 수 있는가에 대한 그 동안 논의되었던 쟁점사항을 중심으로 구체적인 검토를 통해 그 한계를 고찰하여 사법체계에서 피해자와 가해자가 동시에 배려될 수 있는 계기가 되길 기대한다.

---

10) http: //www.restorativejustice.org/intro/tutorial-introduction-to-restorative-justice 참조.

Ⅱ. 회복적 사법 출현의 배경

1. 전통적 형벌론과 범죄피해자

1) 절대적 형벌론과 피해자

근대 형법은 의사자유론적 사상배경을 가지고 자의적 국가 형벌권의 발동에 대한 억제를 가하는 원리로서 발전하여 왔다. 이로 인해 범죄와 형벌의 행사에 대한 범위를 정형화하여 형벌을 제한하려는 특성을 지니게 된다. 특히 "법률 없으면 범죄 없고 형벌도 없다."라고 정의되는 죄형법정주의와 형법상 무엇이 금지되고 또는 어떤 것을 이행하여야 할 행위인가에 대하여 법률에 추상적·일반적으로 기술한 구성요건은 개별적이고 구체적인 범죄의 특성을 부여하여 해당 범죄에 대한 정형화된 불법에 대한 내용을 명시하고 있어, 형법의 유형성을 강조하게 되고 공형벌권의 통제를 하는 측면에서 국가형벌권이 확립(이용식, 2006: 7)되었다.

국가형벌권의 확립과정에서 범죄를 둘러싼 당사자들 간의 역학관계에 많은 변화를 가져오게 된다. 국가가 범죄를 정점으로 대립하고 있는 가해자와 피해자 사이에 개입하게 되고, 시간이 지남에 따라 국가의 지위와 역할이 확대되어, 분쟁의 객관적 중재자에서 직접 당사자로 자리바꿈을 하게 된다. 이 과정에서 국가에게 당사자 지위를 내어준 것이 피해자이다. 이렇게 피해자가 범죄를 둘러싼 관계 구도에서 빠져 뒤로 물러남으로써 범죄인(범죄)－국가(형벌)의 평면적 구조가 탄생하게 된다(이용식, 상게서: 7).

또한 "책임 없으면 형벌 없다."라고 정의되는 책임주의도 위법한 행위에 대해 행위자를 비난할 수 있는가에 대한 '비난 가능성'을 가지고 형벌권 발동을 합리적 범위 내에서 제한하기 위해 국가 대 범죄자라는 틀 안에서 국가가 적정한 형벌권을 범죄자에게 행사하기 위한 억제 장치로서 기능하게 되면서 정작 범죄의 당사자인 범죄피해자는 형사법시스템으로부터 배제(前原宏一, 2004: 77)되어 왔다.

게다가, 책임주의에 대한 책임의 범위를 제한적으로 하는 해석을 통해 "범죄자는 책임에 상응한 형벌을 받는다."라는 생각이 "범죄자는 책임에 합당한 刑期를 마치면 된다."라는 생각을 낳아 범죄자가 진정으로 반성할 필요도 없고, "형기가 경과되면 당연히 석방된다."는 소극적인 형벌관을 낳게 된다(諸澤英道, 2004: 60). 이러한 사고는 행위에 상응하는 만큼의 해악을 가하는 응보라는 측면만 고려하여 범죄자의 인권에만 관심을 가지게 되고 결국 피해자에 대한 입장을 소외시키는 결과만 초래하게 된 것이다.

2) 상대적 형벌론과 피해자

일반예방이론에서 강조하는 법익의 보호에서 "법익(Rechtsgut)"이란 사회가 평화롭게 발전하기 위하여 필요한 요소를 생활이익이라고 할 때 그 가운데 특별히 법 공동체가 지키고자 하는 것(이용식, 2001: 278)[11])이라고 정의한다.

형법에서는 '일반국민에게 최소한의 불법을 내용으로 한 법익침해'를 명시함으로써 일정한 행위를 금지하거나 명령하여 행위의 규제 근거로서 추상적인 행위규범의 성격을 갖게 되어, 법익개념은 형법적 규제에 대한 정당성 있는 근거로서 기능하고 범죄론의 기반이 될 수 있지만 피해자 보호를 염두에 둔 것은 아니기 때문에 그로 인한 직접적인 귀결이 도출될 수는 없다(前原宏一, 2004: 82-83). 또 한 법익은 범죄가 발생되기 전에 범죄에 대한 유형을 사전적으로 합리적인 형법적 적용을 위한 기준을 제시하는 것으로 피해자 보호나 피해자 존중의 관점에서 형법이나 형사법시스템에 범죄피해자의 개념을 도입하기위해 법익과 연관하여 형법적 보호대상으로 이해하는 것에는 무리(前原宏一, 상게서: 83)가 있다. 따라서 형법은 법 규정의 위반이라는 요건을 충족하면 결과로서의 부과되는 형벌을 규정함으로써 간접적인 수단으로 범죄를 예방하는데 기여하는 것이고, 개별적인 범죄로 인하여 발생되는 피해자를 보호하는데 직접적인 목적을 두고 있지 않으며, 형벌도 역시 범죄자에게 행위의 결과로서 부과하여 법익이라는 추상적 명제를 보호하고자 하는 것이지 현실적인 피해자를 보호 또는 구제하고자 부과하고자 하는

---

11) 여기서 말하는 법익은 일반적으로 계몽주의적 자유주의에서 이해하는 법익개념, 즉 자유주의적 법익 개념을 지칭하는 것으로 공동체 안에서 인간의 평화로운 삶을 영위하기 위한 기본조건들, 예컨대 생명, 신체, 재산 등과 같은 개인 또는 사회나 국민일반의 실존조건이나 생활이익을 말한다. 즉 법익은 추상화된 사회의 보편 적 이익 내지 가치를 의미한다. 이 입장에 따르면 형법상의 모든 범죄는 실질적 불법에 있어 다소 다양한 차이를 보이고 있더라도 최소한의 불법내용인 법익침해를 전제로 하고 있는 것이 된다. 따라서 법익과 관련 없는 또는 법익 없는 범죄는 비범죄화(Entkriminalisierrung)의 대상이 된다.

것은 아니다.

특별예방이론의 관점에서는 인간의 자유의사를 부정하고 반사회성이라는 결정론적 측면을 강조하여 범죄자의 자유를 박탈하여 계도·교화를 통해 사회복귀의 가능성이 충분하리라는 관점에서 출발하여, 책임의 근거를 행위자체가 아닌 행위자의 책임, 즉 범죄자를 중심으로 범죄예방이라는 목적을 위해 교육 또는 치료라는 의미에서 형벌을 부과함으로 범죄행위의 상대방인 범죄피해자에 대한 배려는 고려되지 않았다. 또한 범죄행위를 가해자, 가해자 가족, 사회가 앓고 있는 질환에서 오는 일탈행위로 보고, 도덕적 책임에서 벗어난 사회적 책임 또는 사회 환경의 탓으로 돌리기 때문에 범죄인도 희생자로 간주(박상식, 2004: 85)되는 기이한 결론에 도달하게 된다.

결국 일반예방과 특별예방이라는 목적을 내세워 형벌을 정당화 시키고, 피해자를 개별적 당사자가 아닌 사회전체 혹은 공익으로 추상화하고 확대시켜 국가형벌권의 근거를 마련(이용식, 2006: 15)하여 주어 범죄 피해자는 형사법시스템으로부터 멀어지게 된다(前原宏一, 2004: 77).

2. 통합적 형벌론과 범죄피해자

1) 예방적 절충설과 피해자

예방적 절충설은 형법에서 응보사상을 완전히 추방하고 단지 일반예방과 특별예방만을 유일한 목적으로 파악하여, 형법실현의 각 단계에서 단점들을 상호보충에 의해 제거하고 장점들만 나타나도록 변증법적으로 합일시키려는 입장이다. 형법은 개인의 자유와 이에 봉사하는 사회질서를 보호한다는 점에서만 정당화될 수 있으므로 구체적인 형벌도 범죄예방의 이러한 현실적인 목적을 추구해야만 한다고 하면서, 특별예방과 일반예방만이 형벌의 목적이 될 수 있다(김학태, 2000: 365-366)[12])고 한다. 이 견해에서는 형벌의 본질을 예방적 목적만으로 판단하여

12) 예방적 절충설은 예방목적만을 상대적으로 고려할 것을 주장하기 때문에 자의적 형벌권행사를 제한할 수 없는 위험성이 있다. 따라서 상태적 형벌이론에 대한 비판적 평가가 적용된다.

실질적 피해의 당사자인 피해자를 고려하지 않고, 법익보호라는 사회적방위의 기능을 강조함에 따라 범죄자를 중심으로 범죄예방을 위해 교육 또는 치료라는 의미에서 형벌을 부과하여 범죄행위의 상대방인 범죄피해자에 대한 배려는 보여지지 않고 있다.

2) 응보적 절충설과 피해자

(1) 응보의 관점

본래 형벌의 발전과정에서 응보라는 측면에서 볼 때 원시시대부터 고대국가형성 이전까지는 동해보복(Talio의 법칙)의 관점에서 범죄문제가 해결되었고(차용석, 전게서: 267)[13] 중세부터 근대초기까지 국가의 자의적인 형벌권에 대한 억제를 하는 과정에서 범죄자의 부담을 경감시킬 목적(류전철, 1999: 227)[14]으로서 형법학을 체계적으로 해석하는데 활용될 뿐이었다. 이런 형벌의 발전과정에서 피해자는 범죄피해의 당사자로서 국가에게 자신의 권한을 '국가 공형벌 제도'에 위임하여 형사사법체계에서 사라지게 되었다. 피해자의 입장에서 보자면 결국 형벌권의 발생원인은 범죄의 결과로서 피해자가 존재하고 있기 때문에 형벌권이 생겨난다고

13) 피해자의 개념이나 피해자의 지위는 시대에 따라 진폭을 달리하였다. 범죄자와 피해자를 집단현상으로 다루 던 시대에는 집단 간의 피의 복수나 배상으로 처리되었다. 예컨대 진실 여부는 불문하고 우리 고대사에서 법금8조에 따르면 살인과 상해는 동해보복형으로 처리되었고, 도적에 대해서는 피해자에게 일정액의 금전이 나 곡물로 배상하고, 이것을 이행하지 못한 때에는 피해자 집의 노비로 들어갔다고 전해지고 있다. 미국에서 도 18세기 후반까지 개인이나 집단이 법을 자기 수중에 넣고 피해자가 가해자를 체포하거나 이것이 불가능 한 때에는 경찰을 시켜 체포·처벌하였다. 19세기 개척시대와 보다 후기 까지 아팔라치아에서 유사한 예를 볼 수 있었다. 피해자의 황금시대(The Golden Age of the Victim)라고도 한다(stephen Schafer). 좀 더 진보된 형태로 형사소추에서도 소위 초기당사자주의라고 일컬어 질 정도로 강해자와 피해자의 대립양상으로 범죄문제가 처리되었다.

14) 형법총론에서 피해자학적 형법이론과 관련되어 법익주체가 자기법익의 침해에 대해서 승낙한 경우에 법익 주체에 대한 결여된 보호필요성에 근거하여 법적 효과를 행위자에게 귀속시킬 수 없다. 또한 객관적 구성요 건의 귀속이 규범의 보호목적을 통해서 제한되는 사례와 같이 고의적인 자기위험과 양해에 의한 타인위험 의 경우에 피해자도 사건에 대해서 행위자와 마찬가지로 동일한 책임이 있기 때문에 법익침해의 결과는 행 위자에게 귀속되지 않고, 타인의 책임영역에의 귀속의 경우에도 결과의 발생시점에 피해자의 직업적 책임영 역 내에 있었던 다른 것들에 책임이 있기 때문에 결과는 최초의 야기자에게 귀속되지 않는다고 할 수 있으 며, 공격자의 도발행위에 의한 정당방위의 경우에 도발되어 공격을 시도한 피해자가 사건에 연류 되어 있기 때문에 행위자에게 불법의 책임이 일방적으로 부담되지 않다는 의미에서 피해자학적 형법이론으로 설명될 수 있다고 한다.

볼 수 있다. 이와 관련하여 행위자에 대한 형벌을 부과하는데 피해자를 어떻게 고려할 수 여지를 찾겠는가하는 문제가 발생하게 되는데, 이는 역사적으로 발전해온 형법의 이념과 체계를 손상하지 않는 범위 내에서 피해자의 '울분에 찬 복수의 응보'가 아닌 '피해의 감정을 고려한 이성적 응보'라는 측면이 반영되어야 할 것으로 생각되고, 이는 행위자 책임의 한계 내에서 피해자를 배려하는 응보로서 적용되어야 한다고 생각된다.

원래 형벌은 불법에 대한 책임에 상응하여 구체적으로 형벌에 대한 양형을 판단하여 적정하게 부과하여야 하고, 양형에 있어서 적정한 형벌량은 법정형을 기준으로 처단형과 선고형으로 구체화하는 面的인 측면으로 볼 수 있으며, 형벌은 응보와 그 범위내에서 예방을 염두에 두면서 부과되어야 하므로 '피해자의 상황이나 피해자 감정은 구체적 형벌권의 근거가 되는 요소로서 구체적 양형에 대해 가중적으로 기능하는 요소로서는 인정될 수 없다'는 것이 되지만, 책임주의가 책임을 초과하는 형벌을 억제하는 원리라고 한다면 '구체적인 피해 상황이나 피해자 감정은 재판규범의 판단과정에서 형벌 축소적으로 작용하는 것으로 파악하는 것은 가능'하다[15])고 볼 수 있다. 또한 형법의 규제적 기능으로서 재판규범의 발동하는 관점에서 가해자가 피해자에게 현실적인 법익 침해에 대한 대처 및 회복을 위해 노력정도를 고려할 여지는 충분하다고 생각한다. 이를 위해 구체적인 피해자를 염두에 두고 가해자나 커뮤니티와의 관계수복을 추구하는 회복적 사법의 움직임은 형법과 형사법시스템과 동조될 수 있는 방향으로 이해될 수 있다(前原宏一, 전게서: 83-84)고 생각한다.

이를 위해 형벌권을 행사하는 국가의 역할은 중립적인 지위에서 범죄자와 피해자를 조율하는 기능이 강조[16]되어야 하고 행위자의 책임범위내에서 국가형벌권을 확장하여 형벌을 부과하는 것만을 목적으로 한다면 피해자-범죄자의 당사자 구조는 또 다시 왜곡되고 궁극적으로 피해자를 소외시키는 부정적 결과를 초래 할 수 있다는 점을 간과하면 안될 것(이용식, 전게서: 17)으로 생각된다.

15) 형법 제51조에서 양형의 조건을 1. 범인의 연령, 성행, 지능과 환경 2. 피해자에 대한 관계 3. 범행의 동기, 수단과 결과 4. 범행후의 정황를 통하여 양형에 대한 참작사유를 들고 있다.
16) 행위자의 책임에 상응한 일관성 있는 형벌이 반복적으로 부과될 때 일반예방효과는 부수적으로 발생된다고 본다.

(2) 예방의 관점

형벌의 의미를 적극적 일반예방과 적극적 특별예방이라는 예방적 목적을 강조하는 측면에서도 형벌은 책임을 전제로 하여 형벌의 제1차적 정당화는 예방이 아니라 '비난' 그 자체에 있다고 하면서도 '적극적 일반·특별예방'에 의하여 행위자는 범죄행위에 대하여 비난을 받음으로서 사회적인 법적 가치에 대한 의식이 고취되어 장차 범죄를 범할 가능성을 억제하는 작용을 가지게 되고, 일반사회의 잠재적 범죄자 또한 형법의 보호법익에 대한 가치의 준수에 대한 인식을 갖게됨으로 법규범을 따르고자 하는 심리적 동기를 부여하게 되며, 행위자는 궁극적으로 내적가치결합을 강화함으로써 재사회화되기 때문에 형벌의 의미를 사회적 가치의 보호·회복으로 보기도 하여, 이를 일반인들과 행위자를 법규범에로의 통합하는 통합예방(Integrationspravention) 또는 형벌은 해악부과 그 자체를 목적으로 하는 것은 아니여서 형벌은 책임형이기도 하고 적극적 예방형이기도 하므로 일괄하여 사회통합형(Sozialintergrationsstrafe)이라고 칭할 수 있다(이훈동, 2005: 195).

특히 행위자는 범죄피해자와 커뮤니티에 의해 그가 발생케 한 손해와 피해자 의 피해현실에 직면하게됨으로써(박성철, 전게서: 117) 피해자의 고통·고뇌를 실감하고 사회적 학습의 일보를 걷게 되면서 법적으로 승인된 가치를 수용하고, 법 규범의 위반에 대한 과오를 구체적 대인관계를 통해 알아가는 과정을 거치면서 행위자는 피해자에게 사과할 기회를 가져 행위자와 사회의 화해가 이루어지게 되어 결국 피해자를 배려한 사회적 진정화로 이행된다. 범죄행위로 발생한 법적 침해에 대한 평화의 회복을 형법의 임무로 볼 때 범죄자와 그 상대방으로서 피해자 그리고 양 당사자가 소속되어있는 커뮤니티의 조화로운 만족이 고려되고,

특히 피해자의 만족에 대한 이익은 형벌에 모순되지 않는 한도만큼 배려하여야 됨을 의미한다(이훈동, 전게서: 195). 형법과 관련된 피해자의 입장을 배려하기 위해 도출되는 방안은 '첫째, 국가 또는 커뮤니티의 중립적 조율 기능'과 '둘째, 피해자, 커뮤니티, 가해자의 만족' 그리고 '셋째, 형벌에 모순되지 않는 한도에서의 피해자 이익 고려'라는 사항이 강조된다. 이러한 방안에 대하여 피해자의 입장 고려는 '회복적 사법'이라는 새로운 패러다임에 의하여 가능할 것으로 생각된다.

Ⅲ. 회복적 사법의 적용방안

1. 회복적 사법의 개념모델

1) 회복적 사법의 개념모델 논의

일반적으로 '회복적 사법'(Restorative Justice)이란 "피해자와 가해자 또는 지역사회 구성원 등 범죄사건 관련자들이 사건 해결과정에 능동적으로 참여하여 피해자 또는 지역사회의 손실을 복구하고 관련 당사자의 재통합을 추구하는 일체의 범죄대응 양식을 총칭하는 개념"(이진국·오영근, 2006: 59)으로 이해되고 기존의 형사법체계에 대한 대안의 제시와 범죄를 처리하는 사고의 전환적 개념으로 많은 연구자들이 사용함에도 불구하고, 이에 관해 정형화된 정의적 개념은 도출되어 있지 않고 여러 학자마다 사용하는 개념의 내용이 일부 미묘하게 차이가 있다. 이는 회복적 사법이 기존에 특정 국가에서 활용하고 있는 법적 시스템이나 그러한 제도를 유지하기 위한 수단이라기보다는 형사법적 관점의 전환 또는 시각의 보완이라는 측면에서 논의되는 개념이기 때문이다.

회복적 사법에 대해 Tony F. Marshall은 "회복적 사법은 특정범죄에 이해관계를 가진 당사자들이 함께 모여서 범죄의 결과 및 그 것이 장래에 대하여 가지는 의미를 어떻게 다룰 것인지의 문제를 해결하기 위한 절차(Marshall, 1996: 37; 박상식, 전게서: 101재인용)"라고 하고, Braith waite에 의하면 "범죄로 인하여 영향을 받은 사람들이 모여서 범죄로 인하여 야기된 손해를 어떻게 회복할 것인가에 대한 합의를 도출해 내는 과정"(Braithwaite, 1999: 1743; 이호중, 2007: 310재인용)이라고 정의하며, 이와 관련된 모델을 순수모델(Purist Model)이라고 한다. 이 모델은 피해자, 가해자, 공동체 등 이해당사자의 자발적 참여와 대화의 진행 그리고 피해에 대한 회복에 대한 자발적인 합의를 핵심요소로 보고 있다. 회복적 사법의 외연을 확장하여 강제적 회복조치의 수단을 사용하면 기존의 형사사법체계 에 회복이라는 이름만 덧칠하는 논의이기 때문에 순수모델의 근본적인 개념인 사회공동체를 기반으로 구성원의 자발적 참여라는 점을 강조한다(이호중, 2004: 500).

반면에 Walgrave에 의하면 "회복적 사법을 범죄로 인하여 야기된 피해를 회복함으로써 정의를 실현하기 위한 모든 행위"(Walgrave, 003: 61; 이호중, 2007: 311재인용)라고 정의하며 이를 최대화모델(Maximalist Model)이라고 한다. 이 모델은 순수모델의 임의성에 대한 비판적 관점에서 '피해자의 회복'이라는 목표에 대한 강제성을 인정하면서 형사사법체계에서 피해자와 관련된 제도와 기타 피해자를 위한 지원하는 시책들도 회복적 사법의 영역에서 피해자에 핵심적 시점을 공유하기 때문에 공동체의 관여를 필수적 요소로 보지 않는다. 이를 지지하는 입장에서는 사건에 대해 이해관계인들이 당사자로서 자발적인 대화의 참여와 지역사회의 중재자의 조정에 따라 해당문제 또는 사건을 원만히 해결하는 과정에서 순수모델이 타당하다고 볼 수 있지만, 실질적으로 순수모델만으로는 실천되기 어려운 이상적 모델로 보아 사건에 대한 양 당사자들의 자발적인 대화의 참여와 지역사회의 중재를 통해서 해결하지 못하는 경우 강제를 통한 회복도 가능하다 고 보는 최대화모델이 타당성(박상식, 전게서: 107)을 강조한다.

또한 회복적 사법을 순수모델과 확장모델의 사이에 놓인 것으로 보는 견해에 의하면 절차의 비공식성, 비정형성, 회복과 재통합 등이 회복적 사법의 필수적 개념요소로 포함되어야하며, 회복적 사법을 가해자와 피해자가 적정한 장소에서 직접 대면하여 갈등해소를 도모하는 절차에 한정하여 회복적 사법을 협소하게 정의하는 것은 타당하지 않은 것으로 보아 가해자와 피해자의 직접 대면 또는 지역사회의 절차개입 등은 회복적 사법을 특징지우는 중요한 요소이지만 필수적 인 것인 아니다(김용세, 2005: 229-230)라고 한다.

회복적 사법에 있어서 순수모델은 자발적인 토론의 과정만을 중시하여 실질적 피해의 회복에 대한 노력이 없이도 회복적 사법이 실현될 수 있는 가능성이 있고 피해자와 가해자간에 양자의 협동적 자발성에 의존하는 사건에만 한정되어 실천할 수 없다는 비판(박상식, 전게서: 136-137)이 제기되고, 최대화모델은 형사사법시스템에서 실현되고 있는 강제적인 시스템을 회복적 사법에 포함시켜 회복적 사법의 자발적 참여라는 기초 원리에 반하고 처벌의 확대화로 인해 오히려 사법구조를 강화하는 결과가 된다는 비판(박상철, 2006: 19-20)이 있으나, 생각건대 회복적 사법을 통해서 가해자와 피해자의 균형을 맞추고자하는 배려의 측면에서 피해자의 실질적 피해회복을 위하여 자발적 참여와 공동체의 중재를 원칙으로 하되 그렇지 않은 경우에는 강제를 통한 회복이 가능할 수 있도록 최대화 모델을 적용하는 방안이 강구되어야 할 것으로 생각한다.

2) 기존의 형사사법체계와 회복적 사법의 차이

이러한 회복적 사법은 기존의 형사사법체계와 다음과 같은 차이가 있다. ① 범죄자가 자신의 행위에 대해 책임을 부담할 것을 인정하는 과정에 초점을 맞추어 사후처리를 위한 대안적 절차를 확립할 수 있는 토대를 제공하여 절차상의 차이가 있고, ② 가해행위의 결과로 발생한 피해에 대하여 어떻게 책임질 것 인가에 초점을 맞추어 범죄의 중대성이나 범죄자의 유책성보다는 피해자의 요구가 절차 형성에 더 큰 영향을 미칠 수 있는 대응방식에 차이가 있으며, ③ 피해자·가해자·공동체의 감정적 효과를 전적으로 활용하여 범죄의 감정적 영향력을 회복의 중요한 요소로 취급하여 감정적 문제들의 치유를 추구하는 감정요소적 요소를 활용하고, ④ 사건과 관련된 사람들은 가능한 자신들의 견해와 느낌을 표현하는 과정에서 국가는 가해자가 손해를 회복하는 일에 대해 책임을 지도록 공정한 절차를 제공할 책무를 지고 그 절차의 내용은 피해자, 가해자 그리고 공동체의 구성원들이 만들간다는 차원에서 국가의 역할에서 차이가 있으며, ⑤ 피해자-가해자 조정이나 가족집단협의에서 고려될 수 있지만 지역공동체의 대표자를 프로그램의 진행과정에서 당사자로 인정함으로서 범죄자를 낙인찍고 비난하지 않는 사회재통합의 과정에 참석시키는 커뮤니티의 역할에 차이점(김성돈, 전게서: 420-424; 박성철, 전게서: 154-159)이 있다.

2. 실천 프로그램의 도입모델

회복적 사법의 실천프로그램은 일반적으로 중립적인 조정자(Mediator)에 의해 범죄가 피해자와 가해자에게 미친 영향, 정보의 상호교환, 회복적 합의 및 후속계획 등과 관련하여 피해자와 가해자 사이의 대화를 조정하는 조정(Mediation)모델과 과거의 특정 행위에 의해 영향을 받은 개인(가해자와 피해자 그리고 주요 당사자)들이 함께 모여 소속집단의 행동을 규율하기 위한 절차를 통하여 협의를 위해 노력하는 회합(Conference)모델 그리고 아메리카 원주민과 캐나다의 원주민(First Nation)에 기원을 두고 분쟁해결 절차에서 발전한 서클(Circle)모델로 유형화하여 구분(김성돈, 전게서: 416-419)할 수 있다. 다만, 우리의 형사사법체계에서 도입될 수 있는 모델은 조정(Mediation)모델과 회합(Conference)모델에 대해 논의되고 있으며, 서클모델은 소개만 될 뿐이고 이에 대한 실천적인 도입을 위한 논의는 현재까지 이루어지지 않고 있다(이호중, 전게서: 302).

조정모델에 대하여 구체적인 도입을 위한 방안은 피해자-가해자 조정(Victim-Offender Mediation)제도와 관련하여 언급하고 있는데, 공소제기의 유효 조건인 친고죄와 반의사불벌죄를 우선적 대상으로 하여 피해자가 고소한 경우에 반드시 공식적인 형사절차에 앞서 조정절차를 거치도록 하며 이 경우 조정절차는 경찰단계에서 경찰관이 조정자의 역할을 맡는 것이 바람직하다(김성돈, 2001: 178-181)하며, 그 외 개인적 갈등으로 인한 범죄의 경우에는 검찰수사단계와 법원의 재판단계에서 검사나 법관이 일정한 기준에 따라 조정절차의 적격성이 인정되는 사건에 대하여 조정을 권유하거나 당사자 쌍방의 요청에 의하여 조정절차를 활용(김성돈, 상게서: 182-183)할 수 있다고 한다.

조정절차 프로그램을 중심으로 도입의 주장과 관련하여 한국에서는 지역주민들이 동등한 자기의견을 표명하고 자발적인 대화와 협상을 통한 자율성에 기초하여 범죄와 같은 사건을 해결하는데 공동체사법의 전통이 미비한 현실에서 협의모델은 적합해 보이지 않고(김용세, 전게서: 245), 성인범죄에 있어서 가해자와 피해자만의 합의로는 진정한 화해가 되지 않기 때문에 피해자-가해자 조정 모델이 이상적이며(박상식, 전게서: 172), 우리사회는 서구의 합리적 사고방식에 대해 이해도가 부족하여 회복적 사법 프로그램을 이행하는 과정에서 지역사회의 다수 대표자가 참가하는 경우에 행위자에게 낙인효과를 초래할 위험이 있어 적어도 성인범죄에 대한 형사조정절차에는 범행에 직접적인 관련을 가지는 가해자와 피해자만 참가하도록 하는 조정모델이 우리 현실에 더 적합하다(이진국·오영근, 전게서: 186)는 견해가 설득력이 있어 보인다.

회합모델은 호주와 뉴질랜드의 가족회합프로그램(Family Group Conference)와 관련하여 소년사법(이호중, 전게서: 318-319)[17])의 분야에 도입의 필요성이 강조된다. 가족회합프로그램(Family Group Conference)은 피해자와 가해자뿐만 아니라 피해자의 가족과 친구, 가해자의 가족과 친구 등도 참가하는 점에서 가해자-피해자 조정과 구별되며, 이 모델에서는 사건의 사실관계를 명확히 하여 범죄를 비난하는 한편 가해자를 절차에 참가시켜 지원하며, 동시에 피해자의 피해를 회복시켜 가해자의 재통합을 촉진함으로써 집단적 책임을 강조하는 것이 주된 목적이다(박성철, 전게서: 51-52). 다만, 이와 같은 프로그램을 운영하는데 갖추어져야 할 기술적 방법이나 주변여건이 부족한 현실적 상황을 고려하여 우선적으로 재산과 관련된 경미한 범죄를 대상으로 시행하고 죄질이 중한 범죄로 확대하여 시행하는 것이 바람직하다고 청소년범죄에 있어서 가족을 비롯한 관련당사자의 사이에 해결하는 것이 바람직하다고 제안한다(노성호, 2002: 85; 박상식, 전게서: 172).

3. 회복적 사법의 활용방안

기존의 형사사법시스템과 연동하여 운용할 수 있는 회복적 사법의 역할에 대하여 활용방안은 3단계로 구분하여 볼 수 있다.

첫째, 재판 이전 단계에서는 경찰 및 검찰의 수사단계에서 사건을 형사재판의 회부하지 않을 것을 염두에 두고 운용하되 피의자가 유죄를 부인하지 않거나 사건을 방어하지 않을 의도를 가지고 있음을 명시적으로나 묵시적으로 동의하는 경우를 한정하여 가능할 것이며, 특히 경미한 사건이나 초범자를 대상으로 경찰은 훈방처분, 검사는 기소유예처분의 방식을 통하여 진정한 의미의 다이버전효과 를 생성할 수 있게 된다(김성돈, 2004: 347). 이와 관련하여 수사절차에서 형사조정을 고려한 조건부 기소유예의 입법적 논의의 과정에서 검사가 독자적으로 피의자

17) 소년사법에서 회합프로그램을 선호하는 논거는 첫째, 회합프로그램의 가장 큰 특징은 가해자와 피해자의 부모 혹은 후원자 등을 회합에 참여시켜 이들도 가해자·피해자와 함께 갈등해결의 주체로 등장시킨다는 점에 있기 때문에, 회합프로그램은 소년범죄자의 치유와 재통합에 있어 가족간 유대의 회복을 중요하게 다룰 수 있는 장점이 있으며, 둘째, 회합프로그램에 내재된 수치심의 긍정적 수용이라는 가치와 공동체의 유대관계의 회복이라는 지향점이 정서적 유대관계가 중요한 이슈가 되는 소년범죄사건에서 커다란 위력을 발휘할 수 있다는 점 등이다.

에게 형사조정절차에 참가할 것을 명령하고 그 결과를 고려하여 기소를 유예하는 것은 법원의 판단과정 이전에 강제적인 부담을 의무하기 때문에 피의자의 동의가 있어야 하며 또한 검찰의 재판권 행사라는 측면에서 관할 법원이 검사의 처분에 관여함으로 형사조정이 가능(이진국·오영근, 전게서: 219-221)하며, 경찰단계에서도 소년범에 대한 다이버전으로 회복적 사법을 적극적으로 활용할 것을 강조하는 주장(이호중, 2003: 368)도 제기된다.

둘째, 재판단계에서는 피고인이 자백하거나 방어권의 행사를 포기한다는 의사를 명백히 밝힌 경우에 공판을 진행하는 판사에 의하여 적합하다고 인정하면 회복적 사법에 회부하여 그 이행에 대한 결과를 바탕으로 실체재판에서 유무죄를 판단하는 과정 없이 형식재판을 통하여 공소기각의 재판(김성돈, 전게서: 347)을 받게 할 수 있다.

또한 유죄가 인정되거나 입증된 후에도 법원은 재판단계에서 유죄인정절차와 형선고절차의 절차적 구분이 뒷받침된다는 전제하에 사건을 법원이 양형판단[18]을 하는 단계에서 당사자의 동의하에 회복적 사법 프로그램을 활용하는 방안도 제안되고 있다(김성돈, 상게서: 348).

재판의 고유기능은 당사자주의적 절차에의 참가보장 하에서 정확한 사실인정과 이치에 맞는 법적용으로 당사자 간의 법적 권리의무관계를 명확하게 확정하는 일이나, 각 이해관계자에게 그 요구를 반영시키는데 적절한 절차보장을 할 수 없는 경우 아무리 재판의 제도적 틀을 탄력적으로 운용한다 할지라도 재판이 그 고유 가능울 계속 적정하게 수행하는 것은 많든 적든 어려울 수밖에 없을 것이다. 이러한 당사자주의적 절차보장을 기축으로 유기적으로 관련시켜 통합적으로 이해한 후, 각 원리의 탄력적 운용의 가능성과 그 장·단점을 재판의 고유기능의 수행가능성에 미치는 영향과 정치사회의 현상 및 사회일반인의 기대의 상황적 요인까지도 고려하면서 다각적으로 검토함으로써 적정한 기능 확대의 방향과 한계를 모색해 나가지 않으면 안된다(박병식 역, 2007: 219-220).

셋째, 형선고 이후 단계에서는 신체적 자유를 박탈하는 자유형이 선고되는 경우

18) 형법 제51조에서 양형의 조건을 1. 범인의 연령, 성행, 지능과 환경 2. 피해자에 대한 관계 3. 범행의 동기, 수단과 결과 4. 범행후의 정황를 통하여 양형에 대한 참작사유를 들고 있다.

형의 집행과정에서 회복적 사법에 입각한 프로그램을 실시하여 수형자가 사회규범의 의의를 구체적으로 이해하고 자신의 과오를 알아가며 피해자의 정신적·경제적인 상황을 이해하는 교정프로그램의 일환으로 적용될 수 있다(김성돈, 상게서: 348; 박상식, 전게서: 41). 또한 보호관찰의 집행과정에서 회복적 사법 프로그램의 내용을 부과하여 보호관찰하는 단계[19]에서 활용할 수 있다.

Ⅳ. 회복적 사법의 한계

1. 회복적 사법의 개념의 평가

1) 회복적 사법의 개념의 특징

회복적 사법의 정의 모델인 '순수모델이나 최대화모델'에서는 가해자와 피해자 그리고 공동체 구성원이 사건을 기준으로 당사자들의 자율적인 참석하에 대화를 통한 합의를 구체화해나가는 자율적 협동의 과정을 통해 회복적 사법의 이념을 구현한다는 면에 공통적 요소를 가지고 있다. 다만, 순수모델이 임의성을 강조하고 있다면 최대화모델은 지역사회의 참여와 역할을 프로그램의 필수적 요소로 보지 않고, 강제라는 형사제재를 회복적 사법에 포함시킨다는 점에 있어서 그 범위를 확대하고 있다. 이러한 회복적 사법의 개념에 대한 공통적 특징요소(이호중, 전게서: 309-310)로는 첫째, 회복적 사법은 범죄로 인한 피해의 회복에 주안점을 둔다는 점이다. 물론 회복적 사법 이론가들이 말하는 피해의 회복은 단순히 피해자에 대한 배상만을 의미하는 것이 아니다. 일차적으로 피해자의 피해회복이 주가

19) 보호관찰등에 관한 법률 제32조(보호관찰대상자의 준수사항) 제3항 법원 및 심사위원회는 판결의 선고 또는 결정의 고지를 함에 있어서 제2항의 준수사항 외에 대통령령이 정하는 범위 안에서 본인의 특성 등을 고려 하여 특별히 준수하여야 할 사항을 따로 과할 수 있다. 보호관찰등에 관한 법률 시행령 제19조(특별준수사항) 법 제32조제3항의 규정에 의하여 보호관찰대상자에게 특별히 과하는 준수사항은 다음 각 호의 사항과 보호관찰대상자의 생활력, 심신의 상태, 범죄 또는 비행의 동기, 거주지의 환경등으로 보아 보호관찰대상자가 준수할 수 있다고 인정되고 자유를 부당하게 제한하지 아니하는 범위내에서 개선·자립에 도움이 된다고 인정되는 구체적 사항이어야 한다.

되겠지만, 그것뿐만 아니라 사회공동체에 대하여 야기한 피해도 회복의 대상이 된다. 더 나아가서는 범죄자의 사회복귀이념으로 다루어졌던 과제도 범죄자가 입은 피해의 회복이라는 관점에서 다룬다는 점에 회복적 사법의 특징이 있다. 그러한 의미에서 회복적 사법에서 말하는 피해의 회복은 궁극적으로 가해자·피해자·사회공동체의 유대관계를 복원하는데 있으며, 전통적인 형사사법에서 말하는 사회재통합도 포괄하는 개념이라고 말할 수 있다. 둘째, 피해의 회복은 가해자와 피해자 등 이해관계자의 자발적인 대화의 장을 통하여 가장 잘 달성될 수 있다는 점에도 이의가 없는 듯하다. 조정, 회합 그리고 서클모델 등은 회복적 사법의 이념을 담아내는 절차프로그램을 지칭하는 것인데, 이러한 절차프로그램들은 기존의 공식적인 형사절차와는 달리 당사자의 자율적인 참여와 자유로운 대화를 통해 피해회복에 관한 합의를 모색한다는 점에 공통된 특징이 있다.

2) 회복적 사법의 장점과 한계

회복적 사법의 특성을 통하여 나타날 수 있는 회복적 사법의 장점은 ① 피해자에게 프로그램이나 사건처리과정에서 직접참여하게 하여 피해자 요구를 충족시켜 피해자의 만족을 얻을 수 있고, ② 가해자 역시 회복적 절차에 직접 참여함으로써 범죄가 피해자에게 준 영향을 직접 배울 수 있는 기회를 얻게 되어 가해자의 재사회와 지역사회의 평화에 기여하며, ③ 회복적 프로그램을 통해 광범위하게 사용하면 강화된 커뮤니티가 참여할 기회가 많아지고 가해자와 피해자의 책임의식이 고양되며 그로 인한 사회적 결속력이 커짐에 따라 범죄감축을 통한 장·단기적 시스템 절약이 가능하게 되어 형사사법의 효율성을 향상시킬 수 있다고 보며, ④ 회복적 사법의 지지자들은 화해프로그램의 대안적 해결방안을 통하여 구금형의 대체수단으로서 가해자의 인권을 보호할 수 있다(김성돈, 전게서: 424-425; 박성철, 전게서: 159-162; 박상식, 상게서, 77-78)고 한다. 이에 대한 회복적 사법의 한계(박상식, 상게서: 77-78)로는 첫째, 프로그램의 이행과정에서 합의가 되지 않는 경우 재피해화(revictimization)가 될 우려가 있고, 형사화해의 대상이 되는 범죄는 제한이 따르며, 대부분의 범죄자는 피해를 배상할 만한 자력이 없어 피해에 대한 배상을 받기가 어렵게 되기 때문에 피해자의 이익에 적합하지 않을 수 있고, 둘째, 회복적 사법은 지역사회의 참여를 전제로 하지만 고도로 산업화된 현대사회에서는 과거와 같은 공동체 사회의 역할을 기대하기 힘든 경우 가 있어 지역사회의 이익에 기여하는데 제한이 될 수 있으며, 셋째, 범죄사건을 해결하는 과정에서 전문적 자원봉사자 또는 중재자의 존재를 필수요소로 하는데 이러한 여건이 충족되지 않는 경우 오히려 역효과를 초래할 수 있고 회복적 사법의 시행으로 법원의 역할은 축소되는 대신에 수사기관 또는 보호관찰기관 등에 의한 사건처리가 증가됨으로써 권력분립의 원칙에 침해를 가져와 형사사법의 발전을 해칠 수 있게 될 수 있고, 넷째, 형사절차에 피해자가 적극 개입함으로써 가해자의 인권이 침해될 우려가 있으며 가해자는 형사화해 절차에 참여해야한다는 압력 때문에 자기의 의지와는 상관없이 화해를 할 수 있는 가능성이 있어 가해자의 이익이 된다는 보장도 없을 수 있다. 이런 한계는 회복적 사법 프로그램이 전통적 형사사법체계에서 정상적으로 연동하여 기능할 수 있는 여건이 보장된다면 극복될 것으로 생각한다.

2. 형사사법체계와 회복적 사법의 실천적 한계

1) 회복적 사법 적용의 우선순위 문제

회복적 사법의 적용의 우선순위를 어떻게 둘 것인가에 대하여 ① 회복적 사법의 관할우위의 원칙의 견해 ② 전통적 형사사법과 조화를 강조하는 견해 ③ 회복적 사법과 전통적 형사사법의 대립과 조화관계로 보는 견해로 구분하여 세가지 견해로 정리될 수 있다.

첫째, 회복적 사법의 관할우위의 원칙의 견해(이호중, 전게서, 2007: 313; 이호중, 전게서, 2004: 512-514)에 따르면 징벌적 형사사법과 회복적 사법은 그 핵심적인 개념이 다르고 작동방식도 전혀 상이하기 때문에 양자가 같은 차원에서 조화와 절충될 수 있는 것은 아니며, 양자는 끊임없는 관할경쟁의 긴장관계 속에 놓여있다고 판단하고, 회복적 사법의 프로그램을 전통적인 형사사법체계에 다이버전 방식으로 결합하는 것은 불가피한 제약이라고 하지만 결합방식에는 회복적 사법의 관할우위의 원칙(이호중, 전게서, 2004: 507-508)[20])이 관철되어야 한다고 주장한다. 다만, 이 견해에서도 회복적 사법이 공식적인 형사사법을 대체할 수 있다는 잠재력은 인정하지만 회복적 사법 프로그램이 기존의 형사사법을 대체할 것이라고 보지않고 회복적 사법 프로그램이 현실적으로 검사나 법원의 결정에 의존할 수 밖에 없음을 인정하나, 관할의 긴장 또는 의무적 관할이양을 주장함으로서 회복적 사법 프로그램이 검사나 법원의 재량의 범위를 확장하게 되는 것을 경계를 하기 위함이라 한다.

둘째, 전통적 형사사법과 조화를 강조하는 견해(김용세, 전게서, 2005: 242)에서는 회복적 사법이 현재 운영되고 있는 형사사법시스템을 대신한다고 보는 것은 비현실적이고 결국 회복적 사법의 프로그램은 전통적인 형사사법 시스템의 제도적 한계를 극복하는 방안으로 활용되며, 이러한 방식은 기존의 형사사법체계와의 조화를 이루어야 한다고 주장한다. 이 견해에서는 회복적 사법의 관할우위의 원칙에 대하여 피해자는 회복적 사법의 프로그램에서 이행하는 과정에서 하나의 도구로 전락할 수 있으며 피해자의 이익은 가해자에 대한 형벌감면의 목적을 달성하기 위해 고려되는 하나의 요소로 전락할 우려가 있다는 비판을 제기한다.

셋째, 회복적 사법과 전통적 형사사법의 대립과 조화관계로 보는 견해(이진국·오영근, 전게서: 138-145)에서는 회복적 사법과 전통적 형사사법의 관계에서 화해 조정은 비공식성을 특징으로 하여 행위의 자율성을 전제로 회복적 사법 프로그램이 진행되기 때문에 필수불가결하게 형사사법과 대립(대비)한다고 볼 수 있으나, 법제화된 현실세계에서 회복적 사법 프로그램이 법을 완전히 무시해버리는 것은 불가능하고, 형법을 강제만으로 보는 것은 불합리하고 제한적 자율성을 보장하는 도구로 이해해야하며, 피해자와 범죄자에 대한 기본권을 보호할 의무와 국가소추주의와 강제수사주의에 대한 현행 형사사법시스템을 배제하는 것을 불가하고, 회복적 사법 프로그램이 당사자의 비공식적 참가에 의해 진행되더라도 갈등해소는 일정한 정형적 틀내에서 이루어지기 때문에 전통적 형사사법과 대립적인 관계에 있다고 보기는 힘들다고 본다. 또한 회복적 사법의 형사사법에 대한 우위를 강

20) 형사절차의 모든 단계에서 회복적 사법프로그램이 활용가능한 경우에는 다이버진을 의무적으로 하게 하고, 회복적 사법 프로그램에서 일정한 합의에 이른 경우 형벌감축효과를 명확히 부여하며, 전통적인 형사사법체계는 회복적 사법 절차가 작동불능인 경우에 보완적으로 작동하는 체계(디폴트 시스템)로 재구성해야 한다고 주장한다.

조(이진국・오영근, 상게서: 227)[21]하면서 그 이유를 회복적 사법 실무 전환 프로그램의 범죄예방적 효과면에서 형벌이나 보안처분 보다 결코 떨어지지 않고, 형벌을 제외하고 다른 수단이 없을 경우 발동하는 형법의 보충성의 원칙 등을 근거로 들고 있다.

2) 사견

기존의 형사사법체계와 회복적 사법의 관계와 관련하여 국내에서 논의되고 있는 3가지 견해를 살펴보았다. ① 회복적 사법의 관할우위의 원칙의 견해는 검사나 법원의 재량의 범위를 확장하는 결과로 인한 국가권력의 남용을 우려하는 시각에서, 회복적 사법의 프로그램을 우선적으로 적용하여 활용가능한 경우 의무적인 다이버전을 하도록 한 점을 강조하여 적극적인 회복적 사법의 운영을 통해 피해자의 회복의 측면을 강조하였다는 점에서 긍정적이라 생각하나, 회복적 사법의 관할우위의 원칙에 대하여 구체적인 범위를 한정하는 측면에서 검토가 필요하리라 생각한다. ② 전통적 형사사법과 조화를 강조하는 견해는 기존의 형사법 체계를 대체하여 회복적 사법이 현실적으로 실현하는데 제한이 있음을 인정하고 전통적 형사사법 체계의 제도적 한계를 극복하는 방안으로 활용되어야 함을 강조하여 실질적 적용의 한계를 인식하였다는데 그 의의를 들 수 있으나, 회복적 사법의 프로그램이 자칫 기존의 형사사법체계를 보조하는 역할로 전락할 수 있다는 점이 일부 아쉽기도 하다. ③ 회복적 사법과 전통적 형사사법의 대립과 조화관계로 보는 견해는 회복적 사법의 특성에 대한 대립을 인정하면서도 법치주의국가의 실상 인식을 통해 조화와 회복적 사법의 우위를 다양한 근거를 제시하여 현실적 실현의 한계를 명확히 하였다는 점에 가치를 둘 수 있으나, 모든 형사 절차에서 채무규정을 둔다는 견지에서 구체적인 방안의 제시가 되었다면 좋았으리라 생각한다. 결국 회복적 사법은 법치국가의 원리와 조화를 이루고 형사절차에서 우위를 인정하는 견해가 그 실효성을 확보하는데 유용하리라 보여지고, 적용방안에 대한 논의가 구체화되어야 한다고 생각한다.

---

21) 이 견해에서 회복적 사법의 우위란 형사사법기관에 대하여 모든 형사절차단계에서 형사조정을 가장 우선적으로 고려하도록 하는 책무규정을 신설하되, 형사사법조정을 실시하지 아니한 경우에는 그 이유를 기재하도록 하는 방안을 강구함을 강조한다.

3. 회복적 사법 활용을 통한 형사법적 효과의 한계

1) 회복적 사법 프로그램의 이행 성공후 형사절차의 종결방식

회복적 사법의 프로그램을 통하여 합의와 화해에 도달한 경우 유죄의 인정과 형 선고를 하지 않고 절차를 종결시킬 수 있다고 본다. 이와 같은 경우 형사절차에서 종결형식에 대한 구체적인 방법에 대해 논의될 필요성이 있다. 이러한 쟁점으로 수사단계에서 검사의 조건부 기소유예 제도와 판사의 공소기각 재판의 도입에 관한 것이다.

(1) 조건부 기소유예의 도입과 그 한계

수사절차에서 검사가 독자적으로 피의자에게 형사조정절차에 참가할 것을 명령하고, 그 결과를 고려하여 기소를 유예하는 조건부 기소유예에 대한 도입의 주장을 제안(이진국·오영근, 전게서: 220-221)하는 조건부 기소유예의 도입의 입장에서는 법원의 확정판결이 내려지기 이전단계인 수사단계에서 검사가 가해자의 책임을 고려하여 기소유예를 결정하고 회복 조치의 의무를 부과시킨다는 점에서 무죄추정의 원칙(박상식, 전게서: 161)[22]에 반할 수 있다는 점을 염려하며, 피의자의 '동의'를 요건으로 하고, 형사조정절차의 참가를 조건으로 기소유예하는 경우 권력분립의 원칙에 의하여 법원이 관여하도록 하여 검찰에 대한 재판권의 행사를 통제하여야 한다고 주장하며, 특히 이에 대한 명문화된 입법적 근거의 필요성을 강조하고 있다. 기존의 기소유예 제도의 활용의 여지에 대하여 논하는 견해에서는 검찰이 피해회복이나 피해자 등과의 화해를 조건으로 하거나 화해프로그램에 참여를 조건으로 기소를 유예하거나, 조정이 성공하였다면 검찰은 기소유예처분을 내릴 수 있어야 한다고 주장한다(김용세, 전게서: 509; 김성돈, 전게서, 2001: 183). 회복적 사법과 연동되는 조건부 기소유예는 무죄추정의 원칙으로 인한 피의자 동의와 행정부의 사법권 침해의 우려로 인한 법원이 개입를 한다는 점에서

---

22) 회복적 사법의 프로그램을 위한 조건부 기소유예에서는 가해자가 자기의 죄를 부인하다 유죄를 선고받는 것 보다 합의를 하는 것이 유리하기 때문에 대부분 회복적 사법의 절차에 참여하여 동의할 것으로 예상되고, 유죄의 확정판결이 선고되기 이전에 가해자에게 회복적 사법의 프로그램에 참가를 해야한다는 조건을 강요하는 결과가 되어 무죄추정의 원칙과 문제가 된다는 점을 강조하고 있다.

기존의 기소유예와 차이가 있다. 생각건대 기소유예라는 행정처분이 사법권을 대치할 수 없으나 회복적 사법 프로그램의 시행에 대한 필요성과 상당성을 갖춘 경우 법원의 통제를 받아 이행할 수 있는 구체적 방안을 검토하는 것은 가능하리라 생각한다.

또한 기소유예는 일사부재리의 원칙이 적용되지 않아 회복적 사법을 적용하는데 피의자의 법적 안정성을 취약하게 할 수 있다는 점을 간과하면 않된다. 기소유예 제도는 범죄자의 사회복귀를 위하여 형벌권을 자제할 수 있도록 검사에게 선판단의 재량을 부여하는 데 의미가 있고 특별예방적 고려로 개선의 여지가 상당한 범죄자를 사회에 복귀 시킬 수 있는 유용한 제도이고(박성철, 전게서: 147), 이와 관련하여 독일의 형사소송법 제153조a에서는 경죄에 한하여 부담부 기소유예를 규정하고 있는데, 검찰은 경죄에 한하여 피의자와 법원의 동의를 얻어서 피의자에게 부담사항이나 지시사항을 부담시킬 수 있고, 제153조a에 규정된 부담사항들은 형벌이 아니라는 점에서 무죄추정의 원칙에 반하는 '강제적'부담부 기소유예는 아니라고 보며(이진국, 2000: 5), 조건의 이행을 통한 합의결과를 이행하면 당해 사건에서 공소제기를 하지 못하도록 하는 효력을 인정(이호중, 전게서, 2007: 321)하고 있어 회복적 사법 프로그램과 기소유예를 연계시킬 방안은 충분하리가 생각한다.

(2) 공소기각 재판의 문제(이진국 · 오영근, 전게서: 234)

법원의 입장에서 회복적 사법 프로그램을 고려한 소송종결의 방식으로 공소기각의 재판이 가능하도록 하는 방안이 논의되고 있다. 공소기각의 재판은 소송조건이 없는 경우 절차상의 하자를 이유로 하여 형식재판으로 종결하는 재판으로서. 공소기각 결정[23]을 하거나 공소기각 판결[24]을 하게 된다. 공소기각결정은 소송조건의

---

23) 제328조 공소기각의 결정사유는 1. 공소가 취소 되었을 때 2. 피고인이 사망하거나 피고인인 법인이 존속하지 아니하게 되었을 때 3. 제12조 또는 제13조의 규정에 의하여 재판할 수 없는 때 4. 공소장에 기재된 사실이 진실하다 하더라도 범죄가 될만한 사실이 포함되지 아니하는 때이다.

24) 제327조 공소기각의 판결사유는 1. 피고인에 대하여 재판권이 없는 때 2. 공소제기의 절차가 법률의 규정에 위반하여 무효인 때 3. 공소가 제기된 사건에 대하여 다시 공소가 제기되었을 때 4. 제329조의 규정에 위반하여 공소가 제기되었을 때 5. 고소가 있어야 죄를 논할 사건에 대하여 고소의 취소가 있은 때 6. 피해자의 명시한 의사에 반하여 죄를 논할 수 없는 사건에

성질상 하자가 크고 명백하여 임의적 변론을 통해 고지의 방법으로 하며, 공소기각판결은 사안이 복잡하고 신중한 판단을 요하기 때문에 필요적 변론의 과정을 거쳐 선고의 방법으로 판결하게 된다. 다만, 회복적 사법 프로그램을 통하여 합의가 이행된 경우에 공소기각 재판을 통해 소송을 종결한다는 명문의 규정이 없기 때문에 현재 형사소송법에서 조정을 사유로 공소기각의 재판을 선고 또는 결정하는 것은 불가능하다. 또한 공소기각 재판의 사유는 실체재판의 전제조건으로서 소송조건에 대한 흠결을 명시하고 있기 때문에 회복적 사법 프로그램을 이행하여 당사자의 합의를 하였다는 사유가 곧 소송조건의 흠결이라고 볼 여지도 없다고 생각한다. 따라서 공소제기 이후 법원의 공판단계에서 회복적 사법 프로그램을 적극적으로 활용하여 가해자와 피해자의 만족을 고려할 수 있도록 하는 절차종결에 대한 수단의 도입이 필요하리라 생각한다.

(3) 약식절차와 회복적 사법의 연계가능성

약식절차에서 회복적 사법 프로그램은 가해자가 피해자에게 형사조정절차에서의 합의사항을 완전하게 이행하지 못했지만 가해자의 태도를 고려하여 형을 감경할 수 있다고 하며, 이 경우 수사의 단계에서 가해자와 피해자가 형사조정절차에 참가하여 일정한 합의를 이루었지만, 가해자의 경제적 또는 일신상의 사정으로 형사조정의 배상급부를 일부만 이행한 사례를 생각해 볼 수 있고, 이런 가정적 사례에서 기소유예를 부여하지 못하는 경우 검찰이 가해자의 정상참작을 하였는지 여부에 대한 태도를 참작하여 법원에 약식명령을 청구할 수 있도록 하는 방안(이진국·오영근, 전게서: 225)을 제시한다. 약식절차의 취지는 경죄와 중간 범죄에 대해 검사가 제출한 자료를 기초를 서면심리에 의하여 형을 선고하는 소송경제의 이념을 실현하는 제도라는 점에서 도입의 가능성은 충분하리라 생각하지만, 상습적이고 중한 범죄의 영역에서도 개선의 여지를 참작할 것인가의 여부와 환경분야나 기업범죄와 같이 피해는 크지만 피해자를 특정하기 곤란한 범죄에 대해서도 적용가능한지 여부 등 구체적인 기준에 대해서 논의가 필요하리라 생각한다.

대하여 처벌을 희망하지 아니하는 의사표시가 있거나 처벌을 희망하는 의사표시가 철회되었을 때이다.

2) 회복적 사법 프로그램을 통한 형감면효과

회복적 사법의 프로그램을 이행하고 가해자와 피해자 등의 합의에 도달하였을 때, 1년 이하의 징역이나 금고, 자격정지 또는 벌금의 형을 선고할 경우에 형사조정이 성사되고 예방적 관점에서 처벌의 필요성이 없으면 형벌을 필요적으로 면제하도록 규정하는 것이 적절하고, 1년 이상의 징역이나 금고의 형을 선고할 경우에 형사조정이 성사되면 형벌을 필요적으로 감경하도록 규정하는 것이 바람 직하다고 보는 견해(이진국・오영근, 상게서: 213), 조정절차가 성공한다면 필요적 감면사유로 인정하도록 해야 한다는 견해(김성돈, 전게서, 2001: 183), 그리고 화해가 성공적으로 이루어진 경우 자율적 갈등해결은 추가적인 형사제재를 상당부분 불필요하게 만드는 효과를 창출한다는 점에서 필요적 형감면의 효과를 인정하고, 경미한 재산범죄의 경우 회복적 사법 절차에서 성공적으로 합의에 이르고 그 결과 화해와 배상의 현실적 이행이 있는 경우에 형벌을 철회하는 법률효과를 부여(이호중, 전게서, 2004: 512)해야 한다는 견해가 있다. 종합하여 보면 회복적 사법을 통해 필요적으로 형의 감면이 이루어져야 하고, 경미한 범죄를 대상으로 필요적 형의 면제에 대한 논의가 이루어지고 있다.

다만, 아직 구체화하여 해결이 필요한 사항(이호중, 전게서, 2007: 323-324)은 ① 범죄자가 회복적 사법 프로그램에 참여하지 않고 사적으로 피해자와 만나서 피해자에게 배상이나 기타 피해회복에 필요한 조치를 이행한 경우에도 같은 방식으로 형감면의 혜택을 부여할 것인가의 여부, ② 형감면의 혜택을 부여하기 위해서는 합의사항의 전부 또는 일부의 이행을 요구할 것인지 아니면 이행을 위한 노력 정도로도 충분하다고 볼 것인지 여부 그리고 ③ 회복적 사법 프로그램에 참여하여 합의한 사항을 완전하게 이행하지 않은 경우에 형감면의 혜택을 부여한다면 차후에 합의사항의 이행을 어떻게 담보할 수 있는지에 대한 구체적인 기준에 대한 분석이 필요하리라 생각한다.

V. 소결

국가형벌권의 확립과정에서 국가가 범죄를 정점으로 대립하고 있는 가해자와 피해자 사이에 개입하게 되고 국가의 지위와 역할이 확대되는 과정에서 피해자는 범죄를 둘러싼 관계구도에서 물러남으로써 범죄인(범죄)-국가(형벌)의 평면적 구조가 탄생하게 된다. 자의적 국가 형벌권의 남용에 대한 억제로서 범죄와 형벌의 개념과 그 범위를 유형화하여 형벌을 제한하고자하여 책임주의의 제한적 해석을 통해 범죄자의 인권에만 관심을 가지게 되는 사태에 이르게 되었다. 또한 목적형의 개념을 내세워서 형법의 법익을 사회전체 혹은 공익으로 추상화하고 확대시켜 범죄피해자는 소외될 수 밖에 없게 되었다. 따라서 형법은 국가 대 범 죄자라는 틀 안에서 국가가 적정한 형벌권을 범죄자에게 행사하기 위한 억제 장치로서 기능하게 되었지만, 정작 범죄의 당사자인 범죄 피해자는 형사법시스템으로부터 배제되어 왔다. 형벌의 본질을 예방적 목적만으로 판단한 예방적 절충설은 행위자를 외부 또는 내부의 필수불가결한 요인에 의하여 범죄를 행하였다는 관점에서 희생자로 간주하는 기이한 결론에 이르게된다. 한편, 응보적 절충설에 따르면 응보와 예방과의 관계를 함께 고려함으로써 책임주의에 입각한 형벌을 부과하면서도 피해자의 감정을 배려한 이성적 응보로서 '구체적인 피해 상황이나 피해자 감정은 재판규범의 판단과정에서 형벌 축소적으로 작용'할 수 있고, 국가의 역할은 중립적인 입장에서 범죄자와 피해자를 조율하는 기능에 대하여 강조한다.

일반적으로 '회복적 사법'(Restorative Justice)이란 피해자와 가해자 또는 지역사회 구성원 등 범죄사건 관련자들이 사건 해결과정에 능동적으로 참여하여 피해자 또는 지역사회의 손실을 복구하고 관련 당사자의 재통합을 추구하는 일체의 범죄대응 양식을 총칭하는 개념으로 이해되고 순수모델(Purist Model)과 최대화모델(Maximalist Model)로 구분되는데, 회복적 사법을 통해서 당사자의 자발적 참여와 공동체의 중재를 원칙으로 하되 그렇지 않은 경우에는 강제를 통한 회복이 가능할 수 있는 최대화 모델을 적용할 수 있는 상황적 요인에 따라 양자를 고려할 수 있는 방안이 타당하다고 생각한다. 회복적 사법의 실천프로그램은 조정(Mediation)모델과 회합(Conference)모델 그리고 서클(Circle)모델로 구분되며,

성인범죄에 대한 형사조정절차에는 범행에 직접적인 관련을 가지는 가해자와 피해자만 참가하도록 하는 조정모델이 우리 현실에 더 적합하게 보이며, 회합모델은 우선적으로 재산과 관련된 경미한 범죄나 청소년범죄에 있어서 관련당사자의 사이에 해결하는 점에 있어 바람직한 것으로 보인다. 기존의 형사사법시스템과 연동하여 운영할 수 있는 활용방안은 재판 이전 단계, 재판단계, 형선고 이후 단계로 구분하여 활용할 수 있다.

회복적 사법의 한계는 피해자의 이익에 적합하지 않을 수 있으며, 지역사회의 이익에 기여하는데 제한이 되는 경우도 있고, 형사사법의 발전을 해칠 수 있게 될 수있으며, 가해자의 이익이 된다는 보장도 없을 수 있으나 이는 기존의 형사 사법체계와의 연동과정에서 회복적 사법 프로그램이 작동할 수 있는 여건이 보장된다면 극복할 수 있다고 본다. 회복적 사법의 적용의 우선순위를 어떻게 둘 것인가에 대하여 회복적 사법의 관할우위의 원칙의 견해, 전통적 형사사법과 조화를 강조하는 견해, 회복적 사법과 전통적 형사사법의 대립과 조화관계로 보는 견해로 정리될 수 있으며, 생각건대 회복적 사법은 법치국가의 원리와 조화를 이루고 형사절차에서 우위를 인정하는 견해가 그 실효성을 확보하는데 유용하리라 보여지며, 적용방안에 대한 논의가 구체화되어야 한다고 생각한다. 회복적 사법 프로그램을 통한 형사법적 효과와 관련하여 형사절차의 측면에서 조건부 기소유예의 도입은 기소유예 제도의 예방적 측면을 고려하여 법적 안정성의 측면까지 고려하여 회복적 사법 프로그램과 기소유예를 연계시킬 방안에 대한 연구가 필요하리라 생각하고, 회복적 사법 프로그램을 통하여 합의가 이행된 경우에 공소 기각 재판을 통해 소송을 종결에 대하여 현재 제도상으로는 법적 근거가 미비하고 규정의 취지에 비추어볼 때 절차종결에 대한 수단의 도입이 필요할 것으로 보이며, 약식절차에서 회복적 사법 프로그램의 연동은 구체적인 기준에 대해서 연구가 필요할 것으로 생각한다. 또한 회복적 사법 프로그램을 통한 실체법적 효과의 측면에서 보면 회복적 사법의 프로그램을 이행하고 가해자와 피해자 등의 합의에 도달하면 필요적 형감면을 하자는 견해가 공감을 이루나, 범죄자가 회복적 사법 프로그램에 참여하지 않고 사적으로 피해자와 만나서 피해자에게 배상이나 기타 피해회복에 필요한 조치를 이행한 경우, 형감면의 혜택을 부여하기 위해서는 합의사항의 전부 또는 일부의 이행의 정도를 어떻게 보아야하는지 여부, 회복적 사법 프로그램에 참여하여 합의한 사항을 완전하게 이행하지 않은 경우 에도 형감면의 혜택을 부여한다면 차후에 합의사항의 이행을 어떻게 담보할 수 있는지에 대한 구체적인 기준에 대해서 분석이 필요하리라 생각한다.

회복적 사법의 프로그램의 운영과 관련하여 고찰한 바에 의하면 피해의 회복에 중점을 두고 피해의 회복의 과정에서 자발성을 유도하여 결국 당사자간의 만족을 도모한다는 면에서 '새로운 패러다임'임에는 틀림없다. 다만, 자본주의사회에서 피해회복의 핵심은 피해의 상태를 금전으로 환가하여 평가하려는 경향이 있고 이는 유전무죄라는 역작용과 원상회복과정에서 합의의 남용의 문제도 향후 고민해야할 과제라고 생각한다. 회복적 사법의 논의는 활발하게 진행되고 있어 향후 전망은 고무적으로 보인다. 이런 논의의 전개과정을 통하여 제도적으로 수렴할 수 있는 방안이 연구되어 궁극적으로 피해자와 가해자 그리고 사회공동체의 평온에 기여할 수 있기를 기대해본다.

03장 북한이탈주민과 인권복지

제1절 북한이탈주민정착

Ⅰ. 서 론

한국사회는 북한이탈 주민의 정착, 국제결혼증가, 이주노동자의 유입이 급격히 증가하면서 다문화 사회에 진입하고 있다. 90년대 중반부터 북한의 정치, 경제적 불안으로 인한 북한주민들의 대대적인 북한 이탈현상으로 시작된 이탈 주민의 남한 사회에 유입되기 시작하였다. 1999년에는 처음으로 100명을 넘어 148명이 입국했다(민선영, 2008:2). 이후 지속적으로 증가하여 2009년에는 2917명으로 정점에 이르렀고, 이후 다소 감소되고 있다. 북한 이탈주민은 2011년 12월 현재 23,095명(e-나라지표, 2012)이 국내에 입국하였다. 하지만 급변하는 북한정세와 대·내외 환경의 변화는 정부정책에 대한 새로운 대안을 요구하고 있다. 이점은 과거 서독과 동독이 통일되는 과정에서 동독을 탈출하는 이탈주민이 1989년 34만명, 1990년에는 24만 명에 육박하였으며, 특히, 베를린 장벽 철거 이후 많은 수의 이주자들이 수용시설을 이용하지 않고 개별적으로 서독으로 넘어왔다. 1990년 통계에 의하면 이주자의 약 21%만이 수용보호를 위한 서류상의 절차를 밟았을 뿐이다. 베를린 장벽 붕괴 이후에는 동서독 지역간 신속한 생활수준의 평준화 기대와 동독 지역내 경제, 사회적 불안이 주요 원인이었다(백영옥, 1998). 이점은 우리에게 많은 시사점을 주고 있다.

연구에서는 과거 북한이탈주민에 대한 '정부주도정책"에서 과도기를 거쳐서 '정부·민간정책'으로 바뀌게 된 것을 신제도주의 관점에서 살펴보고자 한다. 역사적 제도론 관점으로 살펴보게 된 것은 현재의 북한이탈주민에 대한 정부정책 내에서의 빠른 응답성을 가지지 못한 점에서 살펴보다가 이것이 "경로의존성"적인 정부 정책에서의 문제점인 것을 힌트를 얻어서 3가지 역사적 제도주의 특징인 첫째, 제도의 경로의존성 둘째, 제도변화의 영향요인으로서 제도적 맥락 셋째, 단절적 제도변화의 결정요인들 중에서 "단절적 제도변화의 결정"을 중심으로 살펴보고자 한다. (T기 : 정부주도기), (T2 : 과도기), (T3 :정부·민간주도기)로 구분하여 서술하여 정책의 변화에 대한 이해를 하고자 하였다.

Ⅱ. 선행연구의 검토 및 정책의제화

1. 북한이탈주민정책에 관한 선행 연구

이상과 같이 최근의 연구에서 북한이탈주민에 대한 대책과 원인에 대한 분석에 관한 연구는 많았으나 정부주도에서 정부·민간정책으로 급격하게 선회하는 데 에 대한 신제도론적 관점 연구는 부족한 실정이다. 이 논문에서는 이러한 관점에서 살펴보고자 한다. 북한이탈주민정책은 정부(통일부 등)에서 북한 사회의 체제 불안 및 식량사정 악화 등으로 인한 급격한 북한이탈주민 입국증가로 인한 문제점을 해결하기 위해 정부가 안보차원, 체제우위차원, 사회복지차원 그리고 통일 대비차원에 시행하는 정책이라고 할 수 있다.

한편, 같은 민족이면서도 60여년의 세월이 지난 지금 그들의 생활체제와 전혀 다른 것으로 겪게 되는 이질화로 인해 사회적 .정서적 .문화적 많은 갈등의 요소들이 상존하고 있다. 이와 같은 현상은 대부분의 이주민들이 겪게 되는 어려움 못지 않은 적응의 어려움이다. 북한이탈주민들은 탈북 이후 수많은 고통과 시련 속에서 대부분 심리적 불안감, 외로움, 대인관계, 교육, 취업 등의 애로사항을 겪기 때문에 많은 스트레스에 노출된다 따라서 이들을 이해하고, 한국사회에 적응하도록 하기 위해서는 많은 관심과 제도가 뒷받침되어야 한다. 특히 이들은 남한사회에서 불안정한 소득보장으로 인하여 경제적 주류 집단에 진입하지 못한 채 빈곤상태에 직면하거나, 새로운 경제적 배제 계층으로 전락하게 될 개연성이 높아지고 있다. 이러한 현상은 많은 북한이탈주민들이 남한사회에서 기초생활보장수급자로 존재하고 있다는 사실이 이를 뒷받침하고 있다.

1) 내부주도형

북한이탈주민에 대한 정책의 변화는 주로 정부부서의 방침에 따라 변화하였다. 1953년 안보차원지원기에는 연관부서가 군 및 정보기관이었다. 이 시기에는 정부의 북한이탈주민에 대한 지원은 전혀 없었다. 정부의 재정열악과 이탈주민의 수도 많지 않아 안보차원에서의 접근이 대부분었다. 정착금 및 북한이탈주민에 대한 보호가 전무하다시피 했다.

1962년부터의 보훈차원지원기에는 연관부서가 국방부소속 원호처로 변경되면서 북한이탈 주민에 대한 지원에 관한 법령이 제정되었다. 1962년 국가유공자 및 월남 귀순자 특별 보호법이 제정(1962년)됨에 따라 처음으로 각종 지원근거가 마련되었다.

1979년부터의 체제선전지원기에는 비교적 장기적으로 정책기조가 계속되었다. 연관부서가 국방부 소속 국가보훈처로 변경되었다. 이 기간에는 주로 북한체제와의 우월성을 입증하기위해 높은 수준의 지원책을 펼치기 시작했다. 그 지원책으로 보로금 등의 추가외에 한국사회 정착금도 대폭 향상시켰다.

1997년 1월 「북한이탈주민의 보호 및 정착지원에 관한 법률」을 공포하여 7월 14일부터 새로운 법률과 시행령에 따라 탈북자 정책을 실행하여 왔다. 주무부처 또한 보건복지부에서 통일부로 이관하였고, 귀순이라는 개념 대신 북한이탈주민으로 대치하였다.

2) 정책결정과정

박정희 정부가 반공정책을 국시로 주창하였던 1962년 제3공화국 수립이후이다. 당시 담당자들은 북한과의 체제경쟁을 개시하면서 북한주민의 이탈을 촉진하고 정치적 이념강화를 위해서 귀순자에 대한 지원정책을 처음으로 실시하였다. 즉, 1962년 4월 16일 "국가유공자 및 월남귀순자 특별 원호법"을 제정하여 월남귀순자에게 국가유공자와 동등한 지위를 부여하여 특별 원호대상자로서 보호함으로써 귀순자의 정신적 위로에 중점을 두게 되었다. 1997년 1월「북한이탈주민의 보호 및 정착지원에 관한 법률」(이하 정착지원법으로 지칭)을 공포하여 7월 14일부터 새로운 법률과 시행령에 따라 탈북자 정책을 실행하여 왔다. 주무부처 또한 보건복지부에서 통일부로 이관하였고, 귀순이라는 개념 대신 북한이탈주민으로 대치하였다. 이 법률은 북한이탈주민에게 1994년 이전과 비슷한 수준으로 물질적 지원을 제공하되 이들을 대상으로 사회 적응 교육 및 직업훈련을 실시하면서 우리 사회에서 이들이 자립하거나 자활하는 능력을 배양하는 것에 중점을 두기 시작했다. 이후 1997년 1월「북한이탈주민의 보호 및 정착지원에 관한 법률」을 공포하여 7월 14일부터 새로운 법률과 시행령에 따라 탈북자 정책을 실행하여 왔다. 주무부처 또한 보건복지부에서 통일부로 이관하였고, 귀순이라는 개념 대신 북한이탈주민으로 대치하였다.

2004년 이전에는 이른바 '수혜적인 보호정착 지원'을 새터민 정책의 기본방향으로 삼았으나, 새터민의 증가와 더불어 새터민 정착지원의 방향을 '자립·자활 중심'으로 전환해야 한다는 여론이 제기됨에 따라 정부는 2004년과 2006년에 새터민 정착지원 개선 종합대책을 수립하였다(2008, 통일백서). 그럼에도 불구하고 이들의 적응 수준은 높지 않다는 비판에 따라 통일부는 2007년 2월 새터민의 자립·자활 중심의 지원제도 개선방안을 발표하여 시행하고 있다.

Ⅲ. 제도변화의 논리와 분석틀

1. 제도변화의 원리

1) 제도의 경로의존성

역사적 제도주의에서 강조하는 '역사'란 단순히 '과거'를 의미하는 것이 아니라 과거의 특정시점에서 나타난 원인이 현재까지도 영향을 미친다는 역사적 인과관계(historical causation), 특정 시점에서에서의 선택이 미래의 선택을 지속적으로 제약한다는 경로의존(path dependence), 그리고 사건의 발생 시점과 순서(timing and sequence)가 사회적 결과에 중대한 영향을 미친다는 역사적 과정에 대한 강조를 의미한다(하연섭, 2004; 56). 기술변화의 경로의존성은 제도 변화과정에서도 적용될 수 있다. 공식적 규칙들이 다양한 비공식적 제약을 만들어 내고 비공식적 제약은 공식적 규칙을 수정하고, 또 공식적 규칙들이 여러 가지 특수한 형태로 적용되도록 공식적 규칙을 확장한다. 그 과정에서 제도는 확산되고 스스로를 방어하는 자기강화기제로 작용한다. 따라서 제도는 일단 형성되면 기저의 환경조건들이 달라져도 잘 변화하지 않고 지속되는 경향이 있다(Krasner, 1984; Ikenberry, 1988).

2) 제도변화의 영향요인으로서 제도적 맥락

본 절에서는 현재의 정책결정에 영향을 주는 제도적 맥락과 특성이 무엇인가를 살펴보고자 한다. 국가론 및 신제도주의 이론가들은 제도 변수로 국가의 성격이나 구조, 행위자 간 관계, 정책이데올로기, 정치체제, 정책망 등을 주로 논의하였다. 본 연구에서는 국가정책과 관장기구, 정책이데올로기로 파악하였다.

첫째, 국가정책과 관장기구이다. 과거 고도경제 성장은 사회복지측면을 희생하면서 발전한 측면이 크다. 이는 정책의 지속적인 추진이 국가정책과 관장기구에 의해서 계속적으로 추진되는 면이 있다는 것이다. "정치와 경제 각 부분에서 개인들 간의 관계를 구조화시키는 공식적 규칙, 순응절차, 표준화된 관행"(Peter Hall, 1986: 19)이라고 했는데 이와 같이 정책에 의한 공식적 규칙, 순응절차에 의해서 추진되는 것이다.

둘째, 정책이데올로기는 정치엘리트의 지지를 얻으면 서서히 제도화되고 일단 제도화 된 이후에는 정책이나 제도 선택에 영향력을 발휘한다(Goldstein & Keohane, 1993; 11-21). 특정시기의 정책이데올로기는 정치가의 이익을 극대화하기 위한 전략을 제공하며 정책변화와 방향을 제시한다. 일단, 정책 이데올로기가 채택되면 장기적인 효과를 지닌다(김시윤: 329-330). 신자유주의 이념에 의해 주도된 미국의 레이거 노믹스, 영국의 대처리즘 등이 그 대표적인 예가 된다.

3) 단절적 제도변화의 결정요인

제도는 국내외 환경에 신속하고 유동적으로 대응하지 못하는데, 그 과정에서 제도 내부적 또는 외부적인 위기가 발생되고 위기는 제도의 저항을 촉진시킨다. 제도가 변화압력을 견딜 수 없을 정도의 상황이 되면, 기존제도는 붕괴도고 새로운 제도가 구제도를 급속히 대체한다. 기존 제도와 완전히 다른 새로운 제도일 경우 그 연속성을 찾아보기 힘든데, 이런 변화를 단절적 균형(punctuated equilibrium)이라 한다(Skowronek, 1982; Krasner, 1984; 242-243). North(1990 ;90-91)는 '새로운 제도 역시 기존 경로의 연장선상에 있는 것'으로 보았다.

본 연구에서는 북한이탈주민정책의 변화 결정요인을 다문화사회로의 전환, 북한이탈주민 입국증가, 북한이탈주민에 대한 지원액의 증가를 주요 요인으로 살펴보고자 한다.

첫째, 3D업종의 대체인력으로 입국한 이주노동자의 증가, 농촌이나 도시빈곤 노총각의 결혼대안으로 시작한 결혼이민자들의 증가, 다른 체제에서 살다가 남한으로 이주한 북한이탈주민의 급격한 증가한 한국을 다문화사회로 전환시켰다. 둘째, 북한이탈주민들의 입국증가이다. 2000년대 접어들어서 북한체제의 격동으로 인한 이주민의 증가는 정부의 역량만으로 감당하기에 부족하게 되어 민간(지방자치단체)주도의 자활형 정책으로 전환되게 되었다. 둘째, 북한이탈주민에 대한 지원액의 대폭 증가이다. 안보우선기나 체제우월기에는 귀순자(북한이탈주민)가 얼마 되지 않아 지원액이 적었지만 지원이 2000년대 들어서는 급격히 증가하게 되었다. 이와 같은 요인들이 제도변화의 결정요인으로 살펴보겠다.

2. 분석틀

이상의 논의를 토대로 북한이탈주민정책의 경로의존성과 제도변화를 분석하기 위한 본 연구의 분석틀은 [그림 1]과 같다. 그림에 보이는 선은 시간의 경과로 나타나는 정책의 추이를 보여주며, 굵은 화살표는 제도의 경로를 의미한다. 이에 따라 제도가 변해가는 모습의 추이를 보여주고자 한다. 그리고 중간에 단절 원을 이어주는 화살표는 제도변화의 결정요인들을 설명하고 있다.

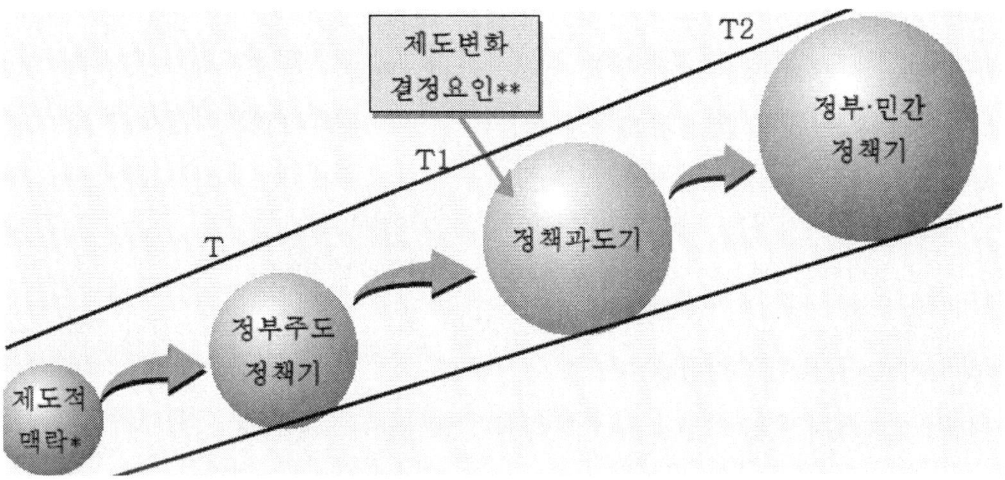

[그림 1] 북한이탈주민정책의 경로의존성 분석모형

* 제도적 맥락: 정부정책과 관장기구, 정책이데올로기

** 제도변화의 결정요인 : 다문화사회로의 전환, 북한이탈주민 입국, 북한이탈주민 정부지원액 증가

출처: 「한국행정학보」 제37권 제4호. "대기규제정책에 대한 신제도주의적 분석"p 238 변형인용

Ⅳ. 제도주의적 분석

1. 정부주도 정책기(1953~1993년)

1) 제도적 맥락

(1) 정부정책과 관장기구

해방 후 정부는 북한체제와의 이데올로기 경쟁으로 인한 안보차원에서 북한이탈주민에 대한 정책을 시작하였다. 이 시기는 다시 3차례 주무 부서가 바뀌기는 하였지만 그 정책기조는 변함이 없었다. 그 정책기조와 연관부서를 살펴보면 다음과 같다.

우선 안보차원지원기(1953~1962.4.15)에는 연관부서가 군 및 정보기관이었다. 이 시기에는 정부의 북한이탈주민에 대한 지원은 전혀 없었다. 정부의 재정열악과 이탈주민의 수도 많지 않아 안보차원에서의 접근이 대부분이었다. 정착금 및 북한이탈주민에 대한 보호가 전무하다시피 했다.

둘째, 보훈차원지원기(1962.4.16.~1978.12.31)에는 연관부서가 국방부소속 원호처로 변경되면서 북한이탈 주민에 대한 지원에 관한 법령이 제정되었다. 1962년 국가유공자 및 월남 귀순자 특별 보호법이 제정(1962년)[1]됨에 따라 처음으로 각종 지원근거[2]가 마련되었다.

셋째, 체제선전지원기(1979.1.1.~1993.12.10)에는 비교적 장기적으로 정책기조가 계속되었다. 연관부서가 국방부 소속 국가보훈처로 변경되었다. 이 기간에는 주로 북한체제와의 우월성을 입증하기위해 높은 수준의 지원책을 펼치기 시작했다. 그 지원책으로 보로금 등의 추가외에 한국사회 정착금도 대폭 향상시켰다.[3] 이 기간에는 주로 북한체제로부터 안보와 체제 우위를 위해 북한이탈주민에 대한 지원 수준이 높았던 시기였다(김성윤, 2007).

(2) 정책이데올로기

정책이데올로기는 안보 및 체제우위 측면에 치우치게 되었다. 북한과의 이념 이데올기의 승리를 위해 각종 유인책과 보호정책을 실시하였다. 특히 1962년 국가유공자 및 월남 귀순자 특별 보호법이 제정됨에 따라 정착금, 보로금, 주거지원, 교육보호, 취업알선, 특별임용 등의 각종 정책을 시행하였다.

---

1) 제정 법률은 1962년 이전귀순자는 정착금 대상에서 제외

2) ① 정착금: 정착수당 지급(77년 기준) 1급:500만원, 2급:350만원, 3급:250만원, 4급:150만원, 5급;100만원, ② 보로금: 없음, ③ 주거지원: 국가융자권, 주택입주우선권 ④ 교육보호: 본인:대학까 지 공과금, 학자금, 자녀:고등학교까지 공과금, 학자금 ⑤ 취업알선: 국가·지자체·일정규모 이상의 기업체는 전고용인의 3%이내 고용 ⑥ 특별임용: 공무원, 국·공기업에 특별임용 ⑦ 직업훈련: 자 활보호차원 ⑧ 생활보호: 상이자에게 수당지급 ⑨ 의료보호 : 의료보호

3) ① 정착금(지급기준:신분 및 정보가치): 지급액: 황금 1,900g~14,500g(1,900만원~1억4,500만원 ② 보로금(지급기준):휴대장비 가치지급액(금 10g~14,500g) ③ 주거지원: 무상 15평이상 ④ 교육 보호 : 본인(대학까지 공과금, 학자금), 자녀(고등학교까지 공과금, 학자금) ⑤ 취업알선: 본인·자녀를 16인 이상 고용업체에 3~8% 범위 내 의무 고용 ⑥ 특별임용: 특별임용(해고제한) ⑦ 적응 교육 : 규정없음 ⑧ 없음 ⑨ 직업훈련: 대상자 지정훈련 ⑩ 생활보호: 생계곤란자구수당(상이자 연금지급) ⑪ 대부제도: 유공자법에 의한 대부 ⑫ 의료보호: 의료보험에 의한 보호

2) 제도변화 결정요인

(1) 북한이탈주민의 증가

북한이탈주민 남한거주현황 80년대까지 매년 5, 6명이던 이탈주민의 수가 90년대에 들어와 급격히 증가하여 한해 평균 50여명씩 남한으로 입국하고 있다. 이들의 입국과 거주현황을 도표를 통하여 알아보면 아래의 〈표 1〉과 같다.

〈표 1〉 북한이탈주민 입국 및 거주현황

구분	1969 년대	1970 년대	1980 년대	1990	1991	1992	1993	1994	1995
인원	485	59	63	9	9	8	8	52	41

3. 과도기(1994~2002년)

1) 제도적맥락

(1) 정부정책과 관장기구

1997년 1월 「북한이탈주민의 보호 및 정착지원에 관한 법률」(이하 정착지원법으로 지칭)을 공포하여 7월 14일부터 새로운 법률과 시행령에 따라 탈북자 정책을 실행하여 왔다. 주무부처 또한 보건복지부에서 통일부로 이관하였고, 귀순이라는 개념 대신 북한이탈주민으로 대치하였다. 이 법률은 북한이탈주민에게 1994년 이전과 비슷한 수준으로 물질적 지원을 제공하되 이들을 대상으로 사회 적응 교육 및 직업훈련을 실시하면서 우리 사회에서 이들이 자립하거나 자활하는 능력을 배양하는 것에 중점을 두기 시작했다. 이후 1997년 1월 「북한이탈주민의 보호 및 정착지원에 관한 법률」을 공포하여 7월 14일부터 새로운 법률과 시행령에 따라 탈북자 정책을 실행하여 왔다. 주무부처 또한 보건복지부에서 통일부로 이관하였고, 귀순이라는 개념 대신 북한이탈주민으로 대치하였다. 이 법률은 북한이탈주민에게 1994년 이전과 비슷한 수준으로 물질적 지원을 제공하되 이들을 대상으로 사회적응 교육 및 직업훈련을 실시하면서 우리 사회에서 이들이 자립하거나 자활하는 능력을 배양하는 것에 중점을 두기 시작했다. 이후 북한 이탈주민의 자립 정착을 위한 방향 모색은 북한이탈주민 정책 추진의 핵심 현안이 되고 있다.

(2) 정책이데올로기

정책이데올로기는 1997년 「북한이탈주민보호 및 정착지원 관한법」 제정 전까지인 1993년부터 1997년까지는 북한이탈주민을 사회복지적 차원에서 다룬 시기이다. 1993년에 개정 된 「귀순북한동포보호법」은 북한이탈주민을 국가의 보상이 필요한 계층에서 우리 사회에서의 정착을 위해 국가의 보호가 필요한 특수계층으로 규정하여, 그들의 처우 기준과 수준을 생활보호대상자(현 국민기초생활수급자)의 생활보호 수준보다 다소 높게 책정하도록 하여 이전보다 하향 조정하였다. 이 법의 구체적인 변화는 보상금과 보로금의 실제 지급액 인하와 임의규정으로의 변화를 들 수 있다. 특히 생활보호, 주거지원, 취업알선, 교육보호, 의료보호 등 대부분의 지원 항목을 이전의 지원한다는 강제규정에서 지원할 수 있다는 임의규정으로 개정되었다.

2) 제도변화 결정요인

(1) 다문화사회로의 전환

1987년 이후 국내 노동인력의 임금상승과 3D(Dirty, Dangerous, Difficult)업종의 기피현상(이인선, 2004: 791) 으로 인력부족현상이 심각해지면서 불법취업 외 국인이 급증하였다. 한국정부는 외국인 노동력을 활용하여 인력난을 해소하기 위해서 기업연수생제도(1991)를 도입하였고 2년 후에는 산업연구생제도(1993)를 도 입하였으나, 이 제도들은 노동기본권이 보장되지 않아 임금체불, 인권침해 등의 문제를 야기하였다. 정부는 외국 인력의 보다 안정된 도입을 위해서 2004년에 고용허가제를 채택하게 되어 이주노동자 유입이 활성화되고 있다.

(2) 북한이탈주민의 증가

1996년 56명이었던 북한이탈주민이 2000년대 들어와 급격히 증가하여 2002년에는 1,140명으로 20배로 증가하였다. 이들의 입국현황을 살펴보면 〈표 2〉와 같다.

〈표 2〉 북한이탈주민 1996~2002년도 연도별 현황

구분	1996	1997	1998	1999	2000	2001	2002
인원	56	86	71	148	312	583	1,140

(3) 북한이탈주민 정부지원액 증가

북한이탈주민의 숫자 증가에 따라 정착지원금, 주거지원금, 교육지원 등 경제적인 지원이 급격히 증가하고 있다. 97년 18억 7천만원이던 지원금이 99년에는 31억 2천만원으로 두 배이상 증가하였다. 자세한 내용은 〈표 3〉와 같다.

〈표 3〉 이탈주민 지원현황

(단위 : 천원)

기간 \ 구분	정착지원금		보로금	교육지원금		사회적응 교육	직업훈련	계
	정착금	주거지원금		학자금	사립대 공납금			
1997.7.14 ~12.31	418,534 (66명)	455,122 (66명)	880,000 (15명)	336 (7명)	59,626 (61명)	38,200 (36명)	19,031 (36명)	1,870,849 (251명)
1998	416,227 (61명)	414,495 (61명)	250,000 (8명)	1,980 (46명)	142,024 (143명)	32,701 (36명)	32,770 (50명)	1,290,197 (405명)
1999.1.1. ~ 12.31	1,749,463 (87명)	639,345 (84명)	394,000 (11명)	2,434 (55명)	138,689 (133명)	87,690 (197명)	110,074 (91명)	3,121,608 (658명)
2000.1.1. ~2002.2.29	399,563 (27명)	182,010 (24명)	19,000 (3명)				14,912 (16명)	615,490 (70명)

출처: 통일부. 월간 남북교류협력 및 인도적 사업 동향 제104호. 2000. p135

3. 정부주도 · 민간참여 정책기(2003~현재까지)

1) 제도적맥락

(1) 정부정책과 관장기구

2004년 이전에는 이른바 '수혜적인 보호정착 지원'을 새터민 정책의 기본방향으로 삼았으나, 새터민의 증가와 더불어 새터민 정착지원의 방향을 '자립·자활 중심'으로 전환해야 한다는 여론이 제기됨에 따라 정부는 2004년과 2006년에 새터민 정착지원 개선 종합대책을 수립하였다(2008, 통일백서). 그럼에도 불구하고 이들의 적응 수준은 높지 않다는 비판에 따라 통일부는 2007년 2월 새터민의 자립·자활 중심의 지원제도 개선방안을 발표하여 시행하고 있다.

개선된 내용의 주요 내용은 이들의 거주인원 증가에 따라 정부의 지원정책을 자립자활과 직업 친화적인 지원 시스템으로 전환하는 것이다. 이를 위하여 기존의 정착기본금을 1인 세대 기준 1,000만원에서 600만원으로 축소하고, 주거지원금은 1,000만원에서 1,300만원으로 현실화하였으며, 취업의지 제고를 위하여 장기취업 장려금을 기존 최대 900만원에서 1,500만원으로 증액하여 장기 취업을 유인하고자 하였다. 또한 북한이탈주민들을 근로능력세대(근로능력자가 있는 세대)와 근로무능력세대(세대 구성원 중 근로능력자가 없는 세대)로 분리하여 근로 능력 세대의 경우 생계급여의 특례기간을 축소하여 자발적으로 노동시장에 참여하도록 개정하였다. 이후 2009년에는 정착지원시설을 설치 · 관리 · 운영 등에 대하여 필요한 사항을 대통령령으로 정할 수 있도록 하였으며(제10조), 사회적응교육에 대하여 거주지에서 별도의 적응교육을 추가로 실시하며(제15조), 직업훈련을 희망하는 자에게 대상자의 직무능력을 고려하여 3개월 이상 하도록 하였다(제16조). 그 외 부정한 방법으로 고용지원금을 받게 될 때에는 취업보호를 중지하거나 종료 시킬 수 있도록 하였으며(제17조), 거주지 기준으로 주민등록번호를 정정할 수 있도록 하였다(제19조).

(2) 정책이데올로기

북한이탈 주민 지원 사업은 과거에는 정부 주도적 정착지원이 강했지만 점차 정부, 민간의 협력적 지원체제로 전환되면서 지역 및 민간기관의 역할이 크게 강화되고 있다. 통일부 내부 자료에 의하면, 서울 노원구 지역협의회를 필두로, 강서구, 양천구에서도 협의회가 구성되었다(2001년). 2003년 이후 부산과 대구 등 전국적으로 11개의 북한이탈주민지원 지역협의회가 구축되었는데(민선영, 2008:2), 이후 급속하게 증가하여 현재는 전국에 88개의 북한이탈주민 지원 지역협의회가 있다(북한이탈주민 정착지원 실무편람, 통일부, 2013). 초기에는 북한이탈주민의 정착을 지원할 수 있는 적합한 민간기관이 많지 않았기 때문에, 기존의 소외계층을 대상으로 서비스지원 경험을 축적한 지역의 사회복지관이 서비스를 맡게 되면서 지역사회복지관은 북한이탈주민들을 원조하는 중요한 서비스 제공 주체(민선영, 2008:2)가 되고 있다.

2) 제도변화 결정요인

(1) 북한이탈주민의 증가

매년 북한이탈주민들의 입국인원 증가하고 있다. 2002년 불과 1,138명에 불과하였던 입국인원 2009년 2, 927명까지 증가하여 2배 이상 증가하여 왔다. 그중에서 여성이 차지하는 비율이 2002년 56%에서 2009년도에 77%에 달하여 여성의 비율이 꾸준하게 증가하여 왔다.

〈표 4〉 북한이탈주민 입국 현황(~'11.3월 입국자기준)

구분	'03	'04	'05	'06	'07	'08	'09	'10	'11.3	합계
남(명)	469	626	423	509	570	612	666	578	169	6,520
여(명)	812	1,268	960	1,509	1,974	2,197	2,261	1,798	391	14,400
합계(명)	1,281	1,894	1,383	2,018	2,544	2,809	2,927	2,376	558	20,918
여성비율	63%	67%	69%	75%	78%	78%	77%	76%	70%	69%

연령 유형별로 보면 〈표 5〉와 같이 30-39세 6,656(32%), 20-29세 5,750(27%) 순으로 나타나서 30대, 20대의 비율이 높은 비중을 차지하고 있다.

〈표 5〉 연령별 유형(~'11.3월 입국자기준)

구 분	0-9세	10-19세	20-29세	30-39세	40-49세	50-59세	60세	계
누계(명)	817	2,440	5,750	6,656	3,285	1,011	959	20,918
비율(%)	4	12	27	32	15	5	5	100

북한이탈주민들의 직업별 기준을 보면 북한에서의 직업 중 무직 부양 10.485(50%), 노동자 8,017(38%) 순으로 나타났다. 하지만 봉사분야 810(4%), 군인 및 공작원직 589(3%), 전문직 443명(2%)로 나타나서 북한에서 지도층에 있던 인원도 상당히 포함하고 있다.

〈표 6〉 재북 직업별 유형(~'11.3월 입국자기준)

구 분	무직부양	노동자	관리직	전문직	예술체육	봉사분야	군인 및 공작원	계
누계(명)	10,485	8,017	386	443	188	810	589	20,918
비율(%)	50	38	2	2	1	4	3	100

북한이탈주민들의 직업별 기준을 보면 북한에서의 직업 중 무직 부양 10.485(50%), 노동자 8,017(38%) 순으로 나타났다. 하지만 봉사분야 810(4%), 군인 및 공작원직589(3%) 전문직 443명(2%)로 나타나서 북한에서 지도층에 있던 인원도 상당히 포함하고 있다.

〈표 7〉 재북 학력별 입국현황(~'11.3월 입국자기준)

구분	취학전 아동	유치원	인민학교	고등중	전문대	대학이상	기타(불상)	계
누계(명)	563	190	1,309	14,728	1,911	1,532	685	20,918
비율(%)	3	1	6	70	9	8	3	100

북한이탈주민들의 직업별 기준을 보면 북한에서의 직업 중 무직 부양 10,485(50%), 노동자 8,017(38%) 순으로 나타났다. 하지만 봉사분야 810(4%), 군인 및 공작원직 589(3%), 전문직 443명(2%)로 나타나서 북한에서 지도층에 있던 인원도 상당히 포함하고 있다.

〈표 8〉 지역별 거주 현황(~'11.7월 현재)

지역	서울	경기	인천	부산	경남	충남	대구	경북	충북
인원(명)	5,690 (29%)	5,179 (27%)	1,809 (9%)	806	724	721	627	696	598
지역	광주	강원	대전	전남	전북	울산	제주	계	
인원	521	490	437	441	374	247	125	19,485명	

참조 : 사망, 말소, 이민자와 주소 미등록, 보호시설수용자 제외

(2) 다문화사회로의 전환

재한 이주노동자는 791,000명(2012, 통계청)에 이를 만큼 이주노동자들에 대한 우리 산업체들이 이주노 동자들의 노동력에 대한 의존도는 높다. 재한 이주노동자는 72만(716,000)명에 이르고(2011년 6월 기준 고용노동부 자료, 국가인권위원회, 2011. 10: 95), 불법체류 외국인 이주노동자는 약 17만 명을 능가하고 있다(2011.11.9, 청년의사).

외국인과 결혼한 한국인들은 해마다 증가하여, 2011년 혼인건수 32만 9087명중에 국제결혼인구는 29,762명으로 약 9%에 이른다(2012, 통계청). 2006년 통계청 자료에 의하면 국제결혼은 총 결혼건수의 11.9%였고, 국제결혼 부부 중에 한국남성과 외국여성의 결혼이 76%를 차지했다(민선영, 2008:2). 농림어업에 종사자는 남성 결혼자 중 35.9%가 외국인 신부를 맞이하고 있는 것으로 보고된 바 있다(김연희, 2007:199).

(3) 북한이탈주민에 대한 정부지원액 증가

북한이탈주민은 2011년 1월 현재 약 2만 명이 국내에 체류하고 있다(통일

부,n.d.). 다문화인구의 증가로 일곱 개 부서(여성가족부.법무부.교육과학기술부.고용노동부.행정안전부.문화체육관광부.농림수산식품부)에서 동시다발적으로 다문화 관련 정책이 실시되고 있으며 다문화인구에게 투입되는 예산의 규모도 증가하고 있다. 결혼이주여성 정책의 경우, 예산은 2008년 285억원에서 2010년에는 597억으로 두 배 이상 증가하였으며(김지은, 2010. 11. 03), 정착금.주택.취업.교육.사회보장 지원 등이 주로 제공되는 북한이탈주민을 위한 정책의 예산은 2004년 425억 원에서 2007년 553억으로 전체 통일부 예산에서 차지하는 비율도 44.7%에서 50.3%로 급증하였다(윤석만, 2008. 10. 15).

〈표 9〉 북한이탈주민정책의 제도적 맥락과 제도변화 결정요인

<table>
<tr><th colspan="2" rowspan="2"></th><th>정부주도 정책기</th><th>과도기</th><th>정부·민간정책기</th></tr>
<tr><th>(1961–1995:T)</th><th>(1996–2003: T1)</th><th>(2004–현재: T2)</th></tr>
<tr><td rowspan="4">제도적맥락</td><td rowspan="2">국가정책과
관장기구</td><td>◎</td><td>◎</td><td>○</td></tr>
<tr><td>안보/보훈/체제우위
차원
국방부(원호처 등)</td><td>사회복지차원
보건복지부</td><td>통일대비차원
통일부</td></tr>
<tr><td rowspan="2">정책이데 올로기</td><td>◎</td><td>◎</td><td>○</td></tr>
<tr><td>정부주도</td><td>정부(민간)주도</td><td>정부+민간주도로
선회</td></tr>
<tr><td rowspan="6">제도변화결정요인가</td><td rowspan="2">다문화 사회로의
전환</td><td>×</td><td>△</td><td>◎</td></tr>
<tr><td></td><td>이주노동자
/북한이탈주민/
결혼이주여성
증가</td><td>이주노동자/북한이
탈주민/결혼이주여
성 급격히 증가</td></tr>
<tr><td rowspan="2">탈북자 입국추이</td><td>△</td><td>○</td><td>◎</td></tr>
<tr><td>1990년 9명</td><td>1999년 144명</td><td>2009년 2,927명</td></tr>
<tr><td rowspan="2">북한이탈 주민
정부 지원액 증가</td><td>×</td><td>○</td><td>◎</td></tr>
<tr><td></td><td>1999년 31억
5천만원</td><td>2010년 597억원</td></tr>
</table>

: 경로의존성에 대한 각 요인별 영향관계는 ◎(매우강함), ○(강함), △(약함), × (매우약함)으로 표시함

V. 결 론

우리나라에 있어 북한이탈주민정책은 우리나라의 슬픈 과거를 품고 있다. 6. 25 사변이라는 세계사에 기록될 끔찍한 전쟁이후에 나타난 남북분단이 가져온 비극이라 할 수 있다. 지금이라도 급격한 북한정권의 몰락과 북한이탈주민에 대한 정부의 관심이 필요한 시점이다.

정리해보면 제도주의적 입장에서 측면에서 살펴본 정책의 전환의 시점은 여러가지로 설명할 수 있겠으나 세 가지 정도로 살펴 보고자 한다.

첫째, 성과위주의 정책이 가장 큰 이유라고 생각한다. 과거 안보우선이나 체제우선기에는 북한에 대한 체제우월성을 입증하기 위한 정책을 취하다 보니 이 기조가 계속유지 되다 보니까 정책의 전환되어야 할 시점에서 급격한 정책의 전환이 이루어지지 못했다는 측면이 있다.

둘째, 근시안적인 정책 추진이다. 위에서 보다시피 안보상황의 변화와 경제성장은 북한이탈주민정책에 대한 중장기계획을 세우는 데에는 소홀히 하였던 측면이 있다. 거시적인 측면에서의 북한체제의 변화와 북한이탈주민의 이주현상을 장기간에 걸쳐서 찾아 내기에는 부족하였고, 새로운 정책추진이 기존 정책을 완전히 수정하여 새로운 정책을 내세우기 보다는 기존의 정책을 답습하고 크게 변화 하지 않으려는 속성 때문인 것 같다.

셋째, 여기에서 다루지는 않았지만 정책책임자와 정권의 잦은 교체로 인해 정책전환이 힘들었다는 것이다. 과거 정권의 급격한 변화는 정책 담당자의 교체와 정부부처의 개편으로 일관되게 정책기조를 유지 하지 못한 측면이 있다.

넷째, 여기에서는 다루지는 않았지만 사회 분위기에도 여기에 영향을 미친다고 본다. 왜냐하면 통일에 대한 국민들의 시작이 부정적인 경우가 많기 때문이다. 통일로 인해 내세우는 편익보다 남한이 지불해야 할 사회비용이 많아서 북한이 탈주민에 대한 정책에 소극적인 측면에 때문에 이런 문제가 생긴다고 본다.

셋째로 본 것 같이 통일을 대비한 북한이탈주민지원정책이 내세우는 편익보다 사회비용의 더 들어서 북한이탈주민 지원정책이 소기의 성과를 보지 못한다는 측면은 역사주의적 제도론적 관점에서는 분석하기에 힘든 점으로, 향후 학문의 정진의 요소로 남겨둔다는 점에서 이 주제를 합리적 선택 제도론적 관점에서 살펴보고 싶다.

04장 다문화와 인권복지

제1절 다문화 사회와 시민권

Ⅰ. 머리말

두 차례의 세계전쟁이 자연권으로써의 인권개념을 부활시킨 이유는 두 전쟁이 다른 어떤 역사적 사건보다 큰 규모의 자발적이거나 비자발적 국제이주(난민)를 발생시켰기 때문이다. 나치가 유대인들을 대상으로 저지른 홀로코스트는 비자발적 이주민들이 겪을 수 있는 가장 참혹한 경우였고 그 비인간성으로 인해 문명국이라 자부하던 서구 선진국들의 반성을 불러일으켰다.

따라서 이는 국가나 공동체로부터 보호받지 못하는 인간에 대한 보호조치가 반드시 협의되어야 한다고 인식한 계기가 되었다. 이러한 인식을 바탕으로 하여 시민이 국적을 상실해도 인간으로서 침해당하거나 양도할 수 없는 권리, 즉 인권을 누릴 수 있음을 천명하고 이를 보호받을 수 있게 하기 위한 국제조치가 강구되었고 그 결과가 바로 UN인권선언이다. UN이라는 국제기구에 만들어지고 회원국들이 조인하여 비준하였기 때문에 이 선언이 규정하는 바에 한해서는 모든 인간들이 국적과 민족, 성별, 인종, 종교, 피부색 등에 구애받지 않고 인간으로서의 권리를 누릴 수 있다는 원칙이 세워진 것이다.

본래 시민권은 국제적 무정부상태(international anarchy)와 국내적 정치공동체(political community)를 전제로 하는 근대적인 개념(김태수, 2004)과 1948년의 UN인권선언이 규정하는 바에 따르면 인간과는 별도로 '시민의 권리'를 규정한 1789년 프랑스의 인간과 시민의 권리선언의 내용이나 각 국민국가의 헌법과도 크게 다르지 않다. 즉, 이는 한 국가가 보장하던 시민권을 이제는 국가간 협력체가 함께 보장하게 되었다는 것을 의미하며 시민권의 근대적 속성에도 변화가 생기기 시작했다는 것을 뜻하게 되었다. 따라서 국제이주민 문제에 접근하기 위해서는 현대적 국제인권규범을 바탕으로 정치공동체의 정체성 문제 등을 고려하여 보다 유연성이 있는 시민의 범주와 시민권의 내용을 구성하는 방안을 연구할 필요가 있다.

국내로 유입된 다문화인의 문제도 이러한 맥락에서 논의될 수 있다. 1990년대 이후 중소기업의 인력난을 해소하기 위해 이주노동자들이 들어온 이래 다수의 미등록 상태의 노동자의 존재와 그들에 대한 적발, 보호소감금, 강제출국 등 이주노동자 등의 인권이 침해되는 상황은 나아지지 않고 있다. 이는 그들이 대체로 저숙련노동자이고 정부가 그들의 장기체류를 막고 있다는 사실, 즉 그들을 사회의 구성원으로 받아들이기를 꺼리는 현실에 기인한 바가 크다. 이주노동자뿐만 아니라 국제결혼을 통해 입국한 외국인들도 점점 더 증가하고 있는 추세임을 고려할 때 시민권 논의의 필요성은 점점 더 커져가고 있다고 할 수 있다.

Ⅱ. 이론적 기초

1. 다문화사회

1) 다문화사회의 논의

다문화사회의 등장과 이후 논쟁이 활발해 질 수 있었던 직접적인 계기는 다양한 민족적 정체성을 가지는 국민들을 어떻게 하나의 국민으로 통합시킬 것인가에 대한 고민에서 출발한다.그러나 이러한 논의가 활성화되고 정책으로 시행되는데 있어서 배경이 되었던 민주주의의 신장이라는 측면을 결코 간과할 수 없다. 다문화정책이 공식적으로 채택되기 전에는 이질적인 문화[1]와 민족을 그 안에 포함하고

1) 문화는 제도와 가치관을 총체적으로 일컫는 개념이다. 선진국도 치열한 사회갈등을 겪었지만 그들 사회 저변에 깔린 문화적 자원으로 극복했다. 일찍이 프랑스 역사학자 토크빌이 발견한 마음의 습관(the habits of the heart)의 요체를 다듬어 가는 것에서 현대사회의 갈등을 관리할 사회·정치적 지혜를 찾아냈던 것이다. 마음의 습관이란 개인의 욕심이나 권리주장을 제어하는 시민적 양심이나 교양이라고 부르는 무형의 자산이다. 우리가 계층, 이념, 지역, 세대 갈등을 해소할 총

있던 거의 모든 나라는 차이의 장기적 소멸을 가정하는 주류문화 혹은 주류민족으로의 동화정책을 견지하고 있었다. 그러나 동화정책이 강한 만큼 소수문화의 반발은 강도를 더해갔고 국민국가의 국민으로서의 정체성을 창출하고자하는 각 나라의 노력은 점점 난항에 부딪히게 되었다. 이 과정에서 민주화의 심화는 소수민이 자신의 권리를 중하는데 정당성을 부여하는 중요한 기제로 작용하였다.

민주주의의 핵심은 개인의 자유보장과 정책결정과정에 있어서 다양한 의견의 제시라고 할 수 있다. 동화정책에 기인하는 소수문화에 대한 억압과 배제는 민주주의적 기본가치인 무엇의 자유로부터 표출통로를 발견했으며 좀더 적극적인 의미인 무엇으로부터의 자유로부터 주장의 정당성을 획득했다. 민주체계의 정당성은 소수의견을 포함한 사회 안의 다양한 의견이 정책결정과정에서 임의적으로 배제되지 않는 것은 물론 자신의 목소리를 낼 수 있는 공간과 대표권의 적극적인 보장에 있다.

따라서 민주화가 심화된다고 하는 것은 정책결정과정의 개방 증대에 다름 아니다. 더욱이 국가의 관할권이 미치는 전체의 구성원 가운데 특정 부문의 요구나 주장이 그 존재 자체가 부정되고 사회적 어젠다(agenda)에서 지속적으로 배제된다는 것은 대의민주주의의 원리에도 어긋나는 것일 뿐만 아니라 사회적 신뢰와 광범위한 국민적 지지에 기반한 민주주의가 가질 수 있는 위기 대응력도 현저히 떨어질 수밖에 없다.

또한 특정 인구부문의 지속적이고 의도적인 배제는 장기적인 보면 민주주의가 유지되기 위한 필요조건 가운데 하나인 대응성과 책임성을 무디게 해 민주주의의 정당성 자체를 위협할 수 있을 것이다. 규범적인 측면에서 보면 다문화주의가 도입되기 전에 다민족적 사회에서 진행된 국민형성과정은 자유민주주의와 규범적으로 양립할 수 없는 내용을 전제하고 있으며, 근대자유민주주의가 올바르고 지속적으로 작동하기 위해서는 원칙과 제도만으로는 가능하지 않으며 국민들 사이에 폭넓게 공유된 특정한 규범, 자세, 성향이 있어야 한다(Carens, 2000 : 8 -15).

이는 자유민주주의는 일종의 자유민주주의적 정치문화를 요구한다는 것과 같은 의미이다. 즉 자유민주주의를 지탱하기 위한 제도와 원칙은 국민들 내부를 가르는

체적 자원으로서 문화에 주목한 이유가 이것이다(송호근, 2010 : 52)

차이에 무심하며 특정 집단에 대한 특혜나 차별을 용납하지 않는 전제 아래 형성되지만 실제의 작동방식에 있어서는 지배문화와 집단을 옹호하고 소수문화와 집단을 배제하는 메카니즘을 구조화시키기 때문에 국민들 절대다수가 폭넓게 지지하고 공유하는 정치문화를 창출하기 어렵다(Taylor, 1997 : 33-35). 또한 민주주의의 확대와 심화는 정의에 대한 새로운 관심과 해석을 다음과 같이 불러 일으켰다.

첫째, 기존의 차이를 인정하지 않는 제도나 규칙은 중립을 가장하고 있으나 실제로는 암묵적으로 사회주류의 요구와 이익에 복무하는 동시에 민족적 소수인을 포함한 사회적 소수인을 배제하고 경계하는 역할을 한다는 것이다.

둘째, 과거 정의에 대한 자유주의 이론이 의도적으로 무시했던 정체성(identity)이나 문화언어적 지위 등의 개념에 새로운 관심이 집중되기 시작했다는 점이 지적될 수 있다.

셋째, 민주주의이론에서 사회적 선택이론[2)]에 기반하고 있는 다수결원칙에 대한 문제제기가 이루어졌다는 점이다. 그러나 1인1표에 기반하고 있는 다수결의 원리는 정책결정과정에 있어 소수의견의 배제가 당연시되는 결과를 초래한다. 이에 대한 대안으로 정책결정과정에의 시민 참여와 동의, 참여를 통한 교육과 변형에 대한 관심이 증대되었다. 다수결의 원리에 대한 도전과 심의에 대한 강조는 사회 내 소수인의 의견수렴과 정책결정에의 참여에 대한 인식을 확대시키는데 기여했음은 분명하다. 물론 여기에서 누가 시민으로 포괄되는가 하는 문제가 제기될 수 있다. 실제로 국가에 의한 강력한 동화정책이 추진되는 곳에서는 이를 거부하는 집단이나 개인은 시민의 범주에 포함되지 않을 가능성이 높으나 법적 지위로서의 시민권(citizenship)이 부여된다 할지라도 심의과정에서 배제될 가능성 또한 매우 높다.

사회적 소수집단은 현상을 대하는 방식이 다수와 다르며 이는 종종 다수에 의해 무시되거나 이해할 수 없는 것으로 치부된다. 따라서 다수자들은 토론의 규칙을 변화시킬 필요성을 그다지 느끼지 못할 가능성도 높다는 점이 이러한 가능성을 더욱 높게 만든다. 그러나 시민의 특정부문이 심의과정에서 지속적으로 배제된다는 것은 시민 사이의 토론과 심의가 자기중심으로 하는 민주주의의 정당성

2) 사회적 선택이론은 정책결정에 참여하는 개별시민들은 이미 선협적인 선호의 집합을 가지고 있고 선호집합기제로서 투표행위는 다수결의 원리에 따라 시민들의 최대다수가 가장 선호하는 정책결과를 산출하는 것으로 가정된다.

(legitimacy) 고양에 부정적으로 작용하게 된다. 달리 말하면 배제의 논리와 심의 민주주의는 서로 양립할 수 없는 속성을 가지고 있는 것이다(이용승, 2004 : 13-16).

2) 다문화사회와 문화적 적응

2007년 유엔 인종차별위원회는 한국사회가 다민족사회가 된 만큼 단일민족이라는 개념을 극복해야 한다고 권고했다. 1990년대 농촌총각 장가보내기운동으로 시작한 국제결혼 증가와 외국인근로자이주는 우리 사회를 빠르게 단인종, 다문화사회로 변하게 했다. 다문화 현상을 이해하려고 할 때 단지 외국인들의 물리적인 이민, 이주로만 보아서는 안 된다. 문화심리학자 존 베리가 강조했듯이 이주민들 스스로 새로운 사회문화에 순응하려는 것도 중요하지만 그 사회에서 이들을 적극적으로 수용[3]하려는 열린 마음을 갖는 것이 중요하다.

우리 사회는 이들에게 얼마나 열려 있는가? 이주민들도 새로운 나라에 무조건 동화되기보다는 모국의 고유문화를 유지하면서 동시에 새로운 문화에 통합되는 편이 정체감의 갈등없이 적응에 성공하는 길일 것이다. 실제로 이들은 자신의 모국문화를 얼마나 잘 유지하면서 우리 문화에 흡수되고 있는 것일까?

특히 주목할 점은 결혼이주 여성의 엄청난 증가이다. 주로 중국, 베트남, 필리핀, 몽골, 태국, 우즈베키스탄, 캄보디아에서 이주해오는 이들은 고국에서 가난하게 생활했던 경우가 많다. 가난한 나라에서 이주해왔다는 이유로 그들의 문화에 대해선 알 필요가 없다. 한국문화만 받아들이라고 강요받은 결혼이주 여성의 문제는 자녀양육문제와도 직접 관련이 있다는 점에서 심각하다. 다문화가정의 문제와 관련해서 가장 중요한 것이 바로 언어교육이다. 아기들은 태어나면서부터 자연스럽게 TV를 접하게 된다. 엄마의 한국어가 서툰 상황에서 TV는 엄마를 대신해 자

3) 다문화사회의 수용은 이주근로자의 유입을 통한 노동력 확보와 결혼이주여성을 통한 저출산문제 해결의 가능성을 높일 수 있다. 여기에 북한을 이탈한 난민들의 한국사회정착이 늘어남에 따라 우리 사회에 제한적이기는 하지만 비로소 문화적·인종적 다양성이 공존하게 되었다. 이것은 다른 나라들과의 경우처럼 식민지와 점령지에서 유입된 외국인들이 다문화사회의 구성에 커다란 역할을 한 것과는 다른 것이며 오히려 일본의 식민지배를 받은 이후에도 사회적으로 주류문화를 유지하려는 특정 인종이나 종족 등도 없었다. 이 점에서 한국의 다문화화는 다른 나라들과는 차별된 특징을 보인다고 할 수 있다(조현상, 2009 : 85).

연스럽게 한국어를 습득하게 해주는 그럴듯한 도구로 쓰인다.

그러나 아이의 결정적 언어습득 시기를 고려할 때 TV시청은 초기 언어발달에 효과적이지 못하다. 그러나 무조건적으로 한국어 습득만을 강조하면서 그들 나라의 언어와 문화를 저버리게 하는 것은 바람직한 적응을 가져오지 않는다. 진정한 다문화사회로 나아가기 위해서는 이주민들 스스로 모국문화를 유지하면서 새로운 우리의 문화를 받아들여 통합할 수 있도록 우리 사회가 열려 갈 수 있는 방안을 모색해야 할 때다(곽금주, 2009). 지금까지 우리 사회에서 논의되어온 다문화사회의 이슈들을 살펴보면 다음과 같다.

(1) 문화갈등

어느 사회든지 다른 문화권에서 온 사람들은 정도의 차이는 있지만 적지 않은 어려움을 겪게 된다. 편견과 몰이해, 문화적 차이와 언어문제에서 오는 의사소통의 어려움으로 배우자와 가족 구성원 사이에 겪는 갈등문제는 가정해체의 위기로 이어지고 있다. 의사소통 수단인 언어는 사람과 사람 사이의 관계를 맺는데 중요한 역할을 한다. 언어는 차별과 폭력의 수단으로 사용되기도 하지만 차별과 폭력의 원인을 제공하기도 한다. 언어문제는 부부관계, 친구관계, 사회생활에서의 인간관계가 원만하지 못한 요인의 상당부분을 차지하고 있다.

오늘날 정부는 다문화가정의 문화적 부적응문제를 해결하기 위해서 한국어 중심의 언어와 한국문화에 대한 교육에만 치중하고 있는데 사실 이러한 문제를 해결하기 위해서는 문화적 소통을 위해 한국어와 한국문화에 대한 교육 외에 이주민의 본국문화와 본국어를 가족들에게 교육할 필요성이 있다.

의사소통의 결핍과 배우자가족의 문화적 우월감은 극단적인 경우에는 폭력문제로 비화되기도 한다. 그로인해 가정폭력이 발생되고 법률체계의 외국국적자에 대한 배타성으로 인해 이주민에 대한 제도적 보호장치가 부족한 상태에서 이주민들은 사회로부터 경계 밖으로 떠밀려버리는 상황도 전개되고 있다. 따라서 이주민과 그 가족들 사이에 양방적 문화소통을 위한 방안들이 강구되어야 한다.

(2) 사회차별

단일언어를 사용하는 나라에서 완전한 언어습득 전 신문, 라디오, TV 등 국내뉴스와 정보를 접할 수 있는 매체로부터 소외되거나 지역사회 주민으로서도 언어적인 장벽으로 관계망 확장이 어려워 여성폭력 발생시 문제예방을 위한 접근성 자체가 떨어지고 사회체계의 이해부족으로 변호사 선임, 사법절차의 선택 혹은 행정기관에 신고하는 것의 어려움과 공권력의 도움을 받을 기회가 부족할 수 밖에 없는 문제점에 직면하게 된다.

한국사회의 남성중심주의는 남성중심의 민족주의와 결합되어 한국인의 외국인과의 결혼에서도 외국인의 국적에 따라 이중적인 태도가 형성되는 결과를 낳고 있다. 이중적 민족주의는 다수의 한국인들이 경제적으로 발전된 사회와 그렇지 못한 사회를 바라보는 시각에 있어서 서로 반대되는 태도를 견지하도록 하는 결과를 초래한 것이다. 그로 인해 선진국인 서구사회에 대해서는 사대주의적 선망과 열등의식을 동시에 보이는 반면에 제3세계인들에 대해서는 순혈주의와 인종주의와 같은 극단적 우월감을 노출하고 있다. 이러한 양가감정은 사회가 다문화가정을 바라보는 시선 그리고 다문화가정 안에서도 선입견과 편견이 나타나는 결과를 초래하고 있다.

따라서 이주민 가족들은 이와 같은 왜곡된 사회적 가치관 또는 문화적 편견으로 인해 사회적으로도 여러 가지 차별과 혼란에 직면하게 된다. 물론 우리 사회의 일각에서는 다문화가족을 회의적으로 포용하려는 변화의 움직임도 일어나고 있다(김태원, 2010 : 416-417). 그러나 이러한 변화가 지나치게 느리게 진행되고 있어서 정책의 주도를 통한 진정한 사회통합적 변화가 추진되어야 할 것이다.

(3) 정체성혼란

다문화가정 2세들이 피부색이 다르고 얼굴생김새가 다르다는 이유로 집단따돌림을 당하고 학습부진 등의 문제가 발생한다. 가정 안에서는 부모가 한국말을 잘 못하고 가족들의 무시언사가 아이들도 부모를 기피하고 창피스러워하며 이웃과의 단절로 아이의 사회성이 결여됨은 물론 한국인으로서 대우받지 못함으로써 정체성의 혼란을 야기하기도 한다(조한숙, 2009 : 57-59). 또한 다문화가정의 2세들은 친척과 가족들로부터 냉대받고 외국인으로 치부되면서 한민족으로 인정하기를 거부하는 한국사회의 편견으로 인하여 따돌림을 당하면서 심리적 고립감, 정서적 소외감을 경험하게 되며 이러한 고립감과 소외감 때문에 정체성의 혼란을 느끼게 되는데 정체성의 혼란은 아동의성장과 발달에 악영향을 미치게 되고 낮은 자존감과 상실감은 우울증과 자신감 결여 등 큰 문제점을 발생시킨다(박상규, 2009 : 79-80).

문제점을 해결하기 위해 서로의 문화를 이해하고 존중해 주며 올바른 의사소통을 위해 언어를 배우는 것이 가장 중요하다고 생각한다. 현재는 많은 외국인 엄마들이 회화는 되지만 기초적인 한국어를 습득하지 못한 채로 결혼을 하고 가사를 도맡아 하다보니 자녀에게 제대로 된 한국어를 가르치지 못해 한국어뿐만 아니라 엄마의 나라말도 제대로 배우지 못하고 학교에 입학 하는 일도 있다고 한다.

문제점을 반대로 생각한다면 우리나라가 다문홧회로 확실한 자리매김을 한다면 다문화가족은 두 언어를 자연스럽게 습득할 수 있으며 서로 다은 문화를 당연하게 불편함이 없이 받아들일 수도 있다.

이러한 다문화가족에서 자라난 자녀들이 어른이 되면 지금보다 훨씬 더 좋은 환경에서 글로벌 마인드를 가지고 사회에 적응해 나갈 수 있을 것이라는 긍정적이고 희망적인 에측도 해볼 수 있다. 이처럼 다문화가족은 꾸준히 증가하고 있는 이 시점에서 우리는 외국인 근로자나 외국인 배우자 등에 대한 차별과 편견의 문제를 더 이상 소홀히 다루어서는 안 될 것이다. 더욱이 우리나라가 안정적인 다문화사회에 진입하고 진정한 세계화를 이루기 위해서는 가장 먼저 우리가 다른 문화와 인종에 대한 선입견과 편견의 굴레에서 재빨리 벗어나야 한다. 아무리 좋은 정책과 시스템이 있다고 할지라도 제일 중요한 것은 우리의 생각과 인식이 바뀌지 않는 한 다문화가족의 문제는 우리 사회의 영원한 숙제가 될 것이다(여중철, 2010 : 372-374).

2. 시민권

1) 시민권의 논의

시민권은 주요한 정치철학적 그리고 사회복지학적인 주체와 깊은 연관성이 있다. 정치철학적인 관점에서 시민권은 주로 정치공동체의 구성원으로서 개인의 권리와 의무(Nisbet, 1974 : 612-637; Janowitz, 1980 : 1-24), 민주적인 정치참여의 본질, 공적 질서의 정당성이라는 주제와 관련되어 있으며 사회학적인 관점에서는 뒤르께임(Drkheim)의 전통 아래에서 사회적 연대성과 사회질서라는 주제와 관려되어 있다. 시민권을 단순하게 권리와 의무의 집합이라는 법률상의 정의가 가지는 협소한 인식을 피하고 경제적·문화적·법률적·정치적인 실천을 강조하는 인식적 태도에서 정의하고자 한다면 위의 두 관점은 긴밀히 결합될 수밖에 없다. 즉 정치공공체의 구성원으로서의 개인의 권리와 의무의 문제는 국민국가의 권위가 지배적인 분화된 사회에서의 사회적 멤버십의 본질 그리고 사회에서의 자원의 효율적이고 평등한 분배라는 문제와 불가피하게 결합될 수밖에 없는 것이다(Tuner, 1993 : 1-13). 그러므로 시민권의 개념은 무엇보다도 근대적인 정치공동체 안에서의 사회적 멤버십의 본질에 관한 것이다.

그러나 사회적 구성원으로서 시민에 대한 개념을 둘러싸고 자유주의적인 인식과 맑스주의적인 인식은 지속적으로 대립해 왔다. 맑스주의적인 인식에서 보편적인 권리를 향유하는 자유로운 개인이라는 개념은 자유주의적인 사회이론의 부적절한 유산으로서 인식되었다. 따라서 이에 대한 하나의 대안적인 관점으로 시민 사회이론을 발전시켜왔다. 이는 사회적 멤버십은 부르주아적인 시민사회의 혁명적인 전환없이 단순하게 법률적이고 정치적인 관점에서 정의될 수 없다고 보았기 때문이다.

2) 시민권의 발전

시민권은 경제·문화·법률·정치적 실천의 측면에서 인식하며 시민권 발전의 역동적인 과정을 본다면 시민권과 시민사회라는 두 개념 사이의 대립은 해소될 수 있다. 이때 시민권은 다음과 같이 인식될 수 있을 것이다. 시민권은 국가라는 공적 영역과 시장이라는 사적 영역을 한 축으로 하고 국민국가 영토 내의 무차별적인 모든 개인과 자본주의 경제구조 내의 서로 다른 기능의 담당자인 계급이라는 사회구성원의 두 가지 정체성을 다른 한 축으로 놓을 때 그 긴장과 갈등의 접점에 존재한다. 국가와 시장은 사회구성원의 두 가지의 정체성 즉 개인과 계급과의 관계에서 각각 서로 다른 원리에 따라 지배된다. 국가와 개인간의 관계가 정치적 평등이라는 원리에 따라 지배된다면 시장과 계급 사이에는 경제적 불평 등의 원리가 적용된다. 한편 국가와 계급간에는 사회적 정의의 원리가 적용되는 반면에 시장과 개인간에는 경쟁의 원리가 작동한다. 따라서 정치적 평등/경제적 불평등/사회적 정의와 경쟁이라는 서로 다른 원리 사이의 갈등과 조절 위에서 자본주의와 민주주의는 공존한다.

이 공존의 중요한 제도적 기제가 시민권이다. 시민권에 대한 이와 같은 인식의 최초의 정식화는 마샬(Marshall, 1963 : 73-77)에 의해서였다. 따라서 그는 자유주의적 인식과 맑스주의적 인식간의 최초의 가교적인 역할을 한 것으로 평가될 수 있을 것이다(김미경, 1997 : 12-15).

3. 다문화사회와 시민권의 관계

1970년대를 전후해서 본격적으로 사용되기 시작한 다문화주의라는 개념은 정부가 시행하는 새로운 정책이나 사회통합의 이데올로기 혹은 운동의 목표를 지칭하는 것으로 존재해 왔다. 다문화주의의 등장과 이후 논쟁이 활발해 질 수 있었던 계기는 다양한 민족적 정체성을 가지는 국민들을 어떻게 하나의 국민으로 통합시킬 것인가에 대한 고민에서 출발한다.

그러나 이러한 논의가 활성화되고 정책으로 시행되는 데 있어 민주주의의 신장이라는 측면을 간과할 수 없다. 다문화정책이 공식으로 채택되기 전에는 이질적인 문화와 민족을 그 안에 포함하고 있던 거의 모든 나라는 차이의 장기적 소멸을 가정하는 주류문화 혹은 주류민족으로의 동화정책을 견지하고 있었다. 그러나 동화정책이 강한 만큼 소수문화의 반발은 강도를 더해갔고 국민국가의 국민으로서의 정체성을 창출하고자 하는 각국의 노력은 점점 난항에 부딪치게 되었다.

이 과정에서 민주화의 심화는 소수자가 자신의 권리를 주장하는데 정당성을 부여하는 기제로 작용했다. 다문화주의가 도입되기 이전 다민족사회에서 진행된 국민형성과정은 자유민주주의와 규범적으로 양립할 수 없는 내용을 전제하고 있었다. 민주주의의 이론 안에서 사회적 선택이론에 기반하고 있는 다수결의 원칙에 대한 문제제기도 이루어졌다. 사회적 선택이론은 정책결정에 참여하는 개별시민들은 이미 선험적인 서호의 집합을 가지고 있고 선호집합기제로서 투표행위는 다수결의 원리에 따라 시민들의 최대다수가 가장 선호하는 정책결과를 산출하는 것으로 가정된다.

그러나 1인1표에 기초하는 다수결의 원리는 정책결정과정에 있어 소수의견의 배제가 당연히 되는 결과를 초래한다. 이에 대한 대안으로 정책결정과정에의 시민의 참여와 동의, 정치참여를 통한 교육과 변형에 대한 관심이 증대되었다. 다수결의 원리에 대한 도전과 심의에 대한 강조는 사회 내 소수인의 의견수렴과 정책결정에의 참여에 대한 인식을 확대시킨 것은 물론이다.

문제는 누가 시민으로 포괄되는가이다. 국가에 의한 강력한 동화정책이 추진되는 곳에서는 이를 거부하는 집단이나 개인은 시민의 범주에 포함되지 않을 개연성이 높으며 법적 지위로서의 시민권이 부여되어 있더라도 심의과정에서 배제될 가능성 또한 매우 높다. 사회적 소수그룹은 사물을 대하는 방식이 다수와 다르며 이는 종종 다수에 의해 무시되거나 이해할 수 없는 것으로 치부된다.

따라서 다수인들은 토론의 규칙을 변화시킬 필요성을 크게 느끼지 못한다. 시민의 특정부문이 심의과정에서 지속적으로 배제된다는 것은 시민간의 토론과 심의가 자기목적으로 하는 민주주의의 정당성 고양에 부정적으로 작용하게 된다. 배제의 논리와 심의민주주의는 서로 양립할 수 없는 속성을 가지고 있는 것이다. 다문화사회는 소수집단의 권리라는 관점에서 접근하는 것이 아닌 민주국가에서 모든 시민의 권리체계로써 이해되어야 한다(김희선, 2008 : 13-14).

Ⅲ. 한국과 독일의 제도비교

1, 한국 다문화사회와 시민권

1) 제도기반

한국에서 이주민의 정치참여를 위한 제도적 기반은 매우 취약한 상태인 것으로 판단된다. 외국인의 정치참여에의 기회를 제공하는 법률제도는 거의 없으며 외국인들이 한국사회에 조기정착할 수 있도록 다문화지원기관에서 서비스하는 프로그램이 대부분이다. 한국의 다문화지원기관은 전국적으로 총 705개에 이르는데 외국인의 산포와 접근거리를 고려할 때 지원기관의 수효가 충분하다고는 말하기 어렵다. 더욱이 기관프로그램의 활성정도가 기관마다 양적으로나 질적으로 차이가 크다. 다문화지원기관에서 제공하는 프로그램은 크게 교육프로그램(언어교육 등), 서비스프로그램(요리실습 등), 문화행사프로그램(한국문화체험 등), 문화교류프로그램(한국인과 비한국인 간 정시교류 등)으로 나누어진다(이기정,2008). 그러나 이는 내·외국인 끼리의 소통에 중점을 두기보다는 체류하고 있는 외국인에 대한 일방적인 지원 혹은 한국으로의 동화에 중점을 두고 있다. 즉 대부분의 다문화지원기관의 프로그램은 외국인이 한국에 적응하도록 교육하고 돕는 것에만 주력하고 있다는 것이다.

그러나 비영리기관인 안산이주민센터에서 1996년부터 안산시 원곡동에서 시행하고 있는 '국경없는 마을' 프로젝트는 나눔과 배려의 차원이 아닌 외국인의 주체적인 정체성함양을 위한 프로그램을 운영한다는 점에서 차별성을 지닌다. 국경없는 마을 프로젝트 논의의 출발점은 이주민들의 시민권과 관련이 있다. 한국에서의 체류자격문제가 한 사회의 시민으로서의 모든 권리를 박탈할 수 있음에 주목하여 국경없는 시민권을 주장하고 있다. 국경없는 시민권은 국민은 아니지만 일정기간 이상 체류한 ㅅ람들에게 한구사회의 구성원으로서 권리를 가지고 해당지여갓회에 주체적으로 참여할 수 있도록 주어지는 권리이며 따라서 해당사회에서 경제·문화·사회·정치적 실체로 인정받아야 한다고 보았다(박천응, 2007 : 181-217). 이를 위해 국경없는 마을은 한국인과 외국인이 서로의 출신국·인종·종교 등에 의한 차이를 극복하고 더불어 살아가는 다문화지역공동체를 만드는 것을 목적으로 하고 있다.

국경없는 마을 프로젝트가 본격적으로 진행되면서 마을청소, 마을신문제작 드 지역주민과의 공통관심사를 형성하였고 이를 통해서 문화적 갈등을 해소하는 사업을 벌였다. 국경없는 설날축제, 추석축제, 콩꽃축제 등 다문화축제를 개최하였으며 그 동안 지역사회 의사결정에서 배제되었던 이주민들의 참여를 유도하였고 강연, 여론조사, 주민과의 만남의 밤 행사 등을 통해 한국인과 외국인이 함께 경험을 공유하기 위한 노력을 기울였다.

국경없는 마을 프로젝트는 다양한 출신국, 인종, 문화권의 외국인들과 한국인들이 자신들의 정체성을 지키며 공존할 수 있는 실천적 방안을 모색한다는 데에 큰 의미가 있다. 또한 한국사회에 대해 강제적으로 배우고 동화시키는 프로그램이 아닌 외국인 스스로가 주체가 되어 자신의 의견을 피력하고 정치적인 표현을 표출할 수 있는 여러 가능성을 내표하고 있다는 점에서도 의미가 있다고 하겠다. 따、라서 대부분의 이주민의 정칭활동은 간접적인 경제·문화사회활동을 통해서 이루어지고 있으며 직접적인 정치활동 참여에는 상당한 제약이 있다. 그나마 2004년에 주민투표법의 개정이 이루어지면서 2005년부터 일종조건을 갖춘 영주자격 소지자에 한해서 공직선거법, 주민투표법, 주민소환에 관한 법률 등을 통해서 주민으로서의 자의권을 가지게 되었다. 그러나 대다수의 영주권자들은 이러한 권리에 대해 잘 전달받지 못하고 있으며 한국의 다양한 집회나 시위의 자유가 자신들에게 제한적이라고 느끼고 있다. 실제로 한국의 출입국관리법 제17조 2항은 '대한민국에서 체류하는 외국인은 정치활동을 하여서는 아니된다'라고 규정하고 있어 영주권을 소유하고 있어도 외국인으로 대우받는 상황에서 이들의 정치적 의사표현의 자유와 참여의 권리는 제약을 받을 수밖에 없다(이안지영, 2009).

2) 시민권 분석

세계인권선언은 '성년에 이른 남녀는 인종, 국적, 종교를 이유로 그 어떤 제한도 받지 아니하고 결혼하여 가정을 이룰 수 권리를 가지며 가정은 사회의 자연적이고 근본적인 집단의 단위이며 사회와 국가에 의해 보호를 받을 권리를 갖는다'고 하였다. 그러나 국내이주노동자들이 한국인과 결혼하여 가족을 형성하여 정착하기에는 많은 장벽이 놓여 있다. 미등록이주노동자로 혹은 연수생으로 입국하여 한국인과 결혼하여 가족을 형성하여 정착하기에는 많은 장벽이 놓여 있다. 미등록이주노동자로 혹은 연수생으로 입국하여 한국인과 결혼한 가족들은 그 중에서도 체류자격의 문제가 가장 심각하다.

국제결혼의 경우 한국인 배우자가 남성인지 여성인지에 따라 체류자격에 차이가 있다. 한국인남성과 외국인여성이 결혼했을 경우에는 가족비자(F-2)를 취득할 수 있다. 가족비자는 일종의 거주비자로서 국민의 배우자, 난민인정을 받은 자, 영주(F-5)자격을 가지고 있는 자의 배우자, 법무부장관이 정하는 일정금액, 일정 기간 이상을 국내산업체에 투자하고 계속하여 기업활동에 종사하고 있는자, 그 밖의 체류자격으로 대한민국에 7년 이상 계속 체류하여 생활근거지가 국내에 있는 자로서 법무부장관이 인정하는 자(외교A-1 내지 협정A-3 자격에 해당하는 자는 제외) 등이 그 비자를 받을 수 있다. 이 가족비자는 2년 동안 합법적으로 체류할 수 있으며 취업활동도 할 수 있다.

이주여성에게 국적은 한국에서 살아가기 위한 하나의 자원이 된다. 더불어 남편의 아내로 규정되었던 이들의 위치가 국적을 취득함으로써 개인의 자격으로 행위할 수 있는 역할로서의 시민이라는 신분을 쟁취하게 된다.

2. 독일 다문화사회와 시민권

1) 제도기반

독일에서 외국인의 사회통합의 모습은 정책적인 지원과 배려를 넘어선 정치적 참여의 기회가 제공되었다는 점에서 의미를 찾을 수 있다. 그 성과로서 가장 먼저 그리고 분명하게 가시화된 것은 노동시장에서의 외국인 노동자들의 경제·사회적 권리였다(Leggewie, 200 : 80). 실제로 독일의 외국인노동자들은 외국인 고용이 재개된 1955년부터 내국인과 똑같은 노동조건과 사회보장 조건을 보장받을 수 있었다.

무엇보다도 1972년에 만들어진 새 경영조직법(노동자대표법)은 외국인 노동자들에게 노동자대표평의회의 선거권과 피선거권을 부여함으로써 독일노동시장 또는 독일사회생산시스템 내의 외국인참여기회를 높여주었다. 경영공동결정이라 불리는 노동자들의 경영참여형태로서 독일식 노사협력관계의 대표적 제도인 노동자대표평의회에 외국인노동자들이 직·간접으로 참여하게 되었다는 사실은 의미가 크다. 이는 외국인노동자 스스로가 자신의 경제·사회적 위치에서의 이해관계를 주장하고 타협할 수 있는 기회가 주어진 것이다.

실제 외국인의 경영참여 기회확대를 이야기할 수 있을 만큼 외국인노동자들이 각각의 직장노동자대표평의회에 진출했다. 이를 통해 외국인노동자의 경제·사회적 통합이 일찍부터 상당한 속도로 진행되었다는 것을 알 수 있다. 1990년대 초에는 전국적으로 외국인위원수 8,000명을 넘어설 만큼 참여의지가 높게 나타났다. 외국인노동자의 경제·사회적 통합의 정도를 가늠할 수 있는 외국인노조가입률을 살펴보면 1960년대 말에 노동조합 역시 외국인노동자들에게 문호를 개방하여 2002년에는 금속노조의 외국인조합원수는 26만명으로 전체 조합원의 10%를 차지하는 높은 수치를 나타냈고 노조간부 역시 12%가 외국인으로 채워져 있었다(이용일, 2006 : 266-267). 이는 민족적 테두리를 벗어나 똑같은 경제·사회적 이해관계를 주장하는 새로운 탈민족적 공동체가 구성된 것으로 볼 수 있다.

노동시장에서 내국인과 같은 수준의 외국인 노동자의 동등한 권리 외에도 외국인의 사회통합에 대한 노력은 외국인 밀지되었던 지방자체단체를 중심으로 이루어지고 있었다. 2,000명 이상의 인구가 모인 지방자치단체에서는 외국인들의 권리와 이익에 관한 결정들에 대해 발언권을 지니는 외국인위원회가 설치되었다. 2006년 당시 450여 개를 기록했던 외국인 직선의 외국인위원회는 독일에서 외국인의 대안적 정치참여 형태의 하나로서 기능하고 있다.

독일정부는 인구의 약 5분의 1을 차지하는 외국계 주민의 사회통합을 강화하기 위한 방안으로 2006년 7월 처음으로 이민자들의 사회적 통합을 촉진하기 위해 이민자통합정상회를 개최하였다. 참석자는 독일총리와 100여 명의 외국이민자단체 대표 그리고 당국자들이며 이민자 관련지원과 규제방안 등 이민자통합촉진을 위한 의견을 교환할 수 있었다. 이처럼 독일정부 외국인통합에 적극 나서고 있는 것은 이 문제가 독일사회의 안정과 경제발전에 중요한 역할을 하고 있음을 반영하고 있는 것으로 판단할 수 있다.

그러나 독일에서의 외국인의 정치참여는 한계가 분명해 보인다. 외국인위원회는 정치적 결정권을 가진 의결기관이 아니기 때문에 이 기구의 영향력은 이민관련문제들에 대한 조언과 권고에 그친다. 또한 외국인참여율도 극히 미미하고 유럽연합 회원국 출신의 외국인들의 참정권 부여로 그 역할이 더 축소되고 있는 실정이다(강정숙, 2005 : 53-159). 때문에 이 위원회를 가지고 독일에서 외국인의 높은 정치적 참여를 이야기하기는 어렵다. 이민자통합정상회의 역시 이민자대표들이 참석하여 이해관계를 조율할 수 있는 테이블이 마련된다는 측면에서는 의미가 있지만 독일에서의 이민역사가 오랜 터키 등 이슬람국가출신의 대표들과의 대화가 용이하지만은 않다는 점에서 그 활용도는 기대에 크게 미치지 못한다고 할 수 있다.

2) 시민권 분석

한국과 독일은 원주민이 국가를 형성하고 있는 상황에서 이주민이 유입되며 다문화의 요구를 받고 있는 나라들이다. 외국인이 유입되기 시작한 시기와 비율면에서는 차이가 있지만 이주여성의 이동이 최근 급증한 것을 고려해 볼 때 여성의 이주측면에서 비교를 해보면 시민권 측면에서 여전히 이주민에게 차별정책을 취하고 있고 동시에 국가 안으로의 동화를 강요하고 있으며 이주민의 배제와 통합은 이주민에게 시민권을 어느 정도 부여하느냐의 차이라고 할 수 있다.

독일은 2000년 국적부여원칙을 속지주의로 바꾸며 이주민에 대한 시민권 부여 방법을 통합으로 전환해 가고 있다. 이러한 범주 안에서 보면 한국은 영주권자에 대한 지방자치 수준에서의 정치적 권리를 인정하고 제도적으로 외국인에게 통합에 가까운 정책을 쓰고 있다. 독일의 받아들이는 이민정책의 전반적 기조는현상유지이며 한국은 규모의 증대를 지향하여 아직도 나가는 이민이 들어오는 이민보다 더 많다. 따라서 전문기술직 이주노동자에 대해서는 적극적 통합정책을 펴고 있으며 생산기능직 이주노동자에 대해서는 교체순환원칙에 기반을 둔 정착방지정책을 펴고 있는 공통점이 있으며 여전히 이주민을 차별해서 받아들이려 하고 있고 이주노동자에 대해 영주자격을 주는 데 인색하며 이주민의 특성을 도출하면 다음과 같다(김혜진, 2008 : 89-94).

첫째, 혈통주의정책과 관련된 특징이다. 독일과 한국은 혈통주의를 유지하면서 이주민정책을 추진하고 있다는 점이다. 우선 단기체류이주노동자를 선호한다. 영구정착할 이민자가 아니라 일정기간 취업 후 자기나라로 돌아갈 이주노동자를 원한다. 자국인으로 충원되지 못하는 노동시장 분야에 한해 최소한의 외국인력만 받아들인다. 외국인력수입은 최후의 수단이다. 전문기술직에 대헛는 관대하고 생산기능직에 대해서는 엄격한 기준을 적용하며 고용에 있어서 차별금지의 원칙이 나타난다. 재외동포 특히 외국국적동포는 혈통의 민족개념을 갖고 있는 나라에서는 중요하다. 혈통의 민족개념이 없는 나라에서 외국국적동포는 과거에 자기나라국민이었던 자로 혈통공동체로서의 민족개념과는 다른 의미를 갖고 있다. 독일과 한국은 이주의 세계화를 겪으면서도 주로 혈통위주의 민족을 중심으로 외국을 받아들여왔다. 독일도 통일, 탈냉전과 더불어 인접국가에서의 이주민이 상당수를 차지하고 있다. 한국도 재외국민과 외국국적동포를 아우르는 재외동포를 내국인처럼 대해주기 위해 '재외동포출입국과 체류관리에 관한 법률'을 제정했다. 혈통주의국가에서의 이주민의 시민권은 다른 사회보다 다문화적 시민권을 부여하기가 더욱 어렵게 될 수밖에 없는 상황이다.

둘째, 한국의 이주민문제는 정당정책에서 큰 차이를 보이고 있지 않고 오히려 국가와 정당이 함께 이주민문제를 모색하는 모습을 보익 있다. 이주민의 유입이 아직 많지 않고 갑작스러운 이주가 이루어지고 있기 때문에 정부정책차원에서 이주민문제에 접근한다. 정당간 이념적 차이가 크지 않고 국가적 사안으로 이주민문제를 접근하고 있으며 이들의 권리 역시 정부가 시민단체와 함께 보완하고 있는 실정이다. 한국에서 외국이주민은 일체의 정치활동이 금지되어 있어 자연스럽게 이주민의 시민권논쟁은 시민과 이주민들의 관심을 벗어나고 있다. 이주민문제는 정당과 시민단체의 논의의 대상이라기보다는 정부가 풀어야 할 숙제로 인식되고 있는 것이다.

셋째, 한국사회가 다문화에 대해 주목하기 시작한 것은 이주노동자의 유입보다는 농촌지역에서 국제결혼이 증대하면서 농촌지역을 중심으로 민족구성의 다양화에 따른 여성이주민의 사회적응과 혼혈아동의 교육에 대한 관심이 높아졌기 때문이다(이용균, 2006 :35-51). 그리고 이들과 관련된 정치적인 논의가 전무함에 대해 이제는 고민해야 할 시점이다. 결혼이주여성들은 정치 전반에 대해 대부분 남편이나 친척에 의해 의식이 형성되어 있고 그들의 정치적 성향은 아이들과 다른 외국이주민들에게 영향을 미칠 수 있다. 앞으로 이들의 인구증가에 따라 정치성향 연구는 중요한 자료가 될 것이다. 독일에서는 결혼이주보다는 기존에 유입된 이주민들을 통한 가족통합이 일어나며 이주의 세계화가 급속화되고 있지만 아직까지 한국에서는 생계형결혼이주가 가장 두드러진 특징으로 나타난다. 농촌에서의 인력이 부족해지면서 한구갓횡의 가부장제적 성격은 농촌에 남성노동자들만 남게 만들었고 필요한 여성을 국윙에서 유입하게 되었음과 반대로 독일에서는 주로 농촌으로 남성노동자와 가족이주민들이 유입되어 여성의 이주가 국제결혼에 국한되어 특징적으로 나타나지 않은 점과 차이를 보인다.

넷째, 독일의 이주민 가운데 배제정책을 받는 사람들은 국제기구에 가입되지 않은 국가의 이주민이다. 이러한 제3국의 시민에게도 시민권을 확대해야 하지만 1차적으로 현재의 유럽 이주민이 좀 더 다문화적 시민권에 가까워진 이유에는 이러한 지역적 연합이 중요한 역할을 하고 있다. 이러한 노력은 유럽연합 가입국뿐만 아니라 다른 이주민에게도 속지주의적 국적제도를 도입하는 등 세계화 시대에 걸맞는 시민권을 봉하려는 방식으로 긍정적인 영향을 끼치고 있다.

다섯째, 이중국적의 문제로 이주민으로서 국적을 취득한다는 것은 현행 한국국적법에 다라 자신의 출신국의 국적을 포기해야 하는 과정으로 법적인 차원의 문제가 아니라 여러 감정의 변화를 겪는다(박신규, 2008 : 40-53). 국적으로 인해 얻게 되는 주체의식은 한국시민으로서 갖게 되는 시민적 권리와는 별개의 것으로 받아들이게 된다. 특히 한국와 독일은 이중국적을 허용하지 않는다. 독일의 경우 이중국적을 유지할 수 있지만 한국에서는 이중국적은 불가능하며 모국의 국적을 유지할 경우 불법체류자가 될 가능성도 있다.

다문화사회의 국가들은 이주민문제에 있어서 다양한 양상과 차이를 보이고 있다. 이주민들에 대한 다문화적 시민권 확대를 위해서는 이와 같은 차이를 인식하고 다문화정책으로 이끌어 나가려는 국가와 사회의 노력이 필요하다.

Ⅳ. 다문화 사회와 시민권의 확충방안

1. 국가개입주의와 복지권 확보

복지국가를 위한 사회복지프로그램들은 민간시장에 대한 국가개입의 정당성을 제공해 준다. 국가개입의 1차적인 방법은 법제도를 통해서 이루어진다. 이러한 경향은 1848년은 프랑스공화국헌법으로부터 시작하여 1919년 독일 비스마르크 헌법에서 구체화되었다. 한국도 이러한 경향에 따라 헌법 전문은 국민생활의 균등한 향상을 기할 것을 선언하며 제10조에서는 인간으로서의 존엄과 가치 그리고 행복추구권을 규정함으로써 시민권보장의 전체적 방향을 제시하고 있다.

시민권론에 따르면 복지국가의 발달은 사회권 혹은 복지권을 포함한 전형적인 권리들의 확대에 기반한다. 특정의 서비스와 급여에 대한 권리를 갖는다면 이러한 그병를 받음으로써 어떠한 품위손상도 있어서는 안 된다. 민주주의적 정치는 복지에 대한 권리를 확립시킬 수 있으며 그렇게 해야 할 충분한 논거가 있다. 복지는 반드시 권리로써 보장되어야 하며 자선의 문제나 복지관료의 자유재량 혹은 개인에 의해서 주어지는 것은 바람직하지 않다. 또한 사회복지에 대한 권리의 인식은 양질의 서비스를 요구할 수 있는 권리를 망라한다(Alcock, 1996 : 41-43). 이러한 의미에서 국가는 법률을 통해 국민의 복지를 담당할 1차적 책임이 있다.

현대복지국가는 제도화된 자선에 기반하지 않으며 공동체의 완전한 성원이라는 개념과 그러한 멤버십을 보호·강화하는데 필요한 시민권이라는 개념 속에 뿌리를 두고 있다. 또한 복지권과 사회정의에 대한 인식은 새로운 복지패러다임의 출현을 수반한다. 왜냐하면 사회권은 가부장주의적·전문가주의적 가정에 내포된 신념에 도전하고 있기 때문이다. 이러한 새로운 패러다임은 전문가와 가부장적 집단에 의한 명백한 개입으로부터 다문화인들이 보호받을 수 있는 권리를 부여한다.

복지권이라는 관점의 출현은 낡은 복지패러다임의 본질적 측면인 자애로운 가부장주의의 이면에 감추어져 있던 보이지 않는 손(invisible hands)을 등장시켰다. 즉 이것은 가진 자와 가지지 못한 자에게 무언가를 제공할 의무가 있다는 신념이 아니라 가지지 못한 자는 수혜받을 권리가 있다는 신념이다. 이러한 신념속에서 명백히 나타나는 것은 전통적으로 전문가의 개입을 정당화시켰던 것에 대한 거부이다.

2. 다문화사회와 시민권의 논의

다문화사회란 일반적으로 시민 혹은 국민으로서 누릴 수 있는 경제·문화·사회·정치적 권리를 획득하고 향유함에 있어 개인의 인종과 민족, 피부색 등이 차별의 근거가 되지 않는 사회를 지칭한다(김은미 외, 2009; 인태정, 2009). 그럼에도 그동안 우리 사회의 모습은 다문화사회를 준비하고 미래사회에서의 한국적 정체성을 정립해 나가야 할 책임이 있음에도 불구하고 정부의 성책은 이수민과 내국인간의 소통과 사회통합 그리고 문화적 다양성에 입각한 다문화정책을 입안하기보다는 주류사회에 이주민을 동화(assimilation)시키고 교육시키는 유형의 정책이 다수를 차지하였던 것이 사실이다.

따라서 이주민에 대한 사회적 개입을 형태들도 이주민들을 대상으로 한 천편일률적인 형태의 한글교육을 강조하거나 이주문화와 한국문화의 소통을 하기보다는 한국의 전통문화를 알리는 형태의 동화교육이 주류를 이루어왔다고 해도 지나치지 않다. 그럼에도 최근에 나타나는 바람직한 현상 가운데 하나는 여러 연구자들이 이와 같은 문제점을 지적하면서 이주민의 인권문제와 지구시민권과 같은 개념을 중심으로 한 간문화주의(interculturalism) 담론을 제기하고 있다는 점이다(서유경, 2005).

상호문화성을 중심으로 한 이주민과 내국인과의 교류를 강조하고 서로 다른 문화적 배경을 지닌 인구집단간에 발생할 수 있는 문화사회적 갈등을 줄이기 위한 다문화 관련 정책입안이 늘어나고 있다는 점은 이주민과 다문화사회에 대한 우리 사회의 인식과 대처에서 중요한 변화의 움직임으로 파악된다. 이러한 변화가 나타나게 된 것은 이주민의 양적 증가로 인하여 한국사회의 인구사회구조가 나타나게 된 것은 이주민의 양적 증가로 인하여 한국사회의 인구사회구조가 급격히 변화하고 있고 이에 효율적으로 대처하지 않으면 앞으로 10년 안에 중대한 문화갈등과 문화정체성의 문제가 발생할 수도 있다는 주류사회의 위기의식에 기인한 점이 없지 않다. 즉, 다문화사회에 대한 논의의 확산은 바로 이러한 위기의식에서 유발된 우리 사회의 신축적 변화가 아닐 수 없다.

이처럼 한국사회가 다문화사회로 발전하고 성장하기 위해서는 한국 사회구성원 모두가 민족적·인종적 집단 간에 존재하는 문화적 다양성과 유사성을 인지하고 다른 류의 문화집단에 대한 이해의 폭이 넓어짐과 동시에 한국적 정체성이 발전·유지될 피료요가 있다. 이는 문화적 다양성과 세계시민으로서의 공존의 삶을 지향하는 다문화교육을 통해 가능할 것으로 보임은 물론 한국인들의 다문화 태도의 변화와 다문화적 가치함양 등과 같은 내적 변화를 가능하게 하여 다른 류의 문화권에 대한 개방적인 태도와 유연한 사고를 갖게 되는 결과로 이어질 수 있다(김금미, 2010 : 263-267).

이에 따라 한국적 다문화주의의 전개양상 또한 기존의 단일민족의 자긍심으로 대표되는 자문화중심주의가 공존하고 있는 사회를 의미하는 통합적 다문화주의로 그 무게의 중심이 이동하고 있다(김용신, 2009 : 13-25).

최근에 학계와 다문화실천현장에서는 이주민들이 각각의 고유한 문화를 유지하면서도 서로가 통섭하고 서로의 차이를 인정하고 존중하면서 공존하는 형태의 다문화주의가 정착되어야 한다는 지적은 이러한 시대적 분위기를 잘 전달하는 것이라고 할 수 있다(윤인진 외, 2012 : 37-49; Kamlicka, 2002 : 323-327).

문제는 이러한 논의가 학술적으로 상당한 진전이 있었다고는 할 수 있으나 실제로 한국인이 체감하는 이주민에 대한 사회적 거리감이나 다문화사회에 대한 인식가 태도는 이전 시기에 비해 크게 달라진 것이 없다는 것이다(민무숙 외, 2009; 인태정, 2009 : 339-369). 그 이유는 우리 사회가 다민족, 다인종 사회로 규정되는 다문화시회로 변모하였음에도 불구하고 다문화사회에 대한 적합한 문화와 생활양식이 정립되지 않았기 때문이며 체계적인 다문화교육이 이루어지지 않은 데서 비롯된 현상이라고 할 수 있다(임 혁, 2012 : 81-82).

3. 다문화사회와 시민권의 확충방안

Marshal(1950)에 따르면 시민권은 공동체의 완전한 구성원에게 주어지는 하나의 지위로서 이러한 지위를 소유한 모든 사람은 동등한 입장에서 지위에 부여된 권리와 의무를 갖는다. 물론 이러한 권리와 의무가 어떠한 것이어야 하는가를 결정하는 보편적인 원칙은 없지만 시민권이 하나의 제도로써 발달하고 있는 사회는 이상적인 시민권의 이미지를 창출함에는 분명하다(박순우, 1996 : 23-29).

1) 사회생활의 참여

시민권의 개념에 내포된 사회복지의 급여는 그것을 필요로 하는 사람들이 자유롭게 이용할 수 있어야 한다. 따라서 대상의 보편성을 떨어뜨리고 소비자에게 낙인을 주는 적격성(eligibility)조사는 폐지되어야 한다. Titmuss에 따르면 낙인은 정체감의 손상으로써 이는 우리가 살아가는 사회에서 계급, 민족집단, 빈곤 등의 기반으로 인해 경험하는 차별로부터 기인한다. 사회복지와 관련하여 낙인을 발생시키는 대표적인 사례는 대상자를 선정하는 과정에서 시행되는 자산조사인데 이를 통해 제공되는 범주화된 급여는 여러 가지 사유로 권리에 의한 급여보다 열등하다고 간주된다. 신청자는 자신의 재정수단뿐만 아니라 사생활과 개인행동의 여러 측면들을 점검받아야 한다. 따라서 자산조사를 통한 급여는 사회권을 보장할 수 없다. 이는 자아의 통합성을 위협함으로써 사회적 배척과정이 된다. 자산조사에 결부된 낙인은 신청자의 자아감뿐만 아니라 정상인으로서 기능수행 능력을 위협한다. 더구나 이러한 과정의 결과 상당수의 사람들이 자산조사를 통한 급여를 요구하지 못한다. 또한 자신을 빈민으로 규정하는 것은 사실상 '나는 불평등한 사람이다'라고 선언하는 것이다. 돈(또는 돈의 결핍)은 개인과 가족의 자존과 관련이 있기 때문에 이러한 선언은 결국 지위, 존엄 혹은 자존의 굴욕적 손실을 야기한다. 공공서비스를 이용하는데 있어 어떠한 열등감, 빈민으로서 수치감, 부끄러움 혹은 낙인이 있어서는 안 된다. 시민이 공공의 짐이 되거나 되고있다는 원인전이가 나타나서는 안 된다.

그러나 서비스를 보편적으로 이용할 수 있다면 낙인은 피할 수 있다. 이는 자신을 독립적으로 부양할 수 없는 사람을 파악하기 어렵게 만들며 공동경험의 감정을 증진시켜서 사회통합의 역할을 한다. 따라서 권리에 바탕하여 주어지는 급여는 보편적 원칙에 준거해야 하며 이렇게 함으로써 급여의 수요자가 느끼는 심리적 낙인감은 제거될 수 없기 때문이다. 이러한 점을 고려하여 Parker(2012 : 475-491)는 긍정적 차별의 개념을 도입하고 있다. 즉 서비스를 제공하는데 있어서 모든 국민을 대상으로 하는 보편성을 기반으로 하되 특별한 복지욕구를 자진 클라이언트에 대해서는 선별성을 적용하여 자신이 가지는 자원과 기회, 경험을 최상으로 이용할 수 있도록 하는 것이다. 긍정적 차별에서 행해지는 욕구조사는 빈곤증명을 필요로 하지 않는다.

2) 사민주의적 견해의 공유

시민권론자들에 따르면 복지국가에 있어서 사회복지정책의 기능은 경제성장을 저해하지 않으며 오히려 경제적 성공의 보조물로써 복지국가의 제도는 높은 수준의 총수요를 유지하고 경제주기의 영향을 완화시키는 데 도움을 준다.

Titmuss(1970)는 서로 다르고 다양한 전달체계 아래에서 이루어지는 혈액공급을 분석하면서 상업화된 혈액시장은 모든 효율성의 측면에서 자발적인 기증체계와 비교될 수 없다고 결론짓고 있다. 그의 이러한 주장은 미국에서 가격기제를 이용함으로써 결국 영국보다 엄청난 혈액낭비와 만성적이고 심각한 혈액부족 그리고 관료주의, 행정적 억압을 야기한다. 그리하여 그는 첫째, 시장기제에 맡겨진 복지체계가 오늘날 영국에서 빈곤의 문제를 더욱 가중시키는 결과를 가져왔고 둘째, 시장기제는 빈곤한 사람들의 위험을 증폭시켰으며 셋째, 사기업이 주도하는 복지프로그램은 노동자에게 선택의 여지를 오히려 축소시켰고 넷째, 사조직에 의한 의료서비스는 불확실성과 비예측성으로 가득차 있다고 비판하고 있다. 즉, Titmuss는 현대사회에서 사회복지의 문제를 전적으로 시장에 맡김으로써 나 타는 위험과 비효율성을 강조하고 있다. 사민주의적 복지체계를 강력히 주장한 Crossland(1996 : 42) 역시 복지국가야 말로 공적 소유권과 계획경제의 확대에만 매달리는 기존의 사회주의이념에 신축성을 부여하면서도 어떤 의미에서 이들의 논리를 넘어서 사회주의적 이상에 더욱 접근하는 역할을 수행한다고 강조한다.

Titmuss는 현대사회에서 사회복지의 문제를 전적으로 시장에 위임시킴으로써 나타나는 위험과 비효율성을 강조하고 있다. 사민주의적 복지체계를 강력히 주장한 Crossland 역시 복지국가야 말로 공적 소유권과 계획경제의 확대에만 의존하는 기존의 사회주의 이념에 신축성을 부여하면서도 어떤 의미에서 이들의 시야를 넘어서서 사회주의적 이상에 더욱 접근하는 역할을 수행한다고 강조한다. 그는 경제개입과 사회복지는 사회주의자들의 오랜 숙원인 사회적 평등실현의 첩경이다. 이러한 의미에서 Marshall은 현대의 복지국가를 민주-복지-자본주의라는 표현을 사용하고 있다. 즉 그는 현대사회의 핵심내용으로서 책임있는 정부(정치적 민주주의)와 복지국가와 더불어 혼합경제를 포함시키고 있다.

이러한 주장은 복지국가의 유형화를 논의하는데 있어서 Jones(1984 : 152-157)가 준거로 삼았던 것처럼 강조점을 자본주의에 두느냐 사회복지에 두느냐에 따라 해석이 달라질 수 있다. 이러한 기준에서 본다면 Marshall의 논의는 사회복지보다는 자본주의에 중심가치를 두고 있다. 이러한 사고는 Marshall이 시민권의 실현을 통해서 시장의 불완전성 제거를 주장하고 있더라도 궁극적으로 자유주의적 전통 속에서 탈피하지 못하고 있음을 의미한다. 이는 한편으로 자본주의의 본질을 해치지 않은 채 일정 정도의 수정만을 가할 수 있다는 점에서 체제의 안정을 위한 통합과 연대를 강조하는 Durkheim(2010)적 사고에 접근한다.

이러한 점은 사회복지에 강조점을 두고 궁극적으로 탈상품화를 통해 시장의 불평등을 제거하고 사회통합을 이룩하려는 Esping-Anderson(1990 : 73-77)의 견해와는 다르다. 그러나 지위의 평등이라는 사회주의적 요소가 계급불평등을 내용으로 하는 자본주의체계에 개입하여 서로 공존할 수 있음을 명백히 보여주었다.

3) 도덕적 기반

시민권론의 가장 만족할 만한 도덕적 기반은 의무체계에 있다. 시민권론이 주장될 수 있으려면 요구자는 자신의 의무를 스스로 이행해야 한다. 이는 각 시민이 사회의 독자적인 구성원으로서 자신을 유지시킬 의무가 있다는 원칙을 독특하게 적용하고 있다. Marshall에 따르면 시민권이 권리보호적 측면에서 요청된다면 이에 상응하는 의무도 무시되어서는 안 되며 이러한 의무는 사람들로 하여금 자신의 개별적인 자유를 희생시키거나 정부가 제시하는 모든 요구에 맹목적으로 따르도록 하는 것 등을 의미하지는 않는다. 그러나 이러한 의무는 개인의 행동이 공동체의 복지를 위한 적극적인 책임감에 의해 고무되어야 함을 필요로 한다. 그가 제시하는 의무에는 납세, 가족구성원의 교육, 공동체복지의 증진 등이 포함된다.

4) 시민권 교육

다문화인의 인권교육이 변화되는 사회상을 반영하지 못하고 있다는 지적이 있긴 하나 인권단체의 참여를 중심으로 한 프로그램이나 국가인권위원회의 인권교육의 체계화 노력 등은 다문화인의 시민권교육이 활성화되는 데에 긍정적인 영향을 미칠 것이다. 또한 시민교육에 있어서도 과거에 정권의 논리를 주입시키는 것에서 벗어나 시민참여를 중심으로 다양한 영역에서 실시되고 있는 변화 역시 시민권교육에 중요한 의미가 있다고 할 수 있다.

따라서 다문화인의 시민권을 증진시킬 수 있는 가장 적극적인 방법은 그들의 생활영역에서 직접 참여하는 경험을 제공할 필요가 있으며 참여를 활성화하기 위한 방법으로는 또래중심활동, 지역사회활동, 정책과정, 단체활동, 사이버 등을 통해서 가능하다. 예를 들면, 또래집단은 자신들의 관심과 흥미를 개발하고 친밀한 또래와의 관계를 형성함으로써 심리적 의존심을 버리도록 도와주기 때문이다. 지역사회활동에 참여하는 것은 자기 자신이 속해 있는 지역사회의 문제를 인식하고 해결에 참여하는 과정에서 시민으로서의 권리와 책임을 보다 구체적으로 경험할 수 있는 기회가 된다. 정책과정의 참여는 자신과 관련된 생활에 영향을 주는 정책에 직접 참여하는 경험을 제공하며 방법으로는 제안과 건의가 될 수 있다. 이와 같은 활동은 타인과의 상호작용을 통해서 사회구성원으로서의 태도를 습득하고 협동성, 자주성, 책임감 등의 민주시민으로서의 자질을 기를 수 있다. 사이버활동은 인터넷을 통해서 소통의 장으로서 자신의 일상생활부터 인권, 사회문제 등 사회현상에 대해 자신의 주장을 보다 자유롭게 펼칠 수 있는 공간이자 새로운 담론 형성의 장에서 시민으로서 갖추어야 할 자세를 익히는 것 또한 중요한 역할이라고 할 수 있다(정미현, 2005 :24).

Ⅴ. 맺음말

1. 연구의 요약

민주주의의 핵심은 개인의 자유보장과 정책결정과정에 있어서 다양한 의견의 제시라고 할 수 있다. 동화정책에 기인하는 소수문화에 대한 억압과 배제는 민주주의적 기본가치인 무엇의 자유로부터 표출통로를 발견했으며 좀 더 적극적인 의미인 무엇으로부터의 자유로부터 주장의 정당성을 획득했다. 민주체계의 정당성은 소수의견을 포함한 사회 안의 다양한 의견이 정책결정과정에서 임의적으로 배제되지 않는 것은 물론 자신의 목소리를 낼 수 있는 공간과 대표권의 적극적인 보장에 있다.

따라서 민주화가 심화된다고 하는 것은 정책결정과정의 개방성 증대에 다름 아니다. 더욱이 국가의 관할권이 미치는 전체의 구성원 가운데 특정 부문의 요구나 주장이 그 존재 자체가 부정되고 사회적 아젠다(agenda)에서 지속적으로 배제된다는 것은 대의민주주의의 원리에도 어긋나는 것일 뿐만 아니라 사회적 신뢰와 광범위한 국민적 지지에 기반한 민주주의가 가질 수 있는 위기대응력도 현저히 떨어질 수 밖에 없다.

오늘날 한국사회에 이주해 있는 다문화인들의 시민권은 외면하는 것이 한국사회의 보편화된 현상이다. 따라서 한국사회는 이주민들을 받아들이면서 이주민들의 세계 속의 시민으로서 살아갈 수 있는 혈통주의적 이주정책타파, 외국인정책의 정치적 논의, 국제지역기구를 통한 대안모색, 이중국적 도입 등의 방법으로 전환될 때에만이 진보된 다문화사회에 다가설 수 있다. 이러한 정책들을 자 ㄹ뿌리 내릴 때에야 비로소 다문화적 시민권 개념을 받아들일 수 있는 토대를 마련할 수 있을 것으로 전망된다.

2. 연구의 한계

이 연구의 수행을 통해서 국가간 비교론적 관점을 좀더 성숙시켰어야 함에도 불구하고 체계적인 논리의 전개가 아쉬웠다고 할 수 있다. 따라서 이후의 연구물들에서는 이 연구가 미처 다루지 못한 부분들을 잘 보완한다면 한층 진일보한 연구물이 산출될 것으로 기대한다.

제2절 결혼이주여성의 자본활용

Ⅰ. 서론

2008년 현재 결혼이주를 통해 우리나라에 유입된 결혼이주여성의 수는 약 23만에 이르고 있다(통계청, 2006). 1990년만 해도 619명에 불과했으나, 16년 만에 무려 50배가 증가하여 2007년 한 해 동안 혼인은 345.6천건(쌍)으로 2006년 332.8천건보다. 12.8천건(3.9%) 증가한 것으로 결혼을 통해 유입되었다. 그리고 이들의 국적도 초기에는 중국 조선족 여성이 대부분이었으나, 최근에는 필리핀, 태국, 베트남, 캄보디아 등 동남아시아 국가의 여성들뿐만 아니라, 몽골, 우즈베키스탄 등 구소련 국가의 여성들로 점차 확대되고 있다.

지난 2001년 UN은 '향후 한국은 절대적 노동력 부족국가가 될 것'이라면 '연간 10만 명가량의 외국 인력을 받아들여야 할 것'으로 예측하였다. 아직 적극적으로 이민정책을 펴기에는 이르지만 국내출산율을 높이기도 어렵고, 한정된 노동력으로 노동생산성을 증가시키는데도 한계가 있기에 외국 인력의 수입은 앞으로 확대될 수밖에 없다. 즉 한국사회는 전지구화 속에서 국내에 유입되는 외국 인력의 규모는 증대할 것이며 이런 점에서 한국은 현재 다문화사회로 진입하고 있으며, 다인종 사회에서의 조화와 공존, 통합의 문제가 새롭게 대두되고 있다. 그러나 정부의 정책은 이러한 변화를 충분히 수용하지 못하고 있으며, 효율적인 대응방 안도 갖추고 있지 않다. 앞으로 이주(immigration)는 한국의 노동력감소를 해소하고, 결혼기회제한문제를 해소할 수 있는 방편이 될 것이다. 2020년경에는 이주자문제가 주요 현안으로 등장할 것이다.

본 연구에서는 결혼이주여성의 실태를 살펴보고, 결혼이주여성의 여성자본 즉 인적자본, 사회자본 그리고 심리적 자본의 차원까지 살펴 본 후에 이의 활용을 위한 방법을 모색하고자 한다. 활용방안에는 경제적 활용방법과 사회적 활용방법을 모색하고 이를 실행하기 위한 제약 요건으로 제도적 제약과 사회적 제약에 대해서 살펴보기로 한다.

1. 연구의 범위 및 방법

결혼 이주여성의 여성자본의 활용을 위해서는 여성자본을 측정해야 한다. 여성자본을 측정하기 위해서는 여상자본을 구성하고 있는 요소를 파악하고, 이를 측정할 수 있는 지표를 구성해야 한다.

이와 같이 측정한 여성자본을 활용할 수 있는 방법을 찾기 위해서 온라인과 오프라인을 통하여 설문조사를 한 다음 통계프로그램을 이용하여 측정하고자 한다. 오프라인은 '이주여성 인권지원센터'에서 온라인은 '결혼이주여성 긴급지원센터'에 전화를 거는 결혼이주여성들을 대상으로 국적별, 지역별로 구분해서 실시하기로 하였다. 국적별은 결혼이주여성 긴급지원센터의 국적별 서비스인 6가지 (베트남어 / 중국어 / 영어 / 러시아어 / 몽골어 / 태국어)분야별로 조사대상을 국적별로 구분하여 설문을 상담 전후에 실시할 예정이다.

본 연구에서는 최적의 회귀모형을 탐색하기 위한 변수의 선택방법으로 STEPWISE[4] 방법을 사용한다. 아울러 지역적 특성, 즉 수도권지역, 중부권지역, 남부권지역, 영동권지역 등에 따라 여성자본이 여성자본 활용에 미치는 영향을 확인하기 위해서는 분산분석(ANOVA)[5]을 사용한다.

Ⅱ. 관련문헌 연구

1. 결혼이주여성

국내 인권단체에서 이주여성이란 표현을 흔히 사용하고 있으나 이주여성은 ① 여성 이주 노동자 ② 여성 결혼이민자 ③ 성매매 종사 외국인(또는 이민자)여성

4) STEPWISE: 중요한 변수(설명력이 높은 변수, 통계적으로 유의도가 높은 변수) 순으로 투입되다가 통계적으로 유의성이 없는 변수들만 남게 되면 분석이 중단되는 방식.

5) 분산분석(ANOVA): 평균값을 기초로 하여 여러 집단(세 집단 이상)을 비교하고, 이들 집단간에 차이점이 있는지를 검정하는 기법(例: 교육수준별로 월급을 조사한다고 할 때, 고졸, 전문대졸, 대학 졸 등으로 학력을 구분한 후 집단별 월급액의 차이를 비교연구 → 단일변량 분산분석(ANOVA)기법 사용).

④ 국제적 인신매매 피해 여성을 아우르는 복합 개념으로 (설동훈 외, 2004) 국제결혼가정 이주여성을 지칭하는 용어로 적절하지 못하다. 이러한 용어상의 문제를 해결하기 위하여 2005년 4월 보건복지부에서 발간된 "국제결혼 이주여성 실태조사 및 보건·복지지원 정책방안"에서 국제용례를 좇아 결혼이민자라는 용어의 사용이 제한되었다(보건복지부, 2005).

또한 한건수(2006)는 결혼이민자라는 용어를 사용하는 것은 공식적인 이민을 허용하지 않는 한국사회에 실질적 이민이 진행되고 있다는 점과 이들이 한국 국민으로 한국사회에 편입되어 있는 현실을 강조할 수 있다고 주장하였다(한건수, 2006). 그러나 최근 한국의 상황에서는 결혼을 통해 한국에 온 외국인 배우자가 여성인지 남성인지에 따라 결혼의 성격이 크게 차이나기 때문에 성별이 구분되는 용어가 보다 적합할 것이다. 그리고 결혼을 통한 이주가 곧바로 국적취득과 같은 이민의 성격으로 이어지지 않는 상황과 초국가적 성격이 강해지는 이주자의 정체성을 고려할 때 이민자라는 용어의 사용은 좀 더 논의해볼 여지가 있다는 주장이 있다(김민정 외, 2006).

그러므로 본 연구에서는 한국으로 이주하여 한국인 국적의 남성과 결혼하여 이룬 가정의 외국인 부인을 결혼이주여성이라고 정의한다.

2. 자본개념의 변화

전통적으로 경제자본은 항상 주목을 받아왔으나 오늘날의 현명하고 진보적인 관리자는 경제자본 못지않게 무형의 인적자본의 중요성도 동시에 인식하고 있다.

무형의 자본으로서 인적자본 못지않게 중요한 자본이 신뢰나 인간관계, 네트워크 접촉 등과 관계되는 사회자본이다. 인적자본이 '당신이 무엇을 아는가'로 정의되는 반면, 사회자본은 '당신이 누구를 아는가'로 정의된다.

인적자본과 사회자본의 개념을 넘어 최근 자본 개념을 확장하려는 시도가 여러 학문에서 활발하게 이루어지고 있다. 그 중 하나가 '심리적 자본'이다 심리적 자본이란 한마디로 '당신은 누구인가'로 정의된다.

이와 같이 자본개념은 전통적인 개념을 벗어나 매우 다양하게 변화되고 있다.

위의 〈그림 1〉은 이러한 자본개념의 흐름을 보여주는 것이다.

〈그림 1〉 자본개념의 변화

경제자본		인적자본		사회자본		심리적자본
What you have		What you know		Who you know		Who you are
• 재정 (finances) 유형자산 (tangible asset)	▶	• 경험(experience) • 교육(education) • 기술(skills) • 지식 (knowledge) • 아이디어(idea)	▶	• 관계(relationships) • 접촉의 네트워크 (network of contacts) • 친구(friends)	▶	• 자신감(confidence) • 희망(hope) • 낙천성(optimism) • 탄력성(resilience)

출처: Fred Luthans, Kyle W. Luthans, Brett, Luthans. 2004 "Positive Psychological Capital.
Beyond Human and social Capital". Business Horizons 47(1) (January-February). 46

3. 인적자본

인적자본(human capital)은 물적자본(physical capital)과 대비되는 개념으로, 경제적으로 가치 있는 인간의 지식이나 기능을 일컫는 말이다. 이 개념이 정식으로 제시된 것은 1960대초 슐츠에 의해서이다.

인적자본론에 따르면, 전통적 방식으로 측정한 노동 및 자본의 투입량 증가만으로 산출량의 증가 정도나 그 수준을 설명할 수 없다(micer 1984, 3). 즉 물적자본의 투입량이 많아진다고 해서 산출량이 함께 많아지는 것이 아니며, 산출량을 좌우하는 것은 노동의 질이라는 것이다. 다시 말해 각 개인의 노동력은 고전경제학에서 강조하는 것처럼 동질적인 아니라, 인적자본의 체화정도에 따라 서로 다른 특성을 나타내는 이질적인 것이다(김경근 1995). 즉 같은 시간동안 같은 형태의 노동을 한다고 하더라고 노동하는 사람의 '노동의 질'에 따라 서로 다른 결과를 초래할 수 있다(신범석 2001).

슐츠는 생산성에 영향을 미치는 것은 노동의 질이라고 강조하면서, 인적자본의 형성을 위해 필요한 요소로서 개인들의 생명과 건강에 영향을 미치는 보건시설과 서비스, 기업조직에서 실시하는 직업훈련, 학교에서 실시하는 체계적 교육, 민간 차원에서 실시하는 성인교육, 직업에 적응하기 위한 개인이나 가계의 활동을 제시하였다(Schultz 1961).

4. 사회자본

1) 사회자본에 관한 다양한 논의

사회자본에 대한 관심과 논의가 급증하고 있지만 사회자본의 용어는 다원적이어서 이를 단일적으로 개념화하는 것은 쉽지 않다. 실제 사회자본의 개념에 관한 일치된 정의는 없다. 사회자본에 대한 개념을 주요학자들의 정의를 중심으로 간략하게 살펴보면 다음과 같다.[6] 한편 P. Bourdieu(1986)는 사회자본을 '상호면식을 가진 제도화된 관계의 영속적인 네트워크와 연결된 현실적이거나 잠재적인 자원의 총합으로 정의하였다. 국내 각 연구[7]에서 제시되고 있는 사회자본의 정의 를 요약하면 <표 1>과 같다.

<표 1> 사회자본의 다양한 정의

학 자	정의 및 주요내용
P. Bourdieu(1983)	상호면식을 가진 제도화된 관계의 영속적인 네트워크와 연결된 현실적이거나 잠재적인 자원의 총합

6) 이숙종, 김희경, 최준규(2008), 사회자본이 거버넌스 형성에 미치는 영향에 관한 연구, .한국행정학보.제42권 제1호 pp149~170에서 재인용.

7) 박우순(2005), 사회자본과 거버넌스의 연결고리, .하계기획세미나 발표논문집.pp163~184, 한국거버넌스학회 한국지방정부학회: 서혜숙(2007) 등에서 재정리.

Coleman(1988)	의무, 기대와 신용, 정보통로, 규범과 효과적인 제재 등의 개념으로 정의 (사회자본은 단일한 실체가 아니라 보통 두 가지 이상의 요소가 포함된 다양한 복합체라고 정의, 사회구성원간의 상호관계 속에서 사회자본이 형성된다고 주장)
Putnam (1993,1995)	상호혜택을 위한 조정을 촉진하는 네트워크, 규범, 사회적 신뢰와 같은 사회조직의 특성 (사회구성원 상호간의 이익을 위한 조정 및 협동을 촉진하는 규범, 신뢰, 네트워크)
OECD (2001)	집단 내 또는 집단 간에 협력을 촉진하는 공유 규범, 가치와 이해를 가진 네트워크
Fukuyama (1995)	(규범이나 신뢰 측면을 강조하면서 사람들 간에 발생하는 사회적 상호관계에 기초 한다고 정의)
Lin(2001)	목적론적 행동에 접근하거나 동원된 사회구조에 내장된 자원, 사회자본은 개인, 조직, 지역사회 또는 전체 사회 사이의 관계에서 도출된 자원
Burt(1992)	기회를 제공하는 친구, 동료 및 일반적 접촉을 통하여 기회를 획득하고, 이를 재정 및 인적자본으로 활용할 수 있는 것
Baker(1990)	행위자들이 특정한 사회적 구조에서 나오는 자원을 가지고 그들의 이익을 추구하기 위하여 사용하는 것으로 행위자들 간의 관계의 변동에 의해 창출
세계은행	사회의 사회적 상호작용의 질과 양을 결정하는 제도, 관계 및 규범을 의미

이러한 논의과정에서 사회자본의 특성을 살펴보면,[8] 우선 사회자본은 사회구조적 자원으로서 사람들 사이의 관계에 내재해 있으며, 단순히 사람들 간의 네트워

8) 박우순(2005).

크가 아니라 사람들이 동원하는 자원 및 관계의 네트워크를 의미한다. 아울러 사회자본은 사회적 관계에서 거래비용을 감소시켜 주는 기능을 수행하며, 이러한 기능이 지역사회와 시민사회의 다양한 활동에 개인의 적극적 참여를 촉진해준다고 볼 수 있다

2) 사회자본의 구성요소

사회자본의 구성요소로는 '네트워크, 참여, 신뢰, 협력, 의사소통, 사회적 규범 등'이 제기되고 있다. 사회적 네트워크란 개인이 지역사회의 다양한 집단과 조직에 참여함으로써 일정한 사회적 관계를 형성하는 것을 의미하며, 개인 행위자기가 다른 사람들과 갖는 연결(connections)을 네트워크(Stone, 1920)로 볼 수 있다. 또는 위임된 권한을 실행하는 주체로 참여하는 것, 실제 의사결정의 모든 단계에 직접 참여하는 것 등을 '참여'로 본다.

한편, 신뢰는 호혜성과 함께 사회자본의 핵심으로서 개인이 시민사회활동에 참여하면서 사회관계에 관여하게 될 때, 개인간의 신뢰는 증진하여 지역사회의 집합적 행동을 증진시키고 궁극적으로 개인에게 혜택을 제공할 뿐만 아니라 지역 사회 전체의 발전을 촉진케 한다고 Putnam(1995)은 주장하고 있다. 아울러, 협력은 개인이 이웃과 지역사회 공동의 문제에 대한 관심과 협조를 통해 알 수 있으며, 개인 혹은 구성원들이 여러 집단 활동에 참여하면서 네트워크를 형성하고 그에 따른 신뢰와 협력이 창출되는 것으로 간주하고 있다.

5. 심리적 자본

오늘날 세계경제에서 경쟁적 우위를 위한 인적자원으로서 인적자원과 사회자본에 대한 인식제고 필요성이 이론과 연구 분야에서 뿐만 아니라 응용분야에서 대단히 많이 강조되어 왔다. '심리적 자본'(positive psychological capital)이라는 용어는 이미 미국의 경제학·사회학 등의 연구에 간략하게 언급된 바 있으나 적절한 정의를 위해서는 심리학적 개념으로부터 접근하는 것이 바람직할 것으로 보인다.

이러한 논리로 여러 학자들의 견해를 종합해 볼 때 '긍정적인 심리'란 첫째, 일이 계획대로 진행되지 않아도 비판적으로 생각하지 않는 것, 둘째, 어려운 일에 부딪쳐도 이를 발전의 계기로 삼는 것, 셋째, 자신감을 가지고 잘못된 일에 집착하지 않으며, 앞으로 어떻게 대처할 것인가를 더 많이 생각하는 것으로 요약된다.

심리적 자본에 있어서의 '긍정적 심리'라는 개념은 심리학자 셀리그먼이 사람들이 가진 바르고 좋은 성향과 옳지 않고 역기능적인 성향을 밝히기 위한 연구에 몰두하면서 시작되었다고 할 수 있다. 특히 그는 약점보다는 강점, 질병이나 병리적 상황보다는 건강함이나 활력에 더 관심을 가졌다. 그는 '비관적 사고-낙관적 사고'의 차이가 학업, 스포츠, 직업에서의 성취뿐 아니라, 정신적 건강과 신체적 건강에도 영향을 미친다는 것을 밝혀냈다(seligman 1990). 이상의 논의를 종합해 보면 긍정적인 심리가 심리적 안정이나 신체적 건강, 그리고 건설적인 대처능력과 관련이 있음을 알 수 있다. 그러므로 긍적적으로 생각하고 행동하는 일은 개인과 조직발전에도 많은 영향을 미친다고 할 수 있다.

심리적 자본은 구체적으로 아래의 네 가지 요인 즉 자신감, 희망, 낙척성, 탄력성으로 구성된다.

1) 자신감

자신감(confidence)이란 '어떤 일에 대하여 뜻한 대로 이루어 낼 수 있다고 스스로의 능력을 믿는 굳센 마음'이라고 정의할 수 있다. 스타즈코빅과 루탄은 신감(confidence or self-efficacy)을 '개인의 신념, 즉 개인의 동기를 부여할 수 있는 능력, 인식력이 있는 자원, 주어진 여건 내에서 어떤 특수 임무를 성공적으로 수행하는데 필요한 행동절차 등'을 정의하였다(Stajkovic, et al, 1998, 62-74).

2) 희망

희망(hope)이란 '어떤 일을 이루거나 얻고자 기대하고 바라는 마음'이 라고 정의된다. 희망은 심리적 자본에 있어서 매우 중요한 요소이다. 신더는 희망을 '긍정적 동기부여 상태, 즉 목표지향적 에너지와 목표에 맞는 계획'이라고 명확하게 정의하였다(Synder 1991, 2850-305).

희망은 현재가 아닌 미래와 관련되는 개념으로, 멀리는 인간 존재와 삶에 가장 가치 있는 강력한 자원은 희망일고 하였다(Miller 1983, 287). 그는 희망이란 신념(혹은 신념체계)을 수반하는 감정이고, 신념이 곧 희망의 토대라고 주장하면서 희망을 세 수준으로 구분하였다.

3) 낙천성

셀리그먼의 이론과 연구에 의하면 낙척선(optimism)은 다른 어느 요인보다 긍정적 심리와 깊은 연관을 맺고 있다. '낙천성'이란 우리가 흔히 생각하는 편안하고 안락함을 추구하는 것과는 차이가 있다. 낙천성이란 온갖 난관과 좌절에도 불구하고 미래의 삶을 궁극적으로 좋아질 것이라고 강력하게 믿는 신념을 말한다. 즉 어떤 일에 도전했다 실패했을 때 그대로 좌절하는 것이 아니라, 실패한 원인을 정확히 파악하여 잘 될 수 있을 것이라는 희망을 갖고 다시 재도전해 보고자하는 마음가짐을 말한다.

4) 탄력성

사회복지 실천영역에서 탄력성의 개념은 '역경을 통해 더 강해지고 더 많은 자원을 보유할 수 있는 능력'이나 위기나 도전에 반응하여 이를 감당하고 스스로를 바로 세우며 성장하는 적극적 과정'으로 이해되고 있다.

프레이저는 탄력성의 개념을 세 가지로 요약하고 있다(Fraser 1999, 131-140). 첫째, 탄력성이란 고난 극복 즉 높은 위험에 노출됨에도 불구하고 성공적인 상태를 유지하는 것이다. 둘째, 탄력성이란 어려움 속에서도 자기 효능감을 유지 하는 것, 즉 위험한 상황에 성공적으로 적응하려는 것이다. 셋째, 탄력성이란 정신적 외상으로부터 회복, 즉 부정적인 사건을 성공적으로 조절하려고 하는 것이다.

2. 결혼이주여성과 여성자본에 관한 선행연구

1) 결혼이주여성에 관한 선행연구 검토

김영란(2006[9])은 한국사회는 1980년 후반부터 노동자, 국제결혼 등으로 인한 이주자들이 증가함에 따라 이출국에서 이입국으로 변모하고 있다. 그런데 최근 한국의 이주자들은 여성노동자의 증가, 국제결혼의 증가에 따라 이주의 여성화 현상을 보이고 있다. 현재 우리 사회에서 이주자들에 대한 차별대우와 인권침해가 심각하며, 특히 이주여성들은 이주 남성들과 달리 폭력, 가정폭력 등 인권침해 속에 있게 되는데 이들은 가부장적 성차별사회에서 여성, 외국인, 노동자로서 삼중의 어려움을 겪고 있다. 그러나 이주여성들은 언어, 문화, 관습, 법에 대한 지식의 부족으로 적절한 대응조차 하지 못하는 상황에 있으며, 이주자들의 사회문화적 적응에 대한 프로그램은 거의 이루어지지 않고 있다고 하였다.

구차순(2007)[10]은 결혼이주여성들은 한국에서 갈등과 혼돈, 그리고 고립을 경험하면서 적응을 시작하였다. 이들에게는 이러한 경험을 하는 적응초기가 가장 힘든 시기이며 또 시간적으로도 가장 장기간에 걸쳐 나타났다. 이는 경제적인 어려움, 풍습이 다른 살림살이, 시댁문화, 남녀불평등, 소외감 등으로 인한 것이었고, 결혼 전에 정확하고 풍부한 정보를 얻었거나 또는 초기에 한국사회에서 긍정적인 경험과 긍정적인 느낌을 받았을 때에는 결혼이주여성의 이러한 갈등수준과 혼돈의 정도, 그리고 고립의 상태에 긍정적인 영향을 미침을 알 수 있었다. 그리고 이들의 적응에 대해 동기를 부여하고 대처하는 데에는 문화정체감과 이들에 대한 가족과 사회의 태도, 그리고 각 수준에서의 지지가 영향을 미침을 알 수 있었다.

김현숙(2007)[11]은 첫째, 사회통합의 유형에 따라 동화형은 가족간 갈등이 적고 한국문화를 받아들이는 수준이 매우 높았으며, 이주국 사회에 지속적으로 참여하려는 노력을 하고 있었다. 둘째, 다문화주의형은 가족간 갈등이 낮고 노동시장에 적극 참여하지만 한국문화에 대한 이해가 전반적으로 낮으며, 게다가 이주국 사회의 구성원과 상호작용을 하려는 노력은 부족했다. 셋째, 주변화형은 가족간 갈등이 높으며, 노동시장에 참여하지 않으면서 문화만 받아들인 경우이다. 넷째, 고립은 가족간의 갈등도 높고, 노동시장에 참여하기를 거부하면서 모국의 문화를 고집

---

9) 김영란(2006), 한국사회에서 이주여성의 삶과 사회문화적 적응관련 정책, .아시아여성연구.제45집 제1호 pp143~189.

10) 구차순(2007), 결혼이주여성의 적응에 관한 근거이론 연구, 부산대 박사학위논문.

11) 김현숙(2007), 결혼이주여성의 사회통합 유형에 관한 연구-부산지역을 중심으로-, 부산대 박사학위논문.

하는 경우이다. 이들은 서로의 문화적 차이 때문에 갈등이 발생하고 있음으로 상대방의 문화를 이해를 도울 수 있는 정책적 지원이 요구된다.

설동훈, 윤형식(2008)[12]은 첫째, 사회적 적응에 관한 지원에 있어 모든 여성 결혼이민자의 욕구수준이 동일하다기 보다는 집단에 따라 상이하다는 점이다. 몽골출신이 경우 상대적으로 사회적 적응수준이 높아 사회적 적응과 관련된 지원욕구가 상대적으로 덜한 반면 농촌에 사는 태국여성과 베트남여성의 경우 사회적 지원이 절실히 요구되고 있다. 둘째, 여성결혼이민자 경제적 적응 수준도 사회적 적응수준과 같이 출신국가의 거주 지역에 따라 상이하게 나타나고 있다. 셋째, 일본출신 여성 결혼이민자의 적응수준이 두 차원(사회, 경제적 차원)모두에서 가장 낮은 수준에 있다는 점이다. 특히 상대적으로 문화·사회·언어적 유사성이 큰 집단이라고 간주되는 일본출신여성의 부적응 정도가 가장 심각하다는 것을 주목해야 할 결과이다. 이상의 결과에 근거한다면 여성 결혼이민자에 대한 정책지원을 만들어가는 시점에서 출신국가에 따른 보편성과 특수성의 문제는 반드시 고려되어야 할 원칙이라고 할 수 있다.

양점도, 김춘택(2006)[13]은 결혼이주여성의 결혼생활만족에 영향을 미치는 요인은 세력유형이라는 사실이다. 이러한 측면에서 관계당국은 남편의 욕구를 충족시키는 측면에 초점을 맞추고 정책을 입안해야 한다는 것이다.

2) 여성자본에 관한 선행적 연구에 대한 검토

그동안 우리나라에서 진행된 사회자본에 관한 연구들은 문헌검토와 경험적 연구로 나누어진다. 박희봉(2002), 박우순(2005)은 기존의 여러 연구들을 검토하는 가운데 사회자본의 이론적 논점들, 즉 사회자본에 영향을 미치는 요인들을 검토 하고 사회자본이 여러 사회조직들뿐 아니라 정치 및 사회경제 분야의 발전에 기 능하는 점들을 검토하였다. 또한 최영출(2004), 박희봉(2004), 오수길·곽병훈(2004), 성도경·박희봉·장철영(2004), 배병룡(2005), 김용민(2007), 최준호

12) 설동훈, 윤형식(2008), 여성결혼이민자의 사회경제적 적응과 복지정책의 과제: 출신국가와 거주지역에 따른 상이성을 중심으로 .사회보장연구.제24권 제2호 pp109~133.

13) 양점도, 이춘택(2006), 농촌결혼이주여성의 결혼만족도에 관한 탐색적 연구, .복지행정논집.제16권 제1호.

(2007), 서혜숙 (2007), 이숙종・김희경・최준규(2008) 외에 박희봉・김명환(2000), 오석홍(2002), 곽현근(2003), 황영호・박종관(2004) 등은 일정 지역의 주민들을 대상으로 신뢰나 규범 또는 연계를 측정하고 이들 각각에 영향을 미치는 요인들과 사회자본이 가져오는 결과들을 경험적으로 조사하고 가설들을 검증하였다.

박희봉(2002)[14]은 사회자본은 일차적으로 신뢰, 상호관계, 협력과 관계있는 시민의 일련의 가치와 태도를 구성하는 것으로 정의하면서, 사회자본이 축적된 사회는 구성원의 신뢰와 상호관계가 활발해져 구성원의 개인적인 행복감을 증진시키는 동시에 사회적으로는 거래비용을 줄여 경제발전을 촉진시키고, 정부의 효과성을 증진시킨다고 주장하였다.

박우순(2005)[15]은 사회자본과 거버넌스를 통합적으로 이해할 수 있는 연결고리가 존재하는 가에 대하여 탐색하였다. 그 결과 사회자본이 거버넌스를 향해 이동하는 과정에서 지역사회가 물리적 연결고리가 된다고 주장하였다. 나아가 상호신뢰하고 호혜적인 개인들로 구성된 지역사회에 기초한 시민사회의 뒷받침 없이는 거시적 행위주체로서의 국가사회는 존재할 수 없다고 주장하였다.

최영출(2004)[16]은 그동안 국내외에서 논의해온 사회자본 및 사회자본 수준측정과 관련된 문헌을 연구하고 이를 통하여 지역내의 사회자본 수준을 측정할 수 있는 지표설정과 설정된 지표들 사이의 상대적 중요도를 실증적 연구를 통해 제시함으로써 지방자치단체간의 사회자본 수준을 측정비교할 수 있는 자료를 제시하였다. 특히 Rohe(2004)[17]는 사회자본의 정의를 상호이익을 위하여 조정과 협력을 용이하게 하는 네트워크, 규범, 사회적 신뢰와 같은 사회조직으로 정의하면서 그 핵심적인 구성요소로는 시민관여(civic engagement), 개인간 신뢰(interpersonal trust) 및 효과적인 집단 활동(effective collective action)의 개념들을 상호 연결시켜 주는 것으로서 이해하고 있는 점에 착안하여, 사회자본을 측정할 수 있는 지표를 다음과 같이 구성하였다. 첫째 지역사회 주민들의 관여수준을 측정하는 것,

14) 박희봉(2002), 사회자본이론의 논점과 연구경향, . 정부학연구. 제8권 제1호 pp5~44.
15) 박우순(2005).
16) 최영출(2004), 지역의 사회자본측정지표 설정, . 지방정부연구. 제8권 제3호, pp119~144.
17) Rohe, W(2004), Building Social Capital Through Community Development. Journal of the american Planning Association. 70(2) 최영출(2004)에서 재인용.

둘째 지역사회의 사회적 네트워크의 특성을 측정하는 것, 셋째 지역사회 주민들 사이의 신뢰수준을 측정하는 것, 넷째 지역사회 조직 인프라의 정도 및 효과성을 측정하는 것이라고 주장하였다.

박희봉(2004)[18]은 최근 행정학을 비롯하여 경제학, 교육학 등에서 광범위하게 논의되고 있는 사회자본이론을 우리나라의 교육현장에 결부시켜 국내 교육성과에 어떠한 영향을 미치는지 분석하였다. 연구결과, 모든 가정, 지역사회, 학교 등에서 형성되는 사회자본이 학생의 교육성과에 영향을 미치는 것으로 나타나지는 않았지만, 일부 가정, 지역사회, 학교 사회자본이 교육성과에 영향을 미치는 것으로 나타났다. 이러한 결과는 학교 교육현실 및 교육발전 책임이 오직 학교에만 있지 않다는 것이라는 점을 보여주는 것이다. 따라서 개인적인 노력과 투자뿐만 아니라 사회전반의 공동의 노력과 신뢰, 협력이 수반되어야 교육성과를 높일 것이라는 가설이 받아들여진다면 교육성과를 높이기 위해서는 개인적 노력과 더불어 가정과 학교, 지역사회, 국가의 노력이 상호 협력적으로 이루어져야 함을 지적할 수 있다.

오수길・곽병훈(2004)[19]은 사회자본과 거버넌스가 정부를 매개로 연계될 수 있음을 이론적으로 제기하는데 목적을 두고서, 사회복지서비스에 대한 요구와 노령화 사회화를 배경으로 정부와 시민사회 양자에서 전개되어온 재가노인복지서비스를 역사적으로 검토하였다.

성도경・박희봉・장철영(2004)[20]은 서구사회에서 이루어지고 있는 사회자본과 거버넌스에 관한 논의가 우리나라에서는 어떻게 이루어 질 수 있는가를 살펴보았다. 연구결과, 서구사회에서 논의되고 있는 사회자본과 거버넌스를 우리 사회에 도입하는 과정에서 이론적 구성과 논의를 국내 상황에 맞게 재정립할 필요가 있다고 제기하였다. 아울러 시민운동단체와 사회단체의 증가와 활성화는 서구사회처럼 사회자본과 거버넌스 발달에 긍정적인 영향을 미칠 것으로 전망하였다.

최준호(2007)[21]는 국내 고졸 청년층의 직업성취를 사회자본론에 기초한 사회연

---

18) 박희봉(2004), 사회자본이 교육성과에 미치는 영향 분석: 시론적 연구, .지방정부연구.제8권 제4호, pp317~333.
19) 오수길・곽병훈(2004), 사회자본-정부-거버넌스의 연계에 관한 시론적 모색: 재가노인복지서비스 전달체계의 역사적 분석을 사례로, .한국행정학보.제38권 제6호 pp225~245.
20) 성도경・박희봉・장철영(2004), 사회자본과 거버넌스 증진을 위한 정부와 시민사회의 역할, .대한정치학회보.제12집 제1호, pp419~437.

결망의 유용성을 중심으로 분석하였다. 특히 개인적인 연결망과 제도적 연결망의 효과에 관한 비교분석을 통해 사회자본과 직업성취 간의 관계에 대한 대안적 분석틀을 구축하는데 강조점을 두었다. 분석결과, 고졸 청년층은 친구 또는 선후배 부모 또는 친척처럼 개인적인 연결망을 다른 구직방법에 비해 많이 활용하고 있다. 결과적으로 학교와 기업간의 긴밀한 연계를 통하여 제도적 연결망을 구축하고 강화함으로써 고졸 청년층에게 구직방법과 직업성취를 위한 더욱 풍부한 기회를 제공할 수 있을 것으로 전망하였다.

서혜숙(2007)[22]은 사회자본의 구성요소를 '참여, 네트워크, 신뢰, 협력' 등으로 간주하고, 이러한 사회자본이 사회복지관에서 제공하는 복지서비스 만족(도)에 일정한 영향을 미칠 것이라는 가정 하에 사회자본이 지역사회 복지서비스 수혜자들의 만족에 어떠한 영향을 미치는지를 분석하였다.

이숙종 · 김희경 · 최준규(2008)[23]는 계량분석을 한 결과, 정부와 시민단체의 기관신뢰, 즉 공공기관 신뢰와 민간기관 신뢰가 모두 정부-시민단체의 거버넌스 형성에 영향을 미치는 것으로 나타났다. 이러한 주요 분석결과를 요약하면, 첫째, 정부와 시민단체의 사회자본을 측정한 결과 사회신뢰보다 기관신뢰가 상대적으로 낮게 평가되었으며, 공무원과 시민단체 직원의 사회자본을 비교한 차이분석결과 공공기관에 대한 신뢰에서 정부와 시민단체의 인식 차이가 큰 것으로 나타났다. 둘째, 사회자본과 집단 · 조직의 상과향상 간의 인과관계를 명확하게 규정하는 것이 쉽지 않지만, 본 연구에서는 정부-시민단체의 사회자본과 정부-시민단체의 일반적 상호작용 및 정책과정에서의 상호작용과 관련성을 검토한 결과, 유의미한 영향관계에 있는 것으로 나타났다. 셋째, 정부와 시민단체의 일반적인 상호접촉 및 관계가 정부의 정책과정에까지 영향을 미치기 때문에 공공문제를 해결하는데 있어 정부와 시민단체는 서로를 동반자로 인정하고 충분한 의사소통을 하는 것, 관련문제에 대한 필요한 역량과 전문성, 의견대립의 조정능력을 갖추는 것이 중요

---

21) 최준호(2007), 사회자본의 직업성취 효과에 관한 실증연구: 고졸 청년층의 사회연결망 효과분석을 중심으로, .교육사회연구.제17권 제2호 pp115~137.
22) 서혜숙(2007), 사회자본과 지역사회복지서비스 수혜자의 만족에 관한 연구, 동아대 박사학위논문.
23) 숙종 · 김희경 · 최준규(2008), 사회자본이 거버넌스 형성에 미치는 영향에 관한 연구: 공무원과 시민단체 직원의 인식을 중심으로, .한국행정학보.제42권 제1호 pp149~170.

하다.

이상의 선행연구에 대한 검토과정에서 볼 수 있듯이 사회자본과 사회복지와의 관계에 관한 연구논문은 아주 드문 실정이다. 특히 사회자본이 복지서비스의 공급과정 즉, 전달체계에 미치는 영향에 관한 연구는 전무한 실정이다. 서혜숙(2007)의 연구에서는 사회자본과 복지서비스 만족도, 즉 복지수요와의 연관성에 관한 영향분석을 하였을 뿐, 공급과정이나 전달체계의 효율성에 관한 논의는 전혀 언급하지 않고 있다. 이에 사회자본이 복지서비스의 공급과정이나 전달체계에 관하 여 어떠한 영향을 미치는지를 검토하는 작업은 의미있는 연구라고 판단하였다. 또한 서혜숙(2007)의 연구는 지역사회종합복지관의 이용자를 대상으로 한 조사 자료를 바탕으로 다양한 분석을 하고 있는 바, 이는 곧 잔여적복지에 대한 만족도를 분석한 결과라고 볼 수 있다.

한편, 사회자본의 구성요소로 배병룡(2005)은 '신뢰, 규범, 연계'를 선정하고 있으며, 황영호 · 박종관(2004)은 "충청 호남지역의 사회자본의 실태와 형성전략에 관한 연구"에서 '사회자본 참여와 적극성, 실제 참여, 신뢰와 안전, 제도단체 신뢰, 아웃네트워크, 가족과 친구네트워크, 기타 지역사회자본' 등을 선정하고 있다. Rode(2004)는 "Building social capital through community development"에서 사회자본의 구성요소를 '신뢰부문, 네트워크부문, 집단적 협력부문, 사회적 포용부문, 제도적 규범' 으로, Grootaert & Bastelare(2002). "The role of social capital in development: An empirical assessment"에서 '집단과 네트워크, 신뢰와 단결성, 집단적 활동과 협력, 정보와 의사전달, 사회적 응집력과 포용력, 권한강화 및 정치활동' 등을 선정하고 있다.[24] 박희봉 · 김명환(2000)은 "우리나라 지역사회의 사회자본 증진에 관한 연구"에서 '규범, 신뢰, 집단 내 협력, 정보, 공유' 등을 선정하고 있다. 이에 본 연구에서는 사회자본에 대한 기존 선행연구를 바탕으로 많은 연구자들이 공통적으로 논의하고 있는 사회자본의 구성요소를 '참여, 네트워크, 참여, 신뢰, 협력' 등으로 선정하여 측정하고자 한다.

24) James Coleman(1988), Social Capital in the Creation of Human Capital. American Journal of Sociology. 유석춘 외 공역(2003), 사회자본 이론과 쟁점, 도서출판 그린에서 재인용.

3) 결혼이주여성과 사회자본의 통합적 선행연구

결혼이주여성과 사회자본에 대한 통합적 선행연구 전무하다고 할 수 있다. 최근에 이윤호(2006)은 “베트남 국제결혼가정 이주여성의 문화적응 스트레스에 관한 연구 (사회자본을 중심으로)에서 사적네트워크, 지역사회네트워크, 참여, 신뢰에 대한 조사에서 이주여성의 사회자본은 국내에서 낮은 것으로 나타났다.

Ⅲ. 연구모형 및 가설

1. 연구 모형

연구모형은 정책대상집단을 ‘결혼이주여성’을 대상으로 하였다. 결혼이주여성을 평가하기 위한 독립변수로 ‘여성자본’을 대상으로 하였으며, 여성자본에는 인적자본, 사회자본, 심리적자본으로 대별하였다. 그리고 종속변수로 ‘여성자본 활용’의 방법으로 경제적 활용과 사회적 활용으로 대별하였다. 그리고 이러한 여성자본의 활용에 대한 가외요인 ‘제약’으로 제도적 제약과 사회적 제약으로 구분하여 연구하기로 하였다.

〈그림 2〉 연구모형

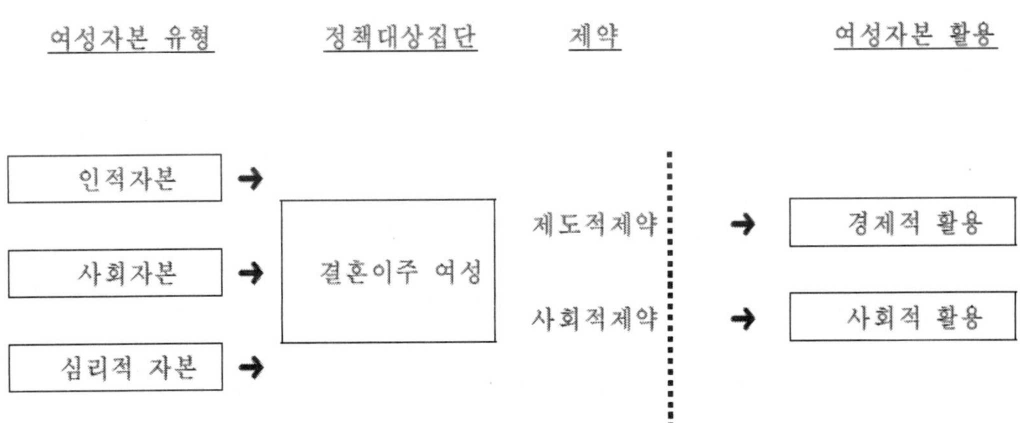

2. 가설

본 연구는 결혼이주 여성에 대한 설문 조사를 통하여 여성자본의 정도를 파악한 후에 이를 토대로 결혼 이주여성의 여성자본이 높을 것으로 예측되고 이를 통해 여성자본의 활용도를 파악한 후에 여성자본을 활용방안을 모색하며, 그 중간에 여성자본(인적, 사회, 심리적) 활용에 제약이 있다는 것을 파악하고자 한다. 이를 통해 여성자원 활용에 대한 대안 도출하고자 한다.

가설 1. 결혼이주여성의 인적자본은 높을 것이다.
　　1-1. 결혼 이주여성의 인적자본 활용은 낮을 것이다.
가설 2. 결혼이주여성의 사회자본은 낮을 것이다.
　　2-1. 결혼이주여성의 사회자본 활용은 낮을 것이다.
가설 3. 결혼이주여성의 심리적자본은 높을 것이다.
　　3-1. 결혼이주여성의 심리적자본 활용은 높을 것이다.
가설 4. 결혼이주여서의 제도적 제약은 높을 것이다.
　　4-1. 결혼이주여성의 사회적 제약은 높을 것이다.

1) 연구 성격

이 연구는 결혼이주여성과 여성자본에 관한 선행연구와 모형들에 대한 연구를 통하여 결혼이주여성에 대한 정책, 통계자료, 이론 등을 활용하여 결혼이주여성의 실태와 선행논문들을 파악한 후 이를 바탕으로 분석틀과 가설을 설정한 다음 이를 근거로 한 지표의 개발한다.

설문의 방법은 공인된 기관을 이용하여 On, Off-Line을 이용하여 설문을 할 예정이다. 그래서 오프라인 기반 설문은 '이주여성 인권센터'를 이용하고, 온라인 기반 설문은 '결혼이주여성 긴급지원센터'를 이용하여 설문을 실시하겠다.

2) 설계방식

연구 설계 방식은 크게 두 가지 방식이 있다. 첫째로는 정량적 연구이며, 둘째로는 질적 연구방식이다. 이 연구에서는 통계자료를 활용하여 가설을 검증하는 정량적 연구방식으로 진행 될 예정이다.

연구 방법은 탐색적 조사연구, 기술적 조사연구 그리고 설명적 연구방식이 있는데 여기서는 위의 세 가지 방법을 원용하여 연구 설계를 할 것이다.

(1) 탐색적 조사연구

탐색적 조사연구 방법은 연구 모형을 만들기 위해 결혼이주여성의 실태와 현황을 탐색하는데 이용할 예정이다. 주로 보건복지부 등의 통계자료, 통계청 인구동향, 사례조사, 각 연구소별 자료들을 찾는데 사용할 것이며, 여기에 그치지 아니하고 이주여성 센터를 방문하여 현장감 있는 자료들을 수집할 예정이다. 이것을 통해 여성자본에 대한 문제와 실태를 정확하게 판단하는 데 이용할 예정이다.

(2) 기술적 조사연구

기술적 조사연구 방법은 연구결과에 정확성을 기하기 위하여 구조화 된 방법을 이용하겠다. 특정시점에 집단간의 차이를 살펴보기 위해 이주여성인권센터를 통해서는 서울지역에 위치한 결혼이주여성에 대해 주로 살펴보며, 결혼이주여성 긴급센터를 통해서는 전국 각지에 산재해 있는 여성들을 대상으로 설문을 실시할 예정이다. 이를 통하여 서울지역과 지방간의 차이를 찾는 데 주력할 예정이다.

(3) 설명적 조사연구

설명적 조사연구 방법은 이주여성의 여성자본과 이에 대한 제약 그리고 활용에 대한 인과관계를 설명하는데에 목적이 있다. 이를 위해 결혼이주여성의 여성 자본의 파악과 이를 활용하지 못하는데 대한 사회적, 제도적 제약을 파악하고 이의 극복을 통해 여성자본의 경제적, 사회적 활용 방안에 대해서 논의하고자 한다.

3. 변수정의

1) 인적자본

본 연구는 인적자본의 측정을 위해 Becker(1975)의 '인적자본은 노동자마다 왜 다르게 형성되는가'라는 점에 착안하여 전문지식과 일반지식으로 구분하여 설문문항으로 원용할 것이다. 전문지식항목에는 전문분야 지식, 자격증, 업무지식 등을 측정하고, 일반지식에는 지식, 기술수준, 아이디어, 보편적 지식으로 나누어서 측정할 것이다. 변수에 대한 측정은 일반지식은 리커트 5점 척도(1:전혀 동의하지 않음, 5: 아주 많이 가지고 있음)을 활용하려고 한다.

2) 사회자본

본 연구는 전술한 Putnam(1993, 167))의 견해를 좇아 인적자본과는 달리 사람과 사람사이의 관계를 포함하는 신뢰, 규범, 네트워크, 참여 등으로 사회자본을 규정하고자 한다.22) 이 사용한 설문항목을 사용하여 측정할 것이다. 신뢰 5문항, 규범 5문항, 규범 5문항, 네트워크 5문항, 참여 5문항으로 구성할 예정이다. 변수에 대한 측정은 변수에 대한 측정은 리커트 5점 척도(1:전혀 동의하지 않음, 5: 전적으로 동의함.)을 활용하려고 한다.

3) 심리적 자본

본 연구에서는 심리적 자본에 대해서 국내에서 논의된 바가 없으며 유연숙(2005. 234)에서 재인용한 2004년 미국.비지니스 호라이즌스(Business Horizons).에 실린 내용을 토대로 심리적 자본을 규정하였다(Luthans et al. 2004 45-50). 심리적 자본은 자신감, 희망, 낙천성, 탄력성으로 사용하여 측정할 예정이다. 설문은 각 항목 당 5문항으로 구성하였고 변수에 대한 측정은 리커트 5점 척도(1:전혀 동의하지 않음, 5:전적으로 동의함)을 활용하려고 한다.

4. 척도

측정이란 현상에 대해 체계적으로 수치를 부여하는 과정이고, 이들 수치를 분석자료로 삼아 결론을 내리는 것이다. 이때 수치를 체계적으로 할당하는 데 사용하는 도구를 측정도구라고 하며, 일반적으로 이를 척도(scale)라고 부른다. 척도는 네 가지 유형으로 구분할 수 있다.

5. 측정도구

본 연구의 측정도구는 크게 여성자본, 결혼이주여성, 제약 그리고 여성자본 활용으로 구성되는데, 먼저 이들 변수에 대한 탐색적 요인분석을 실시하고 확인된[25] 동질적인 개념들의 신뢰성을 높이기 위해서는 내적일관성(신뢰성) 검정을 위한 방법으로 'Cronbach's alpha'를 이용할 것이다.

6. 측정지표

측정요인은 인구사회학적 배경, 인적자본, 사회자본 그리고 심리적 자본 순으로 측정지표를 만들어 보았다.

〈표 2〉 결혼이주여성 측정지표

측정요인		측정항목
인구사회학적 배경		성별, 전 국적, 연령, 최종학력, 취업여부, 혼인상태, 자녀 유무, 가구내한달 평균소득.
인적 자본	전문 지식 보유	-나는 전문분야의 충분한 지식을 가지고 있다. -나는 전문분야의 자격증을 가지고 있다. -나는 전문분야의 업무를 다룰 수 있는 충분한 능력을 갖고 있다.
	일반 지식 보유	-나는 보편적으로 나의지식이나 기술수준이 높은 편이라고 생각한다. -나는 아이디어가 매우 풍부한 사람이다. -나는 다양한 분야의 폭넓은 지식을 갖고 있다.

25) 호주의 통계청은 사회자본을 사회적 네트워크와 지지구조(social networks and support structure), 지역사회 참여(community participation), 시민사회 및 정치적 참여와 권한위임(civic and political involvement and empowerment), 사람들과 제도에 대한 신뢰(trust in people and social institutions), 다양성에 대한 관용 (tolerance of diversity), 이타주의 및 자선심과 자원봉사(alterism, philanthorpy and voluntary)의 여섯 개 차원으로 나누어 의견을 수렴하였다.
한편 포레스트와 킨스(Porest and Kerns 2001)는 동네의 사회자본을 측정하기 위해 사회 자본의 영역을 여덟가지로 나누어 설명하고 있다. 이러한 영역들로 권한위임(empowerment), 참여(participation), 결사체적 활동과 공동의 목적(associational activity and commen purpose), 지지적인 네트워크 상호부조(supportin network and rciprocity), 집합적인 규범과 가치(collective norms and values), 신뢰(trust), 안전(safety), 소속감(belonging)을 제시하고 있다.

사회적 자본	네트워크	-나는 규범이나 규칙을 잘 지키는 편이다. -사회규범확립을 위해 나 한사람의 행동은 매우 중요하다고 생각한다. -나는 사회적 규범의 불이행이 사회적 비용으로 나타나 결국 나에게 불이익이 될 것이라고 생각한다. -나는 다름 사람들에게 피해를 주지 않기 위해 매우 조심하는 편이다.
	참여	-나는 단체에 가입하여 활동하고 있다. -나는 지역사회의 공청회, 간단회 등에 참여하고 있다. -나는 사회봉사활동에 참여하고 있다. -나는 시민단체, 동호인 모임, 사회봉사활동 등의 참여가 경제적 이익과는 무관하더라도 참여할 의사가 있다.
	신뢰	-나는 다른 사람을 신뢰하는 편이다. -다른 사람도 나를 신뢰한다고 생각한다. -신뢰를 잃었을 경우 나는 신뢰회복을 위해 노력하는 편이다. -상대방에 대한 신뢰가 깨졌을 경우에도 상대방과의 관계회복을 위해 노력하는 편이다.
	협력	-나는 이웃과 종종 잡담을 나눈다. -나는 이웃에게 간단한 도구나 재료를 빌리거나 빌려준다. -나는 종종 이웃을 도와주거나 도움을 받고 있다.
심리적 자본	자신감	-나에게는 이루고자 하는 뚜렷한 목표가 있다. -나는 비교적 어려운 문제도 해결할 자신이 있다. -나는 내가 이 사회에서 꼭 필요한 사람이라고 생각한다. -나는 사람이 자신의 잘못을 납득할 수 있도록 이해시킬 수 있다.
	희망	-나의 목표가 언젠가는 꼭 달성되리라 생각한다. -개인의 성공과 실패는 운보다 개인의 노력 여하에 달려있다. -언제 내 분야에서 최고가 되기 위해 노력한다. -내가 노력한 만큼의 보상이 반드시 주어진 것으로 본다. -나의 미래는 지금보다 훨씬 나이질 것이라고 믿는다.
	낙천성	-일이 잘못되더라도 다른 사람을 탓하지 않는다. -억울한 일을 당하더라도 언젠가는 오해가 풀릴 것이라고 생각한다. -나에게는 힘든 일보다 즐거운 일이 더 많이 생기는 편이라고 생각한다.

심리적 자본	탄력성	-나는 나의 약점이 무엇인지 잘 알고 있으며, 이를 극복하기 위해 노력하는 편이다. -나는 한 번 시작한 일은 끝까지 최선을 다해 마무리 한다. -어렵고 힘든 일이 닥쳐도 침착하게 그 상황을 헤쳐나갈 수 있다. -중요한 일이라면 다른 사람들이 포기하더라고 나는 포기하지 않는다.
제약	제도적 제약	법률, 행정기관, 교육, 취업, 승진, 임금.
	사회적 제약	인종차별, 무관심, 소외, 연대의식, 소속의식.

Ⅴ. 표본설계

1. 연구대상

본 연구의 대상은 서울지역에 위치하고 있는 공인되고 활발하게 활동 하고 있는 두 집단을 통해 이 기관을 이용하는 결혼이주여성을 대상으로 유, 무선으로 설문을 할 예정이다.

‘이주여성센터’는 2001년부터 결혼이주여성을 위한 인권 보호와 권익 신장, 모성보호와 육아지원을 통한 생명존중, 성인지적 관점에서의 교육과 문화활동, 한국여성과 이주여성들의 국경을 넘는 연대활동의 펼쳐 오고 있다.

‘결혼이주여성 긴급지원센터’는 이주여성을 위한 각종 고충처리 상담을 비롯하여 2006부터 여성가족부의 지원으로 활발하게 활동해 오고 있다.

이 두 단체를 통해 다양한 정보를 획득하고자 한다. 결혼이주여성 긴급지원센터를 통해 설문을 하고자 하는 이유는 보다 다양한 지역에 위치하고 있는 이주 여성들에 대한 정보를 획득하고자 하는 이유에서 이다.

1) 이주여성 인권센터

(1) 연혁

① 2001년

- 필리핀남성노동자와 국제 결혼한 한국여성과 지원활동 시작
- 외국인이주노동자 가정의 어린이를 위한 분유지원사업활동 개시
- 외국인 이주여성을 위한 쉼터 마련
- 외국인여성이주노동자의 집 개소식 및 사업전개

② 2002년

- 서울외국인노동자센터에서 독립하여 '외국인여성이주노동자의 집'으로 비영리단체등록
- 이주여성의 모성보호를 위한 지원사업 시작 (임 / 출산부 지원과 육아지원활동)
- (한-필리핀)국제결혼가정을 위한 가족치유 프로그램 시작
- 성인지적 관점으로 이주여성을 위한 상담 프로그램 시작

③ 2003년

- '이주여성인권센터'로 단체명 변경
- 가정방문을 통한 이주여성모성보호 사업시작(모성보호팀 결성)
- 이주여성을 위한 한글, 문화체험 교실 시작
- 이주여성 자녀를 위한 성폭력 예방교육 시작
- 이주여성을 위한 성폭력 예방교육 실시 시작, 외국인노동자대책협의회에 가입
- 가정방문을 통한 한글교육 시작
- 이주여성문제, 어떻게 볼 것인가? 심포지엄 개최(정책팀주관), 국적별 모성보호 가이드라인 제작(베트남, 태국어 번역), 강제추방반대와 미등록 노동자 합법화를 위한 외국인노동자 공동대책위원회 농성단에 참여(2004년 2월 6일까지 85일간)
- 이주여성 성폭력예방교육 자료집출간(영어, 네팔어, 몽골어번역)

- 국제결혼 자녀를 위한 성폭력 예방교육 자료집 발간(한국어)

④ 2004년

- 한국여성단체연합에 가입(현재 준회원)
- 3.8 여성대회 참여, 홈페이지 개설
- 베이징+10 행동강령 평가(이주여성부문) 작업과 한국보고대회 발표
- 이주여성지원 핸드북 제작
- 쉼터확장으로 사무실 이전. 심포지엄 "이주의 여성화와 국제결혼" 개최
- 이주여성 삶이야기 "꿈의 나라에서" 출판기념회

⑤ 2005년

- 여성부로부터 비영리단체 사단법인 설립인가 받음
- 여성부지원 "국제결혼이주여성 지원사업" 위탁운영

(2) 이주여성센터 주요업무

이주여성인권센터는 외국인이주여성의 인권보호와 권익신장, 모성보호와 육아지원을 통한 생명존중, 성인지적 관점에서의 교육과 문화활동, 한국여성과 이주여성들의 국경을 넘는 연대를 통해 더불어 살아가는 공동체 형성과 평등하고 평화로운 사회를 실현하기 위해 창립되었습니다.

① 상담

가정폭력과 성폭력 피해, 성산업에 유입되어 고통받는 외국인여성의 인권피해를 상담하며 피해자를 위한 심리치료와 의료, 법률 지원을 실시합니다.

② 모성보호

외국인이주여성의 모성보호를 위해 산전산후 조리를 위한 사업과 신생아의 생존권 보호를 위해 사업을 지원합니다.

③ 쉼터

신체적, 정신적, 성적 피해를 입은 외국인여성, 임산부 등이 안정된 휴식과 건강을 회복할 수 있는 쉼터를 제공합니다.

- 숙식제공 / 생필품제공

- 교육 / 문화: 한국사회 적응과 통합, 한국말 때문에 겪는 피해를 줄이기 위해 한글교육과 다채로운 문화행사, 성폭력과 가정폭력 예방을 위한 교육을 실시 합니다.
- 한글과 컴퓨터 교육 / 문화체험 / 가정폭력과 성폭력 예방교육

④ 의료

의료보험 혜택을 받지 못하는 외국인이주여성에게 외국인노동자의료공제회와 무료진료소를 통해 의료서비스를 제공하고, 분만, 신생아 지원 등 모성보호를 위해 의료지원을 합니다.

- 의료공제회와 무료진료소 안내 / 분만과 신생아지원 등 모성보호를 위한 의료지원

⑤ 국제결혼가정지원

국제결혼가정이 겪는 가족갈등과 자녀문제의 해소를 위해 국적별 모임을 지원하고 다양한 프로그램을 지원합니다.

- 국제결혼 가정문제 상담과 국적별 모임지원 / 갈등해소를 위한 가족치유 등 프로그램 실시

⑥ 정책과 홍보

외국인이주여성이 겪고 있는 피해와 부당한 처우 개선을 위한 대안을 제시하고 관련 홍보물을 제작, 출판합니다.

- 외국인이주여성 인권침해와 부당한 처우개선을 위한 정책제시 / 홍보물, 자료집제작, 출판

2) 결혼이주여성 긴급지원센터

(1) 연혁

- 08. 이주여성 상담원을 선임하다.
- 영어, 러시아어, 중국어, 베트남어, 몽골어, 태국어 사용하면서 한국어 통역이 가능한 이주여성 15명 선임
- 09. 이주여성상담원 전문과정의 교육을 실시하다.

－10. 전용 상담전화 1577－1366 개설하다.
－10. 제 1차 운영위원회 개최하다.
－11. 이주여성 긴급전화 1366 개소식
여성가족부 주최 / (사)한국이주여성인권센터 주관
－11. 공식적인 전화상담 시작하다.

(2) 사업 내용

① 주요업무

－폭력피해 당한 이주여성을 위한 자국어 초기 상담서비스 제공
－365일 전화상담: 상담전화－1577－1366
－6개 국어로 상담(베트남어 / 중국어 / 영어 / 러시아어 / 몽골어 / 태국어)
－필요시 면접상담
－위기개입, 면접상담, 법률상담시 전화통역 서비스 제공
－한국사회 정착을 위한 생활, 법률 정보안내
－긴급지원서비스 연계활동
－긴급피난시설 운영
－가정폭력, 성폭력, 성매매 피해여성보호시설 연계
－의료, 법률, 경찰, 경찰서비스(수사 및 소송수행 등)등과 연계하여 위기 개입 지원
－홍보활동 및 이주여성문제에 대한 인식개선운동을 실시
－상담 통계관리

② 운영방안

－여성가족부가 (사)한국이주여성인권센터에 위탁하여 운영
－상담전문가, 변호사 등 전문가들의 자율위원 구성
－여성단체, 이주노동자단체, 정부관련 기관과의 네트워크를 통한 협력지원 체계 마련하여 활동

2. 표본프레임

모집단은 온라인과 오프라인을 통하여 조사를 실시할 예정이다. 오프라인은 결혼이주여성 인권센터를 방문하는 자를 대상으로 하여 설문을 실시하고, 온라인은 결혼이주여성 긴급지원센터를 통해 상담을 받는 여성들을 대상으로 전화상으로 전국 각지의 결혼이주여성을 대상으로 조사를 할 예정이다.

1) 오프라인(Off-Line) 조사(이주여성 인권센터)

이주여성 인권센터를 방문하는 여성들이 상담이 끝난 후에 미리 준비한 설문을 이용하여 설문을 진행할 예정이다. 설문지와 설문에 필요한 필기구 그리고 약간의 음료수를 준비하여 편안하게 설문에 응할 수 있도록 할 예정이다.

2) 온라인(On-Line) 조사(결혼이주여성 긴급지원센터)

결혼이주여성 긴급지원센터를 통해 상담을 받은 전국각지의 여성들을 대상으로 설문을 진행 할 예정이다. 설문은 상담 전후를 보아 편안한 시간에 할 예정이다. 설문을 위해 상담원들에 대한 사전 양해와 동의를 구한 후 충분한 설명 후에 실시할 예정이다.

3. 표본추출방식

본 연구의 목적을 위하여 이주여성 인권지원센터를 방문하는 사람과 결혼이주여성 긴급지원센터에 상담을 의뢰하는 여성들을 대상으로 표본을 추출하여 국가별로 인원을 할당하여 설문을 할 것이다.

4. 표본수

1) 이주여성 인권센터

이주 여성인권센터를 방문하는 결혼이주여성을 대상으로 2008년 12월 1일부터

2008년 12월 15일까지 방문하는 여성을 대상으로 무작위로 설문을 실시할 예정이다. 지역관계상 주로 서울과 인근지역에 거주하는 결혼 이주여성을 대상으로 설문을 실시할 예정이다.

2) 결혼이주여성 긴급지원센터

(1) 지역별

〈표 3〉 지역별 표본수

진단범주(지역별)	인원수	비례표본수	비고
1. 수도권		50	
2. 중부권		50	
3. 남부권		50	
4. 영동권		50	
계		200	

(2) 국가별

〈표 4〉 국가별 표본수

진단범주(국가별)	인원수	비례표본수	비고
1. 베트남		50	
2. 중 국		50	
3. 영 어		25	
4. 러시아		25	
5. 몽 골		25	
6. 태 국		25	
계		200	

해석은 실제로 설문지를 회수하고 이를 통계프로그램으로 분석한 후에 평가하여야 하나 여기에서는 아직 결과물이 존재하기 않기 때문에 연구자가 원하는 결과를 적고자 한다.

Ⅵ. 연구분석 및 예상되는 연구결과

1. 연구 분석

이 연구를 분석하면 여러 가지 점에서 보완이 요구된다. 첫째로, 여성자본을 인적, 사회, 심리적 자본으로 대별하였는데, 심리적 자본은 정서적 자본으로도 불리우며, 우리나라에서는 생소한 개념으로 도입 된지 얼마 되지 않은 개념이어서 선행연구의 어려움과 평가지표 그리고 설문지를 만드는데 많은 어려움이 있었다. 그래서 여기에 대한 좀 심도 있는 연구가 필요하다. 둘째로, 결혼이주여성 긴급지원센터를 통해 전국적인 설문과 조사를 하였는데 이는 전국에 산재해 있는 특히 시골에 거주하고 있는 모든 결혼이주여성에 대한 표본을 뜻하는 것이 아니므로 추후연구로 전국적인수준의 연구가 진행되어야할 것이다. 셋째로, 이것을 여성자본의 활용에 대한 모든 연구를 하였다고 보기에는 부족한 점이 많을 것이다. 이에 대한 계속적인 검증과 연구가 필요할 것이다.

2. 예상되는 분석결과

결과는 실제로 설문지를 회수하고 이를 통계프로그램으로 분석한 후에 평가하여야 하나 여기에서는 아직 결과물이 존재하기 않기 때문에 연구자가 원하는 결과를 적고자 한다.

가설 1. 결혼이주여성의 인적자본은 높을 것이다.

결혼이주 여성은 배우자 보다 높은 인적 자본을 가지고 있으며, 한국에서 활용하지 못하고 있을 것이다.

가설 2. 결혼이주여성의 사회자본은 낮을 것이다.

결혼이주 여성의 네트워크, 참여 등과 사회자본은 국내에서는 낮을 것으로 예상된다.

가설 3. 결혼이주여성의 심리적자본은 높을 것이다.

열악한 환경에서 살아가고 있지만, 결혼이주여성들의 심리적자본은 높을 것으로 예상되어 진다.

가설 4. 결혼이주여성의 제도적 제약은 높을 것이다.

결혼이주여성의 경제적, 사회적 활동을 하기 위한 제도적 제약은 무척 높을 것으로 여겨진다.

05 장 피해자 인권복지

제1절 경찰의 범죄피해자 보호방안

Ⅰ. 서론

20세기 중반 이후 그동안 보호대상에서 소외되었던 범죄 피해자에 대한 관심이 증가하기 시작하였다.

즉 형사절차에 있어서 피고인의 인권뿐만 아니라 피해자의 인간으로서의 존엄과 가치도 존중되어야 하며, 피해자를 단순히 국가적 보호의 객체로만 인식할 것이 아니라 권리와 자율의 주체로서의 지위를 인정해 주어야 한다는 인식이 확산되기에 이르렀다. 이에 따라 20세기 중반 피해자 보호 및 지원의 필요성에 대한 사회적 공감대의 형성과 함께 범죄피해자학에 대한 연구 및 입법 활동이 활발히 진행되면서 미국, 일본과 유럽 등 선진국을 중심으로 범죄피해자 보호, 지원을 위한 각종 제도와 장치들이 개발, 시행되고 있으며, 기존 제도의 보완과 새로운 제도의 도입 등이 지속적으로 이루어지고 있다. 최근에는 피해자에게 형사소송에서도 주체 내지 당사자로서의 지위를 인정하는 입법 활동이 활발히 진행되어 형사소송절차 개혁에 있어서 중요한 쟁점이 되었다(김호성, 2011:1-2).

경찰은 범죄발생 직후 피해자가 접하게 되는 최초의 국가기관이다. 피해자는 범죄로 인해 피해와 충격을 받아 누군가의 도움이 긴요하며, 범죄로 인한 공포와 불안 때문에 안전에 대한 욕구가 가장 강한 때에 경찰을 만나게 되는 것이다. 피해자에 있어서는 자신의 억울한 사연과 사건에 대한 변명을 들어주고, 현재 상황을 이해해 주고 보호해 주며, 자신의 정당성을 인정받음으로써 상처 입은 자존심을 회복하려는 심리가 강한 때에 있으므로, 경찰에게 이러한 점들을 충족하고자 하여

전적으로 의지하고 많은 것을 기대하고 있으며, 심리적으로 민감하여 경찰의 대응 여하에 따라서 정신적으로 영향을 받기도 한다. 경찰은 사법절차에서 누구보다도 먼저 피해자를 만날 뿐만 아니라 이후 피해자와 가장 많은 접촉을 하게 된다. 따라서 피해자의 정신적 고통과 피해를 잘 알게 되며 그들의 기대와 요구도 파악하게 된다(허성희, 2006:11-12). 범죄 피해자에게 경찰의 존재는 매우 중요하며, 범죄 피해를 당한 후 최초로 접하는 국가기관으로서 경찰은 그 책임과 의무를 다하여 범죄 피해자의 고통과 아픔을 덜어줄 수 있도록 노력해야 한다.

경찰은 비록 범죄수사를 위하여 피해자를 접하기는 하지만 동시에 피해자의 처지를 이해하고 그들의 기대나 요구를 받아주어야만 한다. 피해자의 보호나 피해경감과 같은 피해자의 요구는 경찰에 있어 단순한 서비스가 아니라 본래의 역할이라고 할 수 있으므로 경찰이 피해자의 정당한 요구나 기대에 응하는 것은 당연한 것이다. 경찰이 피해자의 욕구를 무시한 채 오직 수사만을 위하여 피해자 를 상대한다면 피해자에게 경찰은 무의미한 존재이며(김용세, 2002:17-18), 피해자는 위로받지 못한 고통과 아픔으로 더욱 힘들게 될 것이다. 경찰은 이러한 자신의 중요한 위치와 역할을 깨닫고 범죄 피해자의 고통과 아픔을 조금이나마 완화시키고 위로가 될 수 있도록 노력하지 않으면 안된다. 이에 본 연구에서는 경찰의 범죄피해자에 대한 보다 효율적인 보호 방안에 대해 논의해 보고자 한다.

Ⅱ. 이론적 배경

1. 범죄 피해자의 개념

현행법상의 피해자 개념은 헌법, 형법, 형사소송법, 범죄피해자보호법, 범죄피해자구조법, 소송촉진 등에 관한 특례법, 특정강력범죄의 처벌에 관한 특례법, 성폭력범죄의 처벌 및 피해자보호 등에 관한 법률, 가정폭력방지 및 피해자보호 등에 관한 법률, 범죄피해자보호법 및 특정범죄신고자등보호법 등에서 다양하게 사용되고 있다. 그 표현도 피해자, 형사피해자, 범죄로 인한 피해자, 범죄로 인하여 피해를 당한 국민 등으로 다양하며, 법규에 따라서는 피해자와 그 유족이나 법정 대리인 기타 친족 등을 포괄하여 피해자 등이라는 표현을 사용하기도 한다(박미숙, 2004:6-7). 이와 같이 피해자의 개념은 현행법상에서도 일치된 개념은 없으며 각 법률의 특성에 따라서 다르게 규정하고 있다.

한편 피해자의 사전적 정의는 자신의 생명이나 신체, 재산, 명예 따위에 침해 또는 위협을 받은 사람을 말하며 특히 범죄피해자란 범죄로 인하여 피해를 입은 자와 그 가족 등을 의미하고 1차적 피해와 2차적 피해로 구분할 수 있다

먼저 1차적 피해(직접적 피해)란 폭행·상해 피해자는 육체적 상처 등 신체석 피해를 입고, 절도·사기 피해자는 재물이나 재산 손실 등 경제적 피해를 입게 된다. 이와 같이 범죄에 의해 입게 되는 직접적인 피해를 말한다. 또한 2차적 피해는 피해자는 범죄에 의한 직접적인 피해 뿐 아니라, 실직 등에 의한 경제적 손해, 수사·재판 과정에 있어서의 정신적·시간적 부담, 언론의 취재·보도에 의한 불쾌감, 대인관계 악화 등 다양한 문제에 직면하게 되는데, 이러한 문제를 통틀어 '2차적 피해'라고 한다

(http://www.police.go.kr/infodata/if_victim guide.jsp). 이렇듯 범죄 피해자에 대하여서도 의된 단일의 개념은 없으며 범죄 로 인하여 피해를 입은 자, 즉 신체적, 심리적, 사회적으로 침해 또는 위협을 받은 자라고 할 수 있다.

2. 범죄피해자 보호의 필요성

범죄피해자 대책이라 함은 범죄피해자 보호와 피해자 방지를 위한 시책 또는 정책 일반 등을 총칭하는 의미로서 여기에는 피해자의 법적 지위를 확립하고 피해자에게 필요한 지원을 제공하기 위한 노력을 뜻하는 '피해자 보호(Opferschutz)'와 민간 자원봉사조직에 의해 시작되었던 피난처 제공, 정신적 부조, 재활지원, 기타 법률적 조언과 구조 등을 포괄하는 '피해자 지원(Victims Support)', 그리고 국가나 시민단체에 의하여 추진되는 '피해자 방지'활동이 포함 된다(장규원, 2002:50-51).

종래의 국가-범죄자 양자 간의 갈등해결방식으로는 형사사법제도 본래의 목적

을 달성할 수 없으므로 국가-범죄자-피해자의 삼자가 참여하는 갈등해결방식으로 바꾸어야 한다는 인식이 확산된 것은 비교적 최근에 들어서의 일이다. 이는 범죄피해자 보호의 필요성으로 연결되며 이를 상술하면 다음과 같다(강희창, 2008:29-31).

첫째, 자신의 범죄행위가 수사기관에 인지되어 처벌을 받았거나 받을 뻔한 사람이 그 피해자를 살상 또는 협박하는 행위로부터 개인의 생명과 재산을 안전하게 지켜주어야 하기 때문이다. 이른바 보복감정을 바탕으로 저질러지는 범죄는 대부분 적개심이 넘치는 상태에서 폭력이나 방화 등을 자행하며 이는 잔인하기가 극에 달하기 때문에 이를 방치할 경우에는 개인의 생명과 신체에 중대한 위협이 가해지게 된다고 하겠다.

둘째, 범죄사실을 제보한 피해자 등이 형사소추절차와 언론보도과정에서 명예나 사생활에 손상이 가해지는 것을 방지해야 하기 때문이다. 예컨대, 강간과 같은 성폭력의 피해자가 강간당한 사실을 수사기관에 신고하는 경우 피해자는 범인의 보복에 대한 공포감을 감수해야 할 뿐만 아니라 반복되는 심문과 사실 확인과정에서 있을 수도 있는 명예훼손이나 사생활의 노출까지도 감수할 수밖에 없는 것이 현실적인 여건이기 때문이다.

셋째, 피해자와 그 가족의 생계가 위협을 받아서는 안 되기 때문에 경찰의 범죄피해자 보호 역할을 강조하게 되는 것이다. 가족의 생계를 책임지고 있던 가장이 피살당하거나 불구자가 된 경우에는 당장에 부양가족의 의식주 문제가 발생하므로 신속한 보호조치가 뒤따르지 않으면 안 된다. 범죄피해자를 위한 보상제도가 있다고 하지만 소정의 절차와 요건을 갖추어 실제로 보상을 받으려면 상당한 시간이 걸리기 때문에 피해발생과 동시에 조치를 취하는 경찰의 지원이 필수적으로 필요한 것이다.

넷째, 형사사법기관의 방심으로 피해자의 정상적인 직업 활동에 지장이 야기되는 일이 있어서는 안 되기 때문이다. 피해사실을 신고한 피해자가 수사기관의 잦은 출석요구로 직장 내에서 곤란한 입장에 처하거나 생업에 방해를 받는 사례가 있어서는 안 될 것이다. 뿐만 아니라 국민들에게 있어서 직업 활동은 본인과 가족의 생계를 유지하기 위한 기본적인 조건이기 때문에 별도로 법률에 규정이 없는 한 직업 활동의 자유를 절대로 제한해서는 안 된다.

다섯째, 범죄자의 협박이나 보복에 의해서 국가공권력의 위엄이 손상되는 것을 방지해야 하기 때문이다. 고소 . 고발 등 수사단서를 제공하거나 진술 . 증언 또는 자료를 제출하였다는 이유로, 혹은 그러한 행위를 취소하게 하거나 허위로 행하게 할 목적으로 피해당사자를 협박 또는 살상하는 사례가 있다면 이는 증거 재판주의와 사법정의에 대한 정면도전으로서 용납되어서는 안 될 것이다

3. 외국의 사례

1) 영 국

다른 국가들이 경찰관 이외의 심리학이나 의학 등의 전공을 이수한 일반 직원을 중심으로 피해자전문 조직을 설치하는 것과는 달리 영국 경찰은 일반직원으로 구성된 조직을 가지고 있지는 않다. 이에 대신하는 조직으로 강간 등의 특별 조치를 요하는 유형의 피해자에 대해 지정된 경찰관 또는 전문 수사반의 지원을 제공하는 제도를 가지고 있다.

이는 범죄피해자에 대한 서비스 초기부터 VS(Victim Support)와 연계하였기 때문으로 생각된다. 영국 경찰은 일반범죄에 대해서는 훈련된 민간의 자원봉사자를 서비스제공의 주체로 하는 VS를 적극 활용하고 있다.

또한 경찰수사의 단계를 넘어서 광범위한 정보제공을 하고 있다. 경찰은 형사절차, 수사의 진행상황, 결과 등에 대하여 정보를 제공할 뿐만 아니라 기소, 공판의 상황, 가석방, 판결 등에 이르기까지 형사절차의 모든 정보를 피해자에게 제공한다. 이러한 배경에는 영국검찰청의 창설시기가 1986년이었다는 점과 검사는 원칙적으로 1회 공판까지 피해자와 접촉할 수 없다는 것으로부터 피해자와 직접적으로 대면할 수 있는 실질적인 기관이 경찰이기 때문이다(이상원, 2008:293).

법적 측면에서는 범죄피해자의 권리를 선언한 기본법은 없지만, 피해자 헌장이 관련 형사사법 기관이나 피해자보호협회(VS)등의 실무규범으로서 사실상의 구속력을 가지고 있다. 검찰청(Crown Prosecution Service)은 1993년 피해자 헌장과 별도로 '검찰청의 피해자 및 증인처우에 관한규정(Statement of Victim and

Witnesses by the Crown Prosecution Service)'을 제정하였고, 1994년에는 '검사 직무집행규칙(The Code for Crown Prosecutors)'을 개정하여 검사는 공공의 이익과 피해자의 이익을 모두 고려해야 한다고 규정하였다(허성희, 2006:30-31).

2) 미 국

미국은 1970년대 전반부터 경찰차원의 범죄피해자 보호대책을 구상하여 1974년에는 플로리다주 포트 로더데일시 경찰과 인디애나주 인디애나폴리스시 경찰에 의해 경찰의 피해자지원프로그램이 발족되었고, 1975년에는 뉴욕주의 로체스터시 경찰에도 피해자지원반과 아동학대대책실이 설치되는 등 피해자를 위한 각종 프로그램이 추진되었다(김재민, 2006:126).

1982년 범죄피해자를 위한 대통령특별위원회의 보고서에 의하면(김재민, 2006:122), 경찰은 첫째, 범죄피해자문제에 대한 감수성과 인식을 높이고 그 지역에서 실시하고 있는 범죄피해자보호 프로그램과 서비스에 관한 내용을 숙지할 수 있도록 하는 훈련프로그램을 개발하고 시행할 것 둘째, 검사의 승인 하에 신속히 체증활동을 마치고 범죄피해자 재산을 환부해 줄 수 있는 절차를 마련할 것 셋째, 폭력범죄의 피해자에게 수사진행상황이나 종결상황을 주기적으로 고지 해주는 절차를 마련할 것 넷째, 목격자에 대한 협박행위가 있으면 이를 수사의 최우선순위에 두어 수사를 하여야 하고, 이 내용을 검사에게 통보할 것 등을 요구하고 있다.

그리고 1980년대 초부터 약 20년 동안 각주는 피해자에 대해 형사절차에서 공정하게 대우를 받을 권리, 존엄과 프라이버시를 존중받을 권리, 절차진행에 관한 정보를 제공받을 권리, 공판정에 출석할 권리, 가해자의 협박이나 보복으로부터 보호받을 권리 및 피해회복을 요구할 권리 등을 인정하고, 한 걸음 더 나아가 피해자의 제반 권리를 보호하기 위한 입법적 조치들을 취하고 있다. 현재는 미국의 모든 주가 범죄피해자의 권리보호를 내용으로 하는 '피해자의 권리장전(Victims Bill of Right)을 가지고 있으며, 1998년 말 현재 31개 주에서 피해자의 권리보장을 위한 헌법개정이 이루어졌다. 범죄피해자 보호 또는 피해자의 권리 등을 포괄적으로 규정하고 있는 연방 법률은 아직 없지만, 1982년 '범죄피해자및증인보호법'과 1984년 '범죄피해자법'이 제정되었다. 그 후에도 1986년 '아동에대한형사사법및지원법', 1990년 '범죄통제법, 1992년 연방법원행정법', 1994년 '폭력범죄규제및법집행에관한법률' 및 2000년 '교통사고및폭력범죄피해자보호법'을 비롯한 다수의 법률이 제정됨으로써 연방법의 피해자보호규정은 계속 강화되어 왔다(허성희, 2006:31-32).

한편 VNS는 연방수사국(FBI), 연방검찰청, 연방교정국, 법무부 범죄피해자사무소가 공동으로 제공하는 피해자통지프로그램이다. 컴퓨터에 기반한 자동화시스템으로 피해자들에게 정보를 제공하는데, 범죄피해자는 피해자식별번호(VIN)와 개인확인번호(PIN)를 받아 그 번호를 통해 인터넷, 전화로 VNS서비스에 접근할 수 있다. VNS를 통해 진행 상황, 용의자 체포, 기소유예여부, 송치여부, 공판 스케줄, 판결 등이 통지되고 수사와 재판절차에서 사건이 어느 단계에 있는지에 따라 통지 주체가 달라진다(김효정, 2011:89).

3) 독일

독일 경찰의 피해자 보호대책은 범죄예방과 같은 맥락에서 추진되고 있다. 범죄예방은 경찰뿐만 아니라 정부기관, 민간단체, 교육부문, 경제사회, 매스미디어, 개별 시민까지 책임져야하는 공동체구성원 전체의 과제로서 포괄적이고 통합적인 대응이 필요하다는 것이다. 범죄의 원인은 그 행위자의 인격이나 행위자와 피해자의 관계, 범행의 조건이나 그 사회적 거래의 장에 있을 뿐만 아니라 그 이전에 존재하는 범죄에 대응하는 틀도 중요하다. 예컨대, 인성의 발달과정에서 결손이나 흠 또는 왜곡을 방지할 수 있는 교육체계나 사회화과정, 가치관의 전수, 나아가 보다 근본적으로는 경제적, 사회적 결핍의 제거 그리고 새로운 범죄 개연성의 감소를 위한 사법체계의 대응전략 등이 필요하며, 이것이 범죄예방과 피해자보호의 시발점이 된다.

이러한 이해를 바탕으로, 공동체 사회는 다양한 수준과 분야에서 모든 사회적 구성원들 간에 상호 연계와 협력을 통한 정보공유와 개별적 노력들의 조정.통합으로 효과적인 정책을 시행하여야 한다. 따라서 독일경찰의 방범활동은 위험예방이라는 경찰 고유의 임무를 뛰어넘어 다른 일반질서행정청이나 다른 민간단체와의 협력을 중요시한다(이영철, 2001:65).

독일의 피해자대책은 '폭력범죄피해보상법'이 시행된 1976년 이후부터 본격화 되었다. 그렇지만 범죄피해자 보호에 관한 일반법이 별도로 제정되어 있지는 않다. 1980년대 이후 피해자 보호를 위해 개정되거나 신설된 형법 또는 형사소송법 규정과 1976년 피해보상법 등이 총체적으로 피해자 대책을 위한 법규로서 기능하고 있다(김용세, 2002:107).

4) 일본

일본 경찰청은 1996년 범죄피해자대책요강을 제정하여 피해자에 대한 정보제공, 2차 피해의 방지 및 경감, 정신적 피해의 회복, 지정피해대책요원제도의 실시, 재피해방지, 피해자지원 네트워크 구축 등과 같은 피해자지원시책의 개요를 작성하였다. 전국의 경찰청에서는 피해자 대책실의 설치 및 성범죄 피해자를 담당하는 여성경찰관의 배치 등의 피해자 대책으 실시하고 피해자에 대한 정보제공을 목적으로 하는 피해자연락제도를 도입하였다. 피해자 연락제도에서는 사건 담당수사원에 의해 수사의 진행상황 등에 관한 정보가 피해자에게 제공됨에 동시에 피해자로부터의 조회에 적절하게 대응하기 위하여 경찰서에 피해자연락 담당계를 지정하고 있다. 이 피해자연락담당계는 피해자로부터의 각종 조회에 대응하는 창구업무 외에 피해자 연락의 실시상황관리, 피해자 연락을 담당하는 수사원에 대한 지도 등의 업무를 담당한다(이상원, 2008:312).

Ⅲ. 경찰의 범죄피해자 보호 실태[26)]

본 장에서는 범죄피해자 보호.지원에 관한 기본계획(법무부, 2011)을 통해 경찰의 범죄피해자 보호 실태를 살펴보고자 한다.

26) 범죄피해자 보호.지원에 관한 기본계획(법무부, 2011)

1. 범죄피해자 보호ㆍ지원 체제 내실화

경찰청은 범죄피해자 심리지원활동을 강화하기 위해 '피해자심리전문요원'을 특별 채용하여 피해자심리전문요원제도를 실시하고 있다. 피해자심리전문요원제도는 살인, 강도, 인질, 성폭력, 가정폭력, 학교폭력 등 범죄발생 초기에 피해자가 직면한 심리적 충격을 완화하고 빠른 회복을 하도록 지원하기 위한 제도이다. 범죄피해자들은 외상 후 스트레스 장애(PTSD) 발병률이 자연재해 또는 사고보다 4-6배 높으며, 초기단계의 대응이 중요함에도 불구하고 피해자의 심리적 상태에 대한 이해 부족 및 접근방법, 상담기법 등 전문성 부족으로 인해 효율적으로 대응하지 못하고, 단순 위로와 법률상담 등에 치중하였다. 이러한 상황에서 범죄발생 초기부터 피해자들을 상대로 심리평가 및 상담을 통한 심리적 지원을 하여 범죄 후유증을 최소화하기 위하여 피해자심리전문요원을 각 경찰청에 배치.운영하고 있다.

먼저 경찰청은 2006년 8월 3일 심리학전공 학사학위 이상 소지자 또는 관련분야 연구경력 3년 이상인 자 중에서 10명을 피해자지원 분야 5년 근무조건으로 피해자심리전문요원(계급: 경장)으로 선발하여 피해자심리과정 교육을 거친 후 2007년 3월 8일 대도시권 5개 지방경찰청(서울, 부산, 대구, 인천, 경기)에 배치. 운영하였다. 이후 해마다 10여 명씩 심리전문요원을 경장으로 특채하여 전국 각 경찰청에 배치.운영하고 있다. 피해자심리전문요원의 주요업무는 살인.강도 등 강력사건 발생시 현장에 출동하여 피해자에 대한 심리안정을 유도하고, 심리평가.상담과 다양한 피해자지원단체와의 연계활동 등이다. 평상시에는 이전에 상담한 피해자에 대한 사후확인 및 추가 지원, 범죄피해자보호를 위한 경찰관 교육과 자문, 민간지원단체들과의 네트워크 구축활동을 한다. 2009년 피해자심리전문요원들은 상인.강도.폭력.성폭력 피해자 673명을 상대로 현장출동 212회, 심리평가 80회, 상담 1,45회, 정보제공 906회, 지원단체연계 164회, 기타 지원활동 99회 등 모두 2,506회의 피해자지원활동을 하였다(경찰청, 2010:421-422).

〈표 1〉 피해자심리전문요원 현황(2010)

(단위 : 명)

구분	서울	부산	대구	인천	광주	대전	울산	경기	강원	충북	충남	전북	전남	경북	경남	제주	계
계	22	3	2	2	2	1	1	1	2	1	1	1	1	1	1	1	1
충원	11	.	.	.	.	1	1	1	.	1	1	1	1	1	1	1	1
현재	11	3	2	2	2	.	.	.	2	.	.	.	.	.	.	.	.

※ 미배치 지방청에 대해서는 피해자 지원상담관 지정·운영 중

출처: 범죄피해자 보호.지원에 관한 기본계획(법무부, 2011)

피해자심리전문요원에 대해 내부(성폭력교육과정) 및 외부 전문기관 위탁교육(MMPI-2 등)을 실시하고 전문성을 제고하도록 노력하고 있으며, 전국 지방청 확대 운영(現 5개청 11명 → 16개청 22명)할 계획에 있다. 이에 따라 '피해자심리전문요원' 제도를 더욱 활성화하고 '피해자서포터'와 '피해자심리전문요원'의 연계 방안을 마련하고 있다.

모든 범죄의 피해자가 수사과정에서 제2차적 피해를 입을 수 있지만, 특히 살인, 강도, 강간 등 일정한 강력범죄의 경우 피해자의 사생활이나 명예 등이 침해 될 우려가 더욱 높다. 이러한 범죄피해자의 경우 수사과정에서 전담요원이 초기부터 피해자를 보호하도록 하는 제도가 바로 피해자 서포터 제도이며 2004년 9월부터 시행하고 있다. 수사부서와 지구대에서 각 팀별로 1명의 직원을 피해자 서포터로 지정함으로써 강력범죄가 발생할 경우 현장에서부터 접촉 창구를 일원화하여 피해자의 안전 확보, 응급조치 및 후송조치, 상담, 조사, 의료 및 상담기관 연결, 재피해방지, 가해자 등의 보복으로부터의 신변보호 등을 전담함으로써 2차 피해방지를 위해 노력하고 있다. 피해자 서포터는 2005년 4,160명, 2006년 2,763명, 2007년 4,420명, 2008년 2,517명, 2009년 2,665명이 지정되는 등 2009년 말 현재 모두 16,000명 이상이 전국 경찰서에서 활동하고 있다(http://www.police.go.kr/infodata/whitepaperview.do?id=1016).

한편 '피해자서포터' 제도를 활성화하기 위한 방안으로 '피해자권리 고지제도' 마련하고 있는데, 피해자권리 고지제도란 강력범죄 등 피해자의 권리보호를 위해

피해자에 대해 진술조서 작성시 피해자 권리를 고지한 후, 고지 확인서에 그 서명을 받아 수사기록에 첨부하는 제도이다.

〈표 2〉 죄종별 피해자서포터 활동실적

(단위 : 회)

죄종별 / 연도	계	살인	강도	강간	방화	폭력행위 등	특가법 (도주차량)
총계	16,456	779	2,553	6,477	1,239	1,469	3939

출처: 범죄피해자 보호.지원에 관한 기본계획(법무부, 2011)

경찰관 직무교육과정상에도 피해자서포터 과정을 마련하여 1,581명이 수료한 상황이다. 이외에 '피해자권리고지제도'의 정착을 유도하고 개선점을 마련하는 등 업무기반의 조성을 위해 '피해자심리전문요원 간담회'를 정기적으로 개최하고 있다.

2. 형사절차상 피해자의 권리보호 강화 및 정보제공의 충실화

형사절차상의 5개 항목 즉 ① 피해자진술권, ② 수사진행사항 통지, ③ 상담지원, ④ 경제적 지원, ⑤ 개인정보 보호의 피해자의 권리를 피해자진술조서 작성시에 사전 고지하도록 의무화하였다.

또한 지방청별 실정에 맞게 각종 구제제도 등 피해자 보호.지원 정보를 제공해주는 '통합피해자안내시스템'을 정비.운영하고 있다. 그리고 권역별 지원단체 변동사항의 수정 등 정보D/B 업데이트 및 관련 제도에 대한 개정사항을 반영하고 피해자 안내서를 정비하였다.

범죄피해자에 대한 SMS 등 각종 통지제도를 이행하고 피해자 및 피의자 분리동행, 피해자 및 신고자 신상정보 보호 등 범죄피해자 보호 강조지시를 시행하고 있다.

그리고 '피해자권리고지제도' 운영의 내실화 및 피해자 지원기관과의 연계를 강화하고 지방청별 실정에 맞게 각종 구제제도 등 피해자 보호.지원 정보를 제공해

주는 '통합피해자안내시스템'상 정보D/B 업데이트를 지속적으로 실시하고 있다.

〈표 3〉 지원기관연계실적

(단위 : 회)

활동별 / 연도	계	권리고지	의료보험 지원연계	경제적 지원연계	상담 지원연계	신변보호	기타 (주거지원 등)
총계	12,393	5,542	915	565	1,774	1,086	2,511

출처: 범죄피해자 보호.지원에 관한 기본계획(법무부, 2011)

이 외에 성폭력 사건 조사시 신뢰관계자의 동석 필수를 절차화하고 수사과정상 아동·여성 등 사회적 약자에 대한 2차 피해 방지를 위해 조사시 진술녹화실을 적극 활용하고 있으며 아동·여성 등 사회적 약자를 상대로 하는 조사기법 등에 대한 전문화 교육을 실시하고 있다.

진술녹화제도는 성폭력 피해자의 수사기관 및 법원에의 반복 출석으로 초래될 수 있는 사생활 및 인권침해를 막고 진술의 신뢰성을 확보하기 위하여 2003년 7월 1일부터 같은 해 9월 30일까지 3개월간 서울 관악서, 도봉서에서 시범적으로 실시한 후 같은 해 10월부터 전국 모든 경찰서로 확대 실시하고 있다. 성폭력 피해자의 경우 조사관의 성별을 선택할 수 있도록 하여 여성조사관이 조사하거나 참여하도록 의무화하였고, 아동성폭력 피해자에 대한 진술녹화가 의무화됨에 따라 전국 경찰관서에 아늑한 분위기의 진술녹화실을 설치하여 피해자조사실로도 적극 활용하고 있다. 2009년 성폭력 피해를 입은 아동, 장애인을 대상으로 모두 1,778건의 진술녹화를 실시하여 성폭력 피해아동과 장애인이 수사기관에 반복 출석하면서 입을 수 있는 2차 피해의 소지를 줄이고, 일반(성인을 대상으로 한) 성폭력, 가정폭력, 아동학대, 청소년사범, 성매매, 청소년 성매매 등 범죄의 피해자에 대해서도 모두 9,658건의 진술녹화를 실시하여 피해자 인권보호를 위하여 진일보한 모습을 보여주고 있다(경찰백서, 2010:72).

3. 범죄피해자의 신변안전 보장

범죄피해자·신고자의 신변보호 강화를 위하여 신변보호 제도의 실태 및 관련 규정의 문제점을 분석하고 개선방안 마련을 위해 지속적으로 연구하고 있으며, 매뉴얼.지침 등의 개정 시 이를 반영하기 위해 구체적인 사례를 수집하고 분석 하고 있다.

즉 범죄피해자·신고자 보호 강조지시 등 각종 지침을 시행하고 범죄피해자. 신고자의 신변보호 강화를 위해 구체적인 신변보호 미흡 사례를 매뉴얼 개정시 반영.체계화시키고 신변보호 제도의 실태 및 관련 규정의 문제점을 분석하여 개선방안을 지속적으로 연구하고 있다. 또한 검찰.법원 등 유관기관과의 유기적인 협조체제를 구축하고 있다.

4. 범죄피해자 보호·지원 네크워크 정립

범죄피해자 보호·지원을 위한 지역사회 네트워크 구축을 위하여 지역사회 네트워크의 중심축으로 활용하고자 경찰서별 '범죄피해자지원협의회'를 재정비하였다.

'피해자권리고지제도'를 시행함에 따라 지자체·피해자지원기관과 유기적 협력 강화를 위해 지방청별 간담회를 실시하고 있으며, 피해자지원기관과 MOU체결을 검토하고 있다.

5. 범죄피해자 보호·지원을 위한 홍보、교육 강화

피해자 보호·지원 기관 및 제도 안내 리플릿을 제작.배포하였으며, '피해자 서포터' 워크숍을 정기적으로 개최하고 있으며 '피해자서포터' 직무교육을 지속적으로 실시하여 범죄피해자에 대한 보호 의식을 체질화 할 수 있도록 유도하고 있다.

사이버경찰청에 경찰의 피해자 보호.지원 활동 사항을 지속적으로 홍보하도록 하고 블로그'를 통해 '피해자권리고지제도'를 비롯하여 경찰의 피해자 보호. 지원 활동에 대한 홍보를 강화하고 있다.

Ⅳ. 효율적 보호 방안

범죄수사에 있어서 모든 사람의 인권이 존중되어야 하지만, 특히 범죄피해에 의해 정신적 충격을 받고 있는 피해 직후의 범죄피해자에 대하여는 특별한 배려가 필요하다. 범죄를 당했을 때, 범죄 피해자들은 경찰(형사사법기관)에 신고하여 범죄사건이 처리되어 범죄로 인한 고통으로부터 벗어나기를 바란다. 하지만 경찰에서는 범죄사건을 접하면 피해자는 안중에도 없고 가해자를 벌하는 것에만 집중되어 있다. 즉 범죄를 생각하면 피해자보다는 가해자를 먼저 떠올리며 수사기관, 매스컴 등에서도 가해자 중심의 범죄를 접하게 된다. 이러한 가운데 범죄에 있어서 이미 정신적, 육체적, 경제적인 상처를 받은 피해자는 고통으로 벗어나기보다는 관심 밖으로 내몰리게 되고 정작 보호와 지원을 받아야 할 피해자는 범죄로 인한 피해 이외의 또 다른 고통을 받게 된다(김순남, 2012:1-2). 경찰은 범죄 피해자의 고통에 대해서는 관심이 없고 오로지 범죄자를 검거하는 데만 집중하여 범죄 피해자로 하여금 더욱 큰 고통에 빠지게 하는 것이다. 경찰의 역할은 범죄자의 검거와 처벌이고 범죄 피해자에 대한 관심과 배려는 없는 것이다. 그러다보니 경찰에 대한 시민들의 인식도 친근하게 다가가는 관계가 아닌 업무 중심의 경직되고 몰인정한 관계로 여겨지게 된다.

국가 형사사법절차에 있어서도 경찰은 피해자를 단순한 수사의 단서, 증거 자료의 제공자로서가 아니라 인간으로서의 존엄성을 중히 여겨 피해자를 존중하고 피해에 대한 동정심을 가지고 대함으로써 피해자의 정당한 권리를 지켜주고 균형잡힌 형사정의가 실현되도록 힘써야 한다. 나아가 수사 활동에 있어 피해자가 느끼는 심리적인 부담을 가능한 한 경감하도록 배려하여 피해자에게 새로운 상처를 주는 일이 없도록 유의할 것이 요구된다. 피해자 보호는 효율적인 범죄 수사를 위해서 뿐만 아니라 수사의 궁극적 목적과도 통한다(이영철, 2001:55).

경찰은 2004년 8월 '범죄 피해자 보호규칙'을 경찰청 훈령으로 제정해 공포했다. 법에 근거해 '피해자보호관', '피해자서포터' 등 범죄 피해자를 위한 장치들이 마련됐다. 일선 경찰에서는 범죄피해자지원협회 등 자원 시민단체를 위촉, 도움을 받고 있다. 그러나 문제는 경찰이 이 제도를 제대로 숙지하고 있지 못하다는 점이다. 피해자보호관은 형사·수사과장 등 일선서 과장급, 피해자서포터는 담당 형사라는 사실조차 모르는 경찰도 많다. 경찰 조사를 받는 피해자들에 대한 인권 상담 안내도 이뤄지지 않는 편이다. 단지 법무부를 통해 피해자 구조금을 받을 수 있다는 내용을 안내하는 데 그치는 경우도 많다. 특히 피해자서포터의 경우 경찰 경력 10년 이상, 피해자 보호에 열의가 있는 자 등의 조건을 달고 있지만 지켜지는 곳은 드물다.

더욱이 경찰서마다 설치돼 있는 인권상담지원관인 부청문감사관도 인력 부족 등의 이유로 제 역할을 못하는 곳이 많다. 피해자들이 먼저 이 제도를 알고 경찰에게 다가가지 않고서는 도움을 받기 힘든 구조다. 경찰청의 범죄 피해자 보호규칙 역시 '경찰 공무원은 피해자 보호를 위한 초기 대응에 최선을 다해야 한다.' 등 원론적인 내용만 담고 있는 탓에 실효성이 낮다 (서울신문, 2011. 10. 14.). 따라서 현재 시행되고 있는 범죄 피해자 보호 제도에 대해서 모든 경찰들이 충분히 숙지할 수 있도록 교육의 기회를 제공해야 한다. 또한 범죄 피해자 보호규칙에 있어서도 보다 실질적인 내용이 되도록 해야 한다. 경찰은 범죄예방단계에서부터 일반국민과의 접촉 기회가 많고 범죄현장은 물론 범죄 종료 후에도 가장 먼저 피해자와 접촉하는 관계로 범죄피해자 보호대책은 경찰활동에서부터 시작된다. 그러나 현실적으로 경찰의 범죄수사 과정 등에서 피해자에 대한 배려는 사건담당조사관의 개인적인 가치관의 기술적인 면에 그치고 있으며 피해자를 위한 입법 규정은 턱없이 부족할 뿐 아니라 범죄수사는 여전히 검거위주의 관행과 실적 우선의 논리 속에 운영되고 있기에 피해자 보호를 위한 경찰내부의 관심과 제도적 보완이 큰 과제라 할 수 있다. 아울러 범죄피해 당사자에게는 범죄발생의 초기단계부터 신속하고 적정한 대책마련 등의 적극적인 피해자 지원이 절실하며 21세기 현대 복지국가의 요청에 따라 경찰수사과정에서 피해자의 인권을 최우선의 과제로 삼는 노력이 요구되고 있다(권영만, 2006:1-2). 범죄 피해자의 인간으로서의 존엄성과 평등권, 행복추구권 등이 보장될 수 있도록 해야 하며, 이를 위해 신속하고 적극적으로 이들을 도와줄 수 있도록 하고 이를 전담할 수 있는 경찰 인력을 배치해야 한다.

경찰 등 법집행 수사기관은 기본적으로 국민의 생명, 신체 및 재산의 보호와 범죄의 수사 등을 임무로 하는 기관이라는 점에서 피해자 및 목격자의 요구에 합당한 수사 활동을 수행할 것이 요청된다. 법집행 기관은 피해자, 목격자 등을 단순히 수사의 단서, 증거자료의 제공자로 보는 것이 아닌, 피해의 경감, 피해의 확대 방지를 위한 활동 등을 통하여 이들의 인권을 지키는 등의 노력도 함께 병행하여야 한다. 특히 경찰은 형사사법절차상 피해자, 목격자 등과 1차적으로 가장 밀접한 관계에 있으므로 피해자의 정당한 권리를 보장해주고, 균형잡힌 형사정의가 실현될 수 있도록 배려해야 하며, 나아가 그들이 느끼는 심리적인 부담을 가능한 경감하도록 노력하여 피해자에게 제2차적 피해를 주는 일이 없도록 노력하는 것이 필요하다(곽민철, 2008:21-22). 경찰은 심리적, 정신적, 육체적으로 고통받고 힘들어하는 범죄 피해자의 입장을 충분히 이해하고, 그들의 인권을 회복시키려는 노력을 해야 하는 것이다.

우리나라의 현실상 국가기관의 지원과 보조가 없는 순수 민간주도의 범죄피해자 지원이 현재는 가능하지는 않더라도 그 지향점은 국가기관으로부터 독립적인 민간단체가 주도하는 것이 바람직하다. 민간기관에 의한 범죄피해자의 보호와 지원은 그 범위가 공기관에 의한 것보다 넓으며 특히, 형사사법 기관 등의 공적 기관에 피해를 통보하지 않는 피해자에 대한 지원은 민간기관이 아니면 할 수 없다. 형사사법기관에서는 그 설립목적이 피해자의 보호와 지원이 아니기 때문에 자신들의 손에서 떠난 피해자에 대한 지원을 지속적으로 하기가 쉽지 않고 특히, 장기간에 걸친 정신적 치료 등이 필요한 경우에는 더욱 더 그러하다(박광민, 2009:22). 따라서 범죄피해자를 지원하는 민간단체의 설립과 활동이 활발히 요구되는 바, 이를 위해서 국가의 적극적인 지지와 재정적인 지원이 필요하다. 나아가 경찰과 민간단체가 범죄피해자를 보다 효율적으로 보호하기 위해서는 이들간의 유기적인 협력체계의 구축이 필요하다.

Ⅴ. 결론

그동안 우리는 피해자는 제외시키고 피의자, 피고인, 수형자들의 권리를 보호하기 위한 노력만을 해온 것이 사실이다. 이러한 노력에 의해 형사절차상이나 그 외의 다른 제도상에서 그들의 권리와 인권은 어느 정도 보장되고 있다고 할 수 있는데 이는 법이 강자보다는 약자를 보호하기 위한 것이라는 사고에서 출발한 것으로 보이며, 피해자를 피의자나 피고인보다 강자로 이해하여 이루어진 것이라 생각된다. 즉 범죄에 의해 피해자가 입은 피해는 잊은 채, 범죄자가 국가의 형벌권 발동의 대상이 되었을 때 입을 수 있는 불이익과 부당한 인권침해만을 생각 해 왔기 때문이다. 그러나 헌법이 보장하고 있는 평등권과 인간의 존엄성 측면에서 볼 때 피해자 역시 범죄자와 같은 대우를 받아야 함은 당연한 사실인 것이다. 아무런 잘못도 없는 피해자가 형사사법기관에 가면 오히려 범죄자보다도 더 범죄자와 같은 대우를 받고, 심지어 자신의 피해를 보상받기 위한 과정에서도 모욕적이거나 인격권을 침해당하는 경우가 많은 것이 현실이다. 일부 법에서는 이러 한 현실을 반영하여 개정하고 보완하고 있지만 아직도 미흡한 면이 많다. 누구라도 범죄자및 피의자가 될 수 있는 가능성이 있기 때문에 피고인의 방어권을 실질적으로 해해서는 안되며, 지나치게 피해자에게만 초점을 맞춰 피고인의 권리를 제한하거나 축소시키는 방안으로 나가서는 안될 것이다(조중희, 2009:123). 바람직하고 건강한 사회는 시민들의 경찰에 대한 신뢰와 지지 속에서 만들어진다. 시민들 누구나 다 범죄 피해자의 대상이 될 수 있다는 점을 감안하여 경찰에 대한 시민들의 인식이 보다 긍정적일 수 있도록, 즉 믿음과 지지를 높이기 위해서 경찰은 범죄 피해자의 보호에 적극 관심을 가져야 한다.

범죄 피해자들은 경찰에 신고하면서 범죄로 인한 고통으로부터 벗어나기를 바라는 마음이다. 이러한 마음을 충분히 인지하고 더 이상 경찰의 무관심 속에서 또 다른 고통을 받게 해서는 안된다. 이제 경찰은 범죄자의 검거와 처벌에만 집중할 것이 아니라 범죄 피해자 보호의 필요성과 중요성을 인식하여 가족과 같은 마음으로 신속하고 적극적으로 도와주어야 한다. 범죄 피해자의 인간으로서의 존엄성과 평등권, 행복 추구권 등은 반드시 보장되어야 한다.

06장 장애인 인권복지

제1절 장애인의 인권

Ⅰ. 서 론

1. 연구의 필요성 및 목적

21세기를 인권의 세기라고(Fukuyama, 2001) 할 만큼 인권에 대해 강조하고 있다(이장현, 2003 재인용). 우리나라는 1980년대 후반부터 장애인 당사자들의 투쟁과 더불어 장애문제는 장애인들에 대한 동정과 시혜의 차원을 벗어나 장애인이 우리 사회의 동등한 구성원으로서 인간다운 삶을 보장받고 권리와 의무를 이행할 수 있는 인권의 문제로 제기되기 시작했다(최성우, 2011:1). 장애인 운동을 장애인의 인권에 바탕을 두고 사회통합을 지향하는 운동으로 접근하기도 하였다(김윤정, 1997).

그러나 최근 한국 사회를 뒤흔든 심각한 인권 부재의 모습을 보인 '현대판 노예'에 대한 사건이 제기되었다. 인권의 중요성과 더불어 인권과 관련된 법 제정 등 우리 사회의 인권의식이 향상되면서 인권 국가로서의 모습을 갖춰가고자 하였다. 그러나 인권이 무시된 채 살아왔던 사회 구성원에 의해 인권 사각지대가밝혀지면서 인권 침해가 개인에 의해서만 만들어지는 것이 아니라 집단 그리고 지역사회가 인권 감수성 '제로'에 머물러 있었다는 점이다.

섬 염전으로 팔려간 장애인의 '구해달라'는 편지를 받은 어머니의 신고로 탐문수색을 진행한 경찰에 의해 밝혀진 사건(sbs 뉴스, 2014. 2. 7일자)으로 전남 목포 경찰서에 의한 신안군 섬 일대의 전수 조사를 실시하여 일명 '염전 노예 사건'과 관련된 추가 피해자가 밝혀지면서 사회적인 파문이 확산되고 있다. 현 정부는 폭력에 의한 범죄의 심각성을 인식하면서 2013년 2월 21일 18대 대통령직 인수위원회를 통해서 국정비전에서 "국민의 일상을 위협하는 4대악 척결로 사회적 약자를 보호하고 국민들의 불안감을 해소해 범죄로부터 안전한 사회를 구현하겠다"고 밝혔다.

이처럼 성폭력, 가정폭력, 학교폭력, 불량식품의 구체적인 4대악 척결을 제시하였음에도 불구하고 인간으로서 가장 기본이 되는 인권이 침해된 사건 발생과 더불어 인권의식의 향상과는 정반대의 인권 의식이 낮았던 고용주와 지역주민에 의해 사회적 약자였던 국민이 범죄에 의해 불안전한 사회 속에 놓여져 있었다. 사회는 인간이 모여 만들어진다는 점에서 인간으로 태어난 존재에 대해 하나의 인간으로 대접하고 그들의 권리를 존중해야 함은 그들이 우리 사회의 구성원이기 때문이다. 그건 성별, 인종, 나이, 장애 등에 의해 구분될 수 없는 분명한 사실이다.

그러나 현대판 노예로 불린 사건의 당사자로 장애인과 노숙인들이 강제 노역과 임금도 받지 못하고 가혹한 폭행 속에서 '갈 곳 없는 사람들을 데려다가 먹여주고 재워줬는데 뭐가 문제가 되는냐'라는 인권 의식이 보이지 않는 지역주민과 관할 관계 공무원의 무관심 속에서 숨죽이며 살아왔다는 것이다.

장애인구도 장애발생의 원인이 다양해지는 만큼 해마다 증가하여 우리나라 장애인 출현율(인구 100명당 장애인 수)은 5.61%로서 약 268만 명 정도로 추정하고 있다.이것은 이들이 사회구성원으로서 살아가기 위해서는 장애인에 대한 지역 주민들의 인권의식은 매우 중요한 영향을 미친다. 따라서 장애인을 대상으로 장애인 실태조사와 고용주를 대상으로 한 실태조사 등에서 장애인에 대한 차별과 폭력 등 인권조사를 실시하지만 제대로 밝혀지지 못한 채 장애인을 대상으로 한 범죄도 증가하고 있다. 1924년 제네바 선언 이후 1948년의 세계인권선언, 1969년의 국제인권 규약 등의 국제사회는 인권에 대해 지속적으로 논의되어 왔고, 이에 발맞춰 한국도 사회적 약자인 장애인의 인권을 보호하기 위한 법(장애인 차별금지 및 권리구제 등에 관한 법률)을 제정하였으나 법조문과 달리 무시되거나 법적인 영역에서만 해석된다면 이것은 큰 잘못이다.

따라서 본 연구는 현대판 노예로 불리는 사건의 중심에 서있는 장애인의 인권에 대한 점검이 필요하며 이런 문제의식 하에 논의를 전개하고 사회복지적 대안을 모색하고자 한다.

2. 연구 문제

본 연구 문제는 첫째, 장애인 인권과 현대판 노예에 대해 살펴본다. 둘째, 장애인 차별 실태와 인권 침해에 대한 사례를 찾아보고자 한다. 셋째, 장애인의 인권 증진을 위한 방안을 제시해보고자 한다.

Ⅱ. 장애인 인권과 현대판 노예의 이해

1. 장애인 인권

장애인의 인권을 살펴보기 위해 인권, 장애인 차별, 장애인 인권 등을 살펴보면 다음과 같다.

1) 인권의 개념과 역사

한국은 역사적·사회문화적 배경으로 인해 기본적 인권이나 권리 수준이 매우 미약했으며(이장현, 2003), 인권에 대한 의식없이 지배계층의 문화나 성별, 능력 등에 의해 권리가 부여되어 사회적 약자가 기본적으로 가져야 하는 권리에 대한 의식이 부족하였다.

인권이란 인간이기 때문에 당연히 갖는 권리로서 인간의 존엄성을 보장받을 권리, 즉 인간 자신이 곧 인권과 기본적 자유의 중심적 주체임을 의미한다(이정은, 2001). 인권의 실질적 의미는 인간의 존엄성에서 나온 것이며, 그 존엄성을 보장받을 권리가 인권이다. 인권은 장애의 유무, 인종, 연령, 피부색 등의 차이 때문에 무시되거나 차별 받아서는 안되는 모든 인간이 누리는 절대적 권리이다. 따라서 이것은 국가나 실정법에 의해 부여된 것이 아니라, 인간이기 때문에 인정되는 모든 인간의 생득적이고 절대적인 기본권이다(이태재, 1983:194; 박옥순, 2002:19 재인용). 인간의 존엄에 대한 언급은 국제기구의 각종 결의안이나 선언들에서 찾아볼 수 있다(김대순, 1998:410).

국외에서 국제연합(UN)은 1971년에 '정신지체인의 권리선언', 1975년에는 '장애인 권리선언', 1976년에는 1981년을 '세계장애인의 해'로 지정하는 결의를 하였고, 1981년은 UN이 정한 '세계장애인의 해', 1982년부터 1991년까지가 UN이 정한 '세계장애인 10년'이었고, 1982년에는 UN에 의해 '장애인에 관한 세계행동계획'이 채택되기도 하였다. 국내에서 1989년 장애인복지법 개정 및 1990년 장애인 고용 촉진 등에 관한 법률 제정, 1998년 장애인.노인.임산부 등의 편의증진보장에 관한 법률의 시행 및 대통령의 '장애인인권헌장' 선포, 1999년 장애인복지법 개정, 장애인고용촉진 및 직업재활법 개정, 2007년 장애인차별금지법 제정 등이 이루어졌다(유동철, 2013).

그러나 인권은 법에 의해 명시가 되면서 읽게 되지만 인권의 실체를 보기 위해서는 인간의 삶속에서 살펴볼 수 있다.

첫째, 가정에서의 측면을 살펴보면, 선천적으로 장애를 갖고 태어나거나 후천적인 원인에 의해 장애가 발생하게 되었을 때 함께하는 가족에 의해 권리가 존중되거나 침해되는 사례가 있다. 예를 들어 그들과 관련된 일에 대해 의사결정의 자율성 부재와 교육과 치료를 받을 권리의 침해, 가족구성원으로부터의 차별과 신체적·정서적·언어적 등에 의한 폭력 등이 있다. 둘째, 학교에서의 측면을 살펴보면, 진학을 위한 교육기관 입학과정과 교육을 제공받는 과정에서의 차별과 무시, 장애인의 학습권에 대한 이해부족으로 차별과 무시를 하는 교육자와 교육기관 관계자, 함께 공부하는 또래집단의 인권 침해 사례가 있다. 셋째, 직장에서의 측면을 살펴보면, 직업 교육과 훈련을 받았음에도 불구하고 장애인에 대한 편견과 무지로 인해 직원 선발과 승진시 차별하는 경우, 직장상사와 동료의 차별과 무시로 인한 인권 침해, 장애인이 근로할 수 있는 환경조성을 마련하지 않은 채 생산성이 낮다고 차별하는 경우, 명예 퇴직시 0순위가 되는 사례가 있다. 넷째, 지역사회에서의 측면을 살펴보면, 지역 구성원으로서 지역주민과 함께하는 기회의 박탈과 차별, 장애유무에 따른 지역주민의 차별과 무시 등의 사회적 차별 등이 있다.

이처럼 인권은 가정, 학교, 직장, 지역사회 측면에서 법조문으로서 만들어졌을 뿐 지켜지지 못한 채 장애인 당사자의 몫으로만 인식되었다. 이는 장애인은 이념적으로는 인간다운 생활권의 주체로서 보호를 받고 있지만, 현실적으로는 장애인에 대한 사회적 편견과 사회참여의 갖가지 제약요인으로 인해 장애인의 인권보장은 허구화의 위험에 직면하고 있으며(이흥재, 1989:11) 이러한 현상을 극복하고 장애인의 인권을 보장하기 위해서는 올바른 장애인의 인간상과 국가상이 먼저 정립되어야 한다고 말하였다(김주연, 2008:133 재인용).

2001년 오이도역에서의 장애인 리프트 추락사, 2000년부터 2004년까지 광주 인화학교에서 교직원들에 의한 청각장애 학생 대상의 성폭력 사건, 2014년 2월 신안군 염전 현대판 노예사건 등이 발생하면서 다시 장애인 인권에 대한 심각성을 인식하게 되었다.

결국 장애인의 '인간다운 삶을 보장해 달라!'라는 목소리에 귀기울이지 못한 결과라 생각된다. 우리 모두는 '소통' 하지 못한 채 그들의 인권을 보장한다고 말하고 있었던 것이다.

2) 장애인 인권에 대한 선행연구

장애인 인권에 대한 관심보다는 그들을 인격과 권리의 주체가 아닌 통제와 보호의 대상으로만 보는 낮은 사회적 인식으로 인간으로서의 권리를 보장받지 못했다. 특히 60~70년대에는 장애인 운동이 없었고, 1980년대 후반부터 장애인 당사자들의 투쟁이 활발해지면서 한국 장애인 운동이 시작되어 장애인 고용촉진법 제정, 심신장애자복지법의 개정 등을 계기로 장애인 단체의 활발한 운동이 시작 되었다.

장애인이 안고 있는 문제의 상당 부분은 인권과 관계가 깊다(손병돈 외, 2008). 장애인의 인간다운 삶이 보장되지 못한 채 노동권, 거주권, 참여권, 정보 접근권 등이 제한되어 비장애인과는 다른 시각으로 수동적인 존재로만 보았고 그로인해 그들 스스로의 자립이나 존재감은 제시되지 못한 채 살아가는 경우가 많았다. 장애인의 인권은 헌법상의 생존권, 노동권, 교육권, 접근권, 이동권 등 사회 전 생활영역을 포괄하며, 모든 영역에서 장애여부와 상관없이 인간다운 삶을 보장받기 위한 권리를 갖고 있다.

이철호(2008)는 장애인에게 필요한 것은 돈과 쌀만이 아니라, 근본적으로 이 사회의 구성원으로서 차별을 받지 아니하고, 실질적으로 평등하게 인간으로서의 존엄과 가치를 인정받고 행복을 추구하며 함께 살아가야 하는 것이다. 이러한 문제를 해결하기 위해 첫 출발은 장애인차별금지법의 올바른 시행이라고 말하였다.

김문수(2009)는 장애인 인권 향상을 위해 장애인에 대한 잘못된 편견을 버리고 바른 인식을 가져야 하며, 장애인에 대한 욕구파악과 편의시설 설치, 자원 활용과 전문 인력 양성을 통해 교회 장애인복지가 활성화 될 수 있다고 말하였다.

정명선 · 이경준(2012)은 법률 및 제도 비판뿐 아니라 인권교육에서부터 실천연구에 이르기까지 다양성과 조화를 추구한 체계적인 접근이 필요하다고 말하였다.

나요환(2013)은 장애인의 인권향상을 위해 국가인권위원회의 시정권고나 법무부장관의 시정명령이외에 징벌적 손해보상제도를 통한 권리구제가 필요하고, 인권감수성에 대한 지속적인 교육, 홍보가 필요하다. 또한 인권옴부즈맨(시민인권보호관)의 시행과 확대, 장애인차별금지 조례들과의 연계로 국가인권위원회의 유기적인 시스템 구축, 장애인인권침해예방센터의 확대 등을 말하였다.

2. 현대판 노예

1) 노예의 개념

노예(slavery)의 개념에 대해 국어사전을 살펴보면, 첫째, 남의 소유물로 되어 부림을 당하는 사람 혹은 모든 권리와 생산 수단을 빼앗기고, 물건처럼 사고팔리던 노예제 사회의 피지배 계급이다. 둘째, 인간으로서 기본적인 권리나 자유를 빼앗겨 자기 의사나 행동을 주장하지 못하고 남에게 사역(使役)되는 사람이다. 셋째, 인격의 존엄성마저 저버리면서까지 어떤 목적에 얽매인 사람을 말한다(네이버 국어사전, 2014년 3월 17일자).

2) 현대판 노예의 개념

현대판 노예(Modern(-day) slavery)를 검색해보면, Anti-Slavery 단체는 누군가 다음과 같은 상황일 때 노예 상태에 있다고 말한다.

첫째, 정신적 · 신체적 위협에 의해 노역을 강요받는 경우, 둘째, 정신적.신체적 학대나 협박 위협을 받고 고용주에 속하거나 좌지우지 되는 경우, 셋째, 인간성을 말살당하고 상품으로 취급되거나 재산으로 간주되어 사고파는 대상이 되는 경우, 넷째, 신체적으로 억압되고 자신만의 자유공간을 갖는 것에 대해 극히 제한되는 경우를 제시하였다(www.antislavery.org).

또한, Anti-Slavery 단체는 오늘날 현대판 노예로 어떤 유형의 노예가 있는가에 대해서 강제노동, 어린이 노동학대, 강제결혼, 세습되는 노역, 인신매매가 있다고 말하였다.

강제노동은 동남아시아에 널리 퍼져있으며, 사람들은 잡혀가거나 타인의 말에 넘어가거나 빚을 갚기 위해 강제노역을 하게 된다. 어떤 노동자는 노동의 대가로 최소한의 음식과 잠잘 곳만 제공받고 빌린 돈에 대해서는 과도한 이자로 아무리 힘들게 일해도 돈을 갚지 못하고 심지어 자식에게까지 대물림 된다. 어린이 노동학대는 아동 강제노동과 아동 인신매매를 포함한다. 강제결혼은 소녀와 여성들이 대부분 선택권 없이 일찍 강요된 결혼을 하게 되어 노예의 삶을 살고 신체적 폭력을 경험한다. 또한 강제노역을 하는 사람들은 불법적으로 고용되어 폭력의 위협 속에서 일한다. 세습되는 노역은 노예로 태어나 일하게 된다. 인신매매는 한 지역에서 멀리 떨어진 곳으로 강제로 납치되어 지내게 된다(www.antislavery.org).

2014년 3월 17일 '글로벌 프리덤 네트워크'(Global Freedom Network)는 인신매매, 강제 매춘, 아동 노동 등 현대판 노예생활에 시달리는 수백만 명의 남녀와 어린이를 돕기 위해 조인식을 가졌다. 이 단체는 경제적 착취로 인해 약 3천만명의 사람들이 노예생활을 하고 있다고 지적했다.

또한 2012년 인권단체 '워크프리재단'(WFF=Walk Free Foundation)은 2013년 10월 162개국의 2천 900만명이 감금.강제노동, 아동노동, 소년병, 인신매매 등으로 억압받는 '현대판 노예'라고 지적한 '2013년 세계 노예 지수'를 공개했다(연합뉴스, 2014년 3월 18일자). 워크프리재단은 인구당 노예 비율과 아동결혼·인신매매 수준읍 합산해 '노예문제' 평균 측정치를 조사했다.

이 재단의 보고서에 의하면 아프리카 모리타니아의 경우 97.9점으로 전체 인구의 약 20%(16만명)가 노예 상태로 '노예를 재산으로 여기는 (chattel slavery)' 풍습과 아동결혼의 수가 많아 최악의 인권 유린 국가라고 지적되었고, 중남미 아이티(52.26점)로 1, 2위였으며, 절대적으로 노예 상태에 놓여 있는 수가 많은 국가는 인도로 1천 4백만 명이며, 중국은 3백만 명인 것으로 나타났다. 한국은 2.32점으로 162개국 중 137위로 1만 451명으로 조사되었다(이데일리, 2013년 10월 17일자).

여기서 현대판 노예(Slavery)는 인신매매, 강제노동, 강제결혼, 아동착취와 아동매매, 부채 상환을 위한 노예로 일하기(debt bondage) 등과 같은 행위로 정의되었다.

3) 현대판 노예제도로 불렸던 산업연수생 제도

한국사회에서 인권단체의 노력으로 '현대판 노예제도'로 불렸던 산업연수생제도는 문제점이 제시되면서 2004년 8월부터 고용허가제를 도입하게 되었으나 이 또한 산업연수생 제도의 방식으로 흘러간다는 비난이 있었다. 산업연수생 제도가 왜 현대판 노예제도로 불리게 되었는가를 살펴보면 다음과 같다(우삼열, 2006).

첫째, 이주노동자에게 '기술연수생'이라는 학생 신분의 체류자격을 부여, 노동자의 노동권을 박탈하는 노동착취제도의 전형이었다. 둘째, 송출 브로커들의 난립으로 인해 이주노동자들은 막대한 비용을 브로커에게 지급한 후 입국하게 되는 송출 비리가 있었다. 이는 인신매매와 다름없는 형태로 브로커들은 합법적 제도 내에서 규제없이 진행하였다. 셋째, 막대한 돈을 들여 한국에 들어온 이주노동자들은 짧은 시간에 목돈을 벌기 위해 임금을 더 많이 주는 직장으로 이동하고, 이는 미등록자(소위 '불법체류자')로 전락하는 결과를 가져왔다.

따라서 우삼열(2006)은 이주노동자의 실질적인 노동권 보장을 통한 인권이 보호되기 위해 이주노동자의 도입과정에서의 이익단체 개입을 차단하고, 입국 후 공익적 기관에서 취업교육과 인권, 노동권을 교육하며, 체류자격 연장과 인권피해 구제 등 이주노동자 관리업무도 민간 이익단체가 아닌 산업인력공단, 각 지역 노동사무소 등에게 맡겨 공정한 보호가 이루어져야 한다고 말하였다.

Ⅲ. 장애인 차별 실태 및 인권 침해 사례

현대판 노예의 당사자로서 장애인이 중심이 되어 인권 침해를 그동안 당해왔다. 이는 신체적으로 건강하지만 정신적으로 스스로 판단하는데 제한이 있었던 장애인임을 인지한 상황에서 옳지 않은 행위를 했기에 더욱 비판받을 부분이다.

1. 장애인 차별 실태

보건복지부(2012)의 2011년 장애인실태조사 결과를 살펴보면, 장애인에 대한 차별이 '많다'가 80.7%로 나타났다. 이는 사회조직에서의 장애 차별을 많이 느끼고 있음을 보여주었다. 이와 관련하여 장애인 차별과 폭력에 대해 생활영역별로 살펴보면 다음과 같다(김성희 외 10인, 2012).

1) 가정에서의 장애인 차별

가족으로부터 장애인이라는 이유로 무시당하거나 폭력을 당한 적이 있는가에 대해 '가끔 있다'가 5.6%, '자주 있다'가 1.5%로 가족내 차별이 있다고 응답한 장애인은 전체 장애인의 7.1%였다.

장애유형 중 정신장애와 간질장애의 가족내 무시.폭력 등의 차별이 '있다'고 응답한 비율이 가장 높았다. 가족 내 폭력의 경우 정신장애인의 경우 언어폭력(48.8%), 정신적 폭력(33.0%), 신체적 폭력(10.4%), 방임 및 유기(5.9%), 경제적 폭력(1.8%) 순으로 응답하였다.

가족내 차별이 있는 장애인의 경우 '언어폭력'(53.6%)이 가장 많았고, '정신적 폭력'(24.4%), '방임·유기'(10.1%), '신체적 폭력'(7.3%) 순이었다. 가족 중 무시와 폭력을 행하는 가족이 누구인지에 대해 '배우자'가 37.7%로 가장 많았고, 다음으로 '형제·자매'(22.5%), '부모'(17.2%) 순이었다.

2) 학교에서의 장애인 차별

장애인의 입학.전학시 사회적인 차별을 받은 경우를 살펴보면, 유치원(보육시설)의 경우 30.5%였고, 초등학교의 경우 34.2%, 중학교의 경우 29.8%, 고등학교의 경우 29.3%, 대학교의 경우 16.3%로 나타났다.

그리고 장애인이 학교생활 중 교사로부터의 사회적인 차별을 받았는지에 대해 21.4%가 '받았다'로 나타났고, 또래학생으로 부터의 사회적인 차별은 49.2%가 '받았다'로 나타났다. 학부모로부터의 사회적인 차별은 15.1%가 '받았다'고 나타났다.

3) 결혼에서의 장애인 차별

장애인이 결혼을 하는데 있어서 사회적인 차별을 받은 경우가 26.5%로 나타났다. 이때 자폐성 장애와 안면 장애의 경우 100%로 가장 많았다.

4) 직장에서의 장애인 차별

장애인이 취업시 사회적인 차별을 받았는가에 대해 34.0%가 차별을 받았다고 나타났다. 특히 안면장애가 95.8%, 지적장애가 62.8%로 가장 많았다. 직장생활 중 소득(임금)의 차별에 관해서는 20.7%, 동료와의 관계에서는 16.9%, 승진에서는 14.2%가 사회적인 차별을 받았다고 나타났다.

5) 지역사회에서의 장애인 차별

장애인이 지역사회생활을 위한 음식점, 극장, 공연장, 수영장 등을 이용할 때 차별을 받았는가에 대해 7.8%로 나타났는데, 이는 2008년 20.6%에 비해 매우 낮아진 결과이다.

위와 같이 2007년 장애인차별금지법의 제정에도 불구하고, 2011년 장애인실태조사 결과에서 인간의 전반적인 생활영역에서 사회적인 차별을 받아왔으며, 특히 장애유형에 따라 차별의 강도가 달랐다.

2. 현대판 노예로 살아왔던 장애인 관련 보도자료

언론보도에서 제시된 현대판 노예, 염전 노예, 섬 노예 등으로 살아왔던 장애인 관련 미디어 매체를 통해 밝혀진 자료를 제시하면 다음과 같다.

1) SBS, 긴급출동 SOS 24 '섬에 갇힌 사람들', 2006년 6월, 7월 방영

2006년 6월 26일에 방영된 방송에서는 섬에 갇힌 채 10년째 노예 같은 생활을 해온 '노예 청년'이 방송되었고, 지적장애 장애인이었던 33살 이00씨는 인신매매로 섬에 끌려온 뒤 염전에서 주로 일했는데 마을 이장 등에게 임금과 장애수당까지 착취당했다. 7월 4일엔 '노예 며느리-지독한 시집살이'편이 방송되었는데, 지체장애인인 이00씨는 25살에 지체장애가 있는 남편과 결혼해 시어머니에게서 폭행과 학대를 당하며 10년간 살아왔고, 새벽 4시부터 자정 넘어서까지 살인적인 노동에 시달리면서 살다가 친정식구들에 의해 10년만에 구출됐다(심영구, 2014).

2) SBS, 긴급출동 SOS 24 '차고에 사는 노예', 2009년 5월 방영

2009년 5월에 방영된 방송에서는 약 25년 전 야산에서 지적장애인인 00씨를 데려와 숙식을 제공하고 농사일을 시켰으며, 2008년 차고에서 생활하게 하였다. 00씨는 온갖 쓰레기로 뒤엉켜 있는 차고 안에서 상한 음식을 먹고 바깥에서 배변을 해결하는 등 임금도 받지 못한 채 인간 이하의 생활을 이어갔다. 이와 같은 생활을 25년간 지적장애 노인을 노예처럼 학대한 혐의로 기소된 이00씨는 1심 범원은 '피해자에 대해 유기에 준하는 가혹행위가 있었다는 사실에 관한 증거가 없다'며 무죄를 선고했다. 이에 노예할아버지 인권 유린한 지역유지에 대한 무죄 판결 바로잡기 대책위는 '법과 정의에 근거해 엄중하게 판결이 이뤄지기를 강력 촉구한다'고 강조하였다(에이블뉴스, 2011).

3) SBS, 긴급출동 SOS 24 '머슴살이 15년', 2011년 1월 28일 방영

2011년 1월 28일에 방영된 방송에서는 고물상에서 수년째 일하고 있는 박00씨에 대한 사연이었다. 박00씨는 고물상 2층 컨테이너박스에서 깨끗하지 못한 환경에서 생활하고 있었으며, 월급으로 십만원을 받는 등 다른 사람과는 다른 대우를 받으면서 하루종일 고물상에서 일하고 있었다.

고물상 사장은 '내가 이 사람을 15년 정도 보호하고 있었으며, 이사람 여기서 나가면 바로 굶어 죽어요. 잘 보살피고 있으니 걱정하지 말라는 말을 하였다.' 또한, 고물상 사장 부인은 '저 사람은 돈을 100만원 주면 하루 이틀 사이에 돈을 다 (쓰는) 사람이에요.'라고 언급하였으나 제대로 급여를 주지 않았다.

SOS 솔루션 위원회는 '노동에 대한 급여를 주지 않는 최저임금법에 저촉되는 행위이며, 비장애인보다 급여를 받지 못하면서 생활했다면 장애가 있는 것으로 고려된다는 점에서 개입이 요구된다'고 판단하였다.

의료관계자는 '언어성 지능은 낮기 때문에 본인의 의사표현과 상황 판단에 어려움이 있어' 지적 장애 3급이 의심된다고 하였다.

4) MBN 뉴스, 지적장애인 8년간 노예처럼 부린 60대 구속

지적장애인을 8년 동안 노예처럼 부리며 임금과 기초생활급여, 교통사고 합의금까지 가로챈 60대가 해양경찰에 붙잡혔습니다. 여수해양경찰서는 이 같은 혐의로 63살 조모씨를 구속했습니다. 조씨는 지난 2004년 초 알게 된 지적장애인 51살 이모씨를 선원으로 취업시켜 임금을 챙기는 등 8년 동안 모두 4천 800여만원을 빼앗은 혐의를 받고 있습니다. 특히 조씨는 교도소 출소 후 교통사고 입원치료 중이던 이씨를 또 찾아내 교통사고 합의금 1천 600만원도 빼앗아 유흥비 등으로 탕진했던 사실도 드러났습니다(갈태웅, 2012).

5) SBS 뉴스, 현대판 '노예' 충격…신안 염전 경찰 뒷북 점검

구로경찰서는 채씨가 어머니에게 '구해달라'는 편지에 대해 신고를 받고 탐문, 수사를 벌인 상황에서 채씨를 구출하고, 채씨를 노예처럼 부린 염전주인 홍00씨를 불구속 입건하였다. 이와 관련하여 지역 관계기관에 대한 항의성 전화가 빗발치고 있다(SBS 뉴미디어부, 2014).

6) MK 뉴스, 염전 양식장 일제 수색, 현대판 '노예' 224명 발견, 2014년 3 월 3일자.

'염전노예' 사건 이후 경찰은 염전과 김양식장, 축사, 수용시설 등에 대한 일제 수색을 벌여 실종.가출인 외에 무연고자 27명, 불법체류자 7명, 수배자 88명 등이 있었다고 발표하였다. 이번 조사에서 열악한 작업장에서 발견된 실종자나 임금을 받지 못한 종업원 중 지적장애나 청각장애 등이 있는 장애인은 49명에 달했다. 경찰 관계자는 피해자 중 장애인이 많았다고 말했다. 또한 염전에서 일하고도 임금을 받지 못한 종업원은 92명이었으며, 이중 정신지체자 등 장애인은 24명(26%)이었다. 경찰청은 고용노동부의 장애인 고용업소 정보 등을 공유해 인권 취약 장소에 대한 관리를 강화하고, 4월, 9월 실종자 정기 일제 수색을 대폭 강화하는 한편 필요한 경우 관련 부처와 함께 수시 수색을 벌이기로 했다(SBS 뉴 미디어부, 2014).

7) 함께걸음, 신안염전 노예 사건의 전말 '노예 12년', 2014년 3월 7일자.

2006년 사단법인 장애우권익문제연구소는 SBS와 함께 전남 신안 신의군에서 이00씨(지적장애 2급)가 노예처럼 일하고 있다는 제보를 받고 구출한 바 있다. 9년간 일한 이씨는 매일 하루 4시간씩 잠자고 일했는데 2만 2천원을 받은 게 전부라고 했다. 염전업주와 그의 가족은 이 씨에게 폭력과 감시를 해왔다. 당시 이 사건이 화제가 됐고 철저히 수사하고 인권침해를 근절시키겠다고 했지만 결국 최근 또다시 신안군의 한 염전에서 감금당한 채 노역을 해온 장애인 2명이 구출되면서 인권침해 사건이 수면 위로 드러나 충격을 주고 있다(이애리, 2014). 이들은 2008년 11월 건설현장에서 일용직으로 일하던 채아무개(지적장애)씨를 속여 섬으로 유인한 뒤, 5년 넘게 강제노역을 시키며 폭행을 일삼았다. 또한, 박00씨(지적장애 2급)는 신안군의 마을회관에서 12년간 임금을 받지 않고 농사일을 해오다 지난 2006년에 구출되었다. 장애우권익문제연구소 인권센터의 조사결과, 도망가다가 붙잡혀 이장에게 맞기도 했다.

2012년 함께걸음(5월호)은 군산에서 강제노역을 하다가 수십년 만에 구출된 지적장애인들을 인터뷰한 결과, 그들 역시 서울역에서 만난 업주가 데리고 갔다고 밝혔다.

또한, 무엇보다 무연고자인 지적장애인들의 거주지 마련도 필요하다. 일부 지적장애인 피해자들은 돌아갈 곳이 없거나 가족들로 인해 다시 피해지역으로 돌아가는 경우가 있으므로, 쉼터 등의 거주 공간을 중앙정부나 지자체 차원에서 확보해주는 것도 필요할 것으로 보인다. 신안군 섬에 가서 현지조사를 하고 있는 장애인 인권침해예방센터 관계자에 따르면, 섬 자체가 장애인 등 취약계층을 가두고 있는 사실상의 수용시설이었다고 한다.

8) 광주일보, '현대판 노예' 양산하는 탈법 직업소개소. 2014년 3월 13일자.

경찰청이 내놓은 '사회적 약자 인권침해사범' 특별단속 중간 수사 결과, 사회적 약자인 노숙자.지적장애인 등에 대한 감금.폭행.가혹행위 등으로 적발된 26명 중 8명이 직업소개업자 등이었다(김지을.박정렬, 2014).

9) KBS 2TV, 추적 60분 '섬마을의 비극, 그는 왜 노예가 되었나', 2014년 3월 15일 방영.

(1) 인권 침해 사례

시각장애 5급인 김경수(가명) 씨는 신안군의 한 섬에서 강제노역으로 1년 반을 무임금으로 노동을 착취당했다. 그는 1년 반 전 무료급식소에서 만난 두명의 남자에게 속아 100만 원에 신안군의 염전 주인 이 씨에게 팔려갔다. 하루평균 18시간을 일하고 임금을 받은 적이 없으며, 일이 서툴다며 따귀를 때리고 각목과 쇠파이프, 삽으로 폭행을 당했으며, 도랑에 빠뜨리기도 했다. 20여 년동안 일을 하면서도 한 번도 돈을 받아본 적이 없으며, 겨울이 되면 염 주들이 근로자들을 양식장에 보내 일을 시키고 임금을 가로챘다.

"19살 때부터 와서 지금 42살이에요. 밭일도 하고 염전도 하고..." - 염전 인부 A씨

"돈은 통장에 다 들어간다고 해요. 1년에 5백만 원씩..."

"통장 직접 확인해보신 적 있으세요?" - PD

"아니요.' - 염전 인부 B씨

(2) 지역주민의 낮은 인권의식

"자기 발로 걸어가서 머리 자르고 편지 부친 사람을 감금했다고 하면 안 되죠. 여기저기 돌아다니면서 노숙생활 할 텐데, 그래도 이런데 들어와 있으면 따뜻한 밥 먹고 따뜻한 곳에서 자니까" - 신안 주민 B씨

임금 체불과 폭행혐의로 구속된 염주 강 씨와 그의 아내는 이렇게 하지 않으면 염전을 운영하기가 어렵다며 억울함을 호소했고, "다른 집들도 다 그렇게 해요. 그런 사람들 월급 주면 나가서 술 마시고 다 써버리니까" - 염주 아내 00씨

위와 같이 언론에서 비춰진 현실에서는 장애라는 이유만으로 인간다운 삶을 살기 위한 최소한의 권리가 보장되지 못한채 생존권, 노동권, 교육권 등에서 침해가 심각하게 이루어졌고, 장애인은 경제관념이나 스스로 생활하는데 어려움이 있다라는 선입견과 편견에 의해 수동적으로 '보호한다'라는 명목으로 자신의 생각을 표현하지 못한채 '노예'로 살아왔던 것이다. 이처럼 장애인에 대한 인권 감수성이 낮은 상황에서 장애인과 함께 생활했던 동료와 마을주민 그리고 강제노동을 시켰던 사람들은 장애인을 한명의 사람으로 존중하지 않았던 것이다.

2. 장애 및 시민사회 단체의 '염전노예' 사건과 관련한 요구

장애단체 및 시민사회 단체는 이번 '염전노예' 사건과 관련하여 염전노예 장애인 사건 재발방지를 위해 공동대책위원회(공대위)를 구성하여 2014년 2월 25일 기자회견을 갖고 다음과 같은 사항을 주장하였다.

"경찰은 염전노예 사건을 취약 계층에 대한 심각한 인권유린 사건으로 규정하고 인권의 관점에서 전면 재수사하고 가해자 처벌을 추진해야 한다"고 주장했다. 또한, 공동대책위원회는 이날 경찰청에 가해자에 대한 엄중처벌, 효과적인 전수 조사 진행 및 결과공유, 장애인착취, 학대 신고 포상제도 도입, 장애인 인권교육 의무화, 진술 조력인 제도 의무화, 경찰청 내 취약계층 인권침해 해결기구 또는 전담 부서 설치, 도서지역 일제점검을 위한 인권협의체 구성, 일제점검 업무 매뉴얼 제작, 수사과정에서 장애인 지원 목적 가이드라인 제작 및 장애인권익옹호 단체와의 협력 등 총 9가지 사항이 담긴 요구사항을 전달하였다(이애리, 2014).

3. 도서 및 농촌 지역에서의 장애인 착취와 학대

SBS 긴급출동 SOS 방송프로그램 혹은 장애인 생활시설에서의 장애인 인권 침해 사례가 제시가 될 때 공통적인 부분 중에 도서 및 농촌지역의 경우가 많다. 그것은 도시 지역과 비교할 때 장애인 인권에 대한 이해를 도모하는 교육을 받은 이가 거의 없으며, 지역 주민들이 장애인에 대한 사회적 의식이 부족함과 동시에 인권의식이 매우 낮다. 또한 장애인을 한 사람으로 존중하기 보다는 노예처럼 부릴 수 있었던 것은 장애인을 '보호'한다 라는 명목 하에 이루어졌다는 것이다. 또한 지역유지이거나 지역주민들 간의 혈연 혹은 친척관계에 있어서 쉽게 신고하거나 문제시하지 못하는 상황인 경우가 많다.

염형국(2014)은 도서 및 농촌 지역에서 장애인 착취와 학대가 반복되는 이유는 노예 장애인 사건이 발생할 때마다 정부와 경찰의 주먹구구식 수사와 일제 점검과 같은 방식의 대응으로 근본적인 방안을 마련하지 않았다. 또한, 세밀하지 못한 수사와 더불어 법원은 이에 대해 무죄 또는 솜방망이 처벌로 면죄부를 주었다. 오갈 데 없는 불쌍한 사람을 거둬서 먹여주고 재워주며 보살펴주는 선한 사람들이라는 기본인식이 강하고, 사람이 하는 일이라 '실수'할 수도 있고, '오죽했으면 때렸을까?'라는 생각에, 그러한 상황에서의 폭행은 훈계 또는 교육 차원으로 행한 것이어서 큰 죄가 아니라는 인식이 팽배하다라고 말하였다. 이처럼 수많은 장애인이 인신매매·폭력·감금·학대·노동력 착취 등의 인권침해를 당하더라도 인권의 사각지대에 버려진 채 아무런 법적 보호를 받지 못했던 것이다. 이는 장애인의 취약성을 노골적으로 이용한 비난 가능성이 큰 사건이며, 노예로 부린 장애인을 한 인간으로라도 생각했다면 이렇게 대우할 수 없다고 말하였다(법률저널, 2014년 3월호 중에서).

Ⅳ. 결론 및 제언

본 연구는 현대판 노예로 살아가는 장애인의 인권에 대해 살펴보고자 장애인 인권 개념과 발달과정, 장애인 인권에 관한 주요 이슈, 한국 현대판 노예의 중심이 되어버린 장애인의 인권 현실과 과제, 장애인 인권 신장을 위한 제언 순으로 전개하였다. 이를 위해 장애인 인권과 관련된 통계적, 실증적인 연구방법이 사용 되어야 하나, 장애인 인권과 관련하여 문헌고찰과 언론보도를 통해서 장애인을 대상으로 한 범죄 실상을 제시하는 것으로 매우 기초적인 자료를 제공하는데 머무를 수밖에 없었다.

본 연구의 결과를 요약하면 다음과 같다.

2011년 장애인실태조사 결과에서 가정, 학교(교사, 또래집단 등), 직장(취업 및 승진, 동료직원 등), 결혼, 지역사회에서 사회적 차별이 2007년에 '장애인차별금지법'이 제정되었음에도 불구하고 여전히 존재하고 있으며, 최근 언론에 제시된 현대판 노예로서 강제노역과 인간다운 삶을 살수 없는 거주 환경에서의 생활, 노동에 대한 임금을 제대로 받지 못하는 등 인권이 침해된 사례를 살펴보면서 장애인 인권에 대한 낮은 인식과 지역단위로 발생되는 인권에 대한 낮은 감수성 등을 살펴보았다.

이를 위한 제언을 하면 다음과 같다.

첫째, 장애인 당사자의 인권 침해 자각 능력이 향상될 수 있도록 교육 및 역량강화 프로그램이 개발되어야 할 것이다.

둘째, 현대판 노예로 살아가는 장애인이 없도록 노동을 중심으로 한 관계기관의 지역별, 장애유형별 인권 침해 실태조사를 실시하여 그에 따른 다각적인 대책마련이 강구되어야 할 것이다.

셋째, 가정, 학교, 직장, 지역사회에서의 차별, 폭력 등의 인권침해에 대한 조사뿐 아니라 인권 감수성을 높이기 위한 단계적인 인권교육이 진행될 수 있도록 해야 할 것이다.

넷째, 장애인 인권 증진을 위한 국가 및 민간단체의 협력증진과 관련 단체의 기능강화를 위한 법적인 지원, 전문가 양성을 위한 프로그램 개발이 되어야 할 것이다. 특히, 사회복지서비스를 제공하는 전문 인력의 경우 인권에 대한 인식이 주체적이고 필수적인 가치로 인식될 수 있도록 해야 할 것이다(정승재, 2008).

제2절 장애인의 인권향상

Ⅰ. 서론

인류역사와 함께 시작한 장애인은 어느 시대를 막론하고 어느 곳에서나 항상 존재해 왔다. 그러나 2000년 이전의 역사속의 장애인은 차별과 소외를 당하며 인간으로서의 기본적 존엄성을 인정받지 못해 왔다. 2000년 이전까지의 장애인에 대한 이해나 생각들은 부정적 장애인관이 지속되어 왔다. 그러나 2000년을 전후하여 장애인복지의 환경은 급격한 변화를 가져왔고, 그 배경에는 세계보건기구의 장애개념이 환경요소를 포함하는 ICF 개념을 승인함으로써 장애의 요인을 개인의 신체적, 운명적 원인에서 사회 환경 간의 상호작용에 의한 문제로 규정한 것이 가장 큰 원인이 되었다. 또한 세계보건기구의 이러한 정의에 따라 장애인복지 서비스 소비자들은 서비스의 생산과 실천과정에 직접참여를 통한 사회 환경과 제도의 변화를 요구하는 사회적 모델의 확산을 불러오게 되었고 그것은 결과적으로 사회 환경과 제도의 변화를 크게 개선하고 앞당기는 긍정적인 일련의 변화로 이어지게 되었다(이종길, 2010:55).

이러한 국제적인 변화의 움직임과 더불어 우리나라의 장애인복지 분야에도 당사자주의, 소비자주의의 등장은 지금까지 서비스를 주도해 왔던 시설 중심, 전문가 중심의 서비스에 혁명적인 변화를 가져오게 되었고, 제반 복지 서비스는 이용자의 참여와 권리를 반영하는 방향으로 흐르게 되었으며, 20세기 후반에 들어서면서 이러한 장애인관의 변화가 일어났고 장애인의 인권과 복지 향상을 위한 다양한 노력들이 시도되었다.

유엔(UN)이 1981년을 '세계 장애인의 해'로 선포한 이후 세계적으로 장애인에 대한 인식과 복지 정책이 이전과 달리 새롭게 변화되고 개선되어 왔다. 우리나라 역시 1981년 세계 장애인의 해와 1988년 서울 장애인 올림픽을 계기로 장애인을 바라보는 시각이 많이 변화되었지만, 장애인 문제에 대한 근본적인 인식의 결여와 장애인에 대한 기본적인 이해의 부족으로 장애인 복지가 전시적이고 형식적인 차원에 머물고 있다는 현실을 부인할 수 없다(신성원, 2000).

일반적으로 장애인에 대한 인식과 태도는 그 나라의 전통과 사회적 가치관에 의해 좌우 된다고 본다. 사람의 행동과 태도란 사회적 통념과 규범에 의해 영향을 받는 것이고, 사회적 통념과 규범은 그 사회가 지니고 있는 전통과 가치에 의해 형성되어 진다(이재서, 1998).

Ⅱ. 장애인복지의 개념

1. 장애인과 장애인복지의 개념

1) 장애인의 개념

장애인의 개념은 경제..사회 환경적 조건에 따라 달라질 수 있기에 간단히 정의를 내릴 수 없다. 1975년 국제연합 총회에서 결의한 장애인의 권리선언에는 "장애인이란 신체적 또는 정신적 능력의 불안전으로 인하여 일상의 개인적 또는 사회적 생활에서 필요한 것을 자기 자신으로서는 완전히 또는 부분적으로 확보 할 수 없는 사람을 의미한다"고 하였고, 1981년 국제연합 총회에서는 세계장애인의 해 행동계획을 결의하면서, 세계 장애인의 해는 개인적 특질인 손상(impairment), 손상으로 인한 기능적 제한인 능력 장애(disability), 그리고 장애의 사회적 결과인 불리(handicap)간에 구별이 있다는 사실을 인식시켜야 한다고 하였다(박옥희, 1999).

우리나라에서는 1981년 제정된 「심신장애자 복지법」에서 장애인을 '지체장애, 시각장애, 청각장애, 언어장애 또는 정신지체 등 신체적..정신적 결함으로 인하여 장기간에 걸쳐 일상생활 또는 사회생활에 상당한 제약을 받는 자로서 대통령이 정하는 기준에 해당하는 자'라고 하였다. 1989년에 이 법은 「장애인 복지법」으로 개정되었으며, 여기서 "장애인이라 함은 지체장애, 시각장애, 청각장애, 언어장애 또는 정신지체 등 정신적 결함으로 인하여 장기간에 걸쳐 일상생활 또는 사회생활에 상당한 제약을 받는 자"라고 하여 장애범주를 5가지로 규정하였다. 1999년 1

월 개정된 「장애인 복지법」에서는 만성중증 정신질환자, 만성중증 심장, 신장 질환자 등 지금 장애인복지법상의 장애인과 유사한 사회 제약을 받고 있는 만성질환자의 복지증진을 위하여 장애범주가 확대되었다.

최근에 우리나라는 서구 선진국의 장애개념을 수용하는 방향으로 장애인 정책이 전환되면서 1999년 2월 8일 개정 「장애인복지법」 제2조, 신체적 장애와 정신적 장애로 구분, 동법시행령 제2조에 장애 종류를 10종으로 규정하고, 2003년 7월 1일부터 호흡기장애, 간장애, 안면변형장애, 장루장애, 간질 장애 등 5종을 포함하는 등 그 대상이 보다 확대되었으며, 장애인의 분류 및 판정 기준(장애인복지법 시행규칙 제2조 제2항)을 2010년 3월 10일부터 시행된 장애분류 및 판정기준을 중심으로 살펴보면 다음 〈표 1〉과 같다.

〈표 1〉 장애분류 및 판정기준 분류

대분류	중분류	소분류	세분류	판정시기	판정과	판정급수
신체적 장애	외부신체기능의 장애	지체 장애	절단장애, 관절 장애, 지체기능장애, 변형 등의 장애, 척수장애	질환 또는 부상발생 후 또는 수술 후 6개월 이상 지속적으로 치료 후 지체의 절단장애의 경우는 예외	재활의학, 정형외과, 신경외과, 신경과, 내과(류마티스분과)	1~6급
		뇌병변 장애	뇌의 손상으로 인한 복합적인 장애	• 발병 또는 외상 후 6개월 이상 지속적으로 치료 후에 장애진단 • 최초 판정 일로부터 2년 후에 반드시 재판정	재활의학, 신경외과, 신경과	1~6급
		시각 장애	시력장애, 시야결손장애	질환 또는 부상발생 후 또는 수술 후 6개월 이상 지속적으로 치료 후	안과	1~6급
		청각 장애	청력장애, 평형기능장애	질환 또는 부상발생 후 또는 수술 후 6개월 이상 지속적으로 치료 후	이비인후과	2~6급

대분류	중분류	소분류	세분류	판정시기	판정과	판정급수
신체적장애	외부신체기능의장애	언어장애	언어장애, 음성장애, 구어장애	질환, 부상발생 후 또는 수술 후 6개월 이상 지속적으로 치료 후	이비인후과 , 신경과, 정신과, 치과(구강악안면외과)	3~4급
		안면장애	안면부의 추상, 함몰, 비후 등 변형으로 인한 장애	질환 또는 부상발생 후 또는 수술 후 6개월 이상 지속적으로 치료 후	성형외과, 피부과, 외과(화상의 경우), 치과(구강악 안면외과)	2~4급
	내부기관의장애	신장장애	투석치료중이거나 신장을 이식 받은 경우	3개월 이상 지속적으로 혈액 투석,복막투석 치료를 받고 있는 사람 신장을 이식받은 사람	외과 또는 내과	2, 5급
		심장장애	일상생활이 현저히 제한되는 장기능 이상	1년 이상 성실하고, 지속적인 치료 후 심장을 이식 받은 사람	내과(순환기분과), 소아청소년과, 흉부외과	1~3급, 5급
		호흡기장애	일상생활이 현저히 제한되는 성·중증의 호흡기 기능 이상	최초 진단 이후 1년 이상이 경과하고, 최근 2개월 이상의 지속적인 치료 후 폐를 이식 받은 사람	내과(호흡기분과, 알레르기분과), 흉부외과, 소아청소년과, 결핵과 또는 산업의학과	1~3급, 5급

<table>
<tr><td rowspan="3"></td><td rowspan="3">내부기관의 장애</td><td>간장애</td><td>일상생활이 현저히 제한되는 만성·중증의 간기능 이상</td><td>최초 진단 이후 1년 이상이 경과하고 최근 2개월 이상의 지속적 치료 후 간을 이식 받은 사람</td><td>내과(소화기분과),
외과,
소아청소년과</td><td>1~3급,
5급</td></tr>
<tr><td>장루
요루
장애</td><td>일상생활이 현저히 제한되는 장루·요루</td><td>• 복원 수술이 불가능한 경우 장루(요루) 조성술 이후 진단이 가능
• 복원수술이 가능한 장루(요루)의 경우에는 장루(요루) 조성술 후 1년이 지난 시점</td><td>외과,
산부인과,
비뇨기과,
내과</td><td>2~5급</td></tr>
<tr><td>간질
장애</td><td>일상생활이 현저히 제한되는 만성·중증의 간질</td><td>최초 진단 이후 3년이 경과하고 2년 이상의 지속적 치료 후</td><td>신경과,
신경외과,
정신과,
소아청소년과</td><td>2~4급</td></tr>
<tr><td rowspan="3">정신적 장애</td><td rowspan="2">발달
장애</td><td>지적
장애</td><td>지능지수와 사회성숙 지수가 70이하인 경우</td><td>질환 또는 부상 발생 후 또는 수술 후 6개월 이상 지속적으로 치료한 후</td><td>정신과
또는
재활의학과</td><td>1~3급</td></tr>
<tr><td>자폐성
장애</td><td>소아청소년 자폐 등 자폐성 장애</td><td>전반성발달장애(자폐증)가 확실해진 시점</td><td>정신과
(소아정신과)</td><td>1~3급</td></tr>
<tr><td>정신장애</td><td>정신
장애</td><td>정신분열병,
분열형정동장애,
양극성정동장애,
반복성우울장애</td><td>1년 이상의 성실하고, 지속적인 치료 후</td><td>정신과</td><td>1~3급</td></tr>
</table>

자료: 전광현, 2010:245-247

또한 우리나라 장애관련 법률상의 장애인의 정의와 종류를 보면 다음 〈표 2〉와 같다.

〈표 2〉 장애관련 법률상의 정의와 종류

구분	장애정의
장애인 복지법	제 2 조(장애인의 정의) 1항 - 장애인이란 신체적·정신적 장애로 오랫동안 일상생활이나 사회생활에서 상당한 제약을 받는 자를 말한다. - 종류 : 지체, 뇌병변, 시각, 청각, 언어, 안면장애, 정신지체(지적장애), 자폐성 장애, 정신장애, 신장, 심장, 간(肝), 호흡기, 간질, 장루·요루장애
장애인 등에 대한 특수교육법	제 2 조(정의) - '특수교육대상자'란 제 15조에 특수교육을 필요로 하는 사람으로 선정된 사람을 말한다(3항). 제15조 (특수교육대상자의 선정) ① 교육장 또는 교육감은 다음 각 호의 어느 하나에 해당하는 사람 중 특수 교육을 필요로 하는 사람으로 진단·평가된 사람을 특수교육대상자로 선정한다. 시각장애, 청각장애, 정신지체, 지체장애, 정서·행동장애, 자폐성장애(이와 관련된 장애를 포함한다), 의사소통장애, 학습장애, 건강장애, 발달지체, 그 밖에 대통령령으로 정하는 장애(시행일 2008.5.26)
장애인 고용촉진 및 직업 재활법	제 2 조 (정의) 1항 - '장애인' 이란 신체 또는 정신상의 장애로 장기간에 걸쳐 직업생활에 상당한 제약을 받는 자로서 대통령령으로 정하는 기준에 해당하는 자를 말한다. - 장애의 종류는 장애인복지법과 동일

2) 장애의 원인

장애의 원인은 크게 선천적 원인, 출생 시 원인, 후천적 원인(질환 및 사고)으로 구분할 수 있는데, 주된 법정장애의 유형별 원인을 보면 다음 〈표 3〉과 같다.

〈표 3〉 장애유형별 장애원인

(단위, %, 명)

구분	지체 장애	뇌병변 장애	시각 장애	청각 장애	언어 장애	정신 지체	발달 (자폐)	정신 장애	신장 장애	심장 장애	호흡기 장애	간 장애	안면 장애	장루, 요루 장애	간질 장애	전체
선천적 원인	1.6	2.2	5.4	3.7	22.8	23.2	13.2	0.9	1.9	10.1	–	–	19.3	–	8.8	4.0
출산시 원인	0.1	2.3	0.3	0.3	–	3.9	7.3	–	–	–	–	–	–	–	–	0.7
후천적 질환	38.3	82.1	49.8	68.2	52.8	20.8	12.3	82.4	92.5	88.1	93.0	100	9.6	100	33.6	52.4
원인 사고	58.8	11.5	36.5	18.1	10.1	12.5	1.7	7.3	3.8	0.9	4.1	–	63.9	–	23.7	36.6
원인 불명	1.2	1.9	8.0	9.7	14.3	39.6	65.5	9.4	1.7	0.9	2.9	–	7.2	–	33.9	6.3
계	100	100	100	100	100	100	100	100	100	100	100	100	100	100	100	100
(N)	2,570	687	566	593	50	289	58	201	106	108	76	34	11	38	38	5,425
전국 추정수	987,129	264,536	218,460	227,513	19,433	110,520	22,836	77,180	40,286	41,684	29,568	13,012	3,965	14,634	14,555	2,085,311

자료 : 변용찬, 2007:174

전체적으로 질환 및 사고 등 후천적 원인이 가장 많은 89.0%였고, 원인 불명이 6.3%, 선천적 원인이 4.0%, 출산 시 원인이 0.7%로 나타났다. 이는 선진국과 마찬가지로 우리나라도 질환 및 사고로 인해 후천적으로 발생하는 장애가 지속적으로 증가하고 있음을 나타낸다.

이는 후천적인 장애인이 될 확률이 점점 높아지고 있다는 것을 시사한다. 또한 전체장애인의 65.6%가 장애의 원인을 모르고 있으며, 간질 장애 역시 33.9%가 장애의 원인을 모르고 있다는 것이다(신동수, 2009:6).

장애는 사람의 힘으로 저지할 수 있는 것이 아니다. 하나님의 계획하심 안에서 이루어지는 것이라고 할 수 있다. 그러기에 어느 누구도 장애인을 비방하거나 장애에 대해서 무관심 할 수 없는 것이다. 하나님을 모르는 사람들은 장애의 근원이 어디서 오는지를 모를 수밖에 없는 것이다.

3) 장애 출현율

2008년 보건복지 가족부에 의하면 우리나라 장애인 수는 총2,246,965여명으로 장애인 출현율은 4.9%로 추정되며, 이는 2005년 나타난 장애인 수인 총 2,148,700여명 보다 약 98,265명 정도 증가 했으며, 장애 출현율[27]은 4.59% 보다 0.31% 증가 했으며, 이를 8년 전인 2000년과 비교해보면 8년 전보다 장애인은 약 798,265명 정도가 증가하였으며, 장애인 출현율은 1.81% 이상 증가했음을 알 수 있다. 10년 전인 1995년과 비교해 보면 장애인 수와 출현율 모두 2배 이상 증가했음을 다음 〈표 4〉를 보면 알 수 있다.

〈표 4〉 2008년도 전국 장애인 추정 수

구분		전체
2008년	장애인 수(명)	2,246,965
	출연율(%)	4.90
2005년	장애인 수(명)	2,148,686
	출연율(%)	4.59
2000년	장애인 수(명)	1,449,496
	출연율(%)	3.09
1995년	장애인 수(명)	1,053,468
	출연율(%)	2.35

자료 : 보건복지가족부, 2008년도 「장애인 실태조사」

2. 장애인복지의 개념

장애인복지는 인간의 존엄성, 장애인의 인간적 권리의 회복, 자립원조 및 사회적 보장 등의 이념에 입각하여 장애인 본인의 노력뿐만 아니라 국가가 장애인의 재활을 원조하며 필요한 보호를 행하며 국민도 장애인의 재활에 적극 협력함으로

27) 장애출연율 : 인구 1만 명당 장애인 출연율을 백분위로 조사한 것

써 장애인도 비장애인과 같은 생활조건과 생활안정을 도모할 수 있도록 하는 것이며(김경호, 2010: 9), 또한 장애인이 갖는 핸디캡을 인적, 물적, 사회적 제자원의 활용과 협력을 통해서 가능한 한 경감, 해소하고 다른 모든 사람과 동등한 생활 조건과 생활의 안정을 확보하게 하고, 더 나아가서는 그 핸디캡 때문에 갖게 되는 사회적, 심리적, 물리적 장애와 이와 같은 사회적 상황을 만들어 내고 있는 사람들의 장애인에 대한 가치관의 극복과 개선 내지는 제거에 깊은 관련을 갖고 있는 활동이며(양옥경, 1994:10), 또한 장애인이 가지고 있는 불리(handicap)를 인적, 물적, 사회적 제 자원의 활용과 협력을 통해서 가능한 한 경감・해소하고, 다른 모든 사람과 동등한 생활 조건과 생활의 안정을 확보케 하고, 더 나아가서는 그 불리로 인해 갖게 되는 사회・심리・물리적 장애와 이와 같은 사회적 상황을 만들어 내고 있는 사람들의 장애인에 대한 인식(편견, 차별)의 극복과 개선 내지 제거에 깊은 관련을 갖고 있는 활동이라고(류명화, 2004:1) 말할 수 있다.

3. 성경적 장애인관

1) 장애인에 대한 구약의 정의

구약 성경에 나타난 장애인을 이해하기 위해서는 먼저 구약의 인간관을 이해할 필요가 있다. 구약에 나타난 인간 이해는 한마디로 하나님의 형상대로 창조함을 입은 존재이다.

구약 시대의 인간 존엄성은 인간이 하나님의 형상대로 지음 받은 조물로서 하나님의 존엄성을 인류 전체에게 부여하시므로 인간의 가치뿐만 아니라 인간 존재의 중요성에 더 의미를 두고 있다(심현승, 1992:32).

구약의 경우에는 '약자 보호법'이 있는데 사회적으로, 경제적으로 약한 사람들을 보호하기 위한 여러 가지 제도적인 장치를 말한다. 이것은 단순히 인도주의에 근거해 있는 것이 아니라 근본적으로 이스라엘의 하나님이 어떤 분이시냐 하는 문제와 직결되어 있다.

구약에서는 하나님의 여러 가지 모습을 우리에게 보여주고 있다. 만물을 창조하신 창조주 하나님, 이스라엘을 애굽의 종 되었던 상태에서 구원하신 구원의 하나님, 불의에 대하여 진노하시고 징벌하시는 심판의 하나님, 이스라엘을 택하시고 인류를 향한 구원의 역사를 이루시는 사랑의 하나님으로 나타나고 있다. 그런데 중요한 것은 구약 전체를 통해서 두드러지게 나타나는 하나님의 모습은 사회적으로 약한 사람을 보호해 주시는 '약자의 보호자'로서 하나님의 모습이 잘나타나고 있다. 예를 들자면,신명기 10:18이하에서 "고아와 과부를 위하여 신원하시며 나그네를 사랑하사 그에게 식물과 의복을 주시나니"라는 말씀으로 약자를 보호하시는 하나님으로 기록되어 있다. 또한 여기에 이스라엘 사회에서 경제적, 사회적으로 약한 사람들을 대표하는 고아, 과부, 나그네가 등장한다. 이스라엘의 하나님은 이들을 신원하시고, 그들을 사랑하신다고 말씀하신 것이다.

시편 기자 역시 68:5의 기록에서 "고아의 아버지시며 과부의 재판장"이라고 기록하고 있으며 이 밖에도 이스라엘의 하나님은 힘없고 약한 자, 고난당하는 자들의 외침을 들어주신다는 것은 구약에 여러 번 언급되어 있다. 또 하나님은 고난당하는 빈궁한 자들의 보호성이 되신다는 말씀도 있으며, 이와 같이 이스라엘의 하나님은 가난하고 약한 자들을 사랑하시고 특별한 관심을 기울이시며 이들을 돌보시고 보호하시는 하나님이시다(정용균, 1995:21).

그러나 장애를 가지고 있다는 것은 세상에서 정상인들과 평등하게 생활하기에는 무척 어려움을 당하게 되는 조건임에 틀림없다. 그 이유는 하나님의 섭리와 다스림을 믿는 기독교인들만이 아니라 한국의 통속적인 사고를 가진 사람들도 모든 불행(장애)은 하나님의 벌이거나 천벌, 혹은 전생의 업보라는 생각으로 사람들로 하여금 장애인을 학대하고 멸시하여 결국에는 자신들의 사회에서 도태시키도록 한 주범이었다.

다시 말해 장애나 재해 질병이 죄의 결과로 오는 것으로 생각해 왔기 때문이었다. 기독교인들에게도 이러한 생각이 자리 잡게 된 이유 중 하나는 구약 성경에서도 분명히 장애가 율법을 어긴 이스라엘 족속에 대한 하나님의 징계의 내용(레26: 14-17)으로 표현되기도 하였으며, 신명기28:20-68에서도 율법을 어기고 악을 저지르는 사람들에게 형벌로써 주는 병과 재앙은 장애와 많은 연관이 있는 것이 사실 이다. 이러한 구약의 장애와 연관시킬 수 있는 사상(표현)들이 많은 기독교인들에게 장애는 죄라는 식의 관념을 생기게 만든 근본 요인이라고 생각된다. 그러나 이것은 성경에서 표현되어 지고 있는 장애에 관한 참된 뜻이라고 보기는 어렵다.

왜냐하면 바람직한 성경적 장애인 관은 다른 모든 신학적 내용들과 마찬가지로 신약을 통하여 완성되어지기 때문이다. 비록 율법을 어기거나 선.후천적 요인에 의해 장애를 입게 되었다 할지라도 율법은 분명히 장애인에게 이웃으로서 정당하게 누릴 수 있는 권익을 보장하고 있다. 또한 여호와는 정결법을 통해서 부당하게 장애를 입을 가능성을 예방하셨으며 광야 생활 중 항상 위생을 청결하게 유지하는 방법을 제시하여 많은 장애의 발생을 예방하셨다. 더불어 율법 속에 완벽한 사회복지 제도를 포함시켜 이스라엘 사회에서 소외계층에 속한 가난한 자, 이국민, 장애인, 고아와 과부 등을 죽을 지경에 이르게 하지 말며 이웃사랑하기를 자신의 몸을 사랑하듯이 하라고 명하신다. 또한 장애인에 대한 저주나 생활의 방해를 금지하시며(레19:9-18),신명기 15장에서는 가난한 자들에게 아낌없이 베풀 것을 율법화 하셨다(김정우, 1991:15).

2) 장애인에 대한 신약의 정의

하나님의 독생자 예수 그리스도에게 있어서 장애는 곧 죄의 결과라는 논리와 차별의 대우를 받으며 그저 보호하는 소극적인 대처는 완전히 사라졌다. 예수님께서 다니시는 곳에는 늘 장애인들과 병자들이 몰려들었고, 그 종류에서도 문둥병자, 귀신들린 자, 소경, 벙어리, 절뚝발이, 중풍병자, 앉은뱅이, 귀머거리, 간질병자, 손 마른자, 유출병자 등 자세하게 열거되어 있다. 그리고 예수 그리스도께서 이들을 기쁘게 고쳐주셨다는 기록을 4복음서에서는 거의 1/4을 할애하고 있다. 예수님께서 이 땅에 오신 근본 목적은 가난한 자들에게 복음을 전파하기 위함이며, 빈민을 위한 하나님 나라의 운동인 것을 성경은 잘 말씀해 주고 있다.예수님의 선교활동은 이웃 사랑으로 나타나고 있으며 참된 이웃이란 그 대상을 가리지 않고 필요시에 언제라도 자신을 희생하면서 까지 남을 도울 수 있는 사람의 행동이 복지적 선교 활동이라고 구체화시키고 있는 것이다.

예수님의 선교는 가르치심, 복음을 전파하심, 고쳐주심 이라고 설명할 수 있다. 그리고 예수님께서는 빈민들을 자신과 같은 존재로 동일하게 생각하였다. 마태복음 25 : 402)에서 예수님은 굶주린 자, 목마른 자, 나그네 된 자, 헐벗은 자, 옥에 갇힌 자에게 대접한 것이 예수님 자신을 대접한 것과 같다고 말씀하셨다. 당시의 장애인들은 정상적인 대접을 받지 못하는 굶주린 자들이었고 목마른 자들이었으며 나그네요 헐벗은 자들이었다. 다시 말해 예수님의 가르침 속에는 장애인들을 위한 강력한 메시지가 담겨 있는 것이다. 그래서 예수님의 선교활동은 질병의 치료로 잘 나타나고 있다.

Ⅲ. 교회 장애인복지에 영향을 미치는 요인

1. 장애인 복지의 필요성 인식 요인

구원은 믿음으로 이루어진다. 그러나 상당수의 장애인은 자신의 입술, 이성과 의지로 믿음을 고백할 수 없을 뿐 아니라 현재 교회의 물리적 구조와 장애인에 대한 편견으로 인하여 구원의 길에 들어서려고 하여도 불가능한 상태에 있는 문제가 있다.

복지와 장애인과의 관계를 예수님의 사역에서 찾아본다면, 신약 성경의 4복음서에 서는 예수님께서 문둥병자, 귀신들린 사람, 소경 벙어리, 절뚝발이, 중풍병자, 앉은뱅이, 귀머거리, 간질병 환자, 손 마른 자, 유출병자 등을 고치는 내용이 거의 4분에 1을 차지하고 있다. 그 사역에 있어서 구원은 '병 고침+구원의 선포'로 이루어져 있는데, 그 첫 번째는 병자 자신의 믿음으로써(마8:2-4, 9:20-22, 9:27-31, 20:29-34, 막1:40-45, 5:12-16, 5:25-34, 10:46-52, 눅8:43-48, 18:35-43), 즉 병자의 믿음을 확인한 후에 치유하시는 사건이 등장한다. 두 번째로는 병자를 데리고 온 사람들, 즉 자원봉사자 혹은 예수님께서 치유해 주실 것으로 확실히 "임금이 대답하여 가라사대 내가 진실로 너희에게 이르노니 너희가 여기 내 형제중에 지극히 작은 자 하나에게 한 것이 곧 내게 한 것이니라 하시고" 믿는 전도자의 믿음을 통하여 치유하시는 사건이 나타난다. 네 사람의 믿음(마9:2-8, 막2:3-12, 눅5:18-26), 청각 장애인을 데리고 온 사람의 믿음(막7:31-37), 베데스다 시각 장애인을 데리고 온 사람의 믿음(막8:22-26), 귀신들린 아이를 데리고 온 사람의 믿음(마15:2-28, 막9:14-29, 눅9:38-42), 수로보니게 여인의 믿음(마15:2-28, 막7:25-30), 백부장의 믿음(마8:5-13, 눅7:1-1-), 신하의 믿음(요4:46-54), 회당장의 믿음(마9:18-19, 23-26, 막5:22-24, 35-43, 눅8:41-42, 49-56)을 통해서 치유에 의한 구원을 주신다. 세 번째는 예수님이 병자를 불쌍히 여기시는 마음에 의한 치유의 사건(눅7:11-15, 13:10-17, 요9:1-7, 11:17-44)이 나타난다.

따라서 성경은 정신지체인이나 정신 질환자, 혹은 자기 힘으로는 의식과 말과 행동을 할 수 없는 장애인의 구원을 위해서도 구원의 가능성을 열어 놓았다. 따라서 장애인과 함께 사는 장애인의 가족이나 친구, 그를 돕는 목회자나 자원봉사자들의 믿음 있는 행동은 장애인의 구원까지도 보장할 수 있다는 것이다. 이런 관심에서 목회의 영역은 이제 장애인에게까지 넓혀 장애인을 비롯한 모든 이들이 구원의 이르시기를 원하시는 하나님의 뜻을 이루기 위해서는 목회자의 인식이 중요함을 인식해야 만 한다.

2. 장애인에 대한 올바른 복음적 해석요인

오늘날 교회의 장애인에 대한 차별이나 무관심, 소외의 일들이 일어 날 수 있는 것은 장애인에 대한 왜곡된 성경해석이나 복음해석이 교회사적 흐름 속에서 하나의 이데올로기로서 기독교인의 심층의식을 지배하기 때문이다(성기환, 1990:67).

사실 그리스도의 행적을 보면 예수께서 인간을 차별한 모습을 찾아 볼 수 없고 오히려 경시 되었던 여성, 아동, 장애인들을 당당한 하나님의 자녀로 인정하고 그들에 대한 깊은 관심과 사랑을 보이시고 그들을 격려해 주셨다. 교회도 초기에는 복음의 폭발적인 능력으로 인하여 인간의 차별이 없는 공동체를 구성하였고 여성, 아동, 장애인 등 약자에 대한 관심과 사랑을 나타내었다. 그러나 초대 교회 이후 교회는 복음으로 인한 감격을 상실하면서 일반 사회와 더불어 여성, 아동, 장애인들을 소외시켰다. 더구나 차츰 장애인들의 행동이나 문제는 사단과 연결되어 장애인을 사단의 영역에 속한 것으로 생각하는 움직임이 교회 내에 자리 잡았다. 성경에서는 모든 장애를 사단과 연결 짓지는 안았으나 극단화된 신학은 장애인을 박해하는 이론적 근거가 되었으며, 특히 정신질환을 가진 장애인은 그 대상이 되었다. 일부 목회자들 가운데에는 아직도 장애인을 대할 때 그들을 귀신들린 것처럼 취급하고 있고, 장애인들은 지금도 수없이 설교 속에서 '믿기만하면 소경이 보고 귀머거리가 듣고 벙어리가 말하며 앉은뱅이가 걷는다'는 식으로 사람들의 신앙심을 부추기기 위한 수단으로 밖에 이용되고 있지 않으며 교인들의 신앙의 깊이를 드러내 보일 수 있는 사랑의 실천이라는 이름하에 동정과 자선의 대상으로서의 도구 역할 밖에 되지 못하고 있다(박재홍, 1998:50).

20세기에 들어서 장애인에 대한 구체적인 논의가 가능해 지고 장애인복지의 문제가 대두되면서 기독교 내에도 장애인에 대한 정책 및 반응이 나타나기 시작했다. 그러나 이것도 어디까지나 사회의 장애인 정책에 뒤따라가는 수준이었으며 단발적이었기 때문에 장애인에 대한 올바른 인식을 가지고 치유사역에 항구적인 관심을 기울이지 못했던 것이다.

이와 같은 교회의 역사를 보면 장애인에 대한 관심이라는 궁극적인 측면보다는 장애인을 차별하는 신학적 역기능으로서의 부정적 측면이 강하였던 것이며, 적어도 교회는 그 긴 세월동안 장애인에 대한 사랑과 관심의 불길을 고취하는데 실패해 왔다. 이런 상황에서 장애인에 대한 재발견은 교회보다는 일반 사회에서 이루어졌으며, 특수교육이라는 방식으로 장애인에 대한 초기의 개별적 배려도 신학자나 목회자가 아닌 교육자와 의사들에 의해 이루어져 왔던 것이다. 한국 교회 내 교인들의 장애인에 대한 의식조사 연구보고서에 의하면 교회의 구성원인 교인들의 장애인에 관한 의식이 만족할 만한 수준에 미치지 못하는 것으로 평가되어 앞으로 교회가 장애인 치유사역에 솔선수범해야 한다는 기대를 어둡게 하고 있다(박재홍, 1998:51).

장애인에 대한 교인들의 의식이 장애인들의 호칭과 권리자로서의 장애인관, 성경적 장애인관에 대해서 원칙적인 면에서는 긍정적인 반응을 보이고 있으나 실제적인 도움이 제공될 수 있는 복지활동이나 치유에 대해서는 부정하는 태도를 보이고 있다. 따라서 장애인을 평등한 관계에서 수용하겠다는 의지가 있다하더라도 잠재적으로는 이를 거부하는 관습적 태도가 자리 잡고 있는 일관성 없는 장애인관이 남아있다. 또한 장애인들이 당하고 있는 현실 속의 고통이 심각하다는데는 많은 교인들이 긍정하고 있으나 이를 해결하려는 의식이 매우 낮아 장애인 문제는 장애인 자신이나 그 가족들이 일차적으로 책임을 져야 한다는 태도가 뚜렷이 나타나고 있다.

결국 장애인에 대한 교회와 교인의 태도에 관해 살펴보면 'nondisabled(불구자가 안 된)'나 'disabled(불구자가 된)'의 단어들은 대단히 긍정적이고 그런대로 괜찮지만 이 말을 할 때 우리들의 심리적 반응은 벌써 눈이 움직이거나 심장이 두근거리는 등 불안하고, 피하고 싶고, 거부하고 싶은 것으로 나타나는 것이다. 이 말과 같이 실제가 다른 이중의 기준은 우리의 교회가 실제로는 장애인을 철저하게 거부하면서도 겉으로는 고개를 끄덕이며 미소를 지어 보임으로서 오히려 마음속에서부터 우러나오는 상호작용을 방해하는 그릇된 장애인 의식을 초래하고 있는 것이다. 이러한 장애인에 대한 인식과 태도는 장애인 사역에 소극적일 수밖에 없었던 것이다.

3. 장애인 가족을 위한 교육실시 여부 요인

장애인 목회에서 장애인복지에 가장 큰 역할을 할 수 있는 이들이 바로 장애인 가족들이다. 때문에 장애인 목회는 장애인 가족이 함께 목회의 현장에 동참할수 있는 장을 마련해 주어야 한다(김영선, 2007:44).

장애인 가족이 지니고 있는 문제는 단지 장애인과 그 가족만의 상호작용으로 이루어진 것이 아니다. 장애 자녀를 둔 가정과 사회 환경과의 관계에서 문제가 발생한다. 이로 인하여 장애인의 장애는 더욱 심화되고 그 복지 효과는 저조하게 된다.

따라서 교회는 장애인 가족을 위한 교육을 실시하여 장애인 가족이 지니고 있는 문제를 해결함으로 장애인 가족으로 하여금 장애에 대한 잘못된 인식과 장애의식에서 벗어나 건강한 가족의 기능을 하게끔 한다면 장애인 복지 역시 높은 효과를 갖게 될 것이다. 따라서 장애인 목회에 있어서 가족의 역할을 수동적인 관찰자에서 능동적인 참여자로서의 전환할 수 있도록 교회에서 교육을 시도한다는 것은 중요한 일이다.

따라서 교회에서 가족을 대상으로 교육을 실시한다면 먼저 장애인 가족과 친구 그리고 이웃을 구원으로 인도하고, 그들을 통해 다시 장애인을 구원으로 인도하는 목회의 조력자로 가족을 활용할 수 있을 뿐만 아니라 장애인 복지 목회에 많은 영향을 끼치게 될 것이다.

Ⅳ. 교회 장애인복지 활성화 방안

1. 장애인에 대한 인식의 전환

장애인복지 목회에 가장 근본적이고 중요한 것은 장애인에 대한 잘못된 편견을 버리고 바른 인식을 가지는 일이다. 인식으로부터 모든 것이 출발하기 때문이다. 교회는 교회 내적으로나 외적으로 인식개선을 위한 적극적인 홍보, 교육활동을 하여야 한다. 교회가 외적으로 홍보하는 것도 중요하지만 먼저 교회 내부적으로 철저하게 교육되어야 한다. 장애인을 단지 동정과 시혜의 대상으로 파악하는 분위기가 기독교 내에 널리 번져있음을 인정해야 한다. 그러므로 기독교가 먼저 '장애인'에 대하여 올바른 이해 속에서 이들에 대한 그릇된 편견들을 깨뜨려야 한다. 하나님께서 그들을 우리의 이웃으로 주신 것은 곧 더불어 사랑하며 살라는 명령이다. 또한 현 장애인들 중 후천적 장애인이 80% 이상이라는 사실은 우리 모두가 미래의 장애인 혹은 그의 가족이며 '장애인 문제'는 나의 문제임을 시사한다. 이것을 위해서는 목회자의 역할이 크게 작용한다. 아무리 현대 목회와 목회자 상이 급격하게 변모한다 해도 교회에 미치는 목회자의 영향은 거의 절대적이라고 할 수 있을 만큼 중요하다. 따라서 한교회의 목회자가 지니는 장애인에 대한 인식과 그에 근거한 목회방침은 장애인 문제에 지대한 영향을 미친다. 목회자는 이 문제에 대해 선도적인 지식과 관심을 지님으로써 교회를 적극적이고도 창조적인 사명을 감당하도록 인도하여야 한다.

2. 장애인에 대한 욕구 조사

지역에 살고 있는 장애인 실태조사이다. 이것이 중요한 의미를 가지는 것은 이것이 선행될 때 교회가 어떻게 장애인을 도와야 할지가 정해지기 때문이다. 얼마나 많은 장애인들이 있으며, 또 그들이 어떻게 하루하루를 살아 가거 있는지 무엇이 필요한지를 알아보면서 그들의 삶속으로 찾아가야 한다. 그리고 그것을 바탕으로 장애인복지에 필요한 자료를 만든다. 여기서 우리가 유의해야 할 점은 장애인의 욕구는 장애인이 규정해야 한다는 것이다. 그동안의 장애인 프로그램에 관하여 교회에서 언급된 것을 보면 대부분 계획이나 프로그램들이 실제로 장애인들의 욕구나 급한 것들 또는 피할 수 없는 것들이 무엇인가에 대해서는 주의 깊게 고려하지 않은 것 같다.

장애인의 욕구를 신중하게 고려하지 않고 무작정 도와준다면 그것이 장애인복지라고 생각한 것 같다. 그 욕구들에 대해서 조사하거나 알아보지 않고 장애인들의 욕구는 전혀 고려하지 않고 '베푸는 쪽' 나름대로 추상적으로 유추하여 결정한 경우가 허다하다. 그럴 경우 그것은 주는 쪽의 일방적인 자기 욕구 만족에 지나지 않을 수 없다.

그러므로 장애인복지를 제대로 실시하려면 교회가 교정한 욕구를 따라 프로그램을 세울 것이 아니라 장애인의 욕구에 따라 세우고 실천할 때 진정한 장애인복지가 될 것이다.

3. 편의시설 설치

장애인들이 교회 건물을 자유롭게 이용할 수 있도록 교회 건물을 개선하는 것도 장애인 복지에서 인식개선 못지않게 중요한 일 중에 하나이다. 교회의 출입구, 경사로, 엘리베이터, 장애인 전용 화장실과 전용 주차장 등을 설치하여 교회 건물에서 장애인들이 이동하는 것에 어려움을 겪지 않도록 해야 한다. 특히 새로 건축하는 교회는 반드시 편의시설을 설치하도록 해야 한다. 편의시설에는 예산문제가 많이 거론되지만, 오히려 편의시설은 비장애인과 장애인이 함께 이용할 수 있으므로 실용적이라고 볼 수 있다. 그리고 이러한 부대시설들은 사실 노인과 어린이들에게도 몹시 필요한 것들이다. 그리고 이미 건축한지 오래된 건물이라면 교회 안의 모든 공간을 장애인이 불편함 없이 사용할 수 있도록 개축하는 것이 필요하다. 재정이 어렵거나 현재 사용하고 있는 건물이 교회소유의 건물이 아닐 경우에도 최대한 편의 시설을 갖추도록 노력해야 한다. 그래서 주일뿐 만 아니라 평일에도 장애인들이 유용하게 교회 공간을 사용할 수 있도록 해야 한다.

4. 교회의 자원의 활용과 전문 인력 양성

1) 교회 자원 활용

교회는 사회에서 소외된 불우한 자들을 찾아서 도와야 할 사명이 있다. 모든 생명은 하나님께서 약속하신 풍성한 삶을 누릴 권리가 있기 때문이다. 그런 면에서 교회의 사회복지의 핵심은 기독교적 가치에 토대를 둔 가운데에 교회의 다양한 인적, 시설, 재정, 조직 자원을 동원하여 역동적으로 장애인복지를 실천해야한다. 그러므로 무엇보다 교회 장애인복지를 활성화하기 위해서는 교회 안팎의 자원을 효율적으로 동원하고 활용하는 것이다.

(1) 인적 자원의 활용

앞에서 연구한 바와 같이 교회에는 풍부한 인적 자원이 있지만 이 자원을 제대로 장애인 복지에 활용하지 못하고 있는 것을 볼 수 있다.

교회공동체가 복지 사업을 신앙적 차원에서 계획하고 실시하려면 전체 교인이 여기에 참여하도록 해야 한다. 어떤 물건을 기증한다든지 복지 기금을 내는 것으로 복지 사업의 책임을 다 감당했다고 생각하는 교인들이 많은데, 이는 이웃사랑 실천의 신앙적 의미를 올바로 이해하지 못한 행동이다(사공집, 2004:77).

교회 안에는 의료인, 교육자, 법률종사자 등의 전문 인력, 준 전문 인력, 그리고 일반적인 평범한 일을 할 수 있는 인적 자원이 풍부하다. 그러므로 이러한 인적 자원을 발굴해서 장애인복지 사업 현장으로 이끌어 낼 때 진정한 자원으로서의 역할을 하게 되는 것이며, 또한 그렇게 할 때 장애인 목회가 활성화 될 것이다.

(2) 시설자원 활용

교회가 장애인복지를 하기 위해서는 시설과 공간이 필요하다. 한국 교회는 넓든 좁든, 크든 작든 간에 일정한 교회 시설의 공간을 확보하고 있다. 교회 내부의 목적(예배, 교육, 친교, 회의 등) 이외에도 또 하나의 교회 본질적 목적인 지역사회에 봉사하기 위해 활동 가능한 자원으로 시설을 개방할 수 있느냐는 것이다(박종삼, 2000:97). 즉 지역사회의 장애인들의 '생활공간', '재활 공간'으로 교회시설을 그리스도 봉사정신으로 개방하는 것이다.

(3) 재정자원의 확보

교회가 복지를 감당하는데 있어 가장 큰 문제는 재원의 문제이다. 그러므로 교회가 장애인복지 사업을 활성화하기 위해서는 재원의 확보가 무엇보다 중요하다. 대부분 한국교회는 가난하며 교회운영을 위한 재정충당에도 많은 문제를 안고 있다. 물론 큰 교회에서는 이러한 절박한 문제가 없다고 해도 사회복지를 위한 재정자원을 확보함에 있어서는 문제가 있는 것이 사실이다. 그러나 복지 사업을 위한 재정 확보는 교인들로 하여금 지역사회나 일반사회의 구체적인 생명문제를 소개하고 이해시킴으로써 교회 헌금 이외의 사회봉사헌금을 기쁘게 낼 수 있게 할 때, 교회 자체의 재정문제나 복지 재정문제가 해결될 수 있으리라 본다(박종삼, 2000: 97-98).

(4) 조직자원의 활용

체계적이고 조직적인 장애인복지를 실천하기 위해서는 치밀한 조직체를 필요로 한다. 교회는 많은 조직체로 구성된 조직 공동체이다. 이 조직체가 생명을 살리는 소단위 조직체로 활성화 될 수만 있다면 교회는 지역사회 내에서 큰일을 이룰 수 있다.

특히 구역 단위의 조직은 그 뿌리가 지역사회 내에 지역 주민과 함께 내리고 있으므로 지역 네에서 일어나는 여러 가지 문제의 역동성을 잘 알고 있게 된다. 그래서 교회의 자원과 지역사회의 문제의 징검다리 역할을 할 수 있게 된다. 결국 교회 장애인복지 활성화는 교회 내 여러 단체의 활성화에 달려 있고, 이런 단체들의 활성화는 그들의 신앙을 지역 사회 내에서 생활화 하여 사랑을 실천할 때 새로운 차원의 신앙을 체험하게 될 것이다.

2) 전문 인력 양성

한국교회가 장애인들에게 관심을 갖기 시작했다는 사실은 여러 증거들을 통해 나타난다. 많은 교회에서 장애인들을 위한 편의시설을 마련하고 교회 안에 장애부서를 두기도 한다. 그리고 각 교단마다 총회 안에 장애부서를 두는 움직임도 일고 있다. 그리고 여러 장애인 선교회를 통해 섬김의 열매도 많이 맺어 가고 있다. 또한 장애인 사역에 헌신하려고 하는 젊은이들도 늘어가도 있다.

그런데 장애인 복지를 위하여 헌신하려고 하는 사람은 늘어가고 있지만 늘 문제가 되는 것은 훈련 과정과 헌신에 있어서 척박한 사역비(使役費) 문제이다. 그래서 장애인 복지를 하는 사람에게 있어서는 사역비 후원에 대한 것이 중대한 문제가 된다. 하지만 많은 후원자들은 장애인에게 직접적으로 제공되는 물질적 서비스만 고려하고 있을 뿐, 그 서비스를 효과적으로 전달하는 전문가, 이를 위하여 프로그램을 개발, 연구하는 사람들, 장애인 복지를 홍보하고 사람들을 계몽하기 위해 헌신하는 사람들, 그리고 그의 가족들에 대한 배려가 적은 실정이다.

장애인 사역에 헌신하기 까지는 많은 시간이 걸리고 많은 과정을 거쳐야 하며, 때로는 대학원과 유학과정을 거쳐서 더욱 전문적인 사역자가 되어야 한다. 그런데 이를 위한 더욱 심층적인 투자가 희박하다. 결국 하나님께서 아브라함, 모세 그리고 많은 제자들을 통하여 일을 하신 것처럼 사람에 대한 투자가 절대적으로 필요하다. 이 부분의 투자가 적으면 결국 장애인에게 전달되는 복음과 복지 서비스는 후진성을 면치 못할 것이며, 결국 장애인복지 단체는 급증하나 효과적이고 전문적인 장애인 복지를 실천하는 곳을 찾아보기 힘들게 될 것이다. 따라서 교회와 성도들은 재정적 투자뿐 아니라 외적인 투자, 특히 전문적인 사역자에 대한 투자가 있어야 한다. 눈앞에 전달되는 서비스보다는 장기적인 안목에서 장애인들의 총체적인 재활을 위하여 투자할 수 있는 바탕이 마련되어야 한다. 심지어는 전문적이 되지 않고 오히려 매일 어둡고 낙후되어 있는 장애인 사역만을 고집하는 사람들은 장애인 사역을 포기 하도록 하는 여건이 마련되어야 한다. 그래서 가난하고 어려운 장애인 복지라는 낙인 보다는 늘 새롭게 발전하고 더욱 전문성이 두드러지는 장애인 복지가 되어야 한다. 이를 위해 전문 사역자 양성과 이들 사역 자체에 대한 도움과 투자가 있어야 한다.

V. 결론

많은 사람들이 일반적으로 장애인이라고 하면 우선 세상에서 필요 없는 존재, 도와주어야만 하는 존재라는 인식을 가지고 있는 것이 현실이다. 교인들도 이와 별로 다름없는 생각들을 가지고 있는 것이 현실이다. 즉 투자해도 투자효과가 별로 없다고 생각하는 것이 장애인 복지목회의 현실이다. 1989년부터 매년 4월 중 한 주일은 '장애인 주일'로 지키고 있지만 이것이 사역으로 이어지기에는 목회적 관심과 인식이 너무나 부족한 현실이다. 장애인 복지에 있어서 가장 큰 걸림돌은 장애인을 품을 목회적 대안이 없다는데 있다. 성장 제일주의의 정책만을 품고 있는 교회의 활동을 계속하다 보니 장애인을 성경의 기준으로 보기보다는 투자의 대상으로만 보았던 것이 현실이다.

그러나 한국 교회는 어느 정도 양적인 성장을 하였으니 이제 그의 걸 맞는 일을 해야 한다고 보여 진다. 각 교회들이 그 규모나 예산에 맞는 장애인 복지목회에 적합한 편의시설을 갖추어야 하며, 어떠한 장애인이 교회에 오더라도 어려움 없이 예배를 드릴 수 있는 공간이 되어야 한다. 시각장애인을 위해서는 점자 주보가 있어야 하고, 청각장애인을 위해서는 수화로 통역할 수 있는 봉사자가 필요하며, 정신적 장애인이나 기타 여러 다양한 장애인들도 그에 따라 편의를 제공해 줄 수 있는 봉사자들이 교회 내에 있어져야 한다. 이러한 것 외에도 환경적으로 신체 장애인을 위한 엘리베이터나 에스컬레이터 시설 등 실질적으로 필요한 시설들의 배려 또한 필요하다. 이러한 것들은 한 교회가 전체적으로 다 할 수 없을 경우에는 지역 교회가 연합하여 교회마다 다른 장애인 복지목회를 하여 최소한의 경비와 시설로 지역의 장애인을 위한 복지 목회가 이루어져야 할 것이다.

장애인 복지 사역은 장애인 복지의 실천의지를 확고히 가졌을 때 효과적으로 이루어질 수 있다. 예수님은 십자가에서 모든 것을 완성하기 위해 그 고통과 외로움을 이기시고 구속의 시간을 기다렸던 것이다. 분명한 목표의식이 없는 복지 목회는 곧 포기할 수밖에 없다. 또한 장애인 복지목회는 먼저 나부터 시작해야한다는 사실을 깨닫고 개교회의 장단점을 파악한 후에 어떠한 것부터 장애인을 위하여 시작할 것이지를 결정해야 한다. 이를 위해 철저히 예수 그리스도를 믿는 신앙의 기반 위에서 전문적 객관성을 가지고 행해져야 한다. 교회 내의 사회복지에 대한 전문 인력을 육성하고 발굴하여 장애인 복지 사역에 봉사하게 하는 것이 효과적이다. 이 모든 것을 행할 때 무엇보다 중요한 것은 장애인을 대하는 자세라고 볼 수 있다. 다양한 장애인을 접하면서 각 개인의 신성성과 존엄성을 존중해야함을 알면서도 장애인을 비장애인과 내외적으로 차별을 한다면 진정한 장애인 복지목회라 할 수 없을 것이다. 또한 장애인 복지목회를 위해서는 교회와 성도들의 계속적인 연구와 노력을 필요로 한다. 모두가 하나 된 공동체로서 서로가 서로를 차별없이 대하며 함께 해 나갈 때 진정한 하나님의 나라는 이뤄지는 것이고, 참된 장애인에 대한 복지목회는 이루어지는 것이다. 이 땅의 수많은 장애인들이 정신적으로 육체적으로 주님 안에서 회복된 공동체로 다시 설 수 있고, 모든 교회들이 장애인, 비장애인 구별 없이 하나 되어 예배드리며 주님을 경배하고 찬양하는 모습들이 점차 늘어가고 이에 대한 관심이 고조되어 진다면 장애인의 미래는 밝은 것이다.

07 장 사회적 기업과 인권

제1절 한국의 사회적 기업

Ⅰ. 서 론

최근 자본주의의 위기 혹은 '고장난 자본주의'에 대한 우려가 늘어나고 있다. 이는 그 동안의 자본주의가 시장경쟁만 강조하면서 승자독식으로 지속적으로 자본축적은 이루고 있으면서, 사회적 가치를 창출하는 데는 신경 쓰지 않음으로써 나타난 병폐들에 대한 반성으로 볼 수 있다. 산적해 있는 사회문제를 시장을 통해서는 해결하지 못하고, 오히려 시장경제의 폐해를 통해 사회문제가 양산되고 있음에 대한 우려인 것이다. 여기에 더해 대부분의 선진 산업 경제에서 경제 저 성장에 따른 복지재정의 제한은 국가가 사회문제를 해결하기 위해 개입하는 것도 역부족으로 만들었다. 이렇게 시장을 통해서도 정부를 통해서도 해결되지 않고 산적한 사회문제의 해결을 위한 대안으로 새로운 사회적 혁신, 그 중에서도 '사회적기업(social enterprise)'에 대한 관심이 세계적으로 고조되고 있다. 자본주의하에서 작동하고 있지만, 자본주의와는 거리가 있어 보이는 사회적기업이 새로운 경제활동의 주체로써 부각되고 있는 것이다.

사회적기업은 '신사회적 위험(new social risks)'[1)]의 출현으로 복지 패러다임이 변화하는 상황에서 사회복지 문제를 해결하기 위한 대안으로써 공공 서비스 제공을 포함한 공공 정책과 관련된 여러 분야에서 점차 그 역할을 증대시키고 있다.

---

1) 신사회적 위험(new social risks) : 전통적 산업사회의 실직, 산재, 질병 등과 같은 '구사회적 위험(Old social risks)'에 대별되는 여성의 노동시장 진입에 따른 전통적 가족구조의 붕괴, 한 부모 가정의 증가, 서비스부문의 낮은 임금(Bonoli, 2004)으로 인한 양극화 현상, 저출산 고령화 현상, 노인과 장애인 등 요보호 인구의 증가(박양숙, 2011) 등의 사회 위험을 말한다.

이러한 사회적기업을 발전시키는 추동력은 시민사회 부문의 증대된 역할에서 찾아볼 수 있다. 사회적기업은 다양한 사회 문제들에 대해 기업가적인 정신에 입각하여 창의적 방식으로 해결하기도 하고, 지역사회 내 복지욕구를 해결하기 위해 공공 서비스를 제공하기도 한다. 또한 유럽국가의 사회적기업에서 보이는 것처럼 국가와 시장이 제대로 대처할 수 없는 사회적 배제 현상에 기여하기도 한다. 이런 과정에서 직·간접적으로 인권에 기여하고 있는 것이다.

사회적기업은 그 짧은 역사에도 불구하고, 다양하게 발전하였다. 크게는 미국과 유럽형으로 사회적기업의 성격과 발전과정에 있어서 차이를 확인할 수 있다. 미국은 1960년대부터 확대되어 오던 비영리조직이 1980년도에 국가의 지원 감소로 인해 수익활동 확대의 일환으로서 사회적기업으로 발전되었다. 반면, 유럽에서는 높은 실업의 지속, 정부재정의 부담, 신사회적 위험의 등장이라는 거시적 환경 하에 사회결속을 강화시키는 도구로서 사회적기업이 발전하였다. 이러한 차이 때문에 미국은 시장 지향적인 개념을 바탕으로 사회적기업의 기업적 성격을 강조하게 되었고, 유럽에서는 사회적기업의 사회성이 강조되어 장기 실업자 혹은 사회적 취약계층의 노동시장 통합을 목표로 하는 경향이 강했다(Defourny and Nyssens, 2006). 즉, 미국과 유럽의 경우에서 보듯이 사회적기업의 기업성과 사회성은 다양성을 창출하는 커다란 축이 되고 있다. 또한 사회적기업은 어떠한 형태를 가지느냐에 따라 국가마다 많은 차이를 보이고 있다.

한편 한국의 사회적기업은 미국이나 유럽과는 또 다른 환경에서 발전하게 된다. 시민사회조직에 대한 정부의 지원 감소로 말미암아 미국 사회적기업이 자율적으로 발전해 갈 수 있었던 반면, 한국의 경우 사회적기업의 발전은 많은 부분 정부주도하에 이루어진 것이다. 뿐만 아니라 유럽의 환경과도 일정한 차이를 보인다. 유럽의 사회적기업의 경우는 인구의 노령화, 후기산업화, 세계화의 점증되는 압력하에 과도한 정부부담을 분담하는 차원에서 발전하였지만, 한국의 경우 사회적기업은 단순히 일자리창출을 위한 정책도구로써만 발전되었다. 따라서 미국과 유럽에서는 시민사회의 성장에 따른 사회적기업의 발전이 특징을 이루고 있지만, 한국의 경우 시민사회와의 연계가 매우 취약한 형태에서 국가주도하에 사회적기업이 발전하였다.

사회적기업에서 강조되고 있는 측면 또한 나라들마다 다르다. 시민사회의 토대하에 성장한 미국의 사회적기업은 그 활동의 초점이 사회혁신에 있다. 사회혁신이란 사회적 문제에 대하여 새로운 방식으로 접근하여 해결하는 것을 말한다. 미국의 맥락 하에서 사회적기업은 사회적 혁신을 위한 하나의 도구일 뿐이다. 그리고 사회적 경제의 전통에서 발전한 유럽의 사회적기업은 그 활동 초점이 사회 결속력 강화에 있다. 반면 한국 사회적기업의 활동에서 강조되는 것은 일자리창출 능력이다. 이는 유럽 사회적기업들이 사회적 취약계층을 위해 일자리를 창출하는 것과 외견상 비슷하게 보일 수 있다. 하지만 유럽 사회적기업에서 강조되는 것은 일자리 창출능력 보다 민주적 참여를 통한 사회적 자본의 강화이다. 따라서 유럽 사회적기업의 담론에서 중시되는 것은 사회적기업의 거버넌스에 대한 것이지만, 한국에서는 지속적인 일자리창출 능력에 초점을 맞추어 왔다.

이처럼 사회적기업이 발전해간 환경이나 특정 부문의 강조는 사회적기업의 법적 구조에 많은 영향을 미쳤다. 미국과 유럽과는 다른 환경과 정책 강조점의 차이는 한국의 사회적기업 조직 특성 및 한국 사회적기업의 법적 구조에 어떠한 영향을 미쳤는가? 본 논문은 이러한 문제의식을 갖고 사회적기업의 법적 구조 특성을 사회성, 기업성, 비영리성, 민주성, 책임성, 공식성, 제도적 지원이라는 일곱 가지 면에서 살펴보고자 한다. 법과 제도는 한번 정해지면 그것으로 끝나는 것이 아니라 끊임없는 논쟁을 통해 수정돼야 하는 것이다. 이런 논쟁과 수정 과 정에서 중요한 것은 문제점을 정확하게 포착하고, 법과 제도의 취지를 살리는 방향으로 계속 보완해나가야 하는 것이다. 이런 수정 과정에 있어서 다른 나라들, 특히 미국 및 여러 유럽 국가들 등 선진 국가들과의 비교를 통해 한국 사회적기업의 법적 구조 특성을 확인해 보는 것은 의의가 있다고 하겠다. 본 논문에서는 이에 대한 검토를 통해 우리나라의 사회적기업 발전의 정책방향에 대한 함의를 도출하고자 한다.

Ⅱ. 연구대상 및 연구방법

1. 연구대상: 비교 대상 국가

사회적기업은 출현배경이 국가와 사회의 특성에 따라 다르다. 각국의 민간부문, 공공부문, 제3섹터 부문 사이의 관계와 역할, 정책 등도 각국의 정치·경제·사회적인 역사의 특징들을 반영하여 발달해 왔기 때문이다. 그에 따라 유사한 정치·경제·사회적인 시스템을 가진 국가들에서도 사회적기업의 정책, 법, 지원방안, 구조 등에는 여러 차이를 보일 수 있다. 또한 사회적기업의 유형을 구분하는데 있어서도 국가마다 학자마다 다르게 접근하고 있다. 본 연구에서는 기존의 여러 학자들의 연구로부터 참조를 얻어 비교대상국가로 선정한 국가는 미국, 영국, 이탈리아, 프랑스이다.

상기 국가들로 비교국가를 선정한 이유는 다음과 같다. 먼저 사회적기업의 발생과정과 강조하는 부분 등 여러 가지 제도적인 부분에 있어서 미국형과 유럽형으로 크게 나눌 수 있다. 미국의 사회적기업은 '시장'에 더욱 경도되어 있고, 상업화되고 있는 경향이 강하다. 그리고 활동의 목적과 자원에 대해 하이브리드(hybrid)성을 가지게 하여 시장과 비시장의 양측 모두를 활용함으로써 자신들의 사회적 미션을 수행하고 있다. 이에 비해 유럽 국가들의 사회적기업은 국가 및 지방자치제의 정책에 매우 적극적으로 대응하고 있는 형태로 전면에 나타났다. 그리고 사회적 통합을 중시하는 정책 기조에 탄력적으로 대응하면서, 유럽 국가 들은 비영리섹터의 새로운 모델로서의 사회적기업을 정책적으로 육성하고 또 지원하게 된 것이다. 이렇게 사회적기업의 유형을 크게 미국과 유럽형으로 나눌 수 있다. 그 중 혁신성을 비롯해 경영적인 면에서 한국에 더 많은 시사점을 던져줄 수 있으리라 기대되는 미국을 먼저 대상국가로 선정하였다.

다음으로 유럽국가들 내에서도 사회적기업과 정부와의 관계가 과거 복지국가의 성격이나, 사회적기업의 전신인 제3섹터의 역할 차이 등에 따라 다르게 나타난다. 이에 각국의 법적 프레임에 있어서도 차이가 있을 것이라 예상할 수 있다. 그러므로 다양한 사회적기업의 유형을 정부와 제3섹터 부문의 관계에서부터 그 실마리를 찾고, 사회적기업의 전신인 제3섹터의 규모와 제3섹터가 국가의 자금 조달에 의존하는 수준을 기준으로 하여 복지 체제의 발전과 제3섹터의 역할 사이의 관계를 살펴본 후, 이를 통한 사회적기업의 유형화를 시도하고, 그 법적 구조를 비교하였다.

먼저 정부와 제3섹터 부문의 관계로부터 그 유형의 실마리를 찾아보자면, 대표적인 연구로 Anheiers와 Salamon (1999)의 연구를 들 수 있다. 이들은 비영리 부문의 경제 규모와 정부의 사회복지 지출의 범위에 따라 국가주의, 자유주의, 사회민주주의, 조합주의 유형으로 구분하고 있다. 첫째, 국가주의(statist)는 일본이 대표적으로 비영리 부문에 대한 국가의 위임은 제한적이고, 제3섹터의 규모는 작은 편이다. 그리고 가족의 보호기능이 중요한 역할을 하는 유형이다. 둘째, 자유주의(liberal) 유형으로 정부의 복지 지출 수준은 낮은 편이나, 비영리 부문의 규모가 큰 유형으로 미국과 영국이 대표적인 국가들이다. 셋째, 사회민주주의 (social democratic) 유형으로 스웨덴, 핀란드 등 북유럽 국가들에서 찾아볼 수 있는 유형이다. 이 유형은 국가의 복지 지출 수준은 높지만, 비영리 부문의 규모는 작은 편에 속한다. 마지막으로, 독일과 프랑스 등의 조합주의(corporatist) 유형이다. 이 유형에서는 정부의 복지 지출 수준이 높으며 비영리 부문의 역할도 강하다(Anheiers and Salamon, 1999).

다음으로, 사회적 돌봄(social care)을 공급하는 방식에 주목한 Ranci(2002:25~ 45)의 연구로부터 복지 체제의 발전과 제3섹터의 역할 사이의 관계를 유형화한 것을 참조할 수 있다. 그는 제3섹터의 규모와 제3섹터가 국가의 자금조달에 의존하는 수준을 기준으로 하여 보조금 모델(subsidiary model), 제3섹터 지배 모델, 정부 지배 모델, 시장 지배 모델 등으로 유형화 하여 설명하고 있다. 먼저, 보조금 모델에서는 제3섹터가 사회복지의 주요 공급자 역할을 하는데, 이에 대한 정부의 자금 조달의 비율이 매우 높은 편이다. 정부는 사회 보호 서비스를 적게 제공하고, 주로 자금의 조달과 통제의 기능을 수행한다. 한편 민간 기업에서는 사회 서비스를 공급하는 비중이 매우 적다. 이 유형의 대표적 국가는 독일인데, 제3섹터는 사회 서비스 영역에서 60% 이상의 고용 비중을 차지하고 정부의 재정지원은 65% 이상을 차지하는데 비해 서비스의 판매를 통한 수입이나 민간의 기부에 의한 자금 조달의 비중은 매우 낮은 편이다. 다음으로 제3섹터 지배 모델의 경우 사회 서비스 제공에서 제3섹터가 지배적 역할을 담당한다. 이는 보조 모델보다 정부가 재정을 조달하는 수준은 제한적이며, 정부는 단지 부분적으로만 재원을 지원한다. 주로 이탈리아와 스페인에서 보이는 이 모델은 역사적으로 사회 서비스 영역에서 종교적 기원을 가진 비영리 조직의 활동과 밀접한 연관이 있기 때문에 민간 기업이 사회 서비스를 제공하는 비율은 낮은 편이다. 그리고 정부 지배 모델의 경우는 그 명칭에서 나타나는 바와 같이 정부가 사회 서비스의 제공에서 주도적인 역할을 담당하며, 제3섹터 조직은 특정한 영역에서 한정된 역할만을 하는 잔여적(residual)인 역할만 수행한다. 대표적 국가로 프랑스와 노르웨이를 들 수 있는데, 정부가 사회 서비스의 59% 정도를 제공하며, 제3섹터의 조직은 잔여적인 역할에 머문다(Ranci, 2002:36). 정부가 전적으로 비영리 조직의 잔여적인 서비스 재정을 지원하는 유형이다. 마지막으로, 시장 지배 모델에서는 정부의 직접적 역할은 적고, 반대로 제3섹터의 사회 서비스 제공 비중은 매우 크다. 재정 지원에 있어서도 정부의 비중은 아주 적고, 민간 기부와 서비스 요금에 의한 재정 조달을 하기 때문에, 실질적인 조직 운영이 시장 원리에 따라 이루어지고 제3섹터의 사회 서비스의 상업화가 확대된다. 대표적인 국가로 영국을 들 수 있는데, 정부지배 모델과는 반대로 정부의 역할이 잔여적 영역에 제한되고, 비영리 조직의 자금 조달과 서비스 제공의 비중이 아주 큰 편이다.

김윤태(2009:257-259)의 연구에서는 앞선 Anheiers와 Salamon(1999)의 유형분류에 Ranci(2002)의 모델을 합하여, 정부가 사회적기업을 지원하는 모델을 유럽 대륙 국가, 북유럽 국가, 남유럽 국가, 영미권 국가 등의 네 가지 모델로 정리하고 있다. 유럽 대륙 국가 모델은 사회적기업의 비중과 정부 지원 수준이 모두 높은 국가들이며, 북유럽 국가모델은 사회적기업의 비중이 비교적 낮으나, 정부지원의 수준이 높은 국가들이다. 그리고 남유럽 국가 모델은 사회적기업의 비중이 높으나 정부지원의 수준이 낮은 편인 국가들이고, 영미권 국가 모델은 사회적기업의 비중 및 정부 지원의 수준 모두 낮은 편인 국가들로 분류된다. 복지국가가 오랫동안 발전한 유럽의 사회적기업은 다양한 형태의 정부의 지원을 받는 경우 가 많은데, 국가와 공공부문이 주도적으로 사회서비스를 제공하고 있는 복지 제도의 영향이 큰 때문으로 분석된다.

이렇게 정부의 사회지출과 비영리 부문의 경제규모에 따라 국가들의 비영리 부문의 체제별 유형을 분류할 수 있고, 이런 비영리 부문의 유형에 따라 사회적 기업의 지원이나 법적 구조를 도입함에 있어서도 차이가 있을 수 있겠다는 가정하에, 본 연구에서는 비교국가로 김윤태(2009) 연구의 네 가지 모델에서 각 모델 별로 한 국가씩 선정하였다. 선정국들은 유럽 대륙 국가 모델의 프랑스, 남유럽 국가 모델의 이탈리아, 북유럽 국가 모델의 스웨덴, 영미권 국가 모델의 영국 등 이다. 하지만 스웨덴의 경우는 사회적기업과 관련된 특정한 법인 형태가 없어서 본 연구의 비교에서 부득이하게 포함시킬 수 없었다[2)]

〈표 1〉 정부의 사회적기업 지원 네가지 모델에 따른 비교국가 선정

사회적기업의 비중	정부지원의 수준	
	높 음	낮 음
높음	유럽대륙 국가모델(프랑스)	남유럽 국가 모델(이탈리아)
낮음	북유럽 국가 모델(스웨덴)	영미권 국가 모델(영국)

자료: 김윤태(2009:258)에서 재구성

이에 본 연구에서는 미국의 저영리유한회사(Low-profit Limited Liability Company : L3C)법, 영국의 공동체이익회사(Community Interest Company : CIC)법, 이탈리아의 사회적협동조합(Social Cooperative)법과 사회적기업(Social Enterprise)법, 프랑스의 공익협동조합(Societe Cooperative D'Interet Colletif : SCIC)법을 중심으로 한국 사회적기업의 법적 구조를 비교해 보고자 한다.

이 외에 사회주의 체제에서 체제 변경을 이룬 국가에서의 사회적기업의 법적 구조를 함께 비교하거나, 새로이 태동하는 남미나, 남아프리카, 같은 아시아권의 법

2) 스웨덴에서는 2006년 공교육과 보건부문을 민영화(privatization)하라는 압력을 피하려는 사민주의정부(Social Democratic Government)가 도입한 새로운 법적 형태(제한적 이윤분배회사, Firm with Limited Profit Distribution)가 존재하기는 하지만, 널리 쓰이지 않았고(Mandell et al., 2010), 사회적기업의 경우에 적절한 것인지에 대한 것도 의문시 되고 (Pestoff and Stryjan, 2008; Stryjan, 2007)있기 때문에, 사회적기업의 비중이 비교적 낮으나, 정부지원의 수준이 높은 북유럽 국가 모델도 비교분석에 포함하고자 하는 필자의 의도는 무산되었다.

제도 비교연구에 포함시키면, 더욱 풍성한 연구가 이루어질 수 있을 것이라 기대되지만, 이는 후속되는 연구의 과제로 남겨놓도록 한다.

2. 연구방법

본 연구는 ① 사회성, ② 기업성. ③ 비영리성, ④ 민주성, ⑤ 책임성, ⑥ 공식성, ⑦ 제도적 지원이라는 일곱 가지 차원에서 사회적기업 관련 법제들을 비교법적 방법을 통해 비교하여, 한국의 사회적기업 법제가 가지고 있는 특징과 의미, 그리고 문제점과 발전방안 등을 입체적으로 고찰해 보도록 하였다.

문헌자료로는 우선 1차 자료로써 한국의 사회적기업육성법과 영국의 CIC법, 미국의 L3C법을 개관하고, 이탈리아와 프랑스의 법제의 경우는 사회투자지원재단의 해외 사회적기업의 법제도 현황 자료를 비롯하여 여러 선행연구들에서 자료를 발췌하였다. 이외 본 연구에서는 한국의 고용노동부, 영국의 DTI, OECD와 EU 등에서 나온 간행물들과 이명박 정부 및 오바마 정부의 정부정책문건들, 각 국의 입법처와 사회적기업 관련 연구소 및 지원기관들의 인터넷사이트, 국내외 학술논문과 단행본, 그리고 사회적기업 관련연구소나 지원기관에서 발행한 다양한 자료 등을 참고로 하고 있다. 특별히 1차적인 자료를 충분히 활용하지 못하는 한계를 극복하고자 그 동안 국내외 심포지엄이나 토론회 등에서 소개된 해외 학자들이나 사회적기업가들의 발언내용을 참조하거나, 사회적기업 연구자나 전문가들 예비 사회적기업가와의 인터뷰와 토론 등에서 얻은 정보들을 부분 참조했음 을 밝혀둔다.

한편 분석단위는 국가차원으로 하였으며, 분석대상은 주요국가의 대표적인 사회적기업 관련 법률과 관련 법제를 대상으로 했다. 특히 방법적으로는 비교법적 관점에서의 연구를 통해서 위에 언급한 일곱 가지 차원의 분석틀로 국내외 사회적기업 간의 유사점과 차이점, 사회적기업의 지속가능한 전략과 방향 등에 대한 핵심적인 원리와 가치를 탐구함으로써 우리나라 사회적기업의 육성방향과 법제적 발전방안을 찾고자 하였다. 비교법은 각 국가에서 구체적으로 그 국가의 법적 문제를 해결하고 있는 그 국가의 살아있는 법을 비교하여 보다 더 타당한 문제 해결의 방법인 법을 찾아내어 자국법의 발전에 이바지하게 하고자 하는 법학방 법론(Zajtay, 1976) 하나로 자국법의 개선과 향상에 목표가 있다(김상용, 2002).

한편, 비교연구를 위해 각 국가의 여러 제도 및 환경과 관련 여타 법들도 다각적으로 분석을 했다면 좀 더 풍성한 연구가 될 수 있었겠지만, 본 연구에서는 비교국가들의 사회적기업 관련법의 법적구조라는 틀만으로 분석을 하여 다소 평면적인 결과만을 다룬 한계를 밝히며, 이런 한계들은 후속 연구에서 보충작업이 이루어지길 기대한다.

Ⅲ. 사회적기업의 법적 구조 특성에 관한 분석틀

그동안 서구 국가들은 사회적기업을 장려하기 위해 다양한 법률적 노력을 시도해 왔다. 이러한 법률적 노력은 사회적기업을 정당화하기 위한 입법이나 사회적기업을 창출하기 위한 인센티브를 제공하는 등의 다양한 입법 형태로 나타났다. 특히, 인센티브를 제공하는 방안은 사회적기업에 직접적으로 지원을 해주거나 세제를 감면하여 금전적 혜택을 제공해 줄 수도 있지만, 대다수 서구국가들은 사회적기업의 설립비용이나 등록비용 등의 행정비용을 감면해 주는 비금전적인 혜택을 제공하는 입법형태를 띄는 경향이 강했다(Cafaggi and Iamiceli, 2008).

이와 같은 입법 형태의 다양성은 사회적기업의 법적 구조를 형성하는데 영향을 미쳐, 국가별로 구별된 특성을 지니게 했다. 이와 관련하여 제기된 주요 이슈들은 다음과 같다.

첫 번째는 '사회적기업'이라는 명칭에서 나누어질 수 있는 사회적기업의 정의와 관련된 이슈이다. 사회적기업은 '사회적' 특성과 '기업적' 특성이라는 이질적 결합에 바탕을 둔 하이브리드(hybrid) 개념이다. 이러한 이질적 특성의 결합으로 인해 사회성과 관련하여서는 사회적기업이 비영리단체와 어떻게 구별되는가의 문제가 제기되었고, 기업성과 관련하여서는 영리기업과 사회적기업이 어떻게 다른지에 대한 논의가 지속되어 왔다. 사회성과 관련하여 엄격한 기준을 적용하고 그에 따른 국가의 혜택과 연계하는 경우, 사회적기업의 법적지위는 매우 중요시된다. 그러나 사회성보다는 기업적 측면을 강조하였을 경우, 사회성에 대한 법률적 기준은 매우 유연해지고 기업의 일반적인 법적 지위를 강조하게 된다. 실제로 유럽에서는 사회적기업의 사회적 측면을 부각시켜 사회적 경제의 확대에 중요한 도구로서 부각된 반면, 미국에서는 기업적 측면이 강조되어 시장을 통한 사회혁신의 도구로서 발전된 것이다. 이처럼 사회적기업이 법률적으로 어떻게 정의되는가에 따라 사회에서 사회적기업의 역할이 규정되는 것이다. 이에 본 연구에서는 사회적기업의 "사회성" 부분에 대한 각 국가의 법률적 내용과 "기업성"이라는 특성에 대한 법률적 내용 등을 비교해보고, 각 국가의 사회적기업에 대한 강조 측면을 살펴보고, 이에 따른 시사점을 고찰해보고자 한다.

두 번째 이슈는 사회적기업이 자산분배를 어떠한 방식으로 하는지에 관한 것이다. 특히 유럽형의 조합형의 사회적기업의 경우 이윤이나 자산의 분배에 있어 제한을 받는데, 이러한 자산분배 제한의 목적은 사회성을 강화시키기 위한 것이다. 대다수 나라에서는 원칙적으로 이윤을 분배하지 않는 경향을 보이고 있으나, 법에 의해 완전히 금지 되지 않는 것이 일반적 추세이다. 자산분배의 경우도 이탈리아처럼 일반 회사의 사내 유보금 한도 이상의 법정 유보금을 설정하는 경우도 있고, 벨기에처럼 사회적기업의 청산 시 자산을 분배할 수 있도록 하는 경우도 있다. 또한 영국처럼 주식회사 형태로 설립될 경우 주주들에게 배당금을 줄 수도 있다 (Cafaggi and Iamiceli, 2008). 자산의 분할은 적극적 자산을 분할하는 것과 소극적 자산을 분할하는 것으로 구분할 수 있으나, 사회적기업의 경우는 적극적 자산의 분할을 어떻게 할 것인가에 주목한다. 즉, 사회적기업은 자산과 이익을 공동체의 목적을 위해 사용할 수 있도록 그 분배를 유보하여 장기적 안목으로 사회적 목적을 달성할 수 있도록 한다는 것이다. 이때 자금의 조달과 자산 분할의 유보간의 상충된 문제를 어떻게 해결해 나갈 것인지에 대한 문제가 발생되어 주요 이슈로 작용하고 있다. 사회적기업도 영리를 추구하는 기업임에도 불구하고, 그 발생배경이 제 3섹터에서 발전되어 온 경향이 있다. 그러므로 사회적 목적의 추구를 위해서 자산분배나 이윤분배의 제한이라는 비영리성을 법적으로 규정하고 있는 것이다. 이에 본 연구에서는 사회적기업의 자산 및 이윤 분배 경향에 대한 이슈를 "비영리성"이라는 분석틀을 통해 비교해보고자 한다.

세 번째로 사회적기업의 지배구조를 어떻게 형성할 것인가이다. 사회적기업의 지배구조 논의는 사회적기업의 특성, 즉 이윤추구라는 경제적 목표와 동시에 공공성 지향이라는 사회적 목표를 동시에 달성해야 하는 정체성에서 출발해야 한다(이인재, 2009). 사회적기업은 다양한 이해관계자들(상근실무자, 자원봉사자, 이용자, 조합원, 주요기금제공자 및 관련조직 등)에 의해 운영되어 나가는 기업이다. 이러한 다양한 집단 중에 어느 집단의 이해가 반영되고 혹은 반영되지 않는지는 사회적기업의 지배구조에 있어 근간을 형성하며, 또한 지배구조에 반영된 이해집단들의 의무나 권리가 무엇인지를 규명하는 것은 매우 중요한 일이다. 하지만 사회적기업의 지배구조는 고정된 공식적 구조만으로 접근해서는 불충분하다. 주변의 대내외적 환경과 상호작용하면서 적응해가는 시스템으로 접근해야 한다(Mason 외, 2007). 즉, 주변의 환경이나 압력과 상호작용하면서 사회적기업이 어떠한 가치를 만들고 그 가치에 따라 행동이나 자원을 어떻게 규제하면서 지역 사회 내에서 정당성을 확보하는지, 그리고 장기적으로는 지속가능한 기업으로 발전해 가는지에 대한 검토가 필요하다.

사회적기업의 지배구조와 관련하여 가장 중요하게 언급되는 이슈는 '민주적 참여'에 관한 것이다. 즉, 경영진에 다양한 이해관계자 집단이 다원적으로 참여할 수 있는지, 혹은 투자자는 경영진 구성에서 배제되는지, 그리고 이사회에는 정부, 투자자, 지역사회단체, 자문단체들, 수혜자 등이 참여할 수 있는지의 이슈와 관련되어 있다. 지배구조의 합리적 형태로서 회원들 간에 의사결정을 분산화 시켜 몇몇 사람들에 의해 좌우되는 것을 방지하고 보다 민주적 절차를 강화하는 것이 일반적 추세이다. 이런 공동체주의 경향은 자율성을 가지면서 지배구조에서 역할을 하고자 하는 상근 실무자의 확산과 많은 사회적기업들이 지향하고 있는 사회 운동적 토대에 의해 크게 강화되고 있다(이인재, 2009). 한국의 사회적기업도 상 당부분 의사결정의 민주성을 근간으로 하는 협동조합식 지배구조를 전제로 하고 있다. 민주적 절차에 대한 공통된 강조에도 불구하고 사회적기업 지배구조의 법적형태는 다양한 모습으로 나타나고 있다. 사회적기업의 지배구조를 법률적으로 명시해 놓은 경우도 있으나, 벨기에처럼 사회적기업의 거버넌스 구조를 규정하는 특별한 조항 없이 일반적인 회사법에 준거하기도 한다. 관련된 이해관계자들 모두에게 동등한 권리를 제공하는지 여부도 지배구조의 다양성을 만들어내는 요인이다. 포르투갈의 지배구조에서는 실질 회원과 명예회원을(자원봉사자, 재정후원자) 명백히 구분하여 두 집단 간의 권리에 차등을 두고 있다. 권리의 차등은 영국과 이탈리아에서도 보이며, 채권소유자는 사회적기업의 구성원이 될 수 없음을 명시하고 있다. 반면, 프랑스에서는 사회적기업의 구성원 자격과 관련하여 아무런 제한을 두고 있지 않다(Cafaggi and Iamiceli, 2008). 이처럼 지배구조와 관련된 사회적 기업의 이슈를 본 연구에서는 "민주성"이라는 차원으로 분석해보고자 한다.

네 번째로 사회적기업을 누가 어떠한 방식으로 통제하여 사회적기업의 의무와 책임을 구현할 것인지에 관한 것이다. 즉, 사회적기업의 통제와 관련하여 외적 통제가 이루어지는지, 외적 통제를 한다면 어떠한 기관이 할 것인지, 어떠한 방법으로 통제할 것인지, 그리고 법적 책임을 준수하지 않았을 경우 어떻게 처벌할 것인지 등의 논의가 이루어지고 있다는 것이다. 실제로 이탈리아를 포함한 대다수의 국가들은 외적 통제가 이루어지나, 폴란드의 경우 외적 통제를 하지 않는다(Cafaggi and Iamiceli, 2008). 외적 통제는 정부를 중심으로 이루어지는 경우가 일반적이나, 포르투갈의 경우 정부와 협회가 협력적으로 파트너십을 구축하며 폴란드는 법원이 사회적기업의 외적 통제를 행한다. 특히 영국은 '규제자(regulator)'라는 특별한 지위의 관리관을 선임하여 사회적기업을 통제하고 있다(Cafaggi and Iamiceli, 2008). 대다수 사회적기업은 정보공개와 법적 투명성을 중심으로 외적 통제가 이루어지고 있으나, 이탈리아와 포르투갈의 경우 사회적대차대조표를 사용한다는 점에서 차이가 있다. 이렇게 법률적으로 통제된 사회적기업은 법적 책임을 어길 시, 패널티가 부여된다. 패널티 부여 방법으로서 사법적 수단에 의존하고 있는 것이 일반적이지만, 영국과 같이 사법적 수단 이외에 행정적 수단을 동시에 이용하는 경우도 있다. 이와 같이 사회적기업의 법적 통제와 관련된 이슈들을 본고에서는 "책임성"이라는 차원에서 살펴보고자 한다.

다섯 번째로 사회적기업의 인증과 관련한 이슈들을 생각해볼 수 있다. 앞서 살펴본 바와 같이 세계의 여러 국가들은 사회적기업을 장려하기 위해 정책적으로 여러 지원을 실시하고 있다. 그러므로 그 지원 대상에 대한 공식적인 인정이 필요하며, 이를 위해 한국과 같은 경우는 주무부처인 노동부 관할로 '인증'이라는 절차를 도입하고 있다. 인증을 받지 않고 사회적기업 또는 이와 유사한 명칭을 사용할 경우 500만원의 과태료가 부과된다. 이를 통해 미국이나 유럽에서 광범위하게 불리는 사회적기업과 달리 사회적기업의 지위를 정부가 독점하게 된 것이다(강병준, 2011). 이러한 정부 독점의 엄격한 인증제도는 재정지원이나 신용공여가 필요한 사회적기업의 신뢰성을 높여주고, 사회적기업에 대한 사회적 관심과 국민의 인식을 높여줄 수도 있다. 하지만 제도상 및 실제 운영상의 여러 문제점들은 차후에 살펴본다고 하더라도, 엄격한 기준을 통해 높은 진입장벽을 만듦으로써 창의적이고 새로운 사회적기업의 진입을 어렵게 하고, 사회적기업의 활성화를 저해하는 요소로 작용할 수도 있다. 그러므로 본 연구에서는 여러 국가들에서 진행 중인 지원을 위한 사회적기업의 공식화하는 방법들을 사회적기업의 “공식성”이라는 분석틀로 비교해보고, 시사점을 도출해 보고자 한다.

마지막으로 사회적기업의 법률적 노력을 시도하게 된 계기라고도 볼 수 있는 각국 정부들의 사회적기업 지원에 대한 이슈이다. 물론 이런 법률의 제정이 일반적인 시혜적 지원에 의존하는 정책이 아니라 근본적인 자립구조를 형성하여 지속가능성을 확보하도록 하여 사회성과 기업성이라는 두 가지 상반되는 양면성을 지닌 사회적기업이 치열한 시장경쟁에서 자리매김을 목적(최호윤, 2009)으로 하고 있지만, 사회적기업을 정당화하기 위한 입법이나 사회적기업을 창출하기 위한 세제·행정비용 감면이나 보조금 지급 등의 국가별로 그 내용은 차이를 보인다. 하버드대 경영대학원의 더치 레오너드(Dutch Leonard) 교수는 사회적기업의 성 공을 위해 가치, 역량, 지원의 조화가 필요하며, 이 세 가지 조건이 중첩되는 영역을 전략적으로 확대해 나갈 필요가 있다고 주장하였다. 그러나 우리나라는 개별 사회적기업에 대한 지원은 과도한 반면, 사회적기업의 육성하는 데는 투자와 지원이 부족한 편임이 지적되고 있다(박헌준, 2008에서 재인용). 이렇게 부족한 역량에 비해 지원영역이 과도하게 큰 경우 지원금에 대한 의존성이 높아짐으로써, 정부지원이 끊기는 2, 3년 뒤의 생존 가능성 보장의 역량을 키워내기가 힘들어진다는 문제가 발생한다(심상달 외, 2008). 특히 인건비 중심의 지원정책의 경우에는 사회적기업의 안정된 정착에 기여하기보다 오히려 지원이 종료되는 시점에서 자생력 증진에 도움이 되지 않는다는 시각이 팽배해지고 있다(김학실, 2012).사회적기업의 지속가능성의 확보라는 차원에서 과연 어떤 국가적 지원이 올바른 것인지에 대한 문제를 여러 국가의 지원 내용 비교를 통해 확인해 볼 수 있을 것이다. 이에 본 연구에서는 사회적기업의 각국 정부의 "제도적 지원"이라 는 차원으로 이 부분에 대한 고찰을 이어가고자 한다.

지금까지 언급되어진 주요 이슈들을 종합하여 다음과 같이 일곱 가지 차원에 서 사회적기업의 법적 구조를 분석할 수 있다. : ① 사회성, ② 기업성. ③ 비영 리성, ④ 민주성, ⑤ 책임성, ⑥ 공식성, ⑦ 제도적 지원

Ⅳ. 한국 사회적기업의 법적 구조 특성 분석

1. 사회성 측면 비교

1) 사회적기업의 사회성

사회적기업의 사회성은 사회적기업의 그 목적 및 미션과 관계가 있다. 세상에 수많은 기업이 존재하고 있음에도 불구하고 굳이 "사회적"이라는 수식어를 "기업" 앞에 붙이게 된 것은 기존 자본주의의 시장에서 존재하고 있는 기업들이 해결하지 못하고, 양극화나 사회적 배제를 양산하면서 오히려 증가시켜온 사회 문제를 동 체제 하의 동 시장 내에서 해결하고자 하는 노력의 일환이다. 이에 기존의 기업들과의 가장 확실한 차별성을 사회적기업의 사회성에서 찾을 수 있는 것이다. 하지만 모든 사회적기업이 사회성을 가지고 있다는 점은 당연한 것이지만, 그 사회성이 품고 있는 사회적 목적은 사회적기업의 발전 경로나, 각 국가의 특수성에 따라 그 강조점에 있어서 차이가 있으며, 이는 각 국가의 사회적기업의 정의에서 차이가 나타나며, 이를 규율하는 법적 구조 내에서 다르게 나타난다.

비교 국가들의 법적 구조에서 제시하고 있는 사회적 목적인 사회성을 살펴보면 다음과 같다. 먼저 미국의 경우, 일반적으로 사회적기업을 사회적으로 유용한 활동을 하는 기업의 자선적 활동으로부터 상업적 활동을 통해 비영리조직의 수익을 창출하는 비영리목적의 사업까지 폭넓게 포함하고 있으며, 이에 새로이 등장한 L3C법에서 규율하는 사회적 목적은 미국의 내국세법 §170(c)(2) (B)[3]의 의미 내

의 자선적이며, 교육적인 목적으로 폭넓게 아우르고 있다. Lane(2010)에 의하면, 위의 사회적 목적으로 공동체 발전 이니셔티브, 경제적으로 배제되거나 소수그룹의 사람들에게 고용기회를 주는 벤처, 예술 그룹, 기존 사업들이 적당한 기회를 제공하지 않은 낙후된 지역에서 경제를 자극하고 활성화시키기 위해 조직된 벤처, 독립된 공립학교[4], 사회 서비스 조직, 종교단체 프로그램, 아이돌봄센터, 직업기술 개발이나 교육 기회, 환경이나 보건분야에서 최첨단 기술을 발전시키는 사업, 자연보호 노력, 저소득층이나 사회적 약자를 위한 주택 융자 사업, 유적지 보호 그룹, 사회적 약자 등에게 저리의 융자나 신용을 제공해주는 벤처, 미션을 옹호하는 비영리기관에 서비스를 제공하는 사업, 보건소, 문화적 기관 등 자선기관 만큼이나 다양한 분야를 운영하는 형태로 사회적기업이 적당하게 쓰일 수 있다.

영국의 회사법에서는 공동체이익기업(CIC)을 '공익을 위해 이익과 자산을 사용하려 하는 사회적기업들을 위해 만든 새로운 유형의 회사로 유연하고 안정적인 기업형태이나 공동체의 이익을 위해 활동하고 있다는 것을 확인하기 위해 몇 가지 특별한 절차를 가지고 있으며 설립이 용이한 기업'이라고 정의하고 있다(류경희, 2009). 다시 말하면, 영국에서 사회적기업의 사회성은 공익성을 대변하며, 이에, 제도화된 법인격인 CIC가 실시하는 사업으로 상정되는 범주도 매우 넓다. 양준호(2011)에 의하면, 그 범주는 미취업 청년에 대한 지원, 장애자 및 사회적 소수자에 대한 지원, 운수, 환경 문제에 대한 대응, 문화유산 보호, 스포츠 진흥 등의 영역에서 수익성이 있는 사업을 영위함으로써, 최종적으로 얻게 되는 수익을 주주를 위해서가 아니라 공동체에 환원하는 것을 그 사회성 범주에 포함시키고 있는 것이다.

이탈리아의 사회적기업은 위에서 언급한 바와 같이 '공동체의 일반적 이익과 시민의 사회적 통합을 목적으로 활동하는 조합'으로, 사회, 보건, 교육에 관련된 서비스 활동에 초점을 맞추는 A 유형과 취약계층 고용이라는 노동통합기업의 특성

---

3) 종교, 자선, 과학, 문학, 교육적 목적, 국내외 아마추어 스포츠 경기 육성, 아동과 동물 보호 등
4) 1970년대부터 시작된 일종의 교육운동으로, 기존의 공립학교 시스템을 개선하고, 학생에게 더 나 은 교육기회를 제공하기 위해 만들어진 미국의 학교, 주 및 지방 당국의 규제 없이 주로 학부모, 교사, 지역단체 등이 공동으로 위원회를 구성해 학교를 운영하는 특수화된 공립 교육 기관 (참조: 위키백과, http://en.wikipedia.org/wiki/Charter_school)

을 갖는 B유형으로 나뉜다. 사회적 목적을 달성하기 위해 조직 내 사회성을 강조한다. 2006년 새로 재정된 법률 제 155호 사회적기업법의 법적 정의는 "공동이해를 위해 공익적 재화와 서비스를 생산·교환하는 목적을 갖고, 경제·조직 위주의 활동을 안정적으로 수행하며 동법 제2조~제4조의 의무사항을 만족시키는 민간조직은 사회적기업으로 고려할 수 있다"고 하고 있다. 또한 제2조에서는 사회적 효용성에 대해서 언급하고 있는데, 1항에서는 복지, 보건, 교육, 지도, 문화, 환경보호와 같은 공익적 섹터를 2항은 혜택 받지 못하거나 장애가 있는 사람들의 작업장과 관련된 부분에서 사회적 효용성을 언급하고 있다(사회투자지원재단, 2009). 이처럼 기존의 사회적기업 규율법과 새로이 재정된 법률에서도 공통적으로 찾아낼 수 있는 사회적 목적은 공익성과 노동통합 부문의 사회적 효용성이다. 프랑스의 공익협동조합(SCIC)법의 취지는 '사회적 목적으로 공익적 재화나 서비스를 생산·제공하는 것'이다. 동법에서는 누가 어떻게 구성하여 어떤 방식으로 운영하는가가 그 조직의 사회성과 공익성에 영향을 줄 수 있다는 입장을 반영했다(최혁진, 2012). 이처럼 프랑스의 공익협동조합은 그 명칭에서부터 강조하고 있듯이 공익을 지향하며, 공익협동조합이 제공하는 사회적 유용성의 형태는 지역개발, 참여, 고용, 사회적 관계의 형성 등 사회적 통합을 주목적으로 한다.

한국의 사회적기업은 사회적 목적의 실현을 주요 목표로 삼는다. 이 목표를 달성하기 위해 전체근로자 중 50%(2011년 6월 30일까지는 30%) 이상을 취약계층으로 구성하여 일자리를 제공하거나, 전체 서비스 수혜자 중 사회서비스를 제공 받는 취약계층의 비율을 50%(기존 30%) 이상으로 하며, 일자리제공과 사회서비스 제공을 동시에 하는 경우 취약계층의 비율을 30%(기존 20%)으로 규정하고 있다. 사회적기업이 사회적 목적을 실현하기 위해 활동하면 조직형태는 비영리단체, 조합, 법인뿐만 아니라 상법상 회사이더라도 무관하다. 실제로 한국에서의 사회적기업 대다수는 상법상 회사이다. 이는 사회성을 강조하기 위해 조직의 유형을 법률로 매우 관대하게 하였다는 점을 시사한다. 또한 최근 제정된 이탈리아의 '사회적기업에 관한 법률'에도 상법상 회사는 배제되었지만 한국에서는 이를 포함하고 있다는 점에서 그 차이를 보인다.

이러한 논의 속에서 현재 그 목적의 종류와 몰입도에 따라 노동부(2008)에서는 한국의 사회적기업[5] 목적 및 활동을 분류하였는데, 사회적기업육성법 시행령 제9조에서 확인할 수 있는 바와 같이 조직의 주된 목적이 취약계층에게 일자리를 제공하는 것인 경우에는 전체 근로자 중 취약계층 고용비율이 50% 이상일 것을 제시한 일자리 제공형, 사회서비스를 취약계층에게 제공하는 경우(제공받는 취약계층 비율 50% 이상일 것)인 사회서비스 제공형, 해당 조직이 있는 지역 거주 취약계층의 고용비율이나 사회서비스 제공받는 사람 중 지역취약계층이 20% 이상으로 지역의 인적·물적 자원 활용을 통해 지역주민의 소득과 일자리를 늘리는 지역사회 공헌형으로 크게 나누어지고, 서비스제공과 고용이 혼합된 혼합형(취약 계층 비율은 30% 이상), 그 외 고용노동부 장관의 판단으로 사회적 목적 실현 여부가 결정되어지는 기타형이 있다. 상기법에서 제시된 내용들을 통해 우리는 현행 사회적기업이 취약계층[6]을 대상으로 일자리 및 사회서비스를 제공하여 사회적 목적을 달성하고자 함을 알 수 있다. 이때, '사회적기업에 취약계층이 일정 비율 이상 고용되었는가?'가 사회적 목적의 실현 여부를 판단하는데 주요 요소로 작용하게 된다. 그래서 일자리 제공형과 사회서비스 제공형은 취약계층 비율이 50% (2011년 6월 30일까지는 30% 이상)이상, 혼합형은 취약계층 비율이 30%(2011년 6월 30일까지는 20% 이상)이상 되도록 법률로 규정하고 있다. 특히 2009년 6월, 사회적기업육성법 시행령의 개정을 통해 취약계층 비율이 사회적기 업 유형에 따라 10%~20%까지 증가했다는 점이다. 이는 한국의 사회적기업이 사회적 목적을 실현하기 위해, 사회적 특성을 강조하고 있음을 시사한다. 사회적 특성이 강화되면 정부로부터의 지원이 강화되어 조세감면, 사회보험료 지원, 공공기관에서 사회적기업의 제품 등을 우선적으로 구매하는 등의 다양한 혜택을 받을 수 있게 된다는 장점이

5) 사회적기업이란, '취약계층에게 사회서비스 또는 일자리를 제공하거나 공동체에 공헌함으로써 지역주민의 삶의 질을 높이는 등의 사회적 목적을 추구하면서 재화 및 서비스의 생산·판매 등 영업활동을 하는 기업'으로서 제7조에 따라 인증 받은 자를 말한다(사회적기업육성법 제2조 제1항).

6) 취약계층: 자신에게 필요한 사회서비스를 시장가격으로 구매하는 데 어려움이 있거나 노동시장의 통상적인 조건에서 취업이 곤란한 계층'으로서(사회적기업육성법 제2조 제2항), 가구 월 평균소득이 전국 가구 월 평균소득의 100분의 60 이하인 자, 55세 이상의 고령자, 신체 또는 정신장애인, 성매매 피해자, 15-29세 청년 중 취업을 원하는 자와 경력단절 여성 중 직업안정기관 등에 구직 등록을 한자, 북한 이탈 주민, 가정폭력 피해자, 한부모 가족 지원대상, 결혼이민자, 갱생보호 대상자, 상해나 사망한 범죄 피해자 가족, 1년 이상의 장기실업자 등이 해당된다(사회적기업육성법 시행령 제 2조).

있다. 하지만 정부가 추구하는 사회적기업에 위배되면 위에서 열거된 각종 혜택을 받을 수 없을 뿐만 아니라 사회적기업 및 이와 유사한 명칭을 사용할 수도 없게 된다. 이에, 정부는 새로운 조직에 대한 국민적 신뢰를 확보하고 사회적기업에 대한 기준을 공정하게 하고자 사회적기업 인증 제도를 두고 있다.

이 때 사회성의 범위에 대한 논의가 제기 될 수 있다. 양준호(2011)는 사회적기업을 지역사회, 국민국가, 세계사회 차원의 사회적 문제를 해결하고자 하는 조직으로 사회적 가치에 대한 강한 지형성을 가지고 있는 조직이어야 한다고 보았다. 지역과 세계적 차원의 커뮤니티에 존재하고 있는 사회적 과제에 대해 적극적으로 대응하는 것을 사업 활동의 핵심미션으로 설정하는 것이 사회적기업에 대한 가치판단을 위한 가장 중요한 기준으로 본 것이다. 하지만 현재 우리 법에서 제시하는 사회성은 취약계층과 지역사회 정도로 세계적 차원의 커뮤니티에 존재하고 있는 사회적 과제에의 대응을 사회성으로 본 것에 비해 훨씬 협소한 것으로 보인다. 이는 우리나라의 사회적기업 정책이 국가 주도로 진행된 데다가 그 시작이 사회적 일자리 창출 부문에 초점을 맞추고 있었기 때문에 당연한 결과이며, 제3섹터가 활성화되어 있는 서구와는 달리, 사회적기업의 법 제도화 당시 한국의 제3섹터 부문이 황무지에 다름없었던 상태였던 것 또한 사회성을 좁은 범위로 한정시킨다. 영국의 경험에서도 사실상 초창기의 사회적기업은 노동자 협동조합, 사회적 협동조합, 장애인 파견 자선회사, 공제조직, 중간노동시장, 커뮤니티 비즈니스, 지역사회조직 등이 사회적기업으로 정의되어 노동통합을 목적으로 한 일자리 창출이 주목적이었다(이회수, 2011). 하지만, 2000년대에 들어서면서 영국 정부는 취약계층의 노동·고용 정책으로만이 아니라 좀 더 넓은 의미에서 사회정 책, 경제 산업 정책의 맥락에서 사회적기업을 검토하기 시작했으며, 거시적 차원에서 지역개발정책과 경제 산업정책과 연계시키는 전략적 접근을 하였다(양준호, 2011). 아직은 한국의 사회적기업이 태동기에 불과(김봉화 외, 2010)하다고 볼 수 있기에 사회적기업을 통한 사회 문제 해결이 더 증가해나가고, 사회적기업이 더 나은 제도로 거듭나기까지에는 시간이 필요할 수 있지만, 새로운 사회 변혁의 주체로서 사회적기업이 전 지구적 차원의 더 좋은 세상을 만들어 나가기 위해서는 사회성의 범위 확대도 앞으로 고려할 필요가 있겠다.

2) 사회적기업의 사회성과 기업성의 상충관계

앞서 언급한바와 같이 사회적기업은 '사회적' 특성과 '기업적' 특성이라는 이질적 결합에 바탕을 둔 하이브리드(hybrid) 개념이다. 사회적기업의 두 특성은 이론적으로나 실천적으로 쉽게 융화되기 어려워 대다수 국가들이 이들 특성 중 어느 한 특성을 강조하는 경향을 보여 왔다. 유럽에서는 사회적기업의 사회적 측면을 부각시켜 사회적 경제를 강화시키고자 하였고, 미국에서는 기업적 측면을 강조하여 시장을 통한 사회혁신을 추구하고자 하였다.

한국에서도 사회적기업의 사회적 특성과 기업적 특성에 관해 학자들 간 논쟁이 지속되어 왔다. 논쟁의 핵심은 사회적기업이 사회성을 강조하여야 하는 것인지 혹은 기업성도 동시에 고려해야 하는지에 대한 것이었다. 장원봉(2008)은 한국의 사회적기업육성법이 개혁 전 이탈리아의 협동조합법과 매우 유사한 법적형태를 보이고, 실제로 사회적기업의 경제활동은 사회적 목적을 달성하기 위한 일환이라고 주장하였다. 김성기(2009)도 장원봉(2008)과 유사한 관점에서 사회적기업을 '사회적 목적을 최우선적으로 추구하면서, 기업가적 전략을 추구하는 비즈니스 조직'으로 정의했다. 그러나 현행 사회적기업은 사회성을 중시하기보다는 영리적 속성과 시장 자립을 강조하는 양상이 강함을 지적하고, 사회적기업이 일반 기업과 동일시되는 것에 대한 위험성을 비판하였다.

반면 김은진(2009)은 사회적기업이 '사회적 목적을 달성하면서 일정한 이윤을 창출해야 하는 기업'이라 정의하고, 사회적기업이 사회적 특성뿐만 아니라 기업적 특성을 지니지 못하면 정부의 사회복지정책 및 사회복지프로그램의 하나로 전락할 우려가 있음을 지적하였다. 박찬임(2009) 또한, 단순한 사회적일자리 창출보다는 시장에서의 자립에 초점을 맞추고, 이를 위해 사회적기업의 사회적 특성뿐만 아니라 기업적 특성을 함께 강조하여, 혁신, 창의성, 자율성과 같은 부문을 보강해야 한다고 하였다.

학계에서의 논쟁이 사회성 강화 내지는 사회성과 기업성의 균형유지라는 두 축으로 논의가 진행되고 있지만 현실에서는 이 두 차원이 서로 상충적인 관계로 나타나고 있다. 특정한 형태의 사회적 목적을 강조하는 것은 사회적기업의 수익성에 상당한 위축이 불가피하며, 역으로 자립을 위한 기업성을 강조하는 것은 상대적으로 사회적 목적을 약화시킬 수밖에 없다. 이러한 상충관계가 상당히 완화되어 이두 차원 간에 균형이 어느 정도 달성될 수 있는 가능성을 찾는 일은 어려운 일처럼 보인다. 법적 측면에서 살펴보면, 사회적기업 육성법에서는 사회적 기업의 사회성을 뚜렷이 강조하고 있고, 사회성의 구체적인 형태까지도 제시하고 있다. 즉, '취약계층에게 사회서비스 또는 일자리를 제공하거나 지역주민의 삶의 질을 높이는 등 사회적 목적의 실현'하는 것이 사회적기업의 구체적인 목적인 것으로 제시하고 있다. 사회적기업의 활동을 이렇게 특정한 범주로 제한시키는 것은 상대적으로 영리활동을 위축시킬 수밖에 없다. 사회성이 강화되고 영리활동이 위축된다는 것은 재정적으로 취약해질 수밖에 없으며, 그에 따른 국가의 보상이 전제되어야만 사회적기업의 존속가능성이 보장된다는 의미로 이어진다.

국가에 대한 사회적기업의 지나친 재정의존성을 경계하기 위해 육성법 시행령 10조에서 국가는 기업성에 대한 일정한 강조를 하고 있는데, 이는 사회성과 기업성 간의 상충관계의 균형을 유지하려는 국가의 노력이 엿보이는 대목이다. 즉, 수입창출 수준을 어느 정도 유지하면서 사회적 목적을 강화하려는 취지를 갖고 있는 것으로 보인다. 하지만 법적인 차원에서 균형을 유지하려는 이러한 노력도 현실세계에서 상충관계의 완화와는 아직도 거리가 먼 것처럼 보인다. 이를 가장 잘 보여주는 것이 사회적기업의 인증결과에 잘 나타나 있다. 국가가 제시한 사회적 목적에 충실하면서 일정한 수입을 창출하는 것이 현실적으로 어렵기 때문에 인증에서 탈락한 첫 번째 주요인이 바로 수입창출로 나타나고 있다. 즉 인증 신청 기관이 불인증 된 경우의 다수는 수입요건의 미달이나, 영업수익의 증명 문제가 가장 빈번한 불인증 사유로 나타났다(조영복·강승화, 2008). 사회적기업의 자립성을 위해서는 외부의 보조금이나 지원금 뿐 아니라 자체 사업을 통한 사업수익과 그를 위한 시장경쟁력이 요구된다. 자선과 윤리적 소비에만 의존하여서는 지속적인 조직 존속을 보장받을 수 없으며 지속적인 사업성은 궁극적으로 시장경쟁력을 요구한다. 사회적 목적이 훌륭하다고 해도 시장에서 자동적으로 인정받는 것은 아니며 어느 정도 이상의 질적 수준을 갖춰야 한다.

오히려 사회적기업은 영리 추구뿐 아니라 사회적 가치까지 동시에 추구하기 때문에 이런 기업들보다 더 혁신적이어야 시장 경쟁에서 살아남을 수 있다는 역설적인 면도 있다.

우리는 앞서 서술된 사회적기업육성법 제2조(사회적기업 정의)와 동법 시행령 제 9조(사회적 목적 및 활동에 관한 사항)에 의해, 한국의 사회적기업이 사회적 목적을 실현할 목적으로 사회적 특성을 강조하고 있음을 표면적으로 확인했다. 하지만 사회적기업을 인증하는 방식에서는 영업활동을 통한 수입요건이 매우 중시되므로, 실질적으로 사회적기업의 '기업적' 특성인 영리적인 부분이 강조되고 있음을 파악할 수 있다. 이에 사회적기업의 기업적 특성을 다음 절에서 이어 각국의 사회적기업 관련법과 비교하면서 우리나라 사회적기업육성법의 법적 구조를 파악해 보도록 하겠다.

2. 기업성 측면 비교

다양한 사회 문제를 비즈니스적 방법을 통해 해결하고자 하는 사회적기업과 기존에 이런 사회 문제에 대처하던 국가나 비영리기관과의 가장 큰 차이점은 사업활동을 통한 수익을 활용하여 그 사회적 미션을 수행해 간다는 혁신성에 있다. 기업성을 추구하는 동시에 사회성 또한 추구하기 때문에 일반적 기업과 그 경쟁력에 있어서 뒤떨어질 수 있는 부분이 일면 있기 때문에, 국가의 제도적 지원 등이 따르기는 하지만, 사회적기업의 지속가능성을 갖추기 위해서는 사회적기업의 특성 중 수익을 추구하는 '기업성'은 사회적기업에 있어 특히 중요한 조건이라고 할 수 있다. 그리고 기업성에 있어서 사회적기업가의 창의성과 의지가 아주 중요하지만, 본 논문에서는 자본의 조달 문제를 중점으로 기업성을 고찰해본다.

비영리조직의 재정문제 해결을 위한 영리추구 차원에서 발전 배경을 찾을 수 있는 미국의 경우는 특히 시장적 영역에서의 지향성이 강하게 작용하고 있다. L3C는 이런 미국의 토양위에서 기존 비영리기관의 수익추구에 있어서의 한계를 넘어, 사회적 가치를 기존 기업의 재정적 장점을 결합한 상태에서 추구할 수 있도록 만들어진 것이다. 그러므로 L3C 기업은 주식 발행을 통해 자본금을 조성할 수도 있고, 주식을 팔수도 있다(Shaw, 2009). 엔젤 투자가나 일반은행으로부터의 차입금을 빌리는 등 전통적인 시장적 방법으로 자금을 조성할 뿐 아니라, 연간 자산의 최소 5%프로그램 관련 투자(Program Related Investments; PRIs)를 만들어 세금면제 상태를 유지하며, 비영리기관의 보조금과 같은 자금을 이용할 수 도 있다(Dishman, 2010). 미국의 사회적기업의 법적 형태는 비영리비과세조직을 유지하는 경우도 있지만, 영리기업이나 유한 책임 회사 등 열려있으며, 비영리비과세조직을 제외한 열린 구조는 주식 등 기타 유가증권을 판매할 뿐 아니라 다양한 차입금 및 영리적인 금융 계획안을 통해 일반 사적인 금융까지도 유치함으로써 그 기업성을 유지하고 있다.

영국의 경우, 사회적기업 활성화 정책의 일환으로 노동당 정부의 종합적 전략으로 설계된 CIC법은 비영리적 조직에 상법상의 지위를 부여(엄형식, 2008:11)하고, 수익배분을 일정한도 허락함으로써 투자를 유치할 수 있다. 사회적기업도 다른 기업들과 마찬가지로 성장과 효율적 운영을 위해 적절한 자금 이용이 필요하다는 인식을 시작으로 정부의 보조금으로부터 주식 투자에 이르기까지 사회적기업의 다양한 발달 단계를 반영하는 여러 가지 방식을 이용하여 자금을 조달하도록 하고, 유망한 사회적기업들이 채권 시장과 주식 시장을 통해 필요한 자금을 이용할 수 있도록 하였으며, 또한 사회적기업은 은행, 재단, 지역개발금융기관이 제공하는 다양한 외부 자금 조달 수단을 사용해왔다(조영복·곽선화, 2011:76-87).

이탈리아는 기존의 사회적 협동조합의 규모가 팽창하여 왔으나, 조직구조로 인해 발생하는 비용증가 문제를 해결하는데 어려움을 겪었고, 이로 인한 새로운 형태의 공급조직의 필요성 인식이 새로운 사회적기업법 제정의 배경이 된다. 즉 새로운 사회적기업법에 의한 사회적기업은 다원주의를 바탕으로 한 경쟁 촉진이 의도되었다. 하지만 기존조직 구조로 인한 비용은 해결했더라도, 사회적기업에 대한 가장 큰 기대 중 하나인 수익을 창출함으로써 비용을 최소화하고 기업으로서의 안정성을 확보하는 데는 여전히 부족하다. 투자자가 아닌 사람들이 기업을 지배함으로써 발생하는 소유비용이 크다는 단점은 해결되지 않고 있고, Borzaga(2007)의 지적처럼 생산조직 및 기술혁신을 통해 우월한 성과를 거두어야 하는 과제는 또한 여전히 존재하는 것이다(노대명, 2008:42-44). 이처럼 이탈리아 사회적기업의 수익모델에 대한 고민은 지배적이며, 이러한 특성은 연대경제의 모델보다 영리기업의 모델을 선호하는 경향으로 나타난다. 즉 새로운 법은 협동조합 뿐 아니라 법적 형태의 제한을 두지 않음으로써, 더 열린 형태를 두고 있으며, 이를 통한 영리 추구가 좀 더 가능해지는 것이다. 이탈리아의 사회적기업 법에서도 기업가적 방식을 따라 생산적이고 전문적이고 경제적이고 조직적이어야 함을 언급하고 있는데, 영업을 통한 수입이 전체 수입의 70% 이상이어야 한다는 조항을 두고 있다. 자금조달은 창업을 위한 유럽펀드들로 사회적 협동조합 의 자본화를 돕거나 새로운 활동시작을 위한 투자에 기여하게 하고, 민간 은행의 저금리 대출 및 대규모 금융재단의 일부 특정 프로젝트에의 자금 지원 등을 들 수 있다(Loss, 2006; 조상미, 2011 재인용).

프랑스의 사회적기업은 유럽 대부분의 국가와 마찬가지로 정부보조금이나 판매수익, 지방자치단체의 지원 등으로 재정조달을 한다. 프랑스의 노동통합기업은 판매를 목적으로 재화와 서비스를 생산하는 데 다른 일반 기업과 마찬가지로 시장에서 판매되고 이러한 판매수입에 의해 재원을 조달한다(Dughera, 2000; 정인숙·최갑열, 2009에서 재인용). 그리고 적극적 노동시장정책의 일환으로 중앙정부 및 지방정부가 민간단체에게 실업·빈곤 문제를 해결하는데 쓰도록 지원하는 Enterpese d'Insertion과 같은 것도 있고, 지역사회 차원에서 사회적 일자리 창출을 위해 기금을 조성하고 투입하는 방법으로 재원을 조달하고 있다(정인숙·최갑열, 2009). 정부의 복지 지출 수준이 높으며 비영리 부문의 역할도 강할 뿐 아니라 사회적기업의 비중도 높은 대륙국가 모델의 프랑스의 특징 상, 정부의 지원이 큰 부분을 차지하며, 독특하게도 일반기업의 지원도 매우 크고 활발한데, 법에서 규율하는 부분은 조직의 목적에 더 중점을 두며(조상미, 2011), 기업성의 강조는 크게 나타나지 않는다.

한국의 경우는, 앞 절에서 언급한 바와 같이 국가에 대한 사회적기업의 지나친 재정의존성을 경계하기 위해 국가는 영업활동을 통한 일정한 수입창출을 강조하고 있다. 즉, 인증을 받고자 하는 사회적기업은 정부의 지원금, 보조금, 후원금, 회비 등을 제외한 수입이 총 노무비의 30% 이상이어야 한다는 기준을 제시하고 있다. 이는 이탈리아의 총수입의 70%이상의 수입을 규정한 것에 비하여 낮은 편이며, 사회적기업의 태동기에 불과한 현실을 반영한 것으로 보인다. 한편 우리나라의 경우, 사회적기업육성법에서 허용하고 있는 조직형태는 민법상 법인, 조합과 상법상 회사, 비영리 단체 등을 다 허용하고 있는데, 상법상 회사가 가장 높 은 비율을 차지하고 있다[7]. 이를 고려하면 기업성에 대한 강조는 조금 더 필요할 것으로 보이지만 한국의 경우 정부의 재정지원이 있으면 운영되고 지원이 끊기면 바로 문을 닫는 경우도 많이 발생하고 있어 재원 확보 시스템 개발이 필요하다. 상대적으로 기부금 문화가 덜 발달한 만큼 개인 기부금 조세감면 확대를 통한 기부금 유치(정인숙·최갑열, 2009)와 엔젤투자가를 비롯하여 개인/기관 투자를 유치할 수 있는 유인의 개발도 필요할 것이다.

이창순(2010)이 지적한 바와 같이 사실상 사회적기업은 사회적 목적을 추구하기 때문에 시장 논리를 다소 무시해도 되는 것이 아니라 오히려 사회적 목적을 추구하기 때문에 더욱 더 시장경쟁력을 확보해야 하는 부담이 있을 수 있다. 즉 장애인을 고용하여 제품을 생산하는 사회적기업이 있다고 할 때, 어느 시점까지 는 사람들의 시혜나 온정에 기대어 사업을 유지할 수 있지만 장기적으로는 장애인이 생산하는 제품의 품질에 대한 시장의 회의적인 인식 불식을 위해 오히려 더 품질의 우수성을 증명해보여야 하는 것이다. 이런 점에서 지속적인 사회적 정당성을 위한 사회적 공익성의 선명성을 드러내면서 동시에 객관적인 경쟁력을 갖춰야 하는 쉽지 않은 이중의 과제를 안고 있는 것이다. 일본의 스완베이커리의 사례와 같이 장애인들과 일반인들의 경계를 허물어 자연스럽게 사회에 받아들여지도록 하면서(가이즈 아유무, 2010) 지속가능한 성장을 꾀하는 등 기존의 성공 사례의 분

7) 사회적기업의 조직형태(2008년말 기준-고용노동부, 2009)

(단위: 개소, %,)

		2007	2008	계	2007	2008	계
민법상 법인	사단법인	15	31	46	28.8	18.7	21.1
	재단법인	2	8	10	3.8	4.8	4.6
민법상 조합	협동조합	5	6	11	9.6	3.6	5.0
비영리단체		4	22	26	7.7	13.3	11.9
사회복지법인		5	28	33	9.6	16.9	15.1
상법상회사	주식회사	19	48	67	36.5	28.9	30.7
	유한회사	2	22	24	3.8	13.3	11.0
	합자회사	0	1	1	0.0	0.6	0.5
계		52	166	218	100.0	100.0	100.0

석을 통한 구체적이고 실용적인 대안을 찾아가는 것이 중요하겠다.

한편에서는 사회적기업의 수익성은 일반 영리기업과 다르게 평가되어야 한다는 주장이 제기된다(김혜원 외, 2009). 민간 영리기업과 다르게 사회적기업의 경우 사회적 이익에 간접적으로 기여한 것을 수익성에 포함시켜야 한다는 것이다. 이렇게 사회성이 반영된 수익성을 바탕으로 미국과 영국의 경우와 같이 민간의 투자를 유인하는 등의 다양한 재원 확보 개발이 필요하며, 이러한 사회적기업의 사업성 측정이 우수 모델 발굴을 통한 사회적기업의 저변확대 및 개별 기업의 지속가능성에도 도움이 될 수 있다.

3. 비영리성 측면 비교

사회적기업은 다양한 역사에서 반영된 다양한 모델들이 다양한 상황에서 운영되고 있기 때문에, 설립방식이라든지 운영방식에 있어서 많은 다양성을 보이지만, 제3섹터에서 발전된 경향이 많은 관계로 많은 국가들에서 이익분배를 제한한다거나 자산을 동결하는 식의 비영리성을 보인다. 이익분배나 자산동결을 어떠한 방식으로 하는지에 대한 문제는 앞에서 살펴본 사회성을 더 강화시키기 위한 제한과 자금의 조달로 사회적기업이 좀 더 지속적으로 재정적 존재기반을 자급해나가야 하는 문제 사이의 갈등을 야기한다. 이에 본 절에서의 사회적기업의 비영리성부문은 각 국가에서 나타나는 이익분배의 제한과 자산동결의 측면에서의 차이를 비교해보고자 한다.

먼저 미국의 경우를 보면, 미국의 다양한 스펙트럼의 사회적기업을 모두 아우르기엔 부족하나, L3C법에서 제안하고 있는 사회적기업의 경우는 주식을 팔수도 있고, 자본금 조성을 위해 주식을 발행할 수도 있다(Shaw, 2009). 이전의 비영리 비과세 조직으로 존재하던 사회적기업의 경우, 사회적기업가들이 투자자본 조성을 위해 외부투자자들에게 투자수익을 환급하는 행위를 허용하지 않는다는 한계가 있었는데(조영복, 2009), 이를 보완하여 주식 등 기타 유가증권을 판매할 뿐아니라 다양한 차입금 및 영리적인 금융 계획안을 통해 일반 사적인 금융까지도 유치한다. 이렇게 미국의 L3C법에서는 자산동결이나 이익 배분의 제한 혹은 배당금 상한에 대한 규정이 없다(Sean et al., 2011).

영국의 경우, 새로운 형태의 공동체이익기업은 자산동결이라는 과정을 통해서 공동체 등록이 가능하며, 비영리적 제한과 자산분배 측면에서 이익은 재투자되어야 한다. 그러나 주주들에 대한 배당금 지불한도와 대출이자의 한도에서 자산을 분배할 수 있다. 파산할 경우, 동법에 의거하여 자산 저축은 사원들에게 배분하지 못하도록 규정하고 있으며 동시에 지역 사회이익회사, 자선단체에 이전하고, 영국 외의 국외기관에 이양될 수 없다. 한편, 공통된 목표와 채권을 공유하는 사람들이 사회적기업의 커뮤니티를 형성한다는 점에서 사회적기업의 소유권은 커뮤니티에 있다고 볼 수 있다. 즉 사회적기업의 주요 특징인 사회적 소유권(social ownership)이 나타나게 된다(SEL, 2003).

한편, 이탈리아의 사회적기업 자산분배 측면에서 자산분배가 기관의 목적에 위배되나. 이윤을 제한되게 분배하는 것이 동법에 의거하여 완전히 금지되어 있는 것은 아니다. 더불어 협동조합회사 고유의 특성을 유지하기 위해 제한적이긴 하지만 특별한 분배권한을 지닌 재정적 도구를 이용할 가능성에 대해 충분히 보이고 있다(Cafaggi and Iamiceli, 2008). 즉, 협동조합 형태를 이용하여 사익 추구할 가능성을 방지하기 위하여 청산 시, 어떠한 자산도 배분될 수 없도록 규정하고 있지만, 사회적협동조합법에서 나타난 이윤분배 측면을 보면, 전체이윤의 80% 이내에서 분배가 가능하도록 되어 있다. 이윤분배에 있어서 이탈리아가 한국에 비해 관대한 것은, 이탈리아의 사회적협동조합이 이윤을 구성원 간에 분배하는 협동조합 전통에서 출발한 것에 비해, 한국은 이윤을 단 1%도 분배하지 못하는 비영리조직의 전통에서 출발했기 때문이다. 그리고 출자금에 대한 배당의 경우 이탈리아에서는 배당률이 우체국 채권의 이자율보다 높아서는 안 된다고 규정하고 있으며, 협동조합이 청산될 경우에는 어떠한 자산도 배분될 수 없도록 규정하고 있다(이회수, 2011). 한편, 새로이 마련된 이탈리아의 사회적기업법의 경우도 사회적 협동조합을 제외하고는 직·간접적으로 이익분배는 금지되고 있는데, 사회적 기업법 제3조 2항에 따르면 “사회적기업은 직접적이든 간접적이든 어떤 형태의 이윤이나 자산도 이사, 투자자, 회원, 종업원, 합자인에게 분배할 수 없다.”고 규정하고 있다(사회투자지원재단, 2009)[8]. 그리고 사회적기업에 대한 재투자를 목적으로 하는 수익처리만을 허용하고 있으며, 사회적기업 청산 시에는 잔여자산을 사회적 유용성을 가진 비영리단체에 이전하도록 규정하고 있다(노대명, 2007). 이렇게 사회적기업의 수익 실현 시에도 그것이 기업 운영의 근본적 목적으로 간주되어지지 않도록 통제하는 규정을 두고는 있지만, 간접적 형태의 분배 중에서 동법은 기존에 적용했던 것보다 더 높은 수준의 추가적 보수를 이사, 노동자, 재무가 등에게 제공할 수 있다.

그리고 프랑스의 경우는 법정보유분을 유지하거나 모든 공적기부와 보조금들을 제외한다면 제한된 분배는 허락되나, 어떤 경우이든지간에 모든 협동조합처럼 구성원들에게 지불되는 이익률은 사적회사가 주는 평균 보상율을 초과할 수 없다. 더불어 모든 협동조합에 적용되는 규칙은 사회적 협동조합에도 적용되나, 파산할 경우 구성원들이 제공한 자본기부들은 변상된다(Cafaggi and Iamiceli, 2008).

한국은 자산분배 측면에서 상법상 회사가 사회적기업인 경우, 회계 연도별로 배분 가능한 이윤이 발생한 경우에 사회적기업육성법 제8조 제1항 제7호에 의거하여 전체 이윤의 2/3이상을 사회적 목적을 위하여 사용하여야 한다. 이는 사적 이윤 추구를 본성으로 하는 상법상 회사에 대한 제한 조치로 볼 수 있다. 또한 상법상 회사는 주주의 배당청구권을 일반적 경우에 비하여 1/3로 제한하므로 다소 영리 목적에 위축되는 측면이 있고 법적 규제가 매우 엄격한 편에 속한다. 그리고 사회적기업이 해산 및 청산, 회원 탈퇴 등이 이루어진다 할지라도 회원은 자본금 및 자산에 대하여 권리를 주장할 수 없다. 또한 청산 시 배분 가능한 잔여재산이 있을 경우 잔여재산의 2/3이상을 다른 사회적기업 또는 공익적 기금 등에 기부하여야 한다. 한편, 사회적기업육성법에서는 민법에 따른 법인(재단법인이나 사단법인)과 사회복지법인 등에 대해서 이윤 분배의 제한에 관한 별도의 규정을 명시하지 않는데, 이것은 해당 조직을 규정하는 법의 요건 상 수익의 사적 배분을 금지하고 있기 때문인 것으로 추정된다(김성기, 2011).

한국의 이익배분이나 자산동결의 제한이 비교적 엄격한 것과 관련하여 필자는 재고의 여지가 있다고 본다. 사회적 목적을 중시하는 고용인이나, 기부자들에게

8) 동조 3항에서 "간접적 이윤 분배"의 개념을 정의하고 있는데, 동종 업계가 지급하는 보수보다 사회적기업의 이사진 임금이 20% 이상 많으면 간접적 이윤 분배로 간주한다.

이런 제한들이 사회성을 충족시키고 있음을 믿도록(Glaeser and Shleifer, 2001) 만드는 데는 분명 도움이 됨은 인정하더라도, 이윤을 내거나 외부로부터 투자를 받는 등의 활동에 있어서 제한적으로 작용할 것임은 자명한 것이다. 또한 새로운 사회적기업의 활성화에도 높은 장벽으로 작용하고 있다.[9] 미국의 사회적기업의 경우에서 보이는 것과 같이 단순히 국가 재정에만 의존할 것이 아니라 외부 투자가들 즉, 엔젤 투자가들이나 인내자본 등을 끌어들이기 위해서는 이윤의 배분이 보장되는 것이 필요할 것이다. Doeringer의 벨기에와 영국의 사회적기업법의 비교 연구(2010)에서는 영국이 벨기에에 비해 더 성공적으로 사회적기업 육성에 성공적인 것으로 보고 있는데, 그 원인을 사회적기업에 대한 인식 개선 노력으로 더 광범위한 공공의 이해를 산출해 낸 것 이외에 사회적기업 조직을 위한 새로운 자금 출처를 만들어 낸 것에서 찾고 있다. 즉, 벨기에의 경우, 인증에 대한 혜택이 작은 것에 비해 사회적기업을 하는데 오히려 추가 비용만 부과하고 있는데 반해, 영국은 CIC(지역사회 이익 회사)의 인식 개선에 정부가 투자하고, 좀 더 유연한 자산 배분으로 새로운 자금의 출처까지 개척할 수 있게 해 놓은 것이다.

우리나라의 사회적기업은 그 근간이 되는 제3섹터가 미국이나 유럽 등 서구의 선진사회와 비교할 때 척박했음을 고려하고, 아직 초기 단계라고 볼 수 있기에 완전한 자립형 사회적기업을 만드는 것은 현실적으로 어려울 수 있다. 하지만 좀 더 장기적으로 사회적기업이 자립적으로 지속가능하기 위해서는 수익구조를 더욱 탄탄하게 만들고, 새로운 투자에 대한 유인을 더 많이 만들어야 할 것이다.

자산의 분배 제한으로 사회적 목적을 더 충실히 수행하는 것과 유연화로 외부 투자를 더 끌어들이는 것 사이의 상충관계의 균형점을 찾기 위한 방법 중 하나로 사회적기업의 조직유형별로 자산 배분의 제한 등에 있어서 차별을 두는 방안을 제안하고자 한다. 더 이윤을 낼 수 있고 국가 재정 외 다른 투자를 꾀할 수 있는 형태의 조직에는 이윤 분배의 가능성을 더 확대하는 것이다. 혹은 적어도 앞서 살펴본 국가들에서 보이는 바와 같이 제한적이나마 이윤과 자산의 분배를 조금씩 넓히는 것도 생각해 볼 문제이다.

9) 실제로 사회적기업 창업 후 기업 활동을 하지 못하고 있는 초기 창업자 인터뷰(2012.09.21)에 의하면, 이윤의 2/3를 사회적 목적을 위해 사용해야 하는 항목의 제한으로 창업만 해놓고, 실질적인 기업의 활동을 시작할 수 없었다고 응답했다

4. 민주성 측면 비교

앞서 확인된 사회적기업이 지닌 상충관계, 즉 공공성 지향이라는 '사회적' 특성과 이윤추구라는 '기업적' 특성 간의 긴장관계는 사회적기업의 사회적 목적과 활동뿐만 아니라, 이사회 구성방식, 이사 상호간 관계 및 참여 등에도 영향을 미친다. 지배구조는 이사회 구성 방식과 밀접한 관계가 있는데, 이사회는 회원 중 일부를 이사로 선임하거나, 회원 모두 이사로 활동하는 방식 중 하나를 선택할 수 있다. 일반적으로 사회적기업은 몇몇 사람들에 의해 좌우되는 것을 방지하기 위해 다양한 이해관계자들(상근실무자, 자원봉사자, 이용자, 조합원이나 회원, 주요 기금제공자, 정부 당국자 등) 기반으로 이사회를 구성하고, 이사들 간의 동등한 관계 및 민주적 참여를 지향하고 있다. 하지만 이사회가 더욱 확대되고 형식화될수록 사회적기업의 역동성이 점차 사라질 수 있다. 즉, 사회적기업 내 다양한 이해관계자구성과 민주적 의사반영이 이윤활동을 저하시켜 사회적기업의 성장을 저해할 위험이 존재하는 것이다. 민주성 원칙은 정치 단체나 시민 조직에서는 핵심이 되는 중요한 특성이지만, 이윤극대화 논리의 일반기업 조직의 핵심적 특성과는 거리가 있기(Blau and Scott, 1962) 때문에, 사회적기업의 특성상 이 둘 사이의 갈등의 중간에 놓이게 되는 것이다.

또한 사회적기업이 다양한 이해관계자들을 바탕으로 한 이사회의 민주적 참여를 장려하고 있지만, 실제로 이들의 의견의 반영도는 차이가 있을 수 있다. 현재 한국의 사회적기업은 다양한 이해관계자가 민주적인 참여를 하도록 육성법을 통해 규정하고 있지만, 장승권 외(2008)의 연구를 통해 보면, 사회적기업의 이해관계자 중 사회적기업가, 종업원 등의 의견반영은 높게 나타나나 후원자, 자원봉사자 등의 의견반영은 비교적 낮게 나타나, 사회적기업 내부에서도 이해관계자들의 의견반영도가 상이하게 나타났다.

사회적기업은 특성상 다양한 이해관계자의 참여와 공동체주의에 기반한 지배 구조를 필요로 하기에(Ridley-Duff, 2007) 대다수 국가가 다양한 이해관계자들을 바탕으로 지배구조를 형성하고 있지만, 사회적기업의 지배구조에 관한 법적형태는 다양하다.

미국의 경우, 정부 차원의 명문화된 제도적 지원이 없었기 때문에 너무나 넓은 사회적기업의 모든 분야가 다 동일 할 수 없는 것이 사실이다. 본고에서 살펴보고 있는 L3C법에 의해 정의되는 사회적기업의 경우는 회원이나 소유권자들, 1인 이상의 경영자에 의해 운영되어야 하며, 경영자 운영의 경우, 경영자는 회원일 수 있지만, 의무적인 것은 아니라고 규정된다. 그리고 L3C는 회사 업무와 사업집행 및 회원, 경영자, 회사 간 관계를 감독하는 회원이 계약한 운영 계약 (operating agreement)에 의해 지배구조를 형성하는데, 상기 계약은 투표권과 기대 업무 등의 회원 각각의 권리와 의무를 비롯한 다른 지배구조 조항을 포함한다(Lane, 2010). 즉 이해관계자에 대한 회원이나 경영자라는 정도의 제시 외에 더 구체적인 제시는 보이지 않으며, 계약에 의해 지배구조가 결정되고, 그에 대한 구체적 제한이 따로 보이지 않는 점은 다른 국가들과 달리, 회사법에 준하여 지배구조가 결정되고, 자본소유에 근거한 의사결정구조를 갖고 있는 것이다.

다음으로 영국의 이해관계자들과 지배구조에 관해 살펴보면, 주주는 이해관계자와 협의하고 연간 보고하는 요건을 준수하며, 협회의 정관이 정하는 바에 따라 누구든지 사원이 될 수 있다. 이때 창업을 위하여 사적회사는 1인, 기타 모든 회사는 2인 이상을 두고 있어야 한다. 투표권한은 회사법에서 규정된 주주권한에 의해 투표가 가능하다.

이탈리아 이해관계자들과 지배구조 측면에서 먼저 사회적 협동조합의 지배구조는 민주주의 규정에 의해 특징지어 질 수 있는데, 이러한 규정은 특정 구성원의 지배적 의사결정권의 제한 및 다수의 이익 보호에 초점을 맞출 수 있다. 그 결과, 의사결정구조는 노동자, 사용자, 자원봉사자, 후원자, 법인 회원 등의 다중 이해관계자로 구성된다. 이때 1인1투표를 원칙으로 하나, 자금을 조달하는 구성원들은 최대 5표까지 행사할 법적 권한이 부여된다. 한편 새로이 등장한 사회적기업법에서는 이해관계자 및 지배구조에 관하여 비영리적 기관이 사회적기업을 한 방향으로 통제하고 사회적기업의 그룹을 형성하는 반면에 동법은 공공기관들과 이익을 추구하는 기관들이 사회적기업을 통제하는 것을 금지하고 있다. 하지만 이런 제한 외의 구성원의 구성에 대한 요건을 따로 법으로 규정하고 있지 않아, 사회적기업 재량에 따라 재정가나 자원봉사자 등의 구성원으로 포함시킬 수 있다.

다음으로 프랑스의 경우는, 효과적인 구성원들과 명예상의 구성원들을 구분하여 수혜자를 협회의 구성원으로 포함시킬 뿐 아니라, 직원들을 비롯한 자원봉사자, 그리고 협동조합 활동에 공헌을 한 개인이나 사적 기관 및 공공 기관도 구성원으로 포함하며, 사회성 강화를 위해 이러한 다수성을 강조한다(Cafaggi and Iamiceli, 2008). 그러나 이들 모두가 동일한 투표권을 가지고 있는 것은 아니며 각 그룹별 소총회를 거치고 다시 전체 총회를 통해 의결이 이루어진다. 공공기관이 참여함으로써 공공인 지자체가 직접 운영하기 어려운 사업에 지자체 지분 20% 이하로 제한한 상태에서 공익협동조합을 참여시킬 수 있도록 하고 있다(최혁진, 2012).

한국의 경우, 의사결정구조 및 지배구조와 관련하여 사회적기업은 근로자나 서비스 수혜자 대표 등을 의사결정과정에 참여시켜 민주적 의사결정 구조를 가져야 인증을 받을 수 있다. 의사결정에 관하여는 정관으로 정하되 출자 등 재정기여에 비례하는 의사결정은 금지한다. 이런 구조는 협동조합식 지배구조에 가깝지만, 실질적으로 한국 법에서 허용하고 있는 조직형태는 앞에서 살펴본 바와 같이 민간기업, 협동조합, 비영리조직, 기타 일반 민간단체 등 다양한 조직 형태를 보이고 있다. 협동조합의 경우 제한적 기업문화, 지속적 내부투자의 한계, 그리고 지속적 성장의 어려움 등의 단점이 지적되고 있기에(Ridley-Duff, 2007; 이인재, 2008 재인용) 법적 지배구조 형태에 있어서 좀 더 주목할 필요가 있다.

이상의 국가별 비교를 통해 의사결정 구조 및 지배구조를 살펴보았는데, 사회적기업이 다중이해관계자 참여에 근거한 혼합조직으로서의 특성을 살리기 위해서는 지배구조에서 영리기업이나 비영리기업과 차별성을 필요로 함을 생각해 볼 수 있다. 사회적기업을 구성하는 다양한 참가자들의 이해관계를 반영할 수 있는 혼합조직으로서의 정체성에 부합하는 새로운 지배구조 모형을 만들어내야 하는 것이다. 사회적기업에서 다양한 자원봉사자의 역할이나 지역 관계자의 역할이 핵심적이라는 것을 고려할 때, 비록 민주성의 강조가 시장경쟁에서 효율성이 떨어 질 수 있을지라도 전통적 이익집단이나 영리조직과는 다르게 지켜져야 할 부분 이라고 할 수 있다. 하지만 사회적기업이 자립적으로 영속적인 수익활동을 할 수 있기 위해서는 좀 더 정교화하게 사회적기업유형별로 이해관계자의 범위나 참여의 형태를 달리 적용하는 방안도 생각해 볼 수 있겠다. 일자리제공형의 경우는 기업으로서의 생존이 보다 중요하므로, 서비스 수혜자의 참여가 상대적으로 덜 중요하고, 사회서비스 제공형은 수혜자의 서비스 만족도가 중요하므로 수혜자의 의사를 반영하는 장치가 더 중요할 수 있다(김순양, 2009). 그러므로 사회적기업의 유형에 따른 기업성과 민주성 중 더 중요한 정도에 따라 차등화를 두어 의사 결정 구조와 지배구조를 허용하는 방안도 고려해볼만 하다.

이와 더불어 이인재(2008)는 사회적기업 지배구조와 관련해 또 하나 주목해야 할 과제로 조직 내부의 상호통제 시스템과 갈등해소기제의 역할 설정을 들고 있다. 이 또한 사회적기업 지배구조와 관련해 연구해 봐야 할 문제일 것이다.

5. 책임성 측면 비교

사회적기업의 통제와 관리는 다양한 이해관계자의 민주적 참여에 의존하여 다양한 이해관계를 조정하고 균형을 세워가면서 활동을 계속 관리해야 한다는 점에서 여느 기업에 비해 복합적인 면이 있다(이창순, 2010). 각 국가별로 사회적기업을 통제하는 방식 및 사회적기업의 의무와 책임을 구현하게 하는 방식은 다소 차이가 있다. 이러한 법적인 책임에 대한 규정을 살펴보면 다음과 같다.

미국의 L3C에서 규율하는 사회적기업의 법적 책임 규정은 영리적 기업과 자선적 기관의 하이브리드 조직으로써 이 사회적기업은 경영자는 자선적 목적을 궁극으로 해야 하고, 영리를 추구하는 회사의 의무로써 주주들의 부를 늘려야 할 의무를 부여받는다(Murray and Hwang, 2011). 하지만, 이에 대한 명문화된 처벌 수준이나 법적 의무는 특별히 명시되어 있지 않았다.

다음으로 영국의 사회적기업은 법적책임 부문에 있어, CIC규정은 가벼운 규제가 되도록 의도되어 자선단체에 비하여 처벌수준이 낮은 편이다. 그러나 관리관은 이해관계자들로부터 제기되는 불만을 조사하고, 사회적 이익회사가 지역 사회의 이익을 위하여 일하지 않거나 이익 및 자산의 저축을 준수하지 않았다면 이에 법적권한을 행사하여, 이사를 교체하거나 폐업시킬 수 있다. 더불어 사회적 이익회사는 매년 어떻게 지역 사회의 이익을 충족시켰는지에 대한 연차보고서를 법적 의무로서 제출하여야 한다. 또한 타 법적 체계에서 사법적 통제만이 사회적 기업의 잘못된 행위를 제재하는 유일한 수단인 반면, 영국의 경우 사법적 통제와 함께 행정적 통제가 이루어진다는데 그 특징이 있다.

이탈리아의 협동조합은 그 운영에 있어 법적 책임이 동반되게 되는데, 최근 들어 사회적기업 운영의 투명성 요구가 강화되고 있다. 더불어 구성원들과 제3자에 대한 정보에 대한 의무와 책임감을 동등하게 적용하도록 규정하고 있다. 주요한 정보책임은 내부구조의 결정과 활동과 관련이 있고 매년 대차대조표를 통해 업무보고를 수행하여야 할 법적 책임의무를 지닌다. 최근 제공된 사회적기업에 관한 법률에서는 법적 투명성과 관련하여 주요 도구로 사회적 대차대조표가 이용된다, 매년 사회적대차대조표의 제시는 법적 의무사항으로 1인 이상의 감독위원회 위원이 관리, 경영 및 회계가 법령에 부합하는지 여부를 확인하여 감사 및 보고가 이루어진다. 이때 모니터링은 내적 차원에서 회사법에 토대를 두고 형성되지만, 사회적 모니터링 역할은 사회연대 장(Ministry of Social Solidarity)에 귀속된다. 또한 사회적기업이 법을 준수하지 않는 경우 등록이 취소되며 그 자산은 다른 비영리 단체에 귀속되게 된다.

법적책임 및 감시와 관련하여 프랑스의 사회적기업법은 구성원들과 증서를 지닌 이해관계자들에게 회사의 서류들에 접근할 정보 권리를 부여한다. 이는 법에 따라서 평가될 필요가 있는 모든 정보와 문서를 통제하기 위하여 공공기관에게 제공할 의무도 지니고 있는 것이다. 만약 자원이나 자산분배와 관련된 법률을 어기거나 공문서를 위조한 경우에는 범칙금이 부과된다. 이러한 모든 조항들은 기존의 다수 이익을 위한 협동조합과는 차별되지 않는 반면 제3자들에 대한 협동조합이나 이사들의 의무성과 관련된 특별한 조항이 존재하지 않는다는 점이 특이사항으로 꼽힌다.

한국 사회적기업은 대다수가 아직 조직 형성의 초기 단계인 경우가 많고 규모도 영세하여 대부분 표준화된 조직의 관리 규칙이나 규정이 정교하지 못한 편이다. 이에 사회적기업의 법적 투명성 및 책임성을 부여하기 위해서 사회적기업육성법 제17조에서는 매 회계연도 4월 말까지 사업 실적, 이해관계자의 의사결정 참여 내용 등 고용노동부령으로 정하는 사항을 적은 사업보고서를 작성하여 고용노동부 장관에게 제출하여야 할 법적 책임을 부여하였다. 동조에 의해 고용노동부 장관은 보고 사항의 검토, 지도·감독 및 평가를 한 결과 필요하면 시정을 명령할 수 있다. 또한 법적 규정을 위반하여 사회적기업 또는 이와 유사한 명칭 을 사용하거나, 규정에 따른 보고서 제출의 요구에 응하지 아니하거나 허위로 기재한자, 보고 등을 기피하여 허위로 작성한 자는 법적 제재가 따른다. 뿐만 아니라 허위 또는 부정한 방법으로 등록하거나, 사회적기업의 목적을 위반하여 사업을 수행하면 노동부장관이 사회적기업 인가를 취소할 수 있다. 법적 투명성이나 책임성에 관해서는 사회적기업이 비영리성을 지니고 있고, 국가나 지방자치단체 등의 지원 등 다음에서 살펴볼 제도적 지원을 받고 있다는 점에서 중요하다. 법적 투명성과 책임성의 문제는 얼마나 신뢰할 수 있는 가에 대한 물음으로 연결될 수 있는 것이기 때문이다. 신뢰를 바탕으로 단순히 제도적 지원이 아닌 민간 차원에서의 기부금이나, 다른 투자 등을 기대할 수도 있는 바, 단순한 사회적 기여에 대한 보고에 그치는 것 보다는 이탈리아의 경우와 같이 운영의 투명성을 강화하고, 영국의 경우와 같이 행정적 조치도 병행하여 투명성에 대한 법적 통제를 강화하는 것이 당장은 불필요한 페이퍼 워크의 증가로 보일 수 있겠지만, 장기적으로 봤을 때, 지속가능한 사회적기업을 만드는 토대로 작용할 수 있으리라 생각된다.

6. 공식성 측면 비교

국제적으로 사회적기업을 공식화하는 방식은 회사나 비영리조직처럼 특정한 법적지위를 부여하는 방식으로 이루어진다. 이런 공식화 하는 제도로 인증제와 등록제가 있는데, 인증제는 행정법상으로 법령에 근거 조항을 두고 행정청의 선택적 재량에 의해 조직의 지위를 부여하는 행위이고, 등록제는 일반적으로 법률이 미리 정한 법인이나 단체 설립에 관한 일정한 요건만 갖추면 당연히 법인이나 단체로 인정하는 준칙주의(normative)[10]를 구현하는 제도이다(김성기, 2011).

10) 영국 역시 등록 제도를 선택하고 있으며, 등록조건은 자선단체법에서 공동체이 준칙주의(準則主義, normative system): 법률이 미리 정한 법인설립에 관한 일정한 요건만 갖추면 당연히 법인으로 인정하는 주의를 일컫는다. 관청의 인가를 받을 필요는 없고, 다만 그 조직과 내용을 공시하기 위한 등기나 등록을 성립요건으로 한다. 역사적으로 하나의 회사마다 입법적으로 허가하였던 특허주의 시대와 하나의 회사마다 행정관청의 설립인가를 받았던 허가주의 시대를 거쳐, 최근에는 준칙주의를 채택하는 것이 일반적으로 되었다. 한국도 회사의 성립에 준칙주의를 취하였고(상법 172조), 그

미국이나 유럽 국가들의 사회적기업의 경우, 상당 부분 자생적으로 출현하고 발달해 왔는데 비해, 우리나라의 사회적기업은 시작부터 정부의 보호 내지는 통제하에서 발전해 온 경향이 있다(장원봉, 2009). 이에 서구 여러 나라에서 기존의 조합이나 제3섹터들이 등록하는 형태로 나타나는 거에 비해, 우리나라는 인증으로 그 시작을 여는 사회적기업도 많은 것이다.

미국은 특히나 민간에서의 자생적 출현이 대부분이고, 국가의 제도적 지원이 비교적 최근에 일어난 일이기 때문에, 그 공식성에 대한 장점을 충분히 활용하고 있지 않은 나라이다. 이에 법에서 규율하고 있는 내용도 그 형태나 요건만 맞으면, 등록이 가능하고, L3C의 명칭을 사용할 수 있다[11].

영국 역시 등록 제도를 선택하고 있으며, 등록조건은 자선단체법에서 공동체이익회사법에 이르기까지 일정한 규정과 절차를 적용하고 있지만 인증제를 실시하지는 않는다. 신설과 전환의 경로를 통해 설립되는 CIC는 회사의 사회적 목적과 대상을 설명하는 공동체 이익 선언문을 포함하는 부가적 기록물을 제출해야 한다. 공동체 이익 선언문에서는 활동분야, 이윤의 사용 규정 및 정치적 단체가 되거나 정치적 활동 혹은 캠페인에 참여하지 않겠다는 사실과 자선조직이 아님을 선언한다. 이후 CIC 감독청 감독관에 의해 공동체 이익 테스트를 통과하게 되면 CIC로 승인받게 되는 것이다. CIC라는 명칭 사용은 브랜드 전략으로 사회적기업이라는 브랜드를 적극적으로 활용하여 단기간 내에 괄목할 만한 양적·질적 성장을 이루었다(Social Enterprise UK, 2011).

이탈리아의 경우 '사회적 협동조합'은 이른바 '사회조항(복지 등에 관해서 행정기관이 일정한 단체와의 특별 계약을 가능하게 하는 것)'의 적용 대상이 될 수 있으므로 그 등록을 위해서는 일정한 행정적 심사가 필요하다. 즉, '사회적 협동 조합'은 협동조합이나 소규모 협동조합의 형태를 유지하면서 정관으로 국법 381/1991의 요건에 걸맞은 협동조합이라는 것을 자기 규정하여 요건 심사를 거친 후 주명부에 등록되는 절차에 의해 성립된다(양준호, 2011). 2005년 사회적기업법의 경우는 '사회적기업'이라는 개념을 합법적인 브랜드처럼 활용하는 전략에 근거

밖에 노동조합 등 (노동조합 및 노동관계조정법 6조)도 이 주의를 따르고 있다.(네이버 지식백과, http://terms.naver.com/entry.nhn?docId=1143266&mo bile&categoryId=200000286)

11) NO. 106. AN ACT RELATING TO LOW-PROFIT LIMITED LIABILITY COMPANIES.

하여, 법이 정한 조건을 충족시키는 단체들로 하여금 등록 후 자유롭게 명칭을 사용하게 함으로써 영국과 마찬가지로 일종의 브랜드로서 작용되고 있다(이회수, 2011).

프랑스 역시 SCIC에서 조직의 법인형태와 무관하게 추구하는 목적에 따라 법적 형태를 그대로 한 채로 협회의 협동조합 전환을 가능하도록 하였다. 지방자치 단체장이 SCIC 지위를 승인하는데, 이 지위는 5년간 유지되지만, 조건 미달 시에는 지위가 상실된다. 승인을 얻기 위해서는 조직의 공익추구 목적을 신고하고 협동조합감사를 받은 후에, 등록할 수 있다.

우리나라의 경우 유일하게 사회적기업 인증 제도를 두고 있는데, 인증요건은 사회적기업육성법 제8조[12]를 통해 확인할 수 있다. 이를 통해 첫째, 조직형태 측면에서 민법상 법인.조합, 상법상 회사, 비영리 민간단체로 제한되어 있으므로 개인사업자나 간이과세자등은 인증을 받기 어렵다. 또한 조직의 부서나 사업단 등도 원칙적으로는 사회적기업으로 인증 받을 수 없다.[13] 조영복과 강승화(2008) 의 연구에 따르면 사회적기업 인증의 초창기에는 조직형태를 갖추지 못한 기관들(34개, 21%)의 탈락이 두드러졌으나 2차의 경우에는 8곳(10%)에 머물렀다. 즉 인증의 회차가 거듭될수록 탈락률이 감소하고 있는 것으로 나타났다. 둘째, 유급 근로자의 고용을 조건으로 하고 있어 단순히 자원봉사자만으로 구성되어 있거나, 실적이 아닌 사업계획만 있는 경우에는 허용되지 않는다. 실질적으로 2008년 말, 제도 시행 1년 반 만에 거둔 성과를 살펴보면 인증을 받은 사회적기업의 수는 218

12) 「민법」에 따른 법인·조합, 「상법」에 따른 회사 또는 비영리민간단체 등 대통령령으로 정하는 조직 형태를 갖출 것, 2) 유급근로자를 고용하여 재화와 서비스의 생산·판매 등 영업활동을 할 것, 3) 취약계층에게 사회서비스 또는 일자리를 제공하거나 지역사회에 공헌함으로써 지역주민의 삶의 질을 높이는 등 사회적 목적의 실현을 조직의 주된 목적으로 할 것. 이 경우 그 구체적인 판단기준은 대통령령으로 정한다. 4) 서비스 수혜자, 근로자 등 이해관계자가 참여하는 의사결정 구조를 갖출 것, 5) 영업활동을 통하여 얻는 수입이 대통령령으로 정하는 기준 이상일 것, 6) 제9조에 따른 정관이나 규약 등을 갖출 것, 7) 회계연도별로 배분 가능한 이윤이 발생한 경우에는 이윤의 3분의 2 이상을 사회적 목적을 위하여 사용할 것(「상법」에 따른 회사인 경우만 해당한다), 8) 그 밖에 운영기준에 관하여 대통령령으로 정하는 사항을 갖출 것

13) 원칙적으로는 사업단은 인증 받을 수 없지만, 비영리법인이나 단체의 경우 조직의 목적 달성을 위한 수익사업을 수행하는데 용이하도록 별도의 사업단을 구성하여 신청하는 사례가 있다. 이 경우에는 그 사업단이 인사, 회계, 의사결정 등에 있어 모법인과 실질적으로 독립되어 자율적으로 운영하는 것이 객관적으로 확인되는 경우에 한하여 그 사업단도 사회적기업으로 인증 받을 수 있다(이회수, 2011).

개로 우리나라 전체 사업체의 0.02%라는 아주 미미한 비중을 차지하고 있지만, 전체 사업체의 평균 근로자가 5.0명인데 반해 사회적기업은 업체 당 평균 30.1명을 기록함으로써 전체의 평균보다 6배가 많은 높은 고용창출 효과를 나타내고 있음을 알 수 있다(박용진, 2010). 이처럼 유급근로자의 고용조건은 우리나라 고용창출 효과에는 긍정적인 효과를 보여주고 있다. 셋째, 수입에 관한 측면으로, 인증을 받고자 하는 사회적기업은 정부의 지원금, 보조금, 후원금, 회비 등 을 제외한 수입이 총 노무비의 30% 이상이어야 하므로 수입기준이 엄격한 편에 속한다. 이에 앞서 언급한 바와 같이 영업수익 기준의 충족여부가 가장 빈번한 불인증 사유로 나타나게 된다. 넷째, 조직목적과 관련해, 인증을 받고자 하는 조직은 취약계층을 중심으로 사회서비스, 일자리를 제공하여 사회적 목적을 실현하여야 하는데, 앞서 서술한 수입요건과 충돌이 발생할 수 있다. 즉, 상대적으로 기술이 부족하고 숙련도가 떨어지는 저소득층, 고령자, 중증장애인, 성매매 피해자 등으로 구성된 취약계층의 비율을 강화시켰다는 점[14)]에서 일정 수준 이상의 수입창출과 사회적 목적 실현간의 딜레마가 발생할 수도 있다는 점이다. 다섯째, 의사결정에 관한 측면으로, 인증요건으로는 서비스 수혜자, 근로자 등 다양한 이해관계자가 참여하는 의사결정 구조를 갖추도록 규정하고 있지만, 인증규정에 부 합하는 수입을 창출하면서 이러한 의사결정 구조를 갖추기 어려운 측면이 있다. 실제로 노동부(2008)의 자료를 통해, 2007년 1차 신청 때 인증을 받고자 하는 조직의 5%가 의사결정 요건에 부합하지 않아 탈락하였고, 2007년 2차 때는 10%, 2008년 1차 때는 32%로 지속적으로 탈락률이 증가하고 있음이 확인되었다. 조영복과 강승화(2008)의 조사에 따르면 이런 탈락한 기업들의 의사결정 요건 미충족 내용을 보면, 기존에 존재하는 이사회나 주주총회 등을 그대로 기재하는 경우가 대부분이었다.

인증을 받고자 하는 조직들이 정관이나 규약과 같은 요건은 형식으로 맞출지 언정, 실질적으로 다중이해관계자를 바탕으로 사회적 목적을 달성하고 이윤을 창출하기란 쉽지 않다. 실제로 2009년 현재, 인증신청기관의 52%가 탈락하였는데 이는 인증신청기관의 준비부족이나 자격 부문이 원인이 되었겠지만, 현행 인증요건

14) 정부는 사회적기업육성법 개정을 통해 2011년 6월 30일 이후부터는 일자리제공형에서의 취약계층 비율을 30%이상에서 50% 이상으로, 사회서비스제공형에서의 취약계층의 수혜율을 30%이상에서 50%이상으로, 혼합형에서는 취약계층의 비율을 20%이상에서 30%이상으로 증가시켰다.

이 정부의 다양한 혜택과 연계되어 매우 까다롭다는 점을 시사한다. 현실적으로 소규모 사회적기업들의 경우 이러한 요건들을 모두 충족하기는 어려우며(김순양, 2009:68), 강병준(2011:173~175)의 서울시 자치구의 사회적기업 담당 공무원과의 인터뷰(2010년 10월 23일)에 의하면 사회적기업 인증기준의 형식적인 조건만 갖춘 경우가 많다.

여기서 재고해야 할 점은 인증이라는 요건을 통해 한국의 경우 외적인 통제가 정부에 의해서 거의 독점적으로 이루어지고 있다는 사실이다. 유럽이나 미국 등 서구의 경험을 보더라도 사회적기업은 오랜 기간 제3섹터인 시민사회의 실천영역으로 국가와 시장의 실패를 제3섹터 활동을 통해 보완한다는 측면이 강하였지만, 우리나라는 '인증'이라는 제도를 통해 사회적기업을 정부가 배타적으로 독점하고 있다는 점에서 본래적 의미의 사회적기업이 왜곡될 가능성이 크다(문보경, 2007). 물론 정부의 정책적 지원에 의해 사회적기업에 대한 시민사회의 관심과 활동이 고무되고 있다는 긍정적인 측면도 있으나, 내용적으로 사회적기업으로서 활동을 하면서도 인증을 못 받아서 사회적기업이 되지 못하는 등의 정부가 정해 놓은 일정한 틀로 사회적기업의 여부를 판단함으로써 사회적기업이 정부나 시장의 한계 또는 실패를 보완하거나 대체하는 제3섹터 경제의 일주체로서의 자기 정체성 확립에 실패(이회수, 2011)를 가져 올 수도 있음을 고려해야 한다.

7. 제도적 지원 측면 비교

선진국의 사회적기업은 한국의 경우와는 달리 사회적 경제를 든든한 배후지로 하여, 잘 발달된 제3섹터와 시민사회의 전통을 바탕으로 정부의 지원이 더하여 사회적기업이 육성되고 발전되어 왔다(조상미, 2011:31). 비교 국가에서 모두 정도의 차이는 있지만 정부가 사회적기업 육성을 위한 역할을 하고 있었고, 사회적 기업의 긍정적인 효과에 주목하며, 지원을 하고 있었다. 각 국가별로 지원현황을 살펴보면 다음과 같다.

먼저 미국의 경우, 사회적기업에 대한 직접적인 지원보다 사회적기업을 프로모션하는 민간재단에 대한 면세제도, 보조금 지원, 비영리기업 활동 허용 등을 통한 간접적인 지원제도가 발달해왔다. 미국의 사회적 지원제도는 5가지로 요약할 수 있는데, 첫째, 사회적기업이 프로젝트 제출을 통해 중앙·지방 차원의 정부지원을 활용하는 프로젝트를 통한 지원제도가 있다. 둘째, 장애인기업과 같은 사회적 기업의 경우 그 생산품에 대해 우선 구매하는 우선 구매제도가 있다.[15] 셋째, 9개의 취업 취약계층을 고용한 기업에 대해서 1인당 2,400달러까지 소득세를 공제해 주는 식의 취약계층 고용 기업에 대한 세제 혜택이 있으며, 넷째, 지역사회재 투자법(Community Reinvestment Act)를 통해 사회적기업이 금융기관을 활용하 는 방법도 있다. 그리고 다섯 번째로, 영국의 '사회적기업가 학교'와 같이 하버드 대학의 MBA과정 사회적기업 교육 및 60개 이상 대학 및 고등교육기관들이 펼치는 비영리 경영교육 운동과 사회적기업 리더십운동 등 관련 교육의 실시를 들 수 있다(김봉화·김재호, 2010:83-84). 하지만 상기 지원들은 연방정부 차원의 지원 제도라기보다 민간재단이나 비영리단체들 중심으로 시장원리에 기반을 둔 지원 및 사회적기업 활성화이다. 정부 차원에서는 오바마 정부가 2009년 4월 백악관에 '사회혁신청(Office ofSocial Innovation)'을 설치하여 미국 비영리 부문에서 혁신적 사회문제 해결 방법을 개발하는 '사회적기업가 정신'을 독려하고 지원하고 있다(상게서 p.88).

영국의 사회적기업에 대한 재정지원은 직접적인 보조금 정책보다는 세금우대 정책이나 자금을 조달할 수 있는 방향으로 집행되고 있다(조상미, 2011:21). 영국의 사회적기업 정책은 통상산업부가 중심이 되어 추진하다가 사업규모가 확대되자 단일 총괄부서인 제3섹터청을 설치하여 사회적기업 부문 개발을 전략적 아젠다로 설정하여 체계적으로 육성하고 있다(이회수, 2011:105). 사회적기업 정책은 크게 문화육성 정책, 사회적기업가에게 올바른 정보와 조언을 제공하는 정책, 자금조달 지원정책, 사회적기업과 정부 간의 협력 지원 정책으로 나눌 수 있다. 먼저 사회적기업의 문화육성은 많은 국민에게 사회적기업의 성공적인 모델을 홍보하여 이들 기업의 영향력에 대한 인식을 제고시킴으로써 신규 사회적기업, 고객, 금융기관 및 지원기관의 참여 유도를 목적으로 한다. 다음으로 사회적기업가에 대한 정보 및 조언 제공은 사회적 기업이 일반적 기업의 과제 뿐 아니라 사회적 또는 환경적 목적을 가지고 있기 때문

15) Javit-Wagner-O'Days법

에 사회적기업의 과제가 더 복잡해질 수 있는 현실을 고려하여 기술적 조언이나 경영지원으로써 자금조달, 마케팅, 조직 관리, 맞춤식 교육 등을 제공하는 것이다. 이를 위해 비즈니스 링크 (www.businesslink.gov.uk/socialenterprise)를 통해 사회적기업 정보와 안내를 개선하여 사회적기업의 단일정보원으로 구축하려 하고 있다. 그리고 성장 단계별로 적절한 자금 조달을 필요로 하는 사회적기업을 위해 투자를 가로막거나 적절한 자금조달을 막는 장애물 해소를 위한 정책을 펴고 있다. 마지막으로 사회적기업과 정부 간의 협력 지원 정책은 2가지 차원으로 전개하고 있는데 하나는 정부와의 계약에서 사회적기업에 방해가 되는 요인을 제거하는 것이고, 다른 하나는 공공정책의 여러 분야에서 사회적기업과 정부 간의 제휴를 유도하는 것이다(조영복·곽선화, 2011:19~25).

이탈리아의 사회적기업을 지원하는 재정적 지원은 매우 포괄적이고 적극적으로 지원되고 있다. 법 381에 따르면, 서비스 제공이나 노동통합 활동과 관련하여 공공단체와 계약을 맺을 수 있고, 사회적기업에 대한 지원으로 사회적 지원내의 새로운 법률적 주제가 조성되는 전제조건에서 사회적기업의 경제적 활동의 개발, 혁신 및 품질과 관련한 프로젝트에 대한 보조금을 지급하고 있으며(Eva et al, 2007), 노동시장 통합 과정 중에 있는 조합원들에 대해 노동비용의 약 33%에 달하는 사회보장료 납부를 면제해 주고 있다(김정원, 2009). 이 외에 사회적 협동조합이 제공하는 서비스와 민간 소비와 관련된 세금 공제, 비영리 조직에 대한 민간 기부금에 대한 세금공제, 채권의 이자수익 일부 제3섹터 조직 재정으로 충당, 사회적 협동조합 매출에 대한 부가가치세 4% 감면 등의 세제지원 정책을 실시하고 있으며, 사회적 활동 수행 목적의 부동산 관련 대부·매입·임대차 계약 체결시 등록세 와 저당세의 1/4 감면 및 주별 사회적 협동조합 관리 및 직업훈련과 재정지원 등을 위한 협약 체결의 지원을 들 수 있다(조상미, 2011). 또한 이탈리아는 공공기관과의 연계 및 컨소시엄제도를 통해 사회적기업 활성화를 꾀하고 있는데, 주류 기업지원서비스 혁신이 QUASAR는 사회적기업과 상공회의소간 관계형성을 목표로 구성되어 사회적기업이 창출하는 효과를 보다 민감하게 인식하도록 상공회의소 문화를 바꾸고자 하였다. 전문가 실무그룹이 사회서비스 개혁, 사회의 질, 교육훈련, 금융, 지역개발 등의 사안을 다루고, 대학, 협동조합, 협회, 자발적 서비스 기관으로 구성된 위원회에 의해 운영되며 해당 지역 내 정보와 노하우 공유의 장을 마련한다(곽선화, 2009). 그리고 2차 협동조합으로 법인화 되어 있는 컨소시엄을 통해 중앙서비스 제공을 하여 일관성과 품질을 관리하고, 이용자 중심적인 특성과 이용자와의 긴밀한 관계가 유지된다. 이런 컨소시엄 활성화는 민관 파트너십으로 이어져 사회적기업이 발전할 수 있도록 지원하고 지지한다(곽선화, 2009).

프랑스의 지원체계를 보면, 민법상 법인과 협정 체결 시, 최저임금과 사회보험 및 가족수당에 대한 보험료를 면제해주고, 경제적 활동을 통한 재정지원을 위한 지역기금을 조성하고 있다. 또한 사회사업에 수익금 및 분담금을 투여할 경우 5천 프랑에 대해 세금감면 조치를 하고, 비영리 단체의 전환 시 순자산에서 비롯 된 자본금 중 일부에 대한 등기권을 면제해주며, 기업세로 지급 될 이윤 및 기업 자산에 포함된 자활지원기업의 수익금을 면제해준다. 그리고 사회통합 프로그램의 일부인 '고용부속계약'을 통해 취약계층의 고용계약과 함께 직업에 대한 계획 및 실행안을 제공함으로써 노동시장통합을 꾀한다. 정부는 매월 선지급되는 최저 시급의 최대 95%까지 재정보조금을 지원하고 사회보장분담액을 지원한다(Eva et al., 2007). 또한 직업훈련과 고용창출을 위한 지원을 하는데, 사회적기업들이 이에 도움이 되면, 사업 지원을 한다. 사회적 경제조직으로 구성된 대규모 파트너십에 의해 서비스바우처제도를 통해 이런 고용 사업지원이 이루어지고 있다(조상미, 2011).

우리나라는 크게 직접 지원 정책과 간접지원 정책, 사회적 일자리 연계 지원 정책으로 그 제도적 지원을 구분할 수 있다. 직접 지원 정책은 사회적 경영능력을 향상시키는 전문 인력 지원, 노동의 질을 개선하는 사회보험료 지원, 영업활동 능력을 강화시키는 사업개발비 지원, 대부사업 등을 통한 시설 밀 운전 자금 지원 등이 있으며, 지원기간이 3~4년으로 한시적이고, 인증 사회적기업에 집중했다는 한계가 지적된다. 그리고 사회보험료 지원 외에 공모 및 심사를 통한 신청주의 방식을 따른다는 특징이 있다. 다음으로 간접 지원 정책은 사회적기업의 발굴 및 경영능력 향상 관련 사업으로 인력양성 및 경영컨설팅 지원, 조세 감면 등의 지출보조 정책, 우선 구매 등의 영업활동 수입 지원이 있지만, 실질적으로 중요한 판로지원 정책은 법적 실효성이 미흡한 상황이다. 그리고 사회적 일자리 연계지원 정책은 사회적 일자리 위탁을 주는 방식으로 진행하는데 종사자들 최저 임금 수준의 인건비를 전액 지원하지만, 한시적인 일자리 지원정책에 불과하다는 한계가 있다. 이와 같이 정부는 성장단계와 특성에 따라 인건비 등 재정지원과 우선 구매, 세제 감면, 경영지원 등 다양한 측면에서 보장하고 있지만, 김혜원(2010)과 박찬임(2008) 등은 인건비 중심의 지원정책이라고 평가하고 있으며, 지원기간이나 취약계층의 범위에 대한 재고가 제기되어지고 있다(김성기, 2011).

또한 이회수(2011)는 사회적기업이 인증 사회적기업, 지자체형 사회적기업은 물론이고 커뮤니티 비즈니스, 농어촌 공동체 개발, 소셜 벤처, 지역개발, 돌봄사업, 교육, 녹색에너지, 문화 등 다양한 분야에서 성장하고 있는 사회적 가치를 고용노동부라는 단일부서에서 전담하기에는 한계에 이르렀음을 지적하고, 대통령 직속 상설위원회를 설치하고 대통령이 직접 주요 국정과제로 챙겨나갈 것을 제안하고 있다. 국정 아젠다의 전략적 관리라는 차원에서 대통령 직속 상설위원회가 구성되면 범부처 차원의 협력과 경쟁, 다양성과 융합, 분산과 통합의 과정을 통해 기존의 중복과 혼선, 행정낭비 등을 해소하고 국가전략차원에서 제3섹터 부문의 개발과 사회적기업의 지속가능한 성장이라는 사회경제적 가치를 보다 효과적으로 달성할 수 있을 거라는 것이다. 이때 주무부처는 현행 고용노동부가 맡거나 영국의 제3섹터청처럼 한국사회적기업진흥원과 타 부처의 관련부서를 통합하여 장관급 별도청으로 확대 개편하는 것도 한 방안으로 검토해 볼 수 있겠다.

8. 소 결

사회적기업을 규율하는 법률의 개발이 여러 국가들에서 빠르게 성장하고 있음에도 불구하고, 사회적기업이 발전하고 육성되는데 있어서 어느 법적 구조가 충분한 조건들을 갖추고 있는지에 대한 문제는 별개로 생각해야 할 문제이다. 국가 별로 다른 법체계를 가지고 있고, 본 논문에서 살펴본 사회적기업 관련법들을 도입할 시의 배경과 국가별 환경 역시 차이가 있었기 때문에 규율 정도나 초점에 차이가 있음은 논외로 하더라도, 각 법을 새로 도입한 이래로 각 국가별로 보이는 사회적기업의 성장 정도는 주목할 만하다(Peels et al., 2010:11~12). 영국이 공동체이익회사법을 도입한 이래로 불과 몇 년 동안 2,700개 이상의 공동체이익회사가 등록했고(Roelants, 2009; Peels et al., 2010 재인용), 이탈리아가 244,000명이 고용되어 일하는 7,300개 이상의 사회적 협동조합을 유치(Defourny and Nyssens, 2008; Peels et al., 2010 재인용)했을 뿐 아니라 고용 등 경제 효과에 있어서도 큰 효과를 보고 있는 것에 비해 사회적기업 관련법들을 도입한 많은 나라들에서는 대체적으로 이런 법적 구조를 거의 이용하지 않은 채로 남아있는 경우가 많은 것이다(Coates and Van Opstal, 2009;Peels et al., 2010 재인용). 우리나라의 경우 사회적기업육성법이 2007년 도입된 이래로 현재 660개의 사회적 기업이 인증된 것은 영국이나 이탈리아에 비하면 너무 적은 숫자이며, 경제적 효과도 이에 비해 미미한 실정이기에 사회적기업이 잘 발달되고 있는 앞선 국가들의 법적 구조를 비교 분석해 보고, 이들 국가들에서 시사점을 찾아 참조하는 것이 필요한 것이다.

본 절에서 비교한 미국, 영국, 이탈리아, 프랑스, 그리고 한국의 사회적기업 관련법제의 사회성, 기업성. 비영리성, 민주성, 책임성, 공식성, 제도적 지원 부분을 총괄적으로 정리하면, 다음 〈표 2〉와 같이 요약해 볼 수 있다.

〈표 2〉 미국, 영국, 이탈리아, 프랑스, 한국의 사회적기업 법제 비교

	미국	영국	이탈리아	프랑스	한국
법률	저영리 유한회사 (Low-profit Limited Liability Company : L3C)	공동체이익회사 (Community Interest Company : CIC)	사회적협동조합 (Social Cooperative) 사회적기업 (Social Enterprise)	공익협동조합 (Societe Cooperative D'Interet Colletif: SCIC)	사회적기업 육성법
사회성	자선적/교육적 목적 등 사회적 미션	공익성, 지역공동체 이익, 사회적 효용성	공익성, 사회적 효용성	공익성, 사회통합	취약계층 일자리 창출 및 사회서비스 제공, 지역사회 이익 기업성

<table>
<tr><td colspan="2">기업성</td><td>주식 등 기타 유가증권을 판매할 뿐 아니라 다양한 차입금 및 영리적인 금융 계획안을 통해 일반 사적인 금융까지도 유치</td><td>상법상 지위 획득으로 일정 한도에서 수익분배가 가능하며, 주식 발행을 통한 투자유치를 함.</td><td>수익모델고민이 지배적. 영업 통한 수입이 총수입의 70% 이상이어야 함. 유럽펀드들로 자본 화 및 은행 저금리대출, 대규모 금융 재단 프로젝트 지원</td><td>정부보조금이나 판매수익, 지방자치단체의 지원 등으로 재정조달.기업성 강조가 크게 나타나지 않음</td><td>정부의 지원금, 보조금, 후원금, 회비 등을 제외한 수입이 총 노무비의 30% 이상이어야 하는 기준</td></tr>
<tr><td rowspan="2">비영리성</td><td>이익분배</td><td>배당금 상한 없음</td><td>배당금 지불한도와 대출이자한도 내 이익 분배가능</td><td>이익 제한적 분배 가능</td><td>사적 회사 평균보상률 이하 제한적 분배 가능</td><td>상법상회사-이윤 ⅔사회적목적에 사용, 주주 배당청구권 일반회사의 ⅓ 제한</td></tr>
<tr><td>자산동결</td><td>자산동결에 대한 조항 부재</td><td>자산분배 금지. 타 공동체 이익 회사, 자선단체</td><td>자산 분배 금지, 사회적기업의 경우 청산 시 비영리단체에 이전</td><td>파산 시, 구성원 제공 자본기부 변상</td><td>자산 분배 금지, 청산 시, 잔여재산 2/3 타사회적기업/공익적인 곳 기부</td></tr>
<tr><td colspan="2">민주성</td><td>회원/ 소유권자, 경영자에 의해 운영, 자본소유 근 거 의사결정</td><td>회사법 규정 주주 권한에 의해 투표 권한</td><td>다중이해관계자(노동자, 사용자, 자원봉 사자, 후원자, 법인회원) 구성된 의사 결정구조,1인1투 표 원칙 (자금 조달 구성원 최대 5표까지 행사권한) 사회적기업법은 구성원 기업별 재량적 선택</td><td>성원에 수혜자 포함. 다수성 강조 : 구성원에 직원 및 자원봉사자 공헌 개인/사적기관, 공공기관 포함.</td><td>근로자와 수혜자 의사결정과정 참여 재정기여 비례 의사결정 금지</td></tr>
</table>

책임성	자선적 목적 추구와 이윤추구의 의무	낮은 처벌 수준의 규제. 관리관 조사로 불이행시 이사 교체나 폐업 등 법적행사. 행정적 조치도 함께 이루어짐	구성원과 제3자에 정보에 대한 의무와 책임감 동등 적용. 대차대조표를 통한 업무보고	공문서 위조나 자원/자산분배 관련 법률 위반시 범칙금	결산보고서와 사회적기여보고서 보고. 명칭의 규정외 사용 및 보고서 관련 위반시 법적 제재. 목적 위반 사업 수행시 인가 취소
공식성	등록제	등록제	등록제	등록제	인증제
제도적 지원	프로젝트 통한 지원제도, 우선 구매제도, 취약계층 고용 기업 세제혜택, 지역사회 재투자법을 통한 금융기관 활용, 대학 및 고등교육 기관의 관련 교육	문화육성정책, 사회적기업가에게 올바른 정보와 조언을 제공하는 정책, 자금조달 지원정책, 사회적기업과 정부 간 협력 지원 정책	포괄적 재정 지원 보조금 지급 및 세금 공제, 직업훈련.QUASR 등 공공 기관과 연계한 사 업지원 및 사회적 기업 컨소시엄을 통한 훈련, 상담, 개발	최저임금에 대해 사회보험, 가족수당 보험료 면제, 전환시 세금감면, 기업세 감면 등 외 고용부속 계약 통한 재정지원. 서비스 바우처제도 통한 사업지원	직접지원(전문인력,사회보험료, 사업개발비, 시설등의 자금 지원) 간접지원(조세감면, 인력양성, 경영컨설팅,우선구매) 사회적 자리연계 지원정책

자료: Carl(2009), 조영복(2009), Sean et al.(2011), SEL(2003), Cafaggi and Iamiceli(2008),사회투자지원재단(2009),노대명(2007),Murray and Hwang(2011), Lane(2010), Ridley-Duff(2007), 이인재(2008) 등 참조

이상의 비교정리를 통해 한국의 경우 비영리성과 민주성, 제도적 지원 부분을 제외하고 비교적 안쪽으로 몰려있음을 볼 수 있었다. 그리고 이탈리아가 가장 넓은 범위를 차지하고, 뒤이어 영국이 넓은 범위를 보이고 있음을 알 수 있으며, 각 차원별로 다음과 같은 시사성을 찾아볼 수 있다.

먼저 사회성의 경우를 살펴보면, 한국의 사회적기업육성법이 사회성을 취약계층에게 사회서비스 또는 일자리를 제공 혹은 지역 주민의 삶의 질을 높이는 것으로

강조하고 있음에 비해 비교 국가들은 더 넓은 범위의 사회적 미션을 위한 사회적 목적을 제시하고 있었다. 이에 사회성 범위의 확대에 대한 제고가 필요하다는 문제를 제기해 볼 수 있었다.

기업성의 경우는, 영미권 국가들은 주식투자 등 외부 투자 유치가 가능하나 유럽 국가들은 법적 형태는 개인기업도 열려있지만, 주식 발행 등을 통한 유치는 불가했다. 그리고 한국은 기업성에 대한 일정한 강조를 하고 있으며, 조직 형태도 다 허용하고 있으나, 기부금 문화조성이 미흡하고 국가의 재정적 지원 외 외부 투자 유치에는 한계가 있었다. 이에 다양한 재원 확보 시스템 개발의 필요성이 제기되어진다. 또한 사회성을 반영한 수익성 평가틀 개발 등으로 외부 투자 유인을 만들고, 성공 사례 분석 등을 통한 구체적이고 실용적인 대안을 찾아 시장경쟁력을 갖추어 나가면서 수익을 추구해 나가는 것이 필요할 것이다.

다음으로 비영리성의 경우는, 한국의 이익분배 측면이나 자산동결에 대한 법적 규제는 비교적 엄격한 편에 속했다. 비영리성을 규제하여 사회성을 강화시키는 것은 필요하나, 특히 이익배분의 제한은 외부 투자 유치에 제한적으로 작용할 것임을 고려한다면, 사회적기업의 조직유형별로 이익 배분의 제한 등에 있어서 차별을 두는 방안을 제안해 볼 수 있다.

민주성을 살펴보면, 한국 법에서 제시하는 지배 구조는 협동 조합식 지배구조에 가까웠다. 민주성의 강조는 시장경쟁에서 효율성이 떨어질 수 있을지라도 일반 기업들과 다르게 사회적기업이기에 필요한 부분이지만, 사회적기업이 자립적으로 영속적인 수익활동을 할 수 있기 위해서는 좀 더 정교화해서 사회적기업 유형별로 기업성과 민주성 중 중요한 정도에 따라 차등화를 두어 이해관계자의 범위나 참여의 형태를 달리 적용하는 방안이 필요할 것으로 보인다. 더불어 조직 내부의 상호통제 시스템과 갈등해소기제의 역할을 설정하는 것도 좋을 것으로 보인다.

책임성의 담보는 신뢰를 바탕으로 단순히 제도적 지원이 아닌 민간 차원에서의 기부금이나, 다른 투자 등을 기대할 수도 있다는 점을 고려해야 한다. 그러므로 한국의 경우와 같이 단순한 사회적 기여에 대한 보고에 그치는 것 보다는 이탈리아의 경우와 같이 운영의 투명성을 강화하고, 영국의 경우와 같이 행정적 조치도 병행하여 투명성에 대한 법적 통제를 강화하는 것이 지속가능한 사회적기업을 만드는 토대로 작용이 가능할 것으로 보인다.

그리고 공식성에 있어서는, 비교국가들이 모두 등록제를 통해 사회적기업을 진입시키고 있음에 비해 한국만 유일하게 인증제 채택으로 외적인 통제가 정부에 의해서 거의 독점적으로 이루어지고 있었다. 이는 초기 사회적기업의 저변확대와 브랜드구축에는 일면 도움이 된다 하더라도 새로운 경제방식에 잠재한 혁신적이고 새로운 조직특징을 발현시키고 발전시키지 못하게 되는 문제에 직면할 수 있다. 그러므로 어느 정도의 사회적기업이 확대가 이루어진 후에는 등록제로 개편하고 자본시장을 통한 간접지원과 세제혜택을 통한 사회적기업 육성으로의 방향 전환 검토가 이루어져야 할 것으로 보인다.

마지막으로 제도적 지원에 있어서는 우리나라는 물론 각 국가별로 직·간접적인 지원이 이루어지고 있었다. 그러나 우리나라의 경우, 인건비 중심의 지원이라는 지적과 한시적 지원만이 아닌 판로개척 등의 도움 등 좀 더 실효성 있는 지원 및 안정적 재원 확보를 위한 정책적 지원이 필요하다. 또한 다양한 분야에서 성장하는 사회적기업을 아우를 수 있는 영국의 제3섹터청과 같이 한국사회적기업 진흥원과 타 부처의 관련부서를 통합하여 장관급의 별도청으로 확대 개편하는 것도 하나의 방안으로 검토해 볼 필요가 있겠다.

Ⅴ. 결 론

우리 사회는 사회.경제적으로 중대한 전환기를 맞이했다. 고령화, 저출산, 여성의 사회진출 증가 등 사회서비스 수요의 급증과 함께 장기실업의 지속, 청년 실업의 증가 등으로 신사회적 위험(new social risks)에 처했기 때문이다.

이러한 사회적 문제를 해결하기 위한 사회적기업의 도입은 그동안 취약계층을 대상으로 비영리민간단체를 중심으로 사회적일자리 창출사업의 연장선으로 많은 제한점이 있었다. 특히 정부 재정의 지나친 의존으로 인해 국가, 시장, 시민사회의 긴밀한 파트너십 형성이 어렵고, 취약계층의 고용으로 인한 딜레마 발생으로 나타나는 인적자원 취약성의 문제, 경영능력의 미흡 등은 사회적기업의 도전과제로 부각되고 있다.

더불어 사회적기업의 운영에 있어 근간이 되는 사회적기업육성법은 사회적 목적과 관련하여 취약계층을 50%이상 고용해야 하므로 취약계층 고용형의 경우는 특히 수익 창출에 어려움을 겪었을 뿐 아니라 엄격한 자산 분배의 제한은 외부로부터의 투자를 유치하는 것도 어렵게 만들어 지속가능한 사회적기업의 육성 측면에서 법적 구조의 문제점이 있음을 지적할 수 있다.

법과 제도는 사회문제를 다루는 하나의 형식이므로 새로운 사회현상이 나타나면, 사회구성원들의 논의와 합의에 따라 법과 제도를 새로이 만들거나 수정해야 한다. 사회적기업육성법이 발효된 지는 5년이 되어가고, 2012년 12월 1일이면 협동조합 기본법이 제정, 시행됨에 따라 사회적기업 육성법의 시행령도 협동조합 및 사회적 협동조합을 사회적기업의 조직형태로 추가하게 된다. 이는 작금이 앞서 지적한 문제점을 비롯한 현존하는 법적 구조의 문제점 수정과 더불어 새로운 변화에 대처해야 하는 때임을 시사한다.

이에 본 연구에서는 현재 한국 사회적기업의 법적 구조를 미국, 영국, 이탈리아, 프랑스 등 서구국가와 비교하여 한국에서의 함의를 도출하는 동시에 한국 사회적기업의 발전방향을 제시하고자 하였다.

이를 위해 본 연구는 국내외 관련 선행 연구 및 이론적인 고찰을 통하여 사회적기업의 등장 배경을 파악해보고, ① 사회성, ② 기업성. ③ 비영리성, ④ 민주성, ⑤ 책임성, ⑥ 공식성, ⑦ 제도적 지원이라는 일곱 가지 차원에서 사회적기업 관련 법제들을 비교법적 방법을 통해 비교하여 한국의 사회적기업 법제가 가지고 있는 특징과 의미, 그리고 문제점과 발전방안 등을 분석하였다.

어느 국가의 법적 구조가 더 우월하다는 결론을 내리기 위한 비교가 아니라, 각 국가의 법적 구조에서 찾아볼 수 있는 장점들을 통해 시사점을 찾아내어 한국의 사회적기업의 발전을 꾀하기 위한 목적을 지니고 있지만, 영국과 이탈리아에서의 법적 구조가 도입 된 후의 사회적기업의 수적 증가와 그 분야에서의 고용 증가 등의 지표를 통해 볼 수 있는 사회적 효과를 고려할 때, 이들 국가의 법적 구조는 특히 더 참조가 되었다. 또한 한국 사회적기업육성법이 본 논문에서 분석하고자 하는 차원들을 형식상으로는 비교적 잘 규율하고 있음에도 불구하고, 현존하는 법제가 사회적기업을 육성하고 발전시키기 위한 규율인가에 대해서는 여러 국가들과의 비교를 통해 시사점을 얻을 수 있었다.

이를 통해 한국의 사회적기업에 있어 취약계층 고용 중심을 넘어선 사회성의 범위 확대 및 다양한 재원확보 시스템 개발의 필요성, 이를 위한 조직 유형별로 이익배분의 제한이나 지배구조의 재편성 필요성을 인식하고, 운영의 투명성 및 행정적 조치의 강화, 인증제의 등록제로의 전환 등을 통해 사회적기업의 저변 확대와 지속가능성을 증가시키고, 좀 더 혁신적인 방법으로 사회적기업의 발전을 꾀할 수 있는 실효성 있는 정책을 강구해야 함을 강조한다.

더불어 사회적기업은 정부의 의존을 벗어나, 성공 사례를 통한 분석 및 기업과 연계한 관련 기술의 습득과 경영기술 등의 노력을 통해 시민사회의 주도성을 좀 더 높여 다양하고 창의적 조직모델과 사업방식을 발굴하여야 할 것이다.

즉, 정부, 기업, 시민사회 간의 긴밀한 파트너십을 이루고 혁신적인 창안을 위해 노력하여 시장 내 사회적기업의 자생력을 높이는 동시에, 최근 사회적기업의 법적 구조를 개선한 영국이나 이탈리아와 같이 사회적기업의 독립성 및 자율성을 존중하여 사회적기업이 발전할 수 있는 통합적 발전방향을 모색할 수 있도록 해야 할 것이다.

08 장 언론과 인권

Ⅰ. 서설

언론과 인권의 문제는 언론에 나타난 인권침해 사례와 언론에 의한 인권침해로 나타날 수 있다. 그리고 인권의 종류와 내용을 보면 우리나라에서 언론 등에서 문제가 되는 주변부 인권에는 군 인권, 노숙자 인권, 수용자 인권, 탈북자 인권, 다문화 인권, 장애인 인권, 성적 소수자 인권, 기초수급자 인권 범죄 피해자의 인권 등이 있다. 그리고 범죄 피해자의 인권에는 가정폭력 피해자, 아동폭력 피해자, 학교폭력 피해자, 종교범죄 피해자, 정치범죄 피해자, 언론에 의한 피해자 등이 있다. 따라서 우리나라에서 인권의 문제는 주로 주변부 계층적 성향에서 발생하고 있음을 알 수가 있다. 그리고 인권피해는 주로 사법부, 행정부, 입법부, 언론, 지역사회, 국제사회 등에서 발생할 수가 있으며 사법부에서는 법원의 오판, 유전무죄형 판결 등이 있을 수 있다. 행정적 과정에서 일어날 수 있는 인권피해에는 경찰과정에서의 인권피해, 검찰과정에서의 인권피해, 교도소 등 수용시설에서의 인권피해, 군 등 특별권력관계시설에서의 인권피해 등이 있다. 언론에서의 인권피해에는 상업적 천민 자본주의에 의한 선정적 보도로 인한 인권피해, 추측기사, 오보 또는 고의적인 상징조작에 의한 피해 등이 있다. 지역사회에서의 인권피해에는 학교사회내의 폭력, 회사 등 특수시설에서의 인권피해 등이 있으며 입법과정에서의 인권피해에는 잘못된 입법으로 인한 피해 등이 있을 수가 있다. 이를 그림으로 그리면 다음과 같다.

〈그림 1〉 행정과정과 인권

경찰단계에서는 수사관의 반말, 고압적 태도, 언론에 대한 피의 사실의 공표 등이 문제되어 왔다.

〈그림 2〉 지역사회와 인권

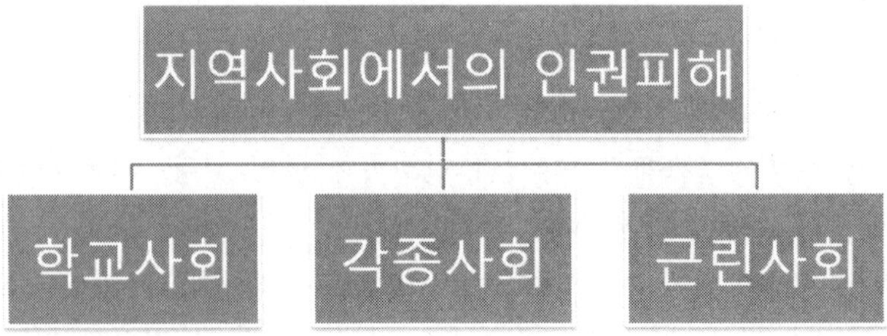

지역사회는 크게 지역의 학교사회, 회사 등 각종 집단, 다문화 등의 혼합문화사회, 근린사회 등이 있는데 학교사회에서의 인권피해는 널리 알려진 학교폭력이 있다. 그리고 지역사회의 고정관념과 편견으로 인한 각종 차별적 태도로 인한 인권피해도 갈수록 심각해지고 있다.

〈그림 3〉 사법과정와 인권

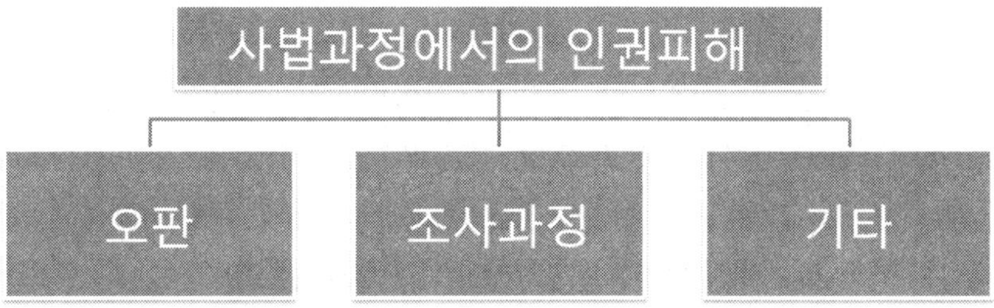

사법과정에서의 인권피해는 계층적인 관점에서 일부 판결한 것과 오판, 그리고 판사의 막말 등 고압적인 태도에 의한 피해가 있다.

〈그림 4〉 언론과 인권

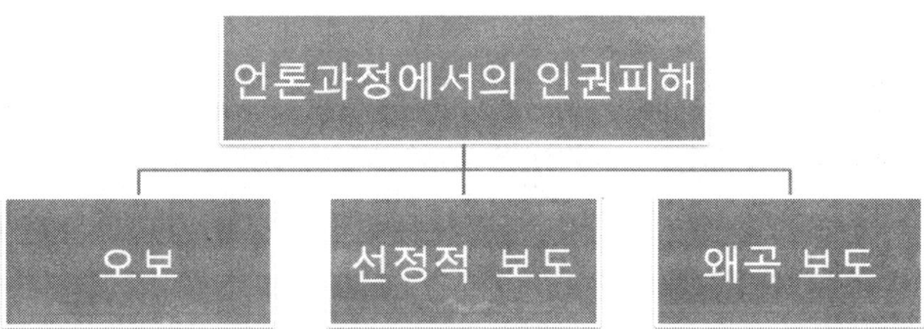

위의 그림에서 가장 문제가 되는 것이 오보보다는 선정적 보도와 왜곡보도로 인한 국민의 인권 침해이다. 오보의 경우에는 속보성 경쟁과 온라인 포털의 발달로 인하여 많이 생겨 난 것이고 문제는 상업적 자본의 지배하에 있는 언론이 선정적 보도를 통하여 상품성의 도보를 기하는 점이다. 이러한 선정적 보도는 당사자의 사생활의 까발리기 등 2차 피해가 속출하고 있는 실정으로 크게 개선되지 않고 있다.

언론의 선정적 보도보다도 더 문제가 되는 것이 대중을 특정한 정치적, 사회적 의도를 가지고 세뇌시키려는 왜곡보도를 특히 이념 갈등과 지역 갈등이 심한 한국사회에서 심각한 것이 사실이다. 수용단계에서 가장 문제가 되는 것이 교도소내의 시설내 처우에서의 인권피해가 그동안 많이 제기되어 왔다. 최근에 와서는 수용자들의 권리의식이 증가되고 교정행정의 민주화로 인하여 수용자들의 인권보호를 위하여 각종 권리구제에 관한 정책을 실질적으로 수용자들에게 보장하고 있다. 가령, 수용자들이 인권에 불만을 느끼면 청원이나 국가인권위원회에 진정을 하도록 하고 있는 바 그 통계를 보면 아래와 같다.

〈표 1〉 수용자 청원 사유별 현황

(단위 : 건)

구분 / 연도	계	가석방 분류	독거 거실	이송	의료 처우	직원관련 불만	부당 처우	조사 징벌	부식 구매	작업	영치 금품	기타
2007	1,999 (100%)	43 (2.2%)	154 (7.7%)	315 (15.8%)	311 (15.6%)	175 (8.8%)	599 (30.0%)	106 (5.3%)	12 (0.6%)	19 (1.0%)	19 (1.0%)	246 (12.3%)
2008	2,330 (100%)	56 (2.4%)	161 (6.9%)	362 (15.5%)	356 (15.3%)	434 (18.6%)	242 (10.4%)	124 (6.1%)	42 (1.8%)	45 (1.9%)	42 (1.8%)	448 (19.2%)

〈출처 : 2013 교정통계연본〉

위의 표를 보면 수형자에 대한 부당처우가 가장 많고 그 다음이 교도관에 대한 불만사항, 그리고 이송과 의료처우에 관한 것으로 나타났다. 따라서 부당처우와 직원에 대한 불만을 줄이기 위해서는 교도소 관료체계에 대한 근본적인 체제 혁신이 들어가야 하며 단순한 교육적 차원은 미봉책에 지나지 않는다. 그리고 국가인권위원회에의 진정에 관한 통계는 아래 표와 같다.

〈표 2〉 수용자 국가인권위원회 진정 현황(2006년 ~ 2012년)〉

(단위 : 건)

구분 / 연도	진정 건수	권고		수용여부			
		건수	비율	수용	일부수용	불수용	검토 중
2006	5,250	14	0.3%	9 (64.3%)	2 (14.3%)	3 (21.4%)	–

2007	5,989	25	0.4%	21 (84.0%)	2 (8.0%)	2 (8.0%)	-
2008	6,462	26	0.4%	21 (80.8%)	3 (11.5%)	2 (7.7%)	-
2009	5,700	25	0.4%	14 (56.0%)	2 (27.3%)	9 (36.0%)	-
2010	4,954	11	0.2%	5 (45.5%)	3 (27.3%)	3 (27.3%)	-
2011	3,925	11	0.3%	4 (36.4%)	2 (18.2%)	5 (45.5%)	-
2012	3,930	7	0.2%	4 (57.1%)	1 (14.3%)	2 (28.6%)	-

〈출처 : 2013 교정통계연본〉

〈표3 : 국가인권위원회 권고 내용 현황(2003년 ~ 2012년 누계)〉

(단위 : 건)

구분 / 건수	계	정책권고	처우권고	시설관련 권고	주의·경고 권고	인권교육 수강권고	수관업무 교육	징계권고
건수	198 (100%)	81 (40.8%)	56 (28.3%)	10 (5.1%)	18 (9.1%)	15 (7.6%)	12 (6.1%)	6 (3.0%)

〈출처 : 2013 교정통계연본〉

위의 통계를 보면 진정 건수는 2008년 이후 점차 감소를 한 바 이는 다른 권리구제수단이 확립되어 있는 것과 같다. 그리고 권고 내용은 정책 권고가 가장 많은데 이는 교정개혁과 관련된다.

Ⅱ. 언론뉴스에 나타난 인권침해 사례

언론 기사에 나타난 사례 중 대표적인 인권침해 사례를 보면 다음과 같다.

1. 사법부의 인권침해 사례

사법부에 의한 인권침해는 오판, 계층적 판결, 고압적 태도와 반말과 판사의 비하적 태도가 있는데 반말 사례는 다음 기사에 보면 자세히 나와 있는데 그 기사는 다음과 같다.

> *법정에 출석한 60대 피해자 증인에게 '늙으면 죽어야 한다'는 막말을 해 견책 징계를 받았던 판사가 이번에는 여성 비하 발언 논란에 휩싸였다.*
>
> *지난 9월27일 유모 부장판사는 서울 동부지방법원 조정실에서 공유지 분할 민사소송의 감정기일을 진행하던 중 피고 박모 씨에게 "여자가 말이 많으면 안 된다."고 말한 것으로 알려졌다.*
>
> *박 씨는 곧바로 동부지법 감사계에 이 사실을 알리고 민원을 제기했다.*
>
> *유 판사는 공보실을 통해 "'남편 분도 있고 변호사도 있는데 여자 분이 왜 이렇게 말씀이 많으세요.'라고 말한 것"이라며 "박 씨가 재판을 진행하는 동안 매우 격앙된 상태여서 지판 진행에 방해되어 제지하려 했을 뿐 여성비하 의도는 없었다."고 해명했다.*
>
> *유모 판사는 지난해 10월 25일 노컷뉴스 단복보도로 법정 출석한 60대 여성 피해자 증인에게 "늙으면 죽어야 한다."고 말한 사실이 알려져 견책 징계를 받고 양승태 대법원장이 유감을 표한 바 있다.*
>
> *동부지법 측은 "감사관을 통해 명확한 맥락과 발언에 대한 상황조사를 진행한 뒤 후속조치를 취할 것."이라며 "당시 조정실에 있던 박씨 부부와 양측 변호인, 감정인 등을 상대로 조사할 것."이라고 밝혔다.*
>
> *〈출처 : 노컷뉴스 2013.10.4〉*

위의 기사를 보면 해당 판사의 행위는 명백한 인권침해로 이는 단순한 실수가 아닌 권위적이고 던민주의적 독선의식의 발로로 성적 위주의 법관 선발의 문제점을 알 수 있다.

2. 언론에 의한 인권침해

언론에 의한 인권침해는 그동안 많이 문제가 되어 오다가 2011년에 국가인권위원회와 한국기자협회가 공동으로 마련한 2011년 한국인권 보도 준칙이 제정 된 바 여기서는 먼저 2011년에 제정된 한국인권 보도 준칙의 내용은 전문, 총강, 민주주의, 인격권, 성 평등, 이주민, 성적 소수자 인권 등으로 되어 있는데 여기서 일반인이 가장 많이 관련되는 인격권의 내용은 다음과 같다.

제2장 인격권

1. 언론은 개인의 인격권(명예, 프라이버시권, 초상권, 음성권, 성명권)을 침해하지 않는다.
   가. '공인'이 아닌 개인의 얼굴, 성명 등 신상 정보를 공개하려면 원칙적으로 당사자의 동의를 받아야한다.
   나. '공인'의 초상이나 성명, 프라이버시는 보도 내용과 관련이 없으면 사용하지 않는다.
   다. 개인의 질병이나 사인과 관련해 병명 공개에 주의한다.
   라. 죽은 사람과 유가족의 인격권을 침해하지 않는다.
   마. 자살 사건의 경우 한국기자협회 자살보도권고기준을 준수한다.
2. 언론은 범죄 사건의 경우 헌법 제2조의 무죄추정의 원칙, 공정한 재판을 받을 권리 등 국민의 기본권을 침해하지 않도록 주의한다.
   가. 수사나 재판 중인 사건을 다룰 때 단정적인 표현을 사용하지 않는다.
   나. 용의자나 피의자, 피고인의 얼굴, 성명 등 신상정보는 원칙적으로 공개하지 않는다.
   다. 범죄 피해자나 제보자, 고소·고발인의 신상정보는 원칙적으로 밝히지 않는다.
   라. 재판에서 유죄 판결을 받은 경우에도 범죄자의 얼굴, 성명 등 신상 정보

공개에 신중을 가한다.

마. 피해자의 2차 피해를 유발할 수 있는. 지나치게 자세한 묘사를 하지 않는다.

〈출처 : 한국기자협회 정관〉

따라서 개인의 인격권 침해는 주로 사법과정에서 많이 일어남을 알 수가 있다. 그러나 위의 인격권 보도 준칙은 잘 지켜지지 않고 있으며 계층성과 권력성을 지니고 있다. 가령, 2014년에 크게 보도가 된 유대균과 그의 호위무사라는 여성이 몇 개월의 도주 끝에 체포가 되자 일부 방송과 신문에서 그들이 피의자임에도 불구하고 성명과 얼굴, 수갑이 채워진 모습, 그들의 사생활, 그들의 관계 등 인격권 침해가 그대로 경쟁하듯이 보도되어 개인의 인격권 보도 준칙을 위반하였다. 이런 침해는 개인의 권력적 지위가 약할수록 더 심한 계층성을 보였다.

그리고 최근 증가되는 다문화와 관련되는 보도 준칙은 다음과 같다.

제5장 이주민과 외국인 인권

1. 언론은 다양한 문화를 존중하고 여러 민족이 더불어 살아가는 사회가 되도록 노력한다.
   가. 출신 국가, 민족, 인종, 피부색, 체류 자격, 국적 유무와 관계없이 모든 사람의 인권을 존중하고 증진하도록 힘쓴다.
   나. 특정 국가나 민족, 인종을 차별하거나 비하하는 표현을 사용하지 않는다.
   다. 이주민을 한국문화에 동화·흡수되도록 유도하거나 한국의 문화와 가치를 강요하는 미담 중심 보도를 자제한다.
   라. 이주민을 한국의 관점이나 기준으로 평가해 구경거리로 만들거나 동정을 받아야 할 대상으로 묘사하지 않는다.
2. 언론은 이주민에 대해 희박한 근거나 부정확한 추측으로 부정적인 이미지를 조장하거나 차별하지 않는다.
   가. 체류 허가를 받지 않은 외국인에게 ‘범죄자’라는 부정적 이미지를 덧씌울 수 있는 용어.
   나. 이주노동자 등을 잠재적 범죄자 또는 전염병 원인 제공자 등으로 몰아갈 수 있는 표현.
   다. 이주노동자를 동정의 대상으로 삼거나 어눌한 한국어 표현 등에 주목한

웃음거리 묘사.

〈출처 : 한국기자협회 정관〉

따라서 다문화와 관련해서는 한국적 문화의 강요라는 문화적 우월한 폭력을 금지하고 문화상대주의적 관점과 다문화 평등성의 이념에서 보도 준칙이 정해져 있지만 실제로는 이런 준칙을 위반하는 사례가 종종 있어왔다.

그리고 최근 사회문제가 되는 성적소수자에 관한 보도 준칙의 내용은 다음과 같다.

제8장 성적 소수자 인권

1. 언론은 성적 소수자에 대해 호기심이나 배척의 시선으로 접근하지 않는다.
   가. 성적 소수자를 비하는 표현이나 '성적 취향' 등 잘못된 개념의 용어.
   나. 성적 소수자가 잘못되고 타락한 것이라는 뉘앙스를 담은 표현.
   다. 반드시 필요하지 않을 경우 성적 지향이나 성 정체성을 밝히지 않는다.
   라. 성적 소수자에 대한 혐오에 가까운 표현.
2. 언론은 성적 소수자를 특정 질환이나 사회병리 현상과 연결 짓지 않는다.

〈출처 : 한국기자협회 정관〉

그동안 우리 언론은 성 소수자에 대해 호기심과 선정성의 관점에서 보도해 온 것이 사실이므로 이들도 인격권의 관점에서 존중되어야 하므로 이러한 규정은 당연한 규정이다.

그리고 인권보도준칙에는 성범죄 보도 준칙이 없는 바 이와 관련해서 경향신문은 선정적 보도를 피하기 위하여 성범죄 보도 준칙을 2012년 10월에 제정한 바 있는데 그 내용은 다음과 같다.

성범죄 보도준칙은 △피해자의 얼굴·이름·주소지·학교·직장 등 신상정보와 사적 기록물을 공개하지 않는다. 다만 피해자의 기록물 등이 공익적 가치가 크다고 판단될 때에는 전문가의 의견을 들어 보도할 수 있다. △피해자와 피해자 가족 등 주변 인물이 2차 피해를 입지 않도록 한다. △취재 과정에서 피해자와 주변 인물의 인권을 침해하지 않는다. △피해자의 삶을 가부장적 성문화의 시각으로 재단하지 않는다. △경찰 및 검찰 등 수사기관에서 제공하는 보도의 적절성을 판단한다

등 11가지 내용을 담고 있다.

〈출처 : 한국기자협회(2012.10.24)〉

따라서 경향신문의 성범죄 보도 준칙은 피해자 인권지향적이지만 가해자에 대한 언급이 없다. 가해자도 특히 청소년이 가해자인 경우에는 성명 등 인격권이 보호되어야 하며 또한 성범죄 수법은 모방성과 학습성이 아주 강하므로 성범죄 보도에서의 선정성과 지나친 객관적 묘사는 금지되어야 하는데 이러한 부분에 대한 언급이 없다. 그리고 2013년에 인권보도준칙의 미준수 건수에 관련된 통계는 다음과 같다.

〈표 4〉 신문·방송 인권보도준칙 미준수 건수

2013년 6월 2일 ~ 30일			
매체	전체기사	인권보도 관련 기사	
		인권보도준칙 미준수	전체기사 대비
신문	2만4871건	284건	1.1%
지상파 방송	2293건	69건	3.0%
종합편성채널	**3265건**	**121건**	**3.7%**
보도전문채널	584건	20건	3.4%
합계	3만1013건	494건	1.6%
2013년 9월 2일 ~ 29일			
매체	전체기사	인권보도 관련 기사	
		인권보도준칙 미준수	전체기사 대비
신문	2만1664건	292건	1.3%
지상파 방송	2367건	77건	2.2%
종합편성채널	**3060건**	**103건**	**3.4%**
보도전문채널	644건	11건	1.7%
합계	2만7735건	483건	1.7%

〈출처 : 국가인권위, 오마이뉴스, 2013.11.22일에서 재인용〉

위의 통계에 의하면 인권보도준칙을 위반한 9월의 사례는 종합편성채널 〉 지상파방송 〉 보도전문채널 〉 신문의 순서로 나타났고 6월에는 종합편성채널 〉 보도전문채널 〉 지상파방송 〉 신문의 순서로 나타났다. 이렇게 종합편성채널이 가장 많은 이유는 상품의 선정성 보도로 인한 시청률 경쟁과 상대적으로 종합편성채널이 시사프로그램이 많아 인권침해적 요소가 많기 때문이며 신문이 가장 적은 이유는 신문은 방송과 달리 즉흥성이 적어 여러번 자체 검열을 하는 과정에서 인권침해적 요소가 제거되고 지면으로 나가기 때문이다. 인권침해 사례는 개인의 사생활 폭로 같은 인격권 보도준칙 위반이 가장 많았고 사회지도층, 통치권자 같은 권위적 표현으로 국민을 하대해 민주주의 인권보도준칙을 어긴 경우 등이다(오마이뉴스, 2013. 11. 22) 언론들이 인권보도준칙을 어긴 이유에 대해 한 설문조사에 의하면 시간에 쫓김 〉 잘모름, 타성 〉 튀고자 하는 기자 욕심이라는 답이 여성민우회 기자 50명을 상대로 한 조사에서 나왔다(오마이뉴스, 2013. 11. 22) 따라서 언론인들에게 인권보도준칙이 내면화되지 않음이 가장 큰 이유 같지만 그보다는 인권보도준칙이 강제성이 없다 보니 실효성이 적은데다가 본질적으로 선정성 보도가 경쟁이 되다 보니 인권침해요소가 상대적으로 많은 것으로 추론이 된다.

4. 군내 인권 문제

최근에 새롭게 제기되는 문제가 군대 내 인권침해로 그 통계는 다음과 같다.

〈2007~2012년 군내 인권 침해〉

피해 유형	총계	관계			형태			구제요청 여부		
		병 상호간	병과 간부	기타	지속·반복	우발·일시	기타	있다	없다	모름
폭행·가혹 행위	122	64	38	20	64	31	27	39	55	28
사망·자살	56	17	7	32	15	7	34	9	17	30
폭언	45	6	16	23	26	15	4	5	34	6

〈출처 : 국가인권위원회, 국민일보 2014. 8. 4에서 재인용〉

위의 통계에 의하면 군대 내의 인권침해사례는 폭행 〉 사망 〉 폭언의 순서이며 병사 상호간 〉 병과 간부 간 〉 기타의 순서로 나타나고 지속성 〉 우발성 〉 기타의 순서로 나타나고 있으며 구제요청이 벗음이 가장 많음을 알 수가 있다. 그동안 국가인권위원회의 군인권법 제정권고도 국방부가 묵살하고 국방부에 군 옴부즈만 설치도 되지 않은 데서 알 수 있듯이(한겨레, 2014. 8. 5) 군이 군 사병의 인권에 적절한 정책을 수용하지 못하고 있다.

Ⅲ. 대책

인권침해에 대한 대책은 크게 법적 대책, 사회적 대책, 교육적 대책, 복지적 대책으로 나눌 수 있다.

1. 법적 대책

경찰 등 공무원에 의한 인권침해 등에 대해서는 징계수위를 대폭 높이고 형법이 적용되는 가혹행위에 대해서는 철저히 형법을 적용시키는 강경책이 중요하다. 인간은 계산과 비용을 잘 계산하는 합리적 인간이므로 법적 대책의 강화로 인한 비용의 증가 같은 위하력이 가장 중요하다. 내심의 양심에 호소하거나 단순한 징계는 거의 효과가 없다.

2. 사회적 대책

강력한 권력으로 등장하고 있는 언론에 의한 인권침해에 대해서는 강력한 비판적인 감시단체와 시민단체의 내부 역량의 강화가 중요하며 이들에 이등에 의한 사회적 통제가 중요하다.

3. 교육적 대책

인권침해자에 대한 인권 감수성 제고에 대한 교육이 중요하다.

4. 복지적 대책

인권침해를 방지하기 위해서는 인권복지적 실천이 적용되어야 하며 이를 위해 각급 기관에 인권복지사의 도입이 중요하다.

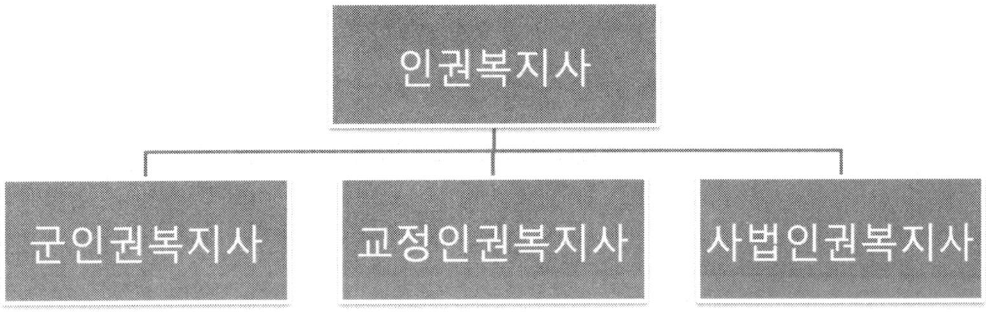

부록 관련 법규

국가인권위원회법

[시행 2014.3.18] [법률 제12500호, 2014.3.18, 일부개정]

국가인권위원회(법무감사담당관) 02-2125-9933

제1장 총칙 <개정 2011.5.19>

제1조(목적) 이 법은 국가인권위원회를 설립하여 모든 개인이 가지는 불가침의 기본적 인권을 보호하고 그 수준을 향상시킴으로써 인간으로서의 존엄과 가치를 실현하고 민주적 기본질서의 확립에 이바지함을 목적으로 한다.
[전문개정 2011.5.19]

제2조(정의) 이 법에서 사용하는 용어의 뜻은 다음과 같다.
1. "인권"이란 「대한민국헌법」 및 법률에서 보장하거나 대한민국이 가입·비준한 국제인권조약 및 국제관습법에서 인정하는 인간으로서의 존엄과 가치 및 자유와 권리를 말한다.
2. "구금·보호시설"이란 다음 각 목에 해당하는 시설을 말한다.
   가. 교도소·소년교도소·구치소 및 그 지소, 보호감호소, 치료감호시설, 소년원 및 소년분류심사원
   나. 경찰서 유치장 및 사법경찰관리가 직무 수행을 위하여 사람을 조사하고 유치(留置)하거나 수용하는 데에 사용하는 시설
   다. 군 교도소(지소·미결수용실 및 헌병대 영창을 포함한다)
   라. 외국인 보호소
   마. 다수인 보호시설(많은 사람을 보호하고 수용하는 시설로서 대통령령으로

정하는 시설을 말한다)

3. “평등권 침해의 차별행위”란 합리적인 이유 없이 성별, 종교, 장애, 나이, 사회적 신분, 출신 지역(출생지, 등록기준지, 성년이 되기 전의 주된 거주지 등을 말한다), 출신 국가, 출신 민족, 용모 등 신체 조건, 기혼·미혼·별거·이혼·사별·재혼·사실혼 등 혼인 여부, 임신 또는 출산, 가족 형태 또는 가족 상황, 인종, 피부색, 사상 또는 정치적 의견, 형의 효력이 실효된 전과(前科), 성적(性的) 지향, 학력, 병력(病歷) 등을 이유로 한 다음 각 목의 어느 하나에 해당하는 행위를 말한다. 다만, 현존하는 차별을 없애기 위하여 특정한 사람(특정한 사람들의 집단을 포함한다. 이하 이 조에서 같다)을 잠정적으로 우대하는 행위와 이를 내용으로 하는 법령의 제정·개정 및 정책의 수립·집행은 평등권 침해의 차별행위(이하 "차별행위"라 한다)로 보지 아니한다.

   가. 고용(모집, 채용, 교육, 배치, 승진, 임금 및 임금 외의 금품 지급, 자금의 융자, 정년, 퇴직, 해고 등을 포함한다)과 관련하여 특정한 사람을 우대·배제·구별하거나 불리하게 대우하는 행위

   나. 재화·용역·교통수단·상업시설·토지·주거시설의 공급이나 이용과 관련하여 특정한 사람을 우대·배제·구별하거나 불리하게 대우하는 행위

   다. 교육시설이나 직업훈련기관에서의 교육·훈련이나 그 이용과 관련하여 특정한 사람을 우대·배제·구별하거나 불리하게 대우하는 행위

   라. 성희롱[업무, 고용, 그 밖의 관계에서 공공기관(국가기관, 지방자치단체, 「초·중등교육법」 제2조, 「고등교육법」 제2조와 그 밖의 다른 법률에 따라 설치된 각급 학교, 「공직자윤리법」 제3조의2제1항에 따른 공직유관단체를 말한다)의 종사자, 사용자 또는 근로자가 그 직위를 이용하여 또는 업무 등과 관련하여 성적 언동 등으로 성적 굴욕감 또는 혐오감을 느끼게 하거나 성적 언동 또는 그 밖의 요구 등에 따르지 아니한다는 이유로 고용상의 불이익을 주는 것을 말한다] 행위

4. “장애”란 신체적·정신적·사회적 요인으로 장기간에 걸쳐 일상생활 또는 사회생활에 상당한 제약을 받는 상태를 말한다.

[전문개정 2011.5.19]

제3조(국가인권위원회의 설립과 독립성) ① 이 법에서 정하는 인권의 보호와 향상을 위한 업무를 수행하기 위하여 국가인권위원회(이하 "위원회"라 한다)를 둔다.
② 위원회는 그 권한에 속하는 업무를 독립하여 수행한다.
[전문개정 2011.5.19]

제4조(적용범위) 이 법은 대한민국 국민과 대한민국의 영역에 있는 외국인에 대하여 적용한다.
[전문개정 2011.5.19]

제2장 위원회의 구성과 운영

제5조(위원회의 구성) ① 위원회는 위원장 1명과 상임위원 3명을 포함한 11명의 인권위원(이하 "위원"이라 한다)으로 구성한다.
② 위원은 인권문제에 관하여 전문적인 지식과 경험이 있고 인권의 보장과 향상을 위한 업무를 공정하고 독립적으로 수행할 수 있다고 인정되는 사람 중에서 다음 각 호의 사람을 대통령이 임명한다.
1. 국회가 선출하는 4명(상임위원 2명을 포함한다)
2. 대통령이 지명하는 4명
3. 대법원장이 지명하는 3명
③ 위원장은 위원 중에서 대통령이 임명한다. 이 경우 위원장은 국회의 인사청문을 거쳐야 한다. 〈개정 2012.3.21〉
④ 위원장과 상임위원은 정무직공무원으로 임명한다.
⑤ 위원 중 4명 이상은 여성으로 임명한다.
⑥ 임기가 끝난 위원은 후임자가 임명될 때까지 그 직무를 수행한다.
[전문개정 2011.5.19]

제6조(위원장의 직무) ① 위원장은 위원회를 대표하며 위원회의 업무를 총괄한다.
② 위원장이 부득이한 사유로 직무를 수행할 수 없을 때에는 위원장이 미리 지명한 상임위원이 그 직무를 대행한다.
③ 위원장은 국회에 출석하여 위원회의 소관 사무에 관하여 의견을 진술할 수 있

으며, 국회에서 요구하면 출석하여 보고하거나 답변하여야 한다.

④ 위원장은 국무회의에 출석하여 발언할 수 있으며, 소관 사무에 관하여 국무총리에게 의안(이 법의 시행에 관한 대통령령안을 포함한다) 제출을 건의할 수 있다.

⑤ 위원장은 위원회의 예산 관련 업무를 수행할 때 「국가재정법」 제6조제3항에 따른 중앙관서의 장으로 본다.

[전문개정 2011.5.19]

제7조(위원장 및 위원의 임기) ① 위원장과 위원의 임기는 3년으로 하고, 한 번만 연임할 수 있다.

② 위원 중 결원이 생기면 대통령은 결원된 날부터 30일 이내에 후임자를 임명하여야 한다.

③ 결원이 된 위원의 후임으로 임명된 위원의 임기는 새로 시작된다.

[전문개정 2011.5.19]

제8조(위원의 신분 보장) 위원은 금고 이상의 형의 선고에 의하지 아니하고는 본인의 의사에 반하여 면직되지 아니한다. 다만, 위원이 신체상 또는 정신상의 장애로 직무수행이 극히 곤란하게 되거나 불가능하게 된 경우에는 전체 위원 3분의 2 이상의 찬성에 의한 의결로 퇴직하게 할 수 있다.

[전문개정 2011.5.19]

제9조(위원의 결격사유) ① 다음 각 호의 어느 하나에 해당하는 사람은 위원이 될 수 없다.

1. 대한민국 국민이 아닌 사람
2. 「국가공무원법」 제33조 각 호의 어느 하나에 해당하는 사람
3. 정당의 당원
4. 「공직선거법」에 따라 실시하는 선거에 후보자로 등록한 사람

② 위원이 제1항 각 호의 어느 하나에 해당하게 되면 당연히 퇴직한다.

[전문개정 2011.5.19]

제10조(위원의 겸직금지) ① 위원은 재직 중 다음 각 호의 직을 겸하거나 업무를

할 수 없다.

1. 국회 또는 지방의회의 의원의 직
2. 다른 국가기관 또는 지방자치단체의 공무원(교육공무원은 제외한다)의 직
3. 그 밖에 위원회 규칙으로 정하는 직 또는 업무

② 위원은 정당에 가입하거나 정치운동에 관여할 수 없다.

[전문개정 2011.5.19]

제11조 삭제 〈2005.7.29〉

제12조(상임위원회 및 소위원회) ① 위원회는 그 업무 중 일부를 수행하게 하기 위하여 상임위원회와 침해구제위원회, 차별시정위원회 등의 소위원회(이하 "소위원회"라 한다)를 둘 수 있다.

② 상임위원회는 위원장과 상임위원으로 구성하고, 소위원회는 3명 이상 5명 이하의 위원으로 구성한다.

③ 상임위원회와 소위원회에는 심의 사항을 연구·검토하기 위하여 성·장애 등 분야별 전문위원회를 둘 수 있다.

④ 상임위원회, 소위원회 및 전문위원회의 구성·업무 및 운영과 전문위원의 자격·임기 및 위촉 등에 관하여 필요한 사항은 위원회 규칙으로 정한다.

[전문개정 2011.5.19]

제13조(회의 의사 및 의결정족수) ① 위원회의 회의는 위원장이 주재하며, 이 법에 특별한 규정이 없으면 재적위원 과반수의 찬성으로 의결한다.

② 상임위원회 및 소위원회의 회의는 구성위원 3명 이상의 출석과 3명 이상의 찬성으로 의결한다.

[전문개정 2011.5.19]

제14조(의사의 공개) 위원회의 의사는 공개한다. 다만, 위원회, 상임위원회 또는 소위원회가 필요하다고 인정하면 공개하지 아니할 수 있다.

[전문개정 2011.5.19]

제15조(자문기구) ① 위원회는 그 업무 수행에 필요한 사항을 자문하기 위하여 자

문기구를 둘 수 있다.
② 자문기구의 조직과 운영에 필요한 사항은 위원회 규칙으로 정한다.
[전문개정 2011.5.19]

제16조(사무처) ① 위원회에 위원회의 사무를 처리할 사무처를 둔다.
② 사무처에 사무총장 1명과 필요한 직원을 두되 사무총장은 위원회의 심의를 거쳐 위원장의 제청으로 대통령이 임명한다.
③ 소속 직원 중 5급 이상 공무원 또는 고위공무원단에 속하는 일반직공무원은 위원장의 제청으로 대통령이 임명하며, 6급 이하 공무원은 위원장이 임명한다.
④ 사무총장은 위원장의 지휘를 받아 사무처의 사무를 관장하고 소속 직원을 지휘·감독한다.
[전문개정 2011.5.19]

제17조(징계위원회의 설치) ① 위원회에 위원회 직원의 징계처분을 의결할 징계위원회를 둔다.
② 징계위원회의 구성, 권한, 심의 절차, 징계의 종류 및 효력, 그 밖에 징계에 필요한 사항은 위원회 규칙으로 정한다.
[전문개정 2011.5.19]

제18조(위원회의 조직과 운영) 이 법에 규정된 사항 외에 위원회의 조직에 관하여 필요한 사항은 대통령령으로 정하고, 위원회의 운영에 필요한 사항은 위원회 규칙으로 정한다.
[전문개정 2011.5.19]

제3장 위원회의 업무와 권한

제19조(업무) 위원회는 다음 각 호의 업무를 수행한다.
1. 인권에 관한 법령(입법과정 중에 있는 법령안을 포함한다)·제도·정책·관행의 조사와 연구 및 그 개선이 필요한 사항에 관한 권고 또는 의견의 표명
2. 인권침해행위에 대한 조사와 구제

3. 차별행위에 대한 조사와 구제
4. 인권상황에 대한 실태 조사
5. 인권에 관한 교육 및 홍보
6. 인권침해의 유형, 판단 기준 및 그 예방 조치 등에 관한 지침의 제시 및 권고
7. 국제인권조약 가입 및 그 조약의 이행에 관한 연구와 권고 또는 의견의 표명
8. 인권의 옹호와 신장을 위하여 활동하는 단체 및 개인과의 협력
9. 인권과 관련된 국제기구 및 외국 인권기구와의 교류·협력
10. 그 밖에 인권의 보장과 향상을 위하여 필요하다고 인정하는 사항

[전문개정 2011.5.19]

제20조(관계기관등과의 협의) ① 관계 국가행정기관 또는 지방자치단체의 장은 인권의 보호와 향상에 영향을 미치는 내용을 포함하고 있는 법령을 제정하거나 개정하려는 경우 미리 위원회에 통지하여야 한다.

② 위원회는 그 업무를 수행하기 위하여 필요하다고 인정하면 국가기관, 지방자치단체, 그 밖의 공사(公私) 단체(이하 "관계기관등"이라 한다)에 협의를 요청할 수 있다.

③ 제2항에 따른 요청을 받은 관계기관등은 정당한 사유가 없으면 이에 성실히 협조하여야 한다.

[전문개정 2011.5.19]

제21조(정부보고서 작성 시 위원회 의견 청취) 국제인권규약에 따라 관계 국가행정기관이 정부보고서를 작성할 때에는 위원회의 의견을 들어야 한다.

[전문개정 2011.5.19]

제22조(자료제출 및 사실 조회) ① 위원회는 그 업무를 수행하기 위하여 필요하다고 인정하면 관계기관등에 필요한 자료 등의 제출이나 사실 조회를 요구할 수 있다.

② 위원회는 그 업무를 수행하기 위하여 필요한 사실을 알고 있거나 전문적 지식 또는 경험을 가지고 있다고 인정되는 사람에게 출석을 요구하여 그 진술을 들을 수 있다.

③ 제1항에 따른 요구를 받은 기관은 지체 없이 협조하여야 한다.
[전문개정 2011.5.19]

제23조(청문회) ① 위원회는 그 업무를 수행하기 위하여 필요하다고 인정하면 관계기관등의 대표자, 이해관계인 또는 학식과 경험이 있는 사람 등에게 출석을 요구하여 사실 또는 의견의 진술을 들을 수 있다.

② 제1항에 따라 위원회가 실시하는 청문회의 절차와 방법에 관하여는 위원회 규칙으로 정한다.
[전문개정 2011.5.19]

제24조(시설의 방문조사) ① 위원회(상임위원회와 소위원회를 포함한다. 이하 이 조에서 같다)는 필요하다고 인정하면 그 의결로써 구금·보호시설을 방문하여 조사할 수 있다.

② 제1항에 따른 방문조사를 하는 위원은 필요하다고 인정하면 소속 직원 및 전문가를 동반할 수 있으며, 구체적인 사항을 지정하여 소속 직원 및 전문가에게 조사를 위임할 수 있다. 이 경우 조사를 위임받은 전문가가 그 사항에 대하여 조사를 할 때에는 소속 직원을 동반하여야 한다.

③ 제2항에 따라 방문조사를 하는 위원, 소속 직원 또는 전문가(이하 이 조에서 "위원등"이라 한다)는 그 권한을 표시하는 증표를 지니고 이를 관계인에게 내보여야 하며, 방문 및 조사를 받는 구금·보호시설의 장 또는 관리인은 즉시 방문과 조사에 편의를 제공하여야 한다.

④ 제2항에 따라 방문조사를 하는 위원등은 구금·보호시설의 직원 및 구금·보호시설에 수용되어 있는 사람(이하 "시설수용자"라 한다)과 면담할 수 있고 구술 또는 서면으로 사실이나 의견을 진술하게 할 수 있다.

⑤ 구금·보호시설의 직원은 위원등이 시설수용자를 면담하는 장소에 참석할 수 있다. 다만, 대화 내용을 녹음하거나 녹취하지 못한다.

⑥ 구금·보호시설에 대한 방문조사의 절차와 방법 등에 관하여 필요한 사항은 대통령령으로 정한다.
[전문개정 2011.5.19]

第25條(정책과 관행의 개선 또는 시정 권고) ① 위원회는 인권의 보호와 향상을 위하여 필요하다고 인정하면 관계기관등에 정책과 관행의 개선 또는 시정을 권고하거나 의견을 표명할 수 있다.

② 제1항에 따라 권고를 받은 관계기관등의 장은 그 권고사항을 존중하고 이행하기 위하여 노력하여야 한다.

③ 제1항에 따라 권고를 받은 관계기관등의 장은 권고를 받은 날부터 90일 이내에 그 권고사항의 이행계획을 위원회에 통지하여야 한다. 〈개정 2012.3.21〉

④ 제1항에 따라 권고를 받은 관계기관등의 장은 그 권고의 내용을 이행하지 아니할 경우에는 그 이유를 위원회에 통지하여야 한다. 〈신설 2012.3.21〉

⑤ 위원회는 필요하다고 인정하면 제1항에 따른 위원회의 권고와 의견 표명 및 제4항에 따라 권고를 받은 관계기관등의 장이 통지한 내용을 공표할 수 있다. 〈개정 2012.3.21〉

[전문개정 2011.5.19]

第26條(인권교육과 홍보) ① 위원회는 모든 사람의 인권 의식을 깨우치고 향상시키기 위하여 필요한 인권교육과 홍보를 하여야 한다.

② 위원회는 「초·중등교육법」 제23조에 따른 학교 교육과정에 인권에 관한 내용을 포함시키기 위하여 교육부장관과 협의할 수 있다. 〈개정 2013.3.23〉

③ 위원회는 인권교육과 인권에 관한 연구의 발전을 위하여 필요한 사항을 「고등교육법」 제2조에 따라 설립된 학교의 장과 협의할 수 있다.

④ 위원회는 공무원의 채용시험, 승진시험, 연수 및 교육훈련 과정에 인권에 관한 내용을 포함시키기 위하여 국가기관 및 지방자치단체의 장과 협의할 수 있다.

⑤ 위원회는 「정부출연연구기관 등의 설립·운영 및 육성에 관한 법률」 제8조 및 제18조와 「과학기술분야 정부출연연구기관 등의 설립·운영 및 육성에 관한 법률」 제8조 및 제18조에 따라 설립된 연구기관 또는 연구회의 장과 협의하여 인권에 관한 연구를 요청하거나 공동으로 연구할 수 있다.

⑥ 위원회는 「평생교육법」 제2조제2호에 따른 평생교육기관의 장에 대하여 그 교육내용에 인권 관련 사항을 포함하도록 권고할 수 있다.

[전문개정 2011.5.19]

제27조(인권도서관) ① 위원회는 인권도서관을 둘 수 있다. 〈개정 2012.3.21〉

② 인권도서관은 인권에 관한 국내외의 정보와 자료 등을 수집·정리·보존하여 일반인이 이용하도록 제공할 수 있다. 〈개정 2012.3.21〉

③ 삭제 〈2012.3.21〉

④ 인권도서관의 설치와 운영에 필요한 사항은 위원회 규칙으로 정한다. 〈개정 2012.3.21〉

[전문개정 2011.5.19]

[제목개정 2012.3.21]

제28조(법원 및 헌법재판소에 대한 의견 제출) ① 위원회는 인권의 보호와 향상에 중대한 영향을 미치는 재판이 계속(係屬) 중인 경우 법원 또는 헌법재판소의 요청이 있거나 필요하다고 인정할 때에는 법원의 담당 재판부 또는 헌법재판소에 법률상의 사항에 관하여 의견을 제출할 수 있다.

② 제4장에 따라 위원회가 조사하거나 처리한 내용에 관하여 재판이 계속 중인 경우 위원회는 법원 또는 헌법재판소의 요청이 있거나 필요하다고 인정할 때에는 법원의 담당 재판부 또는 헌법재판소에 사실상 및 법률상의 사항에 관하여 의견을 제출할 수 있다.

[전문개정 2011.5.19]

제29조(보고서 작성 등) ① 위원회는 해마다 전년도의 활동 내용과 인권 상황 및 개선 대책에 관한 보고서를 작성하여 대통령과 국회에 보고하여야 한다.

② 위원회는 제1항에 따른 보고 외에도 필요하다고 인정하면 대통령과 국회에 특별보고를 할 수 있다.

③ 관계기관등은 제1항 및 제2항에 따른 보고에 관한 의견, 조치 결과 또는 조치 계획을 위원회에 제출할 수 있다.

④ 위원회는 제1항 및 제2항에 따른 보고서를 공개하여야 한다. 다만, 국가의 안전보장, 개인의 명예 또는 사생활의 보호를 위하여 필요하거나 다른 법률에 따라 공개가 제한된 사항은 공개하지 아니할 수 있다.

[전문개정 2011.5.19]

제4장 인권침해 및 차별행위의 조사와 구제 <개정 2005.7.29>

제30조(위원회의 조사대상) ① 다음 각 호의 어느 하나에 해당하는 경우에 인권침해나 차별행위를 당한 사람(이하 "피해자"라 한다) 또는 그 사실을 알고 있는 사람이나 단체는 위원회에 그 내용을 진정할 수 있다. 〈개정 2011.5.19, 2012.3.21〉

1. 국가기관, 지방자치단체, 「초·중등교육법」 제2조, 「고등교육법」 제2조와 그 밖의 다른 법률에 따라 설치된 각급 학교, 「공직자윤리법」 제3조의2제1항에 따른 공직유관단체 또는 구금·보호시설의 업무 수행(국회의 입법 및 법원·헌법재판소의 재판은 제외한다)과 관련하여 「대한민국헌법」 제10조부터 제22조까지의 규정에서 보장된 인권을 침해당하거나 차별행위를 당한 경우
2. 법인, 단체 또는 사인(私人)으로부터 차별행위를 당한 경우

② 삭제 〈2005.7.29〉

③ 위원회는 제1항의 진정이 없는 경우에도 인권침해나 차별행위가 있다고 믿을 만한 상당한 근거가 있고 그 내용이 중대하다고 인정할 때에는 직권으로 조사할 수 있다. 〈개정 2011.5.19〉

④ 제1항에 따른 진정의 절차와 방법에 관하여 필요한 사항은 위원회 규칙으로 정한다. 〈개정 2011.5.19〉

제31조(시설수용자의 진정권 보장) ① 시설수용자가 위원회에 진정하려고 하면 그 시설에 소속된 공무원 또는 직원(이하 "소속공무원등"이라 한다)은 그 사람에게 즉시 진정서 작성에 필요한 시간과 장소 및 편의를 제공하여야 한다.

② 시설수용자가 위원 또는 위원회 소속 직원 앞에서 진정하기를 원하는 경우 소속공무원등은 즉시 그 뜻을 위원회에 통지하여야 한다.

③ 소속공무원등은 제1항에 따라 시설수용자가 작성한 진정서를 즉시 위원회에 보내고 위원회로부터 접수증명원을 받아 이를 진정인에게 내주어야 한다. 제2항의 통지에 대한 위원회의 확인서 및 면담일정서는 발급받는 즉시 진정을 원하는 시설수용자에게 내주어야 한다.

④ 제2항에 따라 통지를 받은 경우 또는 시설수용자가 진정을 원한다고 믿을 만한 상당한 근거가 있는 경우 위원회는 위원 또는 소속 직원으로 하여금 구금·

보호시설을 방문하게 하여 진정을 원하는 시설수용자로부터 구술 또는 서면으로 진정을 접수하게 하여야 한다. 이때 진정을 접수한 위원 또는 소속 직원은 즉시 접수증명원을 작성하여 진정인에게 내주어야 한다.

⑤ 제4항에 따른 위원 또는 소속 직원의 구금·보호시설의 방문 및 진정의 접수에 관하여는 제24조제3항 및 제4항을 준용한다.

⑥ 시설에 수용되어 있는 진정인(진정을 하려는 사람을 포함한다)과 위원 또는 위원회 소속 직원의 면담에는 구금·보호시설의 직원이 참여하거나 그 내용을 듣거나 녹취하지 못한다. 다만, 보이는 거리에서 시설수용자를 감시할 수 있다.

⑦ 소속공무원등은 시설수용자가 위원회에 제출할 목적으로 작성한 진정서 또는 서면을 열람할 수 없다.

⑧ 시설수용자의 자유로운 진정서 작성과 제출을 보장하기 위하여 구금·보호시설에서 이행하여야 할 조치와 그 밖에 필요한 절차와 방법은 대통령령으로 정한다.

[전문개정 2011.5.19]

제32조(진정의 각하 등) ① 위원회는 접수한 진정이 다음 각 호의 어느 하나에 해당하는 경우에는 그 진정을 각하(却下)한다.

1. 진정의 내용이 위원회의 조사대상에 해당하지 아니하는 경우
2. 진정의 내용이 명백히 거짓이거나 이유 없다고 인정되는 경우
3. 피해자가 아닌 사람이 한 진정에서 피해자가 조사를 원하지 아니하는 것이 명백한 경우
4. 진정의 원인이 된 사실이 발생한 날부터 1년 이상 지나서 진정한 경우. 다만, 진정의 원인이 된 사실에 관하여 공소시효 또는 민사상 시효가 완성되지 아니한 사건으로서 위원회가 조사하기로 결정한 경우에는 그러하지 아니하다.
5. 진정이 제기될 당시 진정의 원인이 된 사실에 관하여 법원 또는 헌법재판소의 재판, 수사기관의 수사 또는 그 밖의 법률에 따른 권리구제 절차가 진행 중이거나 종결된 경우. 다만, 수사기관이 인지하여 수사 중인 「형법」 제123조부터 제125조까지의 죄에 해당하는 사건과 같은 사안에 대하여 위원회에 진정이 접수된 경우에는 그러하지 아니하다.

6. 진정이 익명이나 가명으로 제출된 경우
7. 진정이 위원회가 조사하는 것이 적절하지 아니하다고 인정되는 경우
8. 진정인이 진정을 취하한 경우
9. 위원회가 기각한 진정과 같은 사실에 대하여 다시 진정한 경우
10. 진정의 취지가 그 진정의 원인이 된 사실에 관한 법원의 확정판결이나 헌법재판소의 결정에 반하는 경우

② 위원회는 제1항에 따라 진정을 각하하는 경우 필요하다고 인정하면 그 진정을 관계 기관에 이송할 수 있다. 이 경우 진정을 이송받은 기관은 위원회의 요청이 있으면 지체 없이 그 처리 결과를 위원회에 통지하여야 한다.

③ 위원회가 진정에 대한 조사를 시작한 후에도 그 진정이 제1항 각 호의 어느 하나에 해당하게 된 경우에는 그 진정을 각하할 수 있다.

④ 위원회는 진정을 각하하거나 이송한 경우 지체 없이 그 사유를 구체적으로 밝혀 진정인에게 통지하여야 한다.

⑤ 위원회는 제4항에 따라 진정인에게 통지하는 경우 필요하다고 인정하면 피해자 또는 진정인에게 권리를 구제받는 데에 필요한 절차와 조치에 관하여 조언할 수 있다.

[전문개정 2011.5.19]

제33조(다른 구제 절차와 이송) ① 진정의 내용이 다른 법률에서 정한 권리구제 절차에 따라 권한을 가진 국가기관에 제출하려는 것이 명백한 경우 위원회는 지체 없이 그 진정을 그 국가기관으로 이송하여야 한다.

② 위원회가 제30조제1항에 따라 진정에 대한 조사를 시작한 후에 진정의 원인이 된 사실과 같은 사안에 관한 수사가 피해자의 진정 또는 고소에 의하여 시작된 경우에는 그 진정을 관할 수사기관으로 이송하여야 한다.

③ 제1항과 제2항에 따라 위원회가 진정을 이송한 경우 지체 없이 그 내용을 진정인에게 통지하여야 하며, 이송받은 기관은 위원회가 요청하는 경우 그 진정에 대한 처리 결과를 위원회에 통지하여야 한다.

[전문개정 2011.5.19]

제34조(수사기관과 위원회의 협조) ① 진정의 원인이 된 사실이 범죄행위에 해당

한다고 믿을 만한 상당한 이유가 있고 그 혐의자의 도주 또는 증거 인멸 등을 방지하거나 증거 확보를 위하여 필요하다고 인정할 경우에 위원회는 검찰총장 또는 관할 수사기관의 장에게 수사의 개시와 필요한 조치를 의뢰할 수 있다.

② 제1항에 따른 의뢰를 받은 검찰총장 또는 관할 수사기관의 장은 지체 없이 그 조치 결과를 위원회에 통지하여야 한다.

[전문개정 2011.5.19]

第35조(조사 목적의 한계) ① 위원회는 조사를 할 때에는 국가기관의 기능 수행에 지장을 주지 아니하도록 유의하여야 한다.

② 위원회는 개인의 사생활을 침해하거나 계속 중인 재판 또는 수사 중인 사건의 소추(訴追)에 부당하게 관여할 목적으로 조사를 하여서는 아니 된다.

[전문개정 2011.5.19]

第36조(조사의 방법) ① 위원회는 다음 각 호에서 정한 방법으로 진정에 관하여 조사할 수 있다.

1. 진정인·피해자·피진정인(이하 "당사자"라 한다) 또는 관계인에 대한 출석 요구, 진술 청취 또는 진술서 제출 요구
2. 당사자, 관계인 또는 관계 기관 등에 대하여 조사 사항과 관련이 있다고 인정되는 자료 등의 제출 요구
3. 조사 사항과 관련이 있다고 인정되는 장소, 시설 또는 자료 등에 대한 현장 조사 또는 감정(鑑定)
4. 당사자, 관계인 또는 관계 기관 등에 대하여 조사 사항과 관련이 있다고 인정되는 사실 또는 정보의 조회

② 위원회는 조사를 위하여 필요하다고 인정하면 위원 또는 소속 직원에게 일정한 장소 또는 시설을 방문하여 장소, 시설 또는 자료 등에 대하여 현장조사 또는 감정을 하게 할 수 있다. 이 경우 위원회는 그 장소 또는 시설에 당사자나 관계인의 출석을 요구하여 진술을 들을 수 있다.

③ 제1항제1호에 따라 진술서 제출을 요구받은 사람은 14일 이내에 진술서를 제출하여야 한다.

④ 제1항과 제2항에 따른 피진정인에 대한 출석 요구는 인권침해행위나 차별행위

를 한 행위당사자의 진술서만으로는 사안을 판단하기 어렵고, 제30조제1항에 따른 인권침해행위나 차별행위가 있었다고 볼 만한 상당한 이유가 있는 경우에만 할 수 있다.

⑤ 제2항에 따라 조사를 하는 위원 또는 소속 직원은 그 장소 또는 시설을 관리하는 장 또는 직원에게 필요한 자료나 물건의 제출을 요구할 수 있다.

⑥ 제2항에 따라 조사를 하는 위원 또는 소속 직원은 그 권한을 표시하는 증표를 지니고 이를 그 장소 또는 시설을 관리하는 장 또는 직원에게 내보여야 한다.

⑦ 위원회가 자료나 물건의 제출을 요구하거나 그 자료, 물건 또는 시설에 대한 현장조사 또는 감정을 하려고 하는 경우 관계 국가기관의 장은 그 자료, 물건 또는 시설이 다음 각 호의 어느 하나에 해당한다는 사실을 위원회에 소명하고 그 자료나 물건의 제출 또는 그 자료, 물건, 시설에 대한 현장조사 또는 감정을 거부할 수 있다. 이 경우 위원회는 관계 국가기관의 장에게 필요한 사항의 확인을 요구할 수 있으며, 요구를 받은 관계 국가기관의 장은 이에 성실히 협조하여야 한다.

1. 국가의 안전보장 또는 외교관계에 중대한 영향을 미치는 국가기밀 사항인 경우
2. 범죄 수사나 계속 중인 재판에 중대한 지장을 줄 우려가 있는 경우

[전문개정 2011.5.19]

제37조(질문 · 검사권) ① 위원회는 제36조의 조사에 필요한 자료 등이 있는 곳 또는 관계인에 관하여 파악하려면 그 내용을 알고 있다고 믿을 만한 상당한 이유가 있는 사람에게 질문하거나 그 내용을 포함하고 있다고 믿을 만한 상당한 이유가 있는 서류와 그 밖의 물건을 검사할 수 있다.

② 제1항의 경우에는 제36조제5항부터 제7항까지를 준용한다.

[전문개정 2011.5.19]

제38조(위원의 제척 등) ① 위원(제41조에 따른 조정위원을 포함한다. 이하 이 조에서 같다)은 다음 각 호의 어느 하나에 해당하는 경우에는 진정의 심의 · 의결에서 제척된다.

1. 위원이나 그 배우자 또는 그 배우자이었던 사람이 해당 진정의 당사자이거나 그 진정에 관하여 당사자와 공동권리자 또는 공동의무자인 경우

2. 위원이 해당 진정의 당사자와 친족이거나 친족이었던 경우
3. 위원이 해당 진정에 관하여 증언이나 감정을 한 경우
4. 위원이 해당 진정에 관하여 당사자의 대리인으로 관여하거나 관여하였던 경우
5. 위원이 해당 진정에 관하여 수사, 재판 또는 다른 법률에 따른 구제 절차에 관여하였던 경우

② 당사자는 위원에게 심의·의결의 공정을 기대하기 어려운 사정이 있는 경우에는 위원장에게 기피신청을 할 수 있으며 위원장은 당사자의 기피신청에 대하여 위원회의 의결을 거치지 아니하고 결정한다. 다만, 위원장이 결정하기에 타당하지 아니하는 경우에는 위원회의 의결로 결정한다.

③ 위원이 제1항 각 호의 어느 하나의 사유 또는 제2항의 사유에 해당하는 경우에는 스스로 그 진정의 심의·의결을 회피할 수 있다.

[전문개정 2011.5.19]

제39조(진정의 기각) ① 위원회는 진정을 조사한 결과 진정의 내용이 다음 각 호의 어느 하나에 해당하는 경우에는 그 진정을 기각한다.

1. 진정의 내용이 사실이 아님이 명백하거나 사실이라고 인정할 만한 객관적인 증거가 없는 경우
2. 조사 결과 제30조제1항에 따른 인권침해나 차별행위에 해당하지 아니하는 경우
3. 이미 피해 회복이 이루어지는 등 별도의 구제 조치가 필요하지 아니하다고 인정되는 경우

② 위원회는 진정을 기각하는 경우 진정의 당사자에게 그 결과와 이유를 통지하여야 한다.

[전문개정 2011.5.19]

제40조(합의의 권고) 위원회는 조사 중이거나 조사가 끝난 진정에 대하여 사건의 공정한 해결을 위하여 필요한 구제 조치를 당사자에게 제시하고 합의를 권고할 수 있다.

[전문개정 2011.5.19]

제41조(조정위원회의 설치와 구성) ① 조정의 신속하고 공정한 처리를 위하여 위원회에 성·장애 등의 분야별로 조정위원회를 둘 수 있다.

② 조정위원회의 위원(이하 "조정위원"이라 한다)은 위원회의 위원과 다음 각 호의 어느 하나에 해당하는 사람 중에서 성·장애 등의 분야별로 위원장이 위촉하는 사람이 된다.

1. 인권문제에 관하여 전문적인 지식과 경험을 가진 사람으로서 국가기관 또는 민간단체에서 인권과 관련된 분야에 10년 이상 종사한 사람
2. 판사·검사·군법무관·변호사로 10년 이상 종사한 사람
3. 대학 또는 공인된 연구기관에서 조교수 이상으로 10년 이상 재직한 사람

③ 조정위원회의 회의는 다음 각 호의 사람으로 구성한다.

1. 위원회의 위원인 조정위원 중 회의마다 위원장이 지명하는 1명
2. 제2항에 따른 분야별 조정위원 중 회의마다 위원장이 지명하는 2명

④ 조정위원의 위촉 및 임기, 조정위원회의 구성·운영, 조정의 절차 등에 관하여 필요한 사항은 위원회 규칙으로 정한다.

⑤ 조정위원회의 조정 절차에 관하여 이 법 및 위원회 규칙에 규정되지 아니한 사항은 「민사조정법」을 준용한다.

[전문개정 2011.5.19]

제42조(조정위원회의 조정) ① 조정위원회는 인권침해나 차별행위와 관련하여 당사자의 신청이나 위원회의 직권으로 조정위원회에 회부된 진정에 대하여 조정 절차를 시작할 수 있다.

② 조정은 조정 절차가 시작된 이후 당사자가 합의한 사항을 조정서에 적은 후 당사자가 기명날인하고 조정위원회가 이를 확인함으로써 성립한다.

③ 조정위원회는 조정 절차 중에 당사자 사이에 합의가 이루어지지 아니하는 경우 사건의 공정한 해결을 위하여 조정을 갈음하는 결정을 할 수 있다.

④ 조정을 갈음하는 결정에는 다음 각 호의 어느 하나의 사항을 포함시킬 수 있다.

1. 조사대상 인권침해나 차별행위의 중지
2. 원상회복, 손해배상, 그 밖에 필요한 구제조치
3. 동일하거나 유사한 인권침해 또는 차별행위의 재발을 방지하기 위하여 필요한 조치

⑤ 조정위원회는 조정을 갈음하는 결정을 한 경우에는 지체 없이 그 결정서를 당사자에게 송달하여야 한다.

⑥ 당사자가 제5항에 따라 결정서를 송달받은 날부터 14일 이내에 이의를 신청하지 아니하면 조정을 수락한 것으로 본다.

[전문개정 2011.5.19]

제43조(조정위원회의 조정의 효력) 제42조제2항에 따른 조정과 같은 조 제6항에 따라 이의를 신청하지 아니하는 경우의 조정을 갈음하는 결정은 재판상 화해와 같은 효력이 있다.

[전문개정 2011.5.19]

제44조(구제조치 등의 권고) ① 위원회가 진정을 조사한 결과 인권침해나 차별행위가 일어났다고 판단할 때에는 피진정인, 그 소속 기관·단체 또는 감독기관(이하 "소속기관등"이라 한다)의 장에게 다음 각 호의 사항을 권고할 수 있다.

1. 제42조제4항 각 호에 해당하는 조정을 갈음하는 결정의 이행
2. 법령·제도·정책·관행의 시정 또는 개선

② 제1항에 따라 권고를 받은 소속기관등의 장에 관하여는 제25조제2항부터 제5항까지를 준용한다. 〈개정 2012.3.21〉

[전문개정 2011.5.19]

제45조(고발 및 징계권고) ① 위원회는 진정을 조사한 결과 진정의 내용이 범죄행위에 해당하고 이에 대하여 형사 처벌이 필요하다고 인정하면 검찰총장에게 그 내용을 고발할 수 있다. 다만, 피고발인이 군인이나 군무원인 경우에는 소속 군 참모총장 또는 국방부장관에게 고발할 수 있다.

② 위원회가 진정을 조사한 결과 인권침해 및 차별행위가 있다고 인정하면 피진정인 또는 인권침해에 책임이 있는 사람을 징계할 것을 소속기관등의 장에게 권고할 수 있다.

③ 제1항에 따라 고발을 받은 검찰총장, 군 참모총장 또는 국방부장관은 고발을 받은 날부터 3개월 이내에 수사를 마치고 그 결과를 위원회에 통지하여야 한다. 다만, 3개월 이내에 수사를 마치지 못할 때에는 그 사유를 밝혀야 한다.

④ 제2항에 따라 위원회로부터 권고를 받은 소속기관등의 장은 권고를 존중하여야 하며 그 결과를 위원회에 통지하여야 한다.
[전문개정 2011.5.19]

제46조(의견진술의 기회 부여) ① 위원회는 제44조 또는 제45조에 따른 권고 또는 조치를 하기 전에 피진정인에게 의견을 진술할 기회를 주어야 한다.
② 제1항의 경우 당사자 또는 이해관계인은 구두 또는 서면으로 위원회에 의견을 진술하거나 필요한 자료를 제출할 수 있다.
[전문개정 2011.5.19]

제47조(피해자를 위한 법률구조 요청) ① 위원회는 진정에 관한 위원회의 조사, 증거의 확보 또는 피해자의 권리 구제를 위하여 필요하다고 인정하면 피해자를 위하여 대한법률구조공단 또는 그 밖의 기관에 법률구조를 요청할 수 있다.
② 제1항에 따른 법률구조 요청은 피해자의 명시한 의사에 반하여 할 수 없다.
③ 제1항에 따른 법률구조 요청의 절차・내용 및 방법에 관하여 필요한 사항은 위원회 규칙으로 정한다.
[전문개정 2011.5.19]

제48조(긴급구제 조치의 권고) ① 위원회는 진정을 접수한 후 조사대상 인권침해나 차별행위가 계속되고 있다는 상당한 개연성이 있고, 이를 방치할 경우 회복하기 어려운 피해가 발생할 우려가 있다고 인정하면 그 진정에 대한 결정 이전에 진정인이나 피해자의 신청에 의하여 또는 직권으로 피진정인, 그 소속기관등의 장에게 다음 각 호의 어느 하나의 조치를 하도록 권고할 수 있다.
1. 의료, 급식, 의복 등의 제공
2. 장소, 시설, 자료 등에 대한 현장조사 및 감정 또는 다른 기관이 하는 검증 및 감정에 대한 참여
3. 시설수용자의 구금 또는 수용 장소의 변경
4. 인권침해나 차별행위의 중지
5. 인권침해나 차별행위를 하고 있다고 판단되는 공무원 등을 그 직무에서 배제하는 조치
6. 그 밖에 피해자의 생명, 신체의 안전을 위하여 필요한 사항

② 위원회는 필요하다고 인정하면 당사자 또는 관계인 등의 생명과 신체의 안전, 명예의 보호, 증거의 확보 또는 증거 인멸의 방지를 위하여 필요한 조치를 하거나 관계인 및 그 소속기관등의 장에게 그 조치를 권고할 수 있다.
[전문개정 2011.5.19]

第49條(조사와 조정 등의 비공개) 위원회의 진정에 대한 조사·조정 및 심의는 비공개로 한다. 다만, 위원회의 의결이 있을 때에는 공개할 수 있다.
[전문개정 2011.5.19]

第50條(처리 결과 등의 공개) 위원회는 이 장에 따른 진정의 조사 및 조정의 내용과 처리 결과, 관계기관등에 대한 권고와 관계기관등이 한 조치 등을 공표할 수 있다. 다만, 다른 법률에 따라 공표가 제한되거나 사생활의 비밀이 침해될 우려가 있는 경우에는 그러하지 아니하다.
[전문개정 2011.5.19]

제5장 보칙 <개정 2011.5.19>

第51條(자격 사칭의 금지) 누구든지 위원회의 위원 또는 직원의 자격을 사칭하여 위원회의 권한을 행사하여서는 아니 된다.
[전문개정 2011.5.19]

第52條(비밀누설의 금지) 위원, 조정위원, 자문위원 또는 직원이거나 그 직에 재직하였던 사람 및 위원회에 파견되거나 위원회의 위촉에 의하여 위원회의 업무를 수행하거나 수행하였던 사람은 업무상 알게 된 비밀을 누설하여서는 아니 된다.
[전문개정 2011.5.19]

第53條(유사명칭 사용의 금지) 위원회가 아닌 자는 국가인권위원회 또는 이와 유사한 명칭을 사용하지 못한다.
[전문개정 2011.5.19]

第54條(공무원 등의 파견) ① 위원회는 그 업무 수행을 위하여 필요하다고 인정하면 관계기관등의 장에게 그 소속 공무원 또는 직원의 파견을 요청할 수 있다.

② 제1항에 따른 요청을 받은 관계기관등의 장은 위원회와 협의하여 소속 공무원 또는 직원을 위원회에 파견할 수 있다.

③ 제2항에 따라 위원회에 파견된 공무원 또는 직원은 그 소속 기관으로부터 독립하여 위원회의 업무를 수행한다.

④ 제2항에 따라 위원회에 공무원 또는 직원을 파견한 관계기관등의 장은 위원회에 파견된 공무원 또는 직원에 대하여 인사 및 처우 등에서 불리한 조치를 하여서는 아니 된다.

[전문개정 2011.5.19]

第55條(불이익 금지와 지원) ① 누구든지 이 법에 따라 위원회에 진정, 진술, 증언, 자료 등의 제출 또는 답변을 하였다는 이유만으로 해고, 전보, 징계, 부당한 대우, 그 밖에 신분이나 처우와 관련하여 불이익을 받지 아니한다.

② 위원회는 인권침해나 차별행위의 진상을 밝히거나 증거 또는 자료 등을 발견하거나 제출한 사람에게 필요한 지원 또는 보상을 할 수 있다.

③ 제2항에 따른 지원 또는 보상의 내용, 절차, 그 밖에 필요한 사항은 위원회 규칙으로 정한다.

[전문개정 2011.5.19]

제6장 벌칙 <개정 2011.5.19>

第56條(인권옹호 업무방해) ① 다음 각 호의 어느 하나에 해당하는 사람은 5년 이하의 징역 또는 3천만원 이하의 벌금에 처한다.

1. 위원회의 업무를 수행하는 위원 또는 직원을 폭행하거나 협박한 사람
2. 위원 또는 직원에게 그 업무상의 행위를 강요 또는 저지하거나 그 직을 사퇴하게 할 목적으로 폭행하거나 협박한 사람
3. 위계(僞計)로써 위원 또는 직원의 업무 수행을 방해한 사람
4. 이 법 제4장에 따라 위원회의 조사 대상이 되는 다른 사람의 인권침해나 차

별행위 사건에 관한 증거를 인멸, 위조 또는 변조하거나 위조 또는 변조한 증거를 사용한 사람

② 친족이 본인을 위하여 제1항제4호의 죄를 범한 때에는 처벌하지 아니한다.

[전문개정 2011.5.19]

第57조(진정서 작성 등의 방해) 제31조를 위반하여 진정을 허가하지 아니하거나 방해한 사람은 3년 이하의 징역 또는 3천만원 이하의 벌금에 처한다. 〈개정 2014.3.18〉

[전문개정 2011.5.19]

第58조(자격 사칭) 제51조를 위반하여 위원회의 위원 또는 직원의 자격을 사칭하여 위원회의 권한을 행사한 사람은 2년 이하의 징역 또는 700만원 이하의 벌금에 처한다.

[전문개정 2011.5.19]

第59조(비밀누설) 제52조를 위반하여 업무상 알게 된 비밀을 누설한 사람은 2년 이하의 징역, 5년 이하의 자격정지 또는 2천만원 이하의 벌금에 처한다. 〈개정 2014.3.18〉

[전문개정 2011.5.19]

第60조(긴급구제 조치 방해) 제48조제1항 또는 제2항에 따라 위원회가 하는 조치를 방해한 사람은 1년 이하의 징역 또는 500만원 이하의 벌금에 처한다.

[전문개정 2011.5.19]

第61조(비밀침해) 제31조제6항 또는 제7항을 위반하여 비밀을 침해한 사람은 1년 이하의 징역 또는 3천만원 이하의 벌금에 처한다. 〈개정 2014.3.18〉

[전문개정 2011.5.19]

第62조(벌칙 적용 시의 공무원 의제) 위원회의 위원 중 공무원이 아닌 사람은 「형법」과 그 밖의 법률에 따른 벌칙을 적용할 때에는 공무원으로 본다.

[전문개정 2011.5.19]

제63조(과태료) ① 다음 각호의 1에 해당하는 자는 1천만원 이하의 과태료에 처한다.

1. 정당한 이유없이 제24조제1항의 규정에 의한 방문조사 또는 제36조의 규정에 의한 실지조사를 거부, 방해 또는 기피한 자
2. 정당한 이유없이 제36조제1항제1호 또는 제2항의 규정에 의한 위원회의 진술서 제출요구 또는 출석요구에 응하지 아니한 자
3. 정당한 이유없이 제36조제1항제2호 및 제4호 또는 제5항의 규정에 의한 자료 등의 제출요구 및 사실조회에 응하지 아니하거나 거짓의 자료 등을 제출한 자

② 제53조의 규정에 위반한 자는 300만원 이하의 과태료에 처한다.

③ 제1항 및 제2항의 규정에 의한 과태료는 대통령령이 정하는 바에 따라 위원장이 부과한다.

④ 제3항의 규정에 의한 과태료 처분에 불복이 있는 자는 그 처분의 고지를 받은 날부터 30일 이내에 위원장에게 이의를 제기할 수 있다.

⑤ 제3항의 규정에 의한 과태료 처분을 받은 자가 제4항의 규정에 의하여 이의를 제기한 때에는 부과권자는 지체없이 관할법원에 그 사실을 통보하여야 하며, 그 통보를 받은 관할법원은 「비송사건절차법」에 의한 과태료의 재판을 한다. 〈개정 2005.7.29〉

⑥ 제4항의 규정에 의한 기간 이내에 이의를 제기하지 아니하고 과태료를 납부하지 아니한 때에는 국세체납처분의 예에 의하여 이를 징수한다.

부칙 <제12500호, 2014.3.18>

이 법은 공포한 날부터 시행한다.

국가인권위원회법 시행령

[시행 2013.1.28.] [대통령령 제24342호, 2013.1.28., 일부개정]

국가인권위원회(법무감사담당관) 02-2125-9933

제1조(목적) 이 영은 국가인권위원회법에서 위임된 사항과 그 시행에 관하여 필요한 사항을 규정함을 목적으로 한다.

제2조(다수인 보호시설) 「국가인권위원회법」(이하 "법"이라 한다) 제2조제2호마목에서 "대통령령으로 정하는 시설"이란 다음 각 호의 시설을 말한다.

1. 아동복지시설: 「아동복지법」 제52조제1항제1호부터 제5호까지의 규정에 따른 아동양육시설·아동일시보호시설·아동보호치료시설·공동생활가정 및 자립지원시설
2. 장애인복지시설: 「장애인복지법」 제58조제1항제1호에 따른 장애인 거주시설
3. 정신보건시설: 「정신보건법」 제3조제3호부터 제5호까지의 규정에 따른 정신의료기관(수용시설을 갖추고 있는 것만 해당한다), 정신질환자사회복귀시설 및 정신요양시설
4. 노숙인복지시설: 「노숙인 등의 복지 및 자립지원에 관한 법률」 제16조제1항제1호부터 제4호까지의 규정에 따른 노숙인일시보호시설·노숙인자활시설·노숙인재활시설 및 노숙인요양시설
5. 노인복지시설
   가. 노인주거복지시설: 「노인복지법」 제32조제1항제1호 및 제2호에 따른 양로시설 및 노인공동생활가정
   나. 노인의료복지시설: 「노인복지법」 제34조제1항제1호 및 제2호에 따른 노인요양시설 및 노인요양공동생활가정
6. 성매매피해자 등 지원시설: 「성매매방지 및 피해자보호 등에 관한 법률」 제5조제1항제1호부터 제3호까지의 규정에 따른 일반 지원시설, 청소년 지원시설 및 외국인여성 지원시설
7. 갱생보호시설: 「보호관찰 등에 관한 법률」 제67조에 따른 갱생보호사업의 허

가를 받은 자가 갱생보호사업을 위하여 설치한 시설(수용시설을 갖추고 있는 것만 해당한다)

8. 한부모가족복지시설: 「한부모가족지원법」 제19조제1항제1호부터 제3호까지의 규정에 따른 모자가족복지시설・부자가족복지시설・미혼모자가족복지시설 중 기본생활지원을 제공하는 시설과 같은 항 제4호에 따른 일시지원복지시설

[전문개정 2013.1.28.]

제3조(구금・보호시설의 방문조사) ① 국가인권위원회(이하 "위원회"라 한다)는 법 제24조제1항의 규정에 의한 방문조사를 하고자 하는 때에는 당해 구금・보호시설의 장 또는 관리인에게 그 취지・일시・장소 등을 미리 통지하여야 한다. 다만, 긴급을 요하는 경우와 미리 통지를 하면 조사의 목적달성이 어렵다고 인정되는 경우에는 그러하지 아니하다.

② 법 제24조제2항의 규정에 의하여 방문조사를 하는 위원・소속직원 또는 전문가(이하 "위원등"이라 한다)는 필요하다고 인정되는 때에는 관계행정기관의 장에게 필요한 지원을 요청할 수 있다.

③ 법 제24조제2항의 규정에 의하여 방문조사를 하는 위원등은 필요하다고 인정하는 때에는 다음 각호의 방법에 의한 조사를 할 수 있다.

1. 구금・보호시설의 직원이나 구금・보호시설에 수용되어 있는 자(이하 "시설수용자"라 한다) 등의 진술을 듣는 일
2. 구금・보호시설의 장 또는 관리인에게 필요한 자료의 제출을 요구하고 이를 받는 일
3. 녹음, 녹화, 사진촬영, 시설수용자의 건강상태조사 등 필요한 물건・사람・장소 그밖의 상황을 확인하는 일

④ 제3항제3호의 규정에 의하여 녹음 또는 녹화한 내용은 당해 진술의 취지 또는 조사대상의 상태를 확인하는 등 조사의 목적으로만 사용하여야 하며, 당초 녹음 또는 녹화된 상태 그대로 공표하여서는 아니된다.

⑤ 법 제24조제2항의 규정에 의하여 방문조사를 하는 위원등은 구금・보호시설에 대하여 방문조사를 마친 때에는 그 내용을 방문조사조서에 기재하여야 한다.

⑥ 제5항의 규정에 의한 방문조사조서의 작성에 관하여 필요한 사항은 위원회의 규칙으로 정한다.

제4조(시설수용자와의 면담) ① 법 제24조제4항의 규정에 의하여 위원등이 시설수용자와 면담하는 경우 구금·보호시설의 장 또는 관리인은 자유로운 분위기에서 면담이 이루어질 수 있는 장소를 제공하여야 한다.

② 법 제24조제4항의 규정에 의하여 시설수용자를 면담하는 위원등은 구금·보호시설의 장 또는 관리인에게 면담장소에 입회하는 구금·보호시설의 직원의 수를 제한하도록 요구할 수 있으며, 구금보호시설의 장 또는 관리인은 특별한 사유가 없는 한 이에 응하여야 한다.

③ 법 제24조제4항의 규정에 의하여 위원등이 시설수용자와 면담하는 장소에 입회하는 구금·보호시설의 직원은 위원등의 승낙없이는 면담에 참여할 수 없으며, 자신의 의견을 개진하는 등의 방식으로 시설수용자의 진술을 방해하여서는 아니된다.

제5조(면담조사 이후의 보호조치) ① 법 제24조제4항의 규정에 의하여 시설수용자를 면담하는 위원은 면담을 하였다는 이유로 구금·보호시설의 직원 또는 시설수용자가 신체·건강상의 위해 그밖의 불이익을 받을 우려가 있는 경우 구금·보호시설의 장 또는 관리인에게 이를 방지하기 위한 조치를 취하여 줄 것을 요청할 수 있다.

② 구금·보호시설의 장 또는 관리인은 제1항의 규정에 의한 조치를 취한 때에는 그 내용을 위원회에 즉시 통보하여야 한다.

제6조(진정방법의 고지 등) ① 구금·보호시설의 장 또는 관리인은 시설수용자를 최초로 보호·수용하는 때에는 시설수용자에게 인권침해사실을 위원회에 진정을 할 수 있다는 뜻과 그 방법을 고지하여야 한다.

② 구금·보호시설의 장 또는 관리인은 인권침해에 관하여 위원회에 진정할 수 있다는 뜻과 그 방법을 기재한 안내서를 시설수용자가 상시로 열람할 수 있는 곳에 비치하여야 한다.

제7조(진정함의 설치·운용) ① 구금·보호시설의 장은 구금·보호시설안의 적절한 장소에 진정함을 설치하고, 용지·필기도구 및 봉함용 봉투를 비치하여야 한다.

② 구금·보호시설의 장 또는 관리인은 제1항의 규정에 의하여 진정함을 설치한 때에는 위원회에 진정함이 설치된 장소를 통보하여야 한다.
③ 구금·보호시설의 장 또는 관리인은 시설수용자가 직접 진정서를 봉투에 넣고 이를 봉함한 후 진정함에 넣을 수 있도록 하여야 한다.
④ 구금·보호시설에 소속된 공무원 또는 직원은 매일 지정된 시간에 시설수용자가 위원회에 제출할 목적으로 작성한 진정서 또는 서면이 진정함에 들어 있는지 여부를 확인하여야 하며, 진정함에 진정서 또는 서면이 들어 있는 때에는 지체없이 이를 위원회에 송부하여야 한다.
⑤ 제1항의 규정에 의한 봉함용 봉투의 양식은 위원회의 규칙으로 정한다.

제8조(위원회가 보낸 서면의 열람금지) 구금·보호시설에 소속된 공무원 또는 직원은 위원회명의의 서신을 개봉한 결과 당해 서신이 위원회가 진정인인 시설수용자에게 발송한 서신임이 확인된 때에는 당해 서신중 위원회가 열람금지를 요청한 특정서면은 이를 열람하여서는 아니된다.

제9조(진정서의 자유로운 작성 및 제출) ① 시설수용자가 구금·보호시설의 장 또는 관리인에 대하여 위원회에 보내는 진정서 그밖의 서면의 작성의사를 표명한 때에는 구금·보호시설의 장 또는 관리인은 이를 금지하거나 방해하여서는 아니된다.
② 구금·보호시설에 소속된 공무원 또는 직원은 시설수용자가 위원회에 보내기 위하여 작성중이거나 소지하고 있는 진정서 또는 서면을 열람·압수 또는 폐기하여서는 아니된다. 다만, 제1항의 규정에 의하여 미리 작성의사를 표명하지 아니하고 작성중이거나 소지하고 있는 문서의 경우에는 그러하지 아니하다.
③ 구금·보호시설에 소속된 공무원 또는 직원은 시설수용자가 징벌혐의로 조사를 받고 있거나 징벌을 받고 있는 중이라는 이유로 위원회에 보내기 위한 진정서 또는 서면을 작성하거나 제출할 수 있는 기회를 제한하는 조치를 하여서는 아니된다.

제10조(방문진정접수) 제3조제3항 및 제4항의 규정은 법 제31조제4항의 규정에 의하여 위원등이 구금·보호시설을 방문하여 진정을 접수하는 경우에 관하여

이를 준용한다.

제11조(방문의 통지) 제3조제1항 내지 제4항의 규정은 법 제36조제2항의 규정에 의하여 위원등이 일정한 장소 또는 시설을 방문하는 경우에 관하여 이를 준용한다.

제12조(제척 및 기피) ① 위원회의 위원과 법 제41조의 규정에 의한 조정위원(이하 이 조와 제15조에서 "위원"이라 한다)의 제척은 위원회의 위원장(이하 "위원장"이라 한다)이 직권 또는 당사자의 신청에 의하여 행한다.

② 법 제38조제1항 또는 제2항의 규정에 의한 제척 또는 기피의 신청은 위원회에 그 원인을 명시하여 신청하여야 한다,

③ 제척 또는 기피의 원인과 소명방법은 신청한 날부터 3일 이내에 서면으로 제출하여야 한다.

④ 제척 또는 기피의 신청이 있은 위원은 지체없이 그에 대한 의견서를 위원회에 제출하여야 한다.

제13조(제척 및 기피신청의 처리) ① 위원장은 제척신청에 대하여 위원회의 의결을 거치지 아니하고 결정한다. 다만, 위원장이 결정하기에 상당하지 아니한 경우에는 위원회의 의결로 결정한다.

② 제척 또는 기피의 신청이 제12조제2항 및 제3항의 규정에 위반한 때에는 위원장은 이를 각하한다.

제14조(의결절차의 정지) 법 제38조제1항 또는 제2항의 규정에 의한 제척 또는 기피의 신청이 있는 때에는 그에 대한 결정이 있을 때까지 의결절차를 정지한다. 다만, 긴급을 요하는 경우에는 그러하지 아니하다.

제15조(위원의 회피) ① 위원이 법 제38조제3항의 규정에 의하여 회피하고자 하는 때에는 위원장의 허가를 받아야 한다.

② 회피의 신청이 이유있다고 인정되는 때에는 위원장은 지체없이 이를 허가하여야 한다.

第16條(소위원회 위원의 지명) 법 제12조의 규정에 의한 소위원회의 위원이 제척·기피 또는 회피에 의하여 그 직무를 수행할 수 없게 된 때에는 위원장은 지체없이 그 직무를 수행할 다른 위원을 지명하여야 한다.

第17條(전문위원) 위원회의 업무를 효율적으로 지원하고 전문적인 조사·연구업무를 수행하기 위하여 필요하다고 인정되는 때에는 예산의 범위안에서 전문위원을 둘 수 있다.

第18條(여비 등의 지급) 위원회는 예산의 범위안에서 위원회의 활동과 관련하여 위원회에 출석한 관계인에게 여비와 수당을 지급할 수 있다.

第19條(인권정책관계자협의회의 설치 및 구성) ① 법 제20조제2항에 따른 관계기관 등과의 협의를 효율적으로 추진하기 위하여 위원회에 인권정책관계자협의회(이하 "협의회"라 한다)를 둔다.

② 협의회의 의장(이하 "의장"이라 한다)은 위원회 사무총장이 되고, 위원은 다음 각 호의 사람이 된다.

1. 중앙행정기관의 고위공무원단에 속하는 공무원으로서 그 중앙행정기관의 장이 지명하는 사람
2. 특별시·광역시·특별자치시·도 또는 특별자치도의 국장급 이상 공무원으로서 특별시장·광역시장·특별자치시장·도지사 또는 특별자치도지사가 지명하는 사람
3. 특별시·광역시·특별자치시·도 또는 특별자치도 교육청의 국장급 이상 공무원으로서 교육감이 지명하는 사람
4. 그 밖에 인권에 관한 학식과 경험이 풍부하다고 인정하여 위원장이 위촉하는 사람

③ 협의회는 업무수행을 위하여 필요하다고 인정하는 경우에는 전문적인 지식과 경험이 있는 관계 공무원 또는 전문가 등을 참석하게 하여 의견을 들을 수 있다.

[전문개정 2013.1.28.]

第20條(협의회의 기능) ① 협의회는 다음 각호의 사항에 관하여 협의한다.

1. 국가인권정책기본계획 권고안의 작성
2. 법 제19조·제25조·제44조·제45조 및 제48조의 규정에 의한 권고에 관한 사항
3. 인권에 관한 정보의 교환 및 공유
4. 그 밖에 인권의 보호 및 향상을 위하여 필요한 사항

② 협의회에 간사 1인을 두되, 간사는 위원장이 그 소속공무원중에서 임명한다.

[본조신설 2004.3.17.]

제21조(협의회의 운영) ① 협의회는 의장이 필요하다고 인정하는 때에 소집한다.

② 협의회에 출석하는 위원과 협의회에 참석하여 발언하는 관계전문가 등에 대하여는 예산의 범위 안에서 수당과 여비 그 밖에 필요한 경비를 지급할 수 있다. 다만, 공무원이 그 소관업무와 직접 관련되어 참석하는 경우에는 그러하지 아니하다.

③ 그 밖에 협의회의 구성 및 운영 등에 관하여 필요한 사항은 위원회의 규칙으로 정한다.

[본조신설 2004.3.17.]

제22조(과태료의 부과 절차 및 기준) ① 법 제63조제1항 및 제2항에 따른 과태료의 부과 절차는 질서위반행위규제법령에 따른다.

② 법 제63조제1항 및 제2항에 따른 과태료의 부과기준은 별표와 같다.

[전문개정 2011.4.6.]

제23조(고유식별정보의 처리) 위원회는 법 제19조제2호 및 제3호에 따라 인권침해행위 및 차별행위에 대한 조사와 구제 업무를 수행하기 위하여 불가피한 경우 「개인정보 보호법 시행령」 제19조제1호·제2호 및 제4호에 따른 주민등록번호, 여권번호 및 외국인등록번호가 포함된 자료를 처리할 수 있다.

[본조신설 2013.1.28.]

부칙 <제24342호, 2013.1.28.>

이 영은 공포한 날부터 시행한다.

형의 집행 및 수용자의 처우에 관한 법률

[시행 2011.10.19] [법률 제10865호, 2011.7.18, 일부개정]

법무부(교정기획과) 02-2110-3364~5

제1편 총칙

제1조(목적) 이 법은 수형자의 교정교화와 건전한 사회복귀를 도모하고, 수용자의 처우와 권리 및 교정시설의 운영에 관하여 필요한 사항을 규정함을 목적으로 한다.

제2조(정의) 이 법에서 사용하는 용어의 뜻은 다음과 같다.

1. "수형자"란 징역형·금고형 또는 구류형의 선고를 받아 그 형이 확정된 사람과 벌금 또는 과료를 완납하지 아니하여 노역장 유치명령을 받은 사람을 말한다.
2. "미결수용자"란 형사피의자 또는 형사피고인으로서 체포되거나 구속영장의 집행을 받은 사람을 말한다.
3. "사형확정자"란 사형의 선고를 받아 그 형이 확정된 사람을 말한다.
4. "수용자"란 수형자·미결수용자·사형확정자, 그 밖에 법률과 적법한 절차에 따라 교도소·구치소 및 그 지소(이하 "교정시설"이라 한다)에 수용된 사람을 말한다.

제3조(적용범위) 이 법은 교정시설의 구내와 교도관이 수용자를 계호(戒護)하고 있는 그 밖의 장소로서 교도관의 통제가 요구되는 공간에 대하여 적용한다.

제4조(인권의 존중) 이 법을 집행하는 때에 수용자의 인권은 최대한으로 존중되어야 한다.

제5조(차별금지) 수용자는 합리적인 이유 없이 성별, 종교, 장애, 나이, 사회적 신

분, 출신지역, 출신국가, 출신민족, 용모 등 신체조건, 병력(病歷), 혼인 여부, 정치적 의견 및 성적(性的) 지향 등을 이유로 차별받지 아니한다.

제6조(교정시설의 규모 및 설비) ① 신설하는 교정시설은 수용인원이 500명 이내의 규모가 되도록 하여야 한다. 다만, 교정시설의 기능·위치나 그 밖의 사정을 고려하여 그 규모를 증대할 수 있다.

② 교정시설의 거실·작업장·접견실이나 그 밖의 수용생활을 위한 설비는 그 목적과 기능에 맞도록 설치되어야 한다. 특히, 거실은 수용자가 건강하게 생활할 수 있도록 적정한 수준의 공간과 채광·통풍·난방을 위한 시설이 갖추어져야 한다.

제7조(교정시설 설치·운영의 민간위탁) ① 법무부장관은 교정시설의 설치 및 운영에 관한 업무의 일부를 법인 또는 개인에게 위탁할 수 있다.

② 제1항에 따라 위탁을 받을 수 있는 법인 또는 개인의 자격요건, 교정시설의 시설기준, 수용대상자의 선정기준, 수용자 처우의 기준, 위탁절차, 국가의 감독, 그 밖에 필요한 사항은 따로 법률로 정한다.

제8조(교정시설의 순회점검) 법무부장관은 교정시설의 운영, 교도관 및 경비교도의 복무, 수용자의 처우 및 인권실태 등을 파악하기 위하여 매년 1회 이상 교정시설을 순회점검하거나 소속 공무원으로 하여금 순회점검하게 하여야 한다.

제9조(교정시설의 시찰 및 참관) ① 판사와 검사는 직무상 필요하면 교정시설을 시찰할 수 있다.

② 제1항의 판사와 검사 외의 사람은 교정시설을 참관하려면 학술연구 등 정당한 이유를 명시하여 교정시설의 장(이하 "소장"이라 한다)의 허가를 받아야 한다.

제10조(교도관의 직무) 이 법에 규정된 사항 외에 교도관의 직무에 관하여는 따로 법률로 정한다.

제2편 수용자의 처우

제1장 수용

제11조(구분수용) ① 수용자는 다음 각 호에 따라 구분하여 수용한다. 〈개정 2008.12.11.〉

1. 19세 이상 수형자: 교도소
2. 19세 미만 수형자: 소년교도소
3. 미결수용자: 구치소
4. 사형확정자: 교도소 또는 구치소. 이 경우 구체적인 구분 기준은 법무부령으로 정한다.

② 교도소 및 구치소의 각 지소에는 교도소 또는 구치소에 준하여 수용자를 수용한다.

제12조(구분수용의 예외) ① 다음 각 호의 어느 하나에 해당하는 사유가 있으면 교도소에 미결수용자를 수용할 수 있다.

1. 관할 법원 및 검찰청 소재지에 구치소가 없는 때
2. 구치소의 수용인원이 정원을 훨씬 초과하여 정상적인 운영이 곤란한 때
3. 범죄의 증거인멸을 방지하기 위하여 필요하거나 그 밖에 특별한 사정이 있는 때

② 취사 등의 작업을 위하여 필요하거나 그 밖에 특별한 사정이 있으면 구치소에 수형자를 수용할 수 있다.

③ 수형자가 소년교도소에 수용 중에 19세가 된 경우에도 교육·교화프로그램, 작업, 직업훈련 등을 실시하기 위하여 특히 필요하다고 인정되면 23세가 되기 전까지는 계속하여 수용할 수 있다. 〈개정 2008.12.11.〉

④ 소장은 특별한 사정이 있으면 제11조의 구분수용 기준에 따라 다른 교정시설로 이송하여야 할 수형자를 6개월을 초과하지 아니하는 기간 동안 계속하여 수용할 수 있다.

제13조(분리수용) ① 남성과 여성은 분리하여 수용한다.

② 제12조에 따라 수형자와 미결수용자, 19세 이상의 수형자와 19세 미만의 수형

자를 같은 교정시설에 수용하는 경우에는 서로 분리하여 수용한다. 〈개정 2008.12.11.〉

제14조(독거수용) 수용자는 독거수용한다. 다만, 다음 각 호의 어느 하나에 해당하는 사유가 있으면 혼거수용할 수 있다.

1. 독거실 부족 등 시설여건이 충분하지 아니한 때
2. 수용자의 생명 또는 신체의 보호, 정서적 안정을 위하여 필요한 때
3. 수형자의 교화 또는 건전한 사회복귀를 위하여 필요한 때

제15조(수용거실 지정) 소장은 수용자의 거실을 지정하는 경우에는 죄명 · 형기 · 죄질 · 성격 · 범죄전력 · 나이 · 경력 및 수용생활 태도, 그 밖에 수용자의 개인적 특성을 고려하여야 한다.

제16조(신입자의 수용 등) ① 소장은 법원 · 검찰청 · 경찰관서 등으로부터 처음으로 교정시설에 수용되는 사람(이하 "신입자"라 한다)에 대하여는 집행지휘서, 재판서, 그 밖에 수용에 필요한 서류를 조사한 후 수용한다.

② 소장은 신입자에 대하여는 지체 없이 건강진단을 하여야 한다.

제17조(고지사항) 신입자 및 다른 교정시설로부터 이송되어 온 사람에 대하여는 말이나 서면으로 다음 각 호의 사항을 알려 주어야 한다.

1. 형기의 기산일 및 종료일
2. 접견·서신, 그 밖의 수용자의 권리에 관한 사항
3. 청원, 「국가인권위원회법」에 따른 진정, 그 밖의 권리구제에 관한 사항
4. 징벌·규율, 그 밖의 수용자의 의무에 관한 사항
5. 일과(日課) 그 밖의 수용생활에 필요한 기본적인 사항

제18조(수용의 거절) ① 소장은 다른 사람의 건강에 위해를 끼칠 우려가 있는 감염병에 걸린 사람의 수용을 거절할 수 있다. 〈개정 2009.12.29.〉

② 소장은 제1항에 따라 수용을 거절하였으면 그 사유를 지체 없이 수용지휘기관과 관할 보건소장에게 통보하고 법무부장관에게 보고하여야 한다.

第19條(사진촬영 등) ① 소장은 신입자 및 다른 교정시설로부터 이송되어 온 사람에 대하여 다른 사람과의 식별을 위하여 필요한 한도에서 사진촬영, 지문채취, 수용자 번호지정, 그 밖에 대통령령으로 정하는 조치를 하여야 한다.

② 소장은 수용목적상 필요하면 수용 중인 사람에 대하여도 제1항의 조치를 할 수 있다.

第20條(수용자의 이송) ① 소장은 수용자의 수용·작업·교화·의료, 그 밖의 처우를 위하여 필요하거나 시설의 안전과 질서유지를 위하여 필요하다고 인정하면 법무부장관의 승인을 받아 수용자를 다른 교정시설로 이송할 수 있다.

② 법무부장관은 제1항의 이송승인에 관한 권한을 대통령령으로 정하는 바에 따라 지방교정청장에게 위임할 수 있다.

第21條(수용사실의 가족 통지) 소장은 신입자 또는 다른 교정시설로부터 이송되어 온 사람이 있으면 그 사실을 수용자의 가족(배우자, 직계 존속·비속 또는 형제자매를 말한다. 이하 같다)에게 지체 없이 통지하여야 한다. 다만, 수용자가 통지를 원하지 아니하면 그러하지 아니하다.

제2장 물품지급

第22條(의류 및 침구 등의 지급) ① 소장은 수용자에게 건강유지에 적합한 의류·침구, 그 밖의 생활용품을 지급한다.

② 의류·침구, 그 밖의 생활용품의 지급기준 등에 관하여 필요한 사항은 법무부령으로 정한다.

第23條(음식물의 지급) ① 소장은 수용자에게 건강상태, 나이, 부과된 작업의 종류, 그 밖의 개인적 특성을 고려하여 건강 및 체력을 유지하는 데에 필요한 음식물을 지급한다.

② 음식물의 지급기준 등에 관하여 필요한 사항은 법무부령으로 정한다.

第24條(물품의 자비구매) ① 수용자는 소장의 허가를 받아 자신의 비용으로 음식물·의류·침구, 그 밖에 수용생활에 필요한 물품을 구매할 수 있다.

② 물품의 자비구매 허가범위 등에 관하여 필요한 사항은 법무부령으로 정한다.

제3장 금품관리

제25조(휴대금품의 영치 등) ① 소장은 수용자의 휴대금품을 교정시설에 영치한다. 다만, 휴대품이 다음 각 호의 어느 하나에 해당하는 것이면 수용자로 하여금 자신이 지정하는 사람에게 보내게 하거나 그 밖에 적당한 방법으로 처분하게 할 수 있다.

1. 부패하거나 없어질 우려가 있는 것
2. 물품의 종류·크기 등을 고려할 때 보관하기에 적당하지 아니한 것
3. 사람의 생명 또는 신체에 위험을 초래할 우려가 있는 것
4. 시설의 안전 또는 질서를 해칠 우려가 있는 것
5. 그 밖에 영치할 가치가 없는 것

② 소장은 수용자가 제1항 단서에 따라 처분하여야 할 휴대품을 상당한 기간 내에 처분하지 아니하면 폐기할 수 있다.

제26조(수용자의 물품소지 등) ① 수용자는 서신·도서, 그 밖에 수용생활에 필요한 물품을 법무부장관이 정하는 범위에서 소지할 수 있다.

② 소장은 제1항의 소지범위를 벗어난 물품으로서 교정시설에 특히 영치할 필요가 있다고 인정하지 아니하는 물품은 수용자로 하여금 자신이 지정하는 사람에게 보내게 하거나 그 밖에 적당한 방법으로 처분하게 할 수 있다.

③ 소장은 수용자가 제2항에 따라 처분하여야 할 물품을 상당한 기간 내에 처분하지 아니하면 폐기할 수 있다.

제27조(수용자에 대한 금품교부) ① 수용자 외의 사람이 수용자에게 금품을 교부하려고 신청하면 소장은 다음 각 호의 어느 하나에 해당하는 사유가 있는 경우를 제외하고는 허가하여야 한다.

1. 수형자의 교화 또는 건전한 사회복귀를 해칠 우려가 있는 때
2. 시설의 안전 또는 질서를 해칠 우려가 있는 때

② 소장은 수용자에게 보내온 금품으로서 본인이 수령을 거부하거나 제1항 각 호

의 어느 하나에 해당하는 사유가 있으면 보낸 사람에게 되돌려 보내야 한다.

③ 소장은 제2항의 경우에 금품을 보낸 사람을 알 수 없거나 보낸 사람의 주소가 불분명한 경우에는 그 뜻을 공고하여야 하며, 공고한 후 6개월이 지나도 교부를 청구하는 사람이 없으면 그 금품은 국고에 귀속된다.

④ 소장은 제2항 또는 제3항에 따른 조치를 하였으면 그 사실을 수용자에게 알려 주어야 한다.

제28조(유류금품의 교부) ① 소장은 사망자 또는 도주자가 남겨두고 간 금품이 있으면 사망자의 경우에는 그 상속인에게, 도주자의 경우에는 그 가족에게 그 내용 및 청구절차 등을 알려 주어야 한다. 다만, 부패하거나 없어질 우려가 있는 것은 폐기할 수 있다.

② 소장은 상속인 또는 가족이 제1항의 금품을 청구하면 지체 없이 교부하여야 한다. 다만, 제1항에 따른 고지를 받은 날(알려줄 수가 없는 경우에는 청구사유가 발생한 날)부터 1년이 지나도 청구가 없으면 그 금품은 국고에 귀속된다.

제29조(영치금품의 환부) 수용자의 영치금품은 석방할 때에 본인에게 되돌려 주어야 한다.

제4장 위생과 의료

제30조(위생·의료 조치의무) 소장은 수용자가 건강한 생활을 하는 데에 필요한 위생 및 의료상의 적절한 조치를 하여야 한다.

제31조(청결유지) 소장은 수용자가 사용하는 모든 설비와 기구가 항상 청결하게 유지되도록 하여야 한다.

제32조(청결의무) ① 수용자는 자신의 신체 및 의류를 청결히 하여야 하며, 자신이 사용하는 거실·작업장, 그 밖의 수용시설의 청결유지에 협력하여야 한다.

② 수용자는 위생을 위하여 두발 또는 수염을 단정하게 유지하여야 한다.

제33조(운동 및 목욕) ① 소장은 수용자가 건강유지에 필요한 운동 및 목욕을 정

기적으로 할 수 있도록 하여야 한다.

② 운동시간·목욕횟수 등에 관하여 필요한 사항은 대통령령으로 정한다.

제34조(건강검진) ① 소장은 수용자에 대하여 건강검진을 정기적으로 하여야 한다.

② 건강검진의 횟수 등에 관하여 필요한 사항은 대통령령으로 정한다.

제35조(전염성 질병에 관한 조치) 소장은 전염의 우려가 있는 질병의 발생과 확산을 방지하기 위하여 필요하다고 인정하면 수용자에 대하여 예방접종·격리수용·이송, 그 밖에 필요한 조치를 하여야 한다.

제36조(부상자 등 치료) ① 소장은 수용자가 부상을 당하거나 질병에 걸리면 적절한 치료를 받도록 하여야 한다. 〈개정 2010.5.4.〉

② 제1항의 치료를 위하여 교정시설에 근무하는 간호사는 야간 또는 공휴일 등에 「의료법」 제27조에도 불구하고 대통령령으로 정하는 경미한 의료행위를 할 수 있다. 〈신설 2010.5.4.〉

제37조(외부의료시설 진료 등) ① 소장은 수용자에 대한 적절한 치료를 위하여 필요하다고 인정하면 교정시설 밖에 있는 의료시설(이하 "외부의료시설"이라 한다)에서 진료를 받게 할 수 있다.

② 소장은 수용자의 정신질환 치료를 위하여 필요하다고 인정하면 법무부장관의 승인을 받아 치료감호시설로 이송할 수 있다.

③ 제2항에 따라 이송된 사람은 수용자에 준하여 처우한다.

④ 소장은 제1항 또는 제2항에 따라 수용자가 외부의료시설에서 진료받거나 치료감호시설로 이송되면 그 사실을 그 가족(가족이 없는 경우에는 수용자가 지정하는 사람)에게 지체 없이 통지하여야 한다. 다만, 수용자가 통지를 원하지 아니하면 그러하지 아니하다.

⑤ 소장은 수용자가 자신의 고의 또는 중대한 과실로 부상 등이 발생하여 외부의료시설에서 진료를 받은 경우에는 그 진료비의 전부 또는 일부를 그 수용자에게 부담하게 할 수 있다.

제38조(자비치료) 소장은 수용자가 자신의 비용으로 외부의료시설에서 근무하는

의사(이하 “외부의사”라 한다)에게 치료받기를 원하면 교정시설에 근무하는 의사(공중보건의사를 포함하며, 이하 "의무관"이라 한다)의 의견을 고려하여 이를 허가할 수 있다.

제39조(진료환경 등) ① 교정시설에는 수용자의 진료를 위하여 필요한 의료 인력과 설비를 갖추어야 한다.

② 소장은 정신질환이 있다고 의심되는 수용자가 있으면 정신건강의학과 의사의 진료를 받을 수 있도록 하여야 한다. 〈개정 2011.8.4.〉

③ 외부의사는 수용자를 진료하는 경우에는 법무부장관이 정하는 사항을 준수하여야 한다.

④ 교정시설에 갖추어야 할 의료설비의 기준에 관하여 필요한 사항은 법무부령으로 정한다.

제40조(수용자의 의사에 반하는 의료조치) ① 소장은 수용자가 진료 또는 음식물의 섭취를 거부하면 의무관으로 하여금 관찰 · 조언 또는 설득을 하도록 하여야 한다.

② 소장은 제1항의 조치에도 불구하고 수용자가 진료 또는 음식물의 섭취를 계속 거부하여 그 생명에 위험을 가져올 급박한 우려가 있으면 의무관으로 하여금 적당한 진료 또는 영양보급 등의 조치를 하게 할 수 있다.

제5장 접견 · 서신수수 및 전화통화

제41조(접견) ① 수용자는 교정시설의 외부에 있는 사람과 접견할 수 있다. 다만, 다음 각 호의 어느 하나에 해당하는 사유가 있으면 그러하지 아니하다.

1. 형사 법령에 저촉되는 행위를 할 우려가 있는 때
2. 「형사소송법」이나 그 밖의 법률에 따른 접견금지의 결정이 있는 때
3. 수형자의 교화 또는 건전한 사회복귀를 해칠 우려가 있는 때
4. 시설의 안전 또는 질서를 해칠 우려가 있는 때

② 소장은 다음 각 호의 어느 하나에 해당하는 사유가 있으면 교도관으로 하여금 수용자의 접견내용을 청취·기록·녹음 또는 녹화하게 할 수 있다.

1. 범죄의 증거를 인멸하거나 형사 법령에 저촉되는 행위를 할 우려가 있는 때
2. 수형자의 교화 또는 건전한 사회복귀를 위하여 필요한 때
3. 시설의 안전과 질서유지를 위하여 필요한 때

③ 제2항에 따라 녹음·녹화하는 경우에는 사전에 수용자 및 그 상대방에게 그 사실을 알려 주어야 한다.

④ 접견의 횟수·시간·장소·방법 및 접견내용의 청취·기록·녹음·녹화 등에 관하여 필요한 사항은 대통령령으로 정한다.

제42조(접견의 중지 등) 교도관은 접견 중인 수용자 또는 그 상대방이 다음 각 호의 어느 하나에 해당하면 접견을 중지할 수 있다.

1. 범죄의 증거를 인멸하거나 인멸하려고 하는 때
2. 제92조의 금지물품을 주고받거나 주고받으려고 하는 때
3. 형사 법령에 저촉되는 행위를 하거나 하려고 하는 때
4. 수용자의 처우 또는 교정시설의 운영에 관하여 거짓사실을 유포하는 때
5. 수형자의 교화 또는 건전한 사회복귀를 해칠 우려가 있는 행위를 하거나 하려고 하는 때
6. 시설의 안전 또는 질서를 해하는 행위를 하거나 하려고 하는 때

제43조(서신수수) ① 수용자는 다른 사람과 서신을 주고받을 수 있다. 다만, 다음 각 호의 어느 하나에 해당하는 사유가 있으면 그러하지 아니하다.

1. 「형사소송법」이나 그 밖의 법률에 따른 서신의 수수금지 및 압수의 결정이 있는 때
2. 수형자의 교화 또는 건전한 사회복귀를 해칠 우려가 있는 때
3. 시설의 안전 또는 질서를 해칠 우려가 있는 때

② 제1항 본문에도 불구하고 같은 교정시설의 수용자 간에 서신을 주고받으려면 소장의 허가를 받아야 한다.

③ 소장은 수용자가 주고받는 서신에 법령에 따라 금지된 물품이 들어 있는지 확인할 수 있다.

④ 수용자가 주고받는 서신의 내용은 검열받지 아니한다. 다만, 다음 각 호의 어느 하나에 해당하는 사유가 있으면 그러하지 아니하다.

1. 서신의 상대방이 누구인지 확인할 수 없는 때
2. 「형사소송법」이나 그 밖의 법률에 따른 서신검열의 결정이 있는 때
3. 제1항제2호 또는 제3호에 해당하는 내용이나 형사 법령에 저촉되는 내용이 기재되어 있다고 의심할 만한 상당한 이유가 있는 때
4. 대통령령으로 정하는 수용자 간의 서신인 때

⑤ 소장은 제3항 또는 제4항 단서에 따라 확인 또는 검열한 결과 수용자의 서신에 법령으로 금지된 물품이 들어 있거나 서신의 내용이 다음 각 호의 어느 하나에 해당하면 발신 또는 수신을 금지할 수 있다.

1. 암호·기호 등 이해할 수 없는 특수문자로 작성되어 있는 때
2. 범죄의 증거를 인멸할 우려가 있는 때
3. 형사 법령에 저촉되는 내용이 기재되어 있는 때
4. 수용자의 처우 또는 교정시설의 운영에 관하여 명백한 거짓사실을 포함하고 있는 때
5. 사생활의 비밀 또는 자유를 침해할 우려가 있는 때
6. 수형자의 교화 또는 건전한 사회복귀를 해칠 우려가 있는 때
7. 시설의 안전 또는 질서를 해칠 우려가 있는 때

⑥ 소장이 서신을 발송하거나 교부하는 경우에는 신속히 하여야 한다.

⑦ 소장은 제1항 단서 또는 제5항에 따라 발신 또는 수신이 금지된 서신은 수용자에게 그 사유를 알린 후 교정시설에 영치한다. 다만, 수용자가 동의하면 폐기할 수 있다.

⑧ 서신발송의 횟수, 서신 내용물의 확인방법 및 서신 내용의 검열절차 등에 관하여 필요한 사항은 대통령령으로 정한다.

제44조(전화통화) ① 수용자는 소장의 허가를 받아 교정시설의 외부에 있는 사람과 전화통화를 할 수 있다.

② 제1항에 따른 허가에는 통화내용의 청취 또는 녹음을 조건으로 붙일 수 있다.

③ 제42조는 수용자의 전화통화에 관하여 준용한다.

④ 제2항에 따라 통화내용을 청취 또는 녹음하려면 사전에 수용자 및 상대방에게 그 사실을 알려 주어야 한다.

⑤ 전화통화의 허가범위, 통화내용의 청취·녹음 등에 관하여 필요한 사항은 법무부령으로 정한다.

제6장 종교와 문화

제45조(종교행사의 참석 등) ① 수용자는 교정시설의 안에서 실시하는 종교의식 또는 행사에 참석할 수 있으며, 개별적인 종교상담을 받을 수 있다.

② 수용자는 자신의 신앙생활에 필요한 서적이나 물품을 소지할 수 있다.

③ 소장은 다음 각 호의 어느 하나에 해당하는 사유가 있으면 제1항 및 제2항에서 규정하고 있는 사항을 제한할 수 있다.

1. 수형자의 교화 또는 건전한 사회복귀를 위하여 필요한 때
2. 시설의 안전과 질서유지를 위하여 필요한 때

④ 종교행사의 종류·참석대상·방법, 종교상담의 대상·방법 및 종교서적·물품의 소지범위 등에 관하여 필요한 사항은 법무부령으로 정한다.

제46조(도서비치 및 이용) 소장은 수용자의 지식함양 및 교양습득에 필요한 도서를 비치하고 수용자가 이용할 수 있도록 하여야 한다.

제47조(신문등의 구독) ① 수용자는 자신의 비용으로 신문 · 잡지 또는 도서(이하 "신문등" 이라 한다)의 구독을 신청할 수 있다.

② 소장은 제1항에 따라 구독을 신청한 신문등이 「출판문화산업 진흥법」에 따른 유해간행물인 경우를 제외하고는 구독을 허가하여야 한다.

③ 제1항에 따라 구독을 신청할 수 있는 신문등의 범위 및 수량은 법무부령으로 정한다.

제48조(라디오 청취와 텔레비전 시청) ① 수용자는 정서안정 및 교양습득을 위하여 라디오 청취와 텔레비전 시청을 할 수 있다.

② 소장은 다음 각 호의 어느 하나에 해당하는 사유가 있으면 수용자에 대한 라디오 및 텔레비전의 방송을 일시 중단하거나 개별 수용자에 대하여 라디오 및 텔레비전의 청취 또는 시청을 금지할 수 있다.

1. 수형자의 교화 또는 건전한 사회복귀를 해칠 우려가 있는 때
2. 시설의 안전과 질서유지를 위하여 필요한 때

③ 방송설비·방송프로그램·방송시간 등에 관하여 필요한 사항은 법무부령으로 정한다.

제49조(집필) ① 수용자는 문서 또는 도화를 작성하거나 문예·학술, 그 밖의 사항에 관하여 집필할 수 있다. 다만, 소장이 시설의 안전 또는 질서를 해칠 명백한 위험이 있다고 인정하는 경우는 예외로 한다.

② 제26조는 제1항에 따라 작성 또는 집필한 문서나 도화의 소지 및 처리에 관하여 준용한다.

③ 제1항에 따라 작성 또는 집필한 문서나 도화가 제43조제5항 각 호의 어느 하나에 해당하면 제43조제7항을 준용한다.

④ 집필용구의 관리, 집필의 시간·장소, 집필한 문서 또는 도화의 외부반출 등에 관하여 필요한 사항은 대통령령으로 정한다.

제7장 특별한 보호

제50조(여성수용자의 처우) ① 소장은 여성수용자에 대하여 여성의 신체적·심리적 특성을 고려하여 처우하여야 한다.

② 소장은 여성수용자에 대하여 건강검진을 실시하는 경우에는 나이·건강 등을 고려하여 부인과질환에 관한 검사를 포함시킬 수 있다.

③ 소장은 생리 중인 여성수용자에 대하여는 위생에 필요한 물품을 지급할 수 있다.

④ 소장은 여성수용자가 미성년자인 자녀와 접견하는 경우에는 차단시설이 없는 장소에서 접견하게 할 수 있다.

제51조(여성수용자 처우 시의 유의사항) ① 소장은 여성수용자에 대하여 상담·교육·작업 등(이하 이 조에서 "상담등"이라 한다)을 실시하는 때에는 여성교도관이 담당하도록 하여야 한다. 다만, 여성교도관이 부족하거나 그 밖의 부득이한 사정이 있으면 그러하지 아니하다.

② 제1항 단서에 따라 남성교도관이 1인의 여성수용자에 대하여 실내에서 상담등을 하려면 투명한 창문이 설치된 장소에서 다른 여성을 입회시킨 후 실시하여야 한다.

제52조(임산부인 수용자의 처우) ① 소장은 수용자가 임신 중이거나 출산(유산을 포함한다)한 경우에는 모성보호 및 건강유지를 위하여 정기적인 검진 등 적절

한 조치를 하여야 한다.

② 소장은 수용자가 출산하려고 하는 경우에는 외부의료시설에서 진료를 받게 하는 등 적절한 조치를 하여야 한다.

第53条(유아의 양육) ① 여성수용자는 자신이 출산한 유아를 교정시설에서 양육할 것을 신청할 수 있다. 이 경우 소장은 다음 각 호의 어느 하나에 해당하는 사유가 없으면, 생후 18개월에 이르기까지 허가하여야 한다. 〈개정 2009.12.29.〉

1. 유아가 질병·부상, 그 밖의 사유로 교정시설에서 생활하는 것이 특히 부적당하다고 인정되는 때
2. 수용자가 질병·부상, 그 밖의 사유로 유아를 양육할 능력이 없다고 인정되는 때
3. 교정시설에 감염병이 유행하거나 그 밖의 사정으로 유아양육이 특히 부적당한 때

② 소장은 제1항에 따라 유아의 양육을 허가한 경우에는 필요한 설비와 물품의 제공, 그 밖에 양육을 위하여 필요한 조치를 하여야 한다.

第54条(노인수용자 등의 처우) ① 소장은 노인수용자에 대하여 나이·건강상태 등을 고려하여 그 처우에 있어 적정한 배려를 하여야 한다.

② 소장은 장애인수용자에 대하여 장애의 정도를 고려하여 그 처우에 있어 적정한 배려를 하여야 한다.

③ 소장은 외국인수용자에 대하여 언어·생활문화 등을 고려하여 적정한 처우를 하여야 한다.

④ 노인수용자·장애인수용자 및 외국인수용자에 대한 적정한 배려 또는 처우에 관하여 필요한 사항은 법무부령으로 정한다.

第8장 수형자의 처우

第1절 통칙

第55条(수형자 처우의 원칙) 수형자에 대하여는 교육·교화프로그램, 작업, 직업훈

련 등을 통하여 교정교화를 도모하고 사회생활에 적응하는 능력을 함양하도록 처우하여야 한다.

第56조(개별처우계획의 수립 등) ① 소장은 제62조의 분류처우위원회의 의결에 따라 수형자의 개별적 특성에 알맞은 교육·교화프로그램, 작업, 직업훈련 등의 처우에 관한 계획(이하 “개별처우계획”이라 한다)을 수립하여 시행한다.

② 소장은 수형자가 스스로 개선하여 사회에 복귀하려는 의욕이 고취되도록 개별처우계획을 정기적으로 또는 수시로 점검하여야 한다.

第57조(처우) ① 수형자는 제59조의 분류심사의 결과에 따라 그에 적합한 교정시설에 수용되며, 개별처우계획에 따라 그 특성에 알맞은 처우를 받는다.

② 교정시설은 도주방지 등을 위한 수용설비 및 계호의 정도(이하 "경비등급"이라 한다)에 따라 다음 각 호로 구분한다. 다만, 동일한 교정시설이라도 구획을 정하여 경비등급을 달리할 수 있다.

1. 개방시설 : 도주방지를 위한 통상적인 설비의 전부 또는 일부를 갖추지 아니하고 수형자의 자율적 활동이 가능하도록 통상적인 관리·감시의 전부 또는 일부를 하지 아니하는 교정시설
2. 완화경비시설 : 도주방지를 위한 통상적인 설비 및 수형자에 대한 관리·감시를 일반경비시설보다 완화한 교정시설
3. 일반경비시설 : 도주방지를 위한 통상적인 설비를 갖추고 수형자에 대하여 통상적인 관리·감시를 하는 교정시설
4. 중(重)경비시설 : 도주방지 및 수형자 상호 간의 접촉을 차단하는 설비를 강화하고 수형자에 대한 관리·감시를 엄중히 하는 교정시설

③ 수형자에 대한 처우는 교화 또는 건전한 사회복귀를 위하여 교정성적에 따라 상향 조정될 수 있으며, 특히 그 성적이 우수한 수형자는 개방시설에 수용되어 사회생활에 필요한 적정한 처우를 받을 수 있다.

④ 수형자는 교화 또는 건전한 사회복귀를 위하여 교정시설 밖의 적당한 장소에서 봉사활동·견학, 그 밖에 사회적응에 필요한 처우를 받을 수 있다.

⑤ 학과교육생·직업훈련생·외국인·여성·장애인·노인·환자, 그 밖에 별도의 처우가 필요한 수형자는 법무부장관이 특히 그 처우를 전담하도록 정하는 시설(이하 "

전담교정시설"이라 한다)에 수용되며, 그 특성에 알맞은 처우를 받는다. 다만, 전담교정시설의 부족이나 그 밖의 부득이한 사정이 있는 경우에는 예외로 할 수 있다.

⑥ 제2항 각 호의 시설의 설비 및 계호의 정도에 관하여 필요한 사항은 대통령령으로 정한다.

第58조(외부전문가의 상담 등) 소장은 수형자의 교화 또는 건전한 사회복귀를 위하여 필요하면 교육학·교정학·범죄학·사회학·심리학·의학 등에 관한 학식 또는 교정에 관한 경험이 풍부한 외부전문가로 하여금 수형자에 대한 상담·심리치료 또는 생활지도 등을 하게 할 수 있다.

제2절 분류심사

第59조(분류심사) ① 소장은 수형자에 대한 개별처우계획을 합리적으로 수립하고 조정하기 위하여 수형자의 인성, 행동특성 및 자질 등을 과학적으로 조사·측정·평가(이하 "분류심사"라 한다)하여야 한다. 다만, 집행할 형기가 짧거나 그 밖의 특별한 사정이 있는 경우에는 예외로 할 수 있다.

② 수형자의 분류심사는 형이 확정된 경우에 개별처우계획을 수립하기 위하여 하는 심사와 일정한 형기가 지나거나 상벌 또는 그 밖의 사유가 발생한 경우에 개별처우계획을 조정하기 위하여 하는 심사로 구분한다.

③ 소장은 분류심사를 위하여 수형자를 대상으로 상담 등을 통한 신상에 관한 개별사안의 조사, 심리·지능·적성 검사, 그 밖에 필요한 검사를 할 수 있다.

④ 소장은 분류심사를 위하여 외부전문가로부터 필요한 의견을 듣거나 외부전문가에게 조사를 의뢰할 수 있다.

⑤ 이 법에 규정된 사항 외에 분류심사에 관하여 필요한 사항은 법무부령으로 정한다.

第60조(관계기관등에 대한 사실조회 등) ① 소장은 분류심사와 그 밖에 수용목적의 달성을 위하여 필요하면 수용자의 가족 등을 면담하거나 법원·경찰관서, 그 밖의 관계 기관 또는 단체(이하 "관계기관등"이라 한다)에 대하여 필요한 사실을 조회할 수 있다.

② 제1항의 조회를 요청받은 관계기관등의 장은 특별한 사정이 없으면 지체 없이 그에 관하여 회신하여야 한다.

제61조(분류전담시설) 법무부장관은 수형자를 과학적으로 분류하기 위하여 분류심사를 전담하는 교정시설을 지정·운영할 수 있다.

제62조(분류처우위원회) ① 수형자의 개별처우계획, 가석방심사신청 대상자 선정, 그 밖에 수형자의 분류처우에 관한 중요 사항을 심의·의결하기 위하여 교정시설에 분류처우위원회(이하 이 조에서 "위원회"라 한다)를 둔다.

② 위원회는 위원장을 포함한 5인 이상 7인 이하의 위원으로 구성하고, 위원장은 소장이 되며, 위원은 위원장이 소속 기관의 부소장 및 과장(지소의 경우에는 7급 이상의 교도관) 중에서 임명한다.

③ 위원회는 그 심의·의결을 위하여 외부전문가로부터 의견을 들을 수 있다.

④ 이 법에 규정된 사항 외에 위원회에 관하여 필요한 사항은 법무부령으로 정한다.

제3절 교육과 교화프로그램

제63조(교육) ① 소장은 수형자가 건전한 사회복귀에 필요한 지식과 소양을 습득하도록 교육할 수 있다.

② 소장은 「교육기본법」 제8조의 의무교육을 받지 못한 수형자에 대하여는 본인의 의사·나이·지식정도, 그 밖의 사정을 고려하여 그에 알맞게 교육하여야 한다.

③ 소장은 제1항 및 제2항에 따른 교육을 위하여 필요하면 수형자를 외부의 교육기관에 통학하게 하거나 위탁하여 교육받게 할 수 있다.

④ 교육과정·외부통학·위탁교육 등에 관하여 필요한 사항은 법무부령으로 정한다.

제64조(교화프로그램) ① 소장은 수형자의 교정교화를 위하여 상담·심리치료, 그 밖의 교화프로그램을 실시하여야 한다.

② 교화프로그램의 종류·내용 등에 관하여 필요한 사항은 법무부령으로 정한다.

제4절 작업과 직업훈련

제65조(작업의 부과) ① 수형자에게 부과하는 작업은 건전한 사회복귀를 위하여 기술을 습득하고 근로의욕을 고취하는 데에 적합한 것이어야 한다.
② 소장은 수형자에게 작업을 부과하려면 나이·형기·건강상태·기술·성격·취미·경력·장래생계, 그 밖의 수형자의 사정을 고려하여야 한다.

제66조(작업의무) 수형자는 자신에게 부과된 작업과 그 밖의 노역을 수행하여야 할 의무가 있다.

제67조(신청에 따른 작업) 소장은 금고형 또는 구류형의 집행 중에 있는 사람에 대하여는 신청에 따라 작업을 부과할 수 있다.

제68조(외부 통근 작업 등) ① 소장은 수형자의 건전한 사회복귀와 기술습득을 촉진하기 위하여 필요하면 외부기업체 등에 통근 작업하게 하거나 교정시설의 안에 설치된 외부기업체의 작업장에서 작업하게 할 수 있다.
② 외부 통근 작업 대상자의 선정기준 등에 관하여 필요한 사항은 법무부령으로 정한다.

제69조(직업능력개발훈련) ① 소장은 수형자의 건전한 사회복귀를 위하여 기술 습득 및 향상을 위한 직업능력개발훈련(이하 “직업훈련”이라 한다)을 실시할 수 있다.
② 소장은 수형자의 직업훈련을 위하여 필요하면 외부의 기관 또는 단체에서 훈련을 받게 할 수 있다.
③ 직업훈련 대상자의 선정기준 등에 관하여 필요한 사항은 법무부령으로 정한다.

제70조(집중근로에 따른 처우) ① 소장은 수형자의 신청에 따라 제68조의 작업, 제69조제2항의 훈련, 그 밖에 집중적인 근로가 필요한 작업을 부과하는 경우에는 접견·전화통화·교육·공동행사 참가 등의 처우를 제한할 수 있다. 다만, 접견 또는 전화통화를 제한한 때에는 휴일이나 그 밖에 해당 수용자의 작업이 없

는 날에 접견 또는 전화통화를 할 수 있게 하여야 한다.
② 소장은 제1항에 따라 작업을 부과하거나 훈련을 받게 하기 전에 수형자에게 제한되는 처우의 내용을 충분히 설명하여야 한다.

제71조(휴일의 작업) 공휴일 · 토요일과 그 밖의 휴일에는 작업을 부과하지 아니한다. 다만, 취사·청소·간호, 그 밖에 특히 필요한 작업은 예외로 한다.

제72조(작업의 면제) ① 소장은 수형자의 가족 또는 배우자의 직계존속이 사망하면 2일간, 부모 또는 배우자의 기일을 맞이하면 1일간 해당 수형자의 작업을 면제한다. 다만, 수형자가 작업을 계속하기를 원하는 경우는 예외로 한다.
② 소장은 수형자에게 부상·질병, 그 밖에 작업을 계속하기 어려운 특별한 사정이 있으면 그 사유가 해소될 때까지 작업을 면제할 수 있다.

제73조(작업수입 등) ① 작업수입은 국고수입으로 한다.
② 소장은 수형자의 근로의욕을 고취하고 건전한 사회복귀를 지원하기 위하여 법무부장관이 정하는 바에 따라 작업의 종류, 작업성적, 교정성적, 그 밖의 사정을 고려하여 수형자에게 작업장려금을 지급할 수 있다.
③ 제2항의 작업장려금은 석방할 때에 본인에게 지급한다. 다만, 본인의 가족생활 부조, 교화 또는 건전한 사회복귀를 위하여 특히 필요하면 석방 전이라도 그 전부 또는 일부를 지급할 수 있다.

제74조(위로금·조위금) ① 소장은 수형자가 다음 각 호의 어느 하나에 해당하면 법무부장관이 정하는 바에 따라 위로금 또는 조위금을 지급한다.
1. 작업 또는 직업훈련으로 인한 부상 또는 질병으로 신체에 장해가 발생한 때
2. 작업 또는 직업훈련 중에 사망하거나 그로 인하여 사망한 때
② 위로금은 석방할 때에 본인에게 지급하고, 조위금은 그 상속인에게 지급한다.

제75조(다른 보상·배상과의 관계) 위로금 또는 조위금을 지급받을 사람이 국가로부터 동일한 사유로 「민법」이나 그 밖의 법령에 따라 제74조의 위로금 또는 조위금에 상당하는 금액을 지급받은 경우에는 그 금액을 위로금 또는 조위금으로 지급하지 아니한다.

第76조(위로금·조위금을 지급받을 권리의 보호) ① 제74조의 위로금 또는 조위금을 지급받을 권리는 다른 사람 또는 법인에게 양도하거나 담보로 제공할 수 없으며, 다른 사람 또는 법인은 이를 압류할 수 없다.

② 제74조에 따라 지급받은 금전을 표준으로 하여 조세와 그 밖의 공과금(公課金)을 부과하여서는 아니 된다.

제5절 귀휴

第77조(귀휴) ① 소장은 6개월 이상 복역한 수형자로서 그 형기의 3분의 1(21년 이상의 유기형 또는 무기형의 경우에는 7년)이 지나고 교정성적이 우수한 사람이 다음 각 호의 어느 하나에 해당하면 1년 중 20일 이내의 귀휴를 허가할 수 있다.

1. 가족 또는 배우자의 직계존속이 위독한 때
2. 질병이나 사고로 외부의료시설에의 입원이 필요한 때
3. 천재지변이나 그 밖의 재해로 가족, 배우자의 직계존속 또는 수형자 본인에게 회복할 수 없는 중대한 재산상의 손해가 발생하였거나 발생할 우려가 있는 때
4. 그 밖에 교화 또는 건전한 사회복귀를 위하여 법무부령으로 정하는 사유가 있는 때

② 소장은 다음 각 호의 어느 하나에 해당하는 사유가 있는 수형자에 대하여는 제1항에도 불구하고 5일 이내의 특별귀휴를 허가할 수 있다.

1. 가족 또는 배우자의 직계존속이 사망한 때
2. 직계비속의 혼례가 있는 때

③ 소장은 귀휴를 허가하는 경우에 법무부령으로 정하는 바에 따라 거소의 제한이나 그 밖에 필요한 조건을 붙일 수 있다.

④ 제1항 및 제2항의 귀휴기간은 형 집행기간에 포함한다.

第78조(귀휴의 취소) 소장은 귀휴 중인 수형자가 다음 각 호의 어느 하나에 해당하면 그 귀휴를 취소할 수 있다.

1. 귀휴의 허가사유가 존재하지 아니함이 밝혀진 때
2. 거소의 제한이나 그 밖에 귀휴허가에 붙인 조건을 위반한 때

제9장 미결수용자의 처우

제79조(미결수용자 처우의 원칙) 미결수용자는 무죄의 추정을 받으며 그에 합당한 처우를 받는다.

제80조(참관금지) 미결수용자가 수용된 거실은 참관할 수 없다.

제81조(분리수용) 소장은 미결수용자로서 사건에 서로 관련이 있는 사람은 분리수용하고 서로 간의 접촉을 금지하여야 한다.

제82조(사복착용) 미결수용자는 수사·재판·국정감사 또는 법률로 정하는 조사에 참석할 때에는 사복을 착용할 수 있다. 다만, 소장은 도주우려가 크거나 특히 부적당한 사유가 있다고 인정하면 교정시설에서 지급하는 의류를 입게 할 수 있다.

제83조(이발) 미결수용자의 두발 또는 수염은 특히 필요한 경우가 아니면 본인의 의사에 반하여 짧게 깎지 못한다.

제84조(변호인과의 접견 및 서신수수) ① 제41조제2항에도 불구하고 미결수용자와 변호인(변호인이 되려고 하는 사람을 포함한다. 이하 같다)과의 접견에는 교도관이 참여하지 못하며 그 내용을 청취 또는 녹취하지 못한다. 다만, 보이는 거리에서 미결수용자를 관찰할 수 있다.

② 미결수용자와 변호인 간의 접견은 시간과 횟수를 제한하지 아니한다.

③ 제43조제4항 단서에도 불구하고 미결수용자와 변호인 간의 서신은 교정시설에서 상대방이 변호인임을 확인할 수 없는 경우를 제외하고는 검열할 수 없다.

제85조(조사 등에서의 특칙) 소장은 미결수용자가 징벌대상자로서 조사받고 있거나 징벌집행 중인 경우에도 소송서류의 작성, 변호인과의 접견·서신수수, 그 밖의 수사 및 재판 과정에서의 권리행사를 보장하여야 한다.

제86조(작업과 교화) ① 소장은 미결수용자에 대하여는 신청에 따라 교육 또는 교

화프로그램을 실시하거나 작업을 부과할 수 있다.

② 제1항에 따라 미결수용자에게 교육 또는 교화프로그램을 실시하거나 작업을 부과하는 경우에는 제63조부터 제65조까지 및 제70조부터 제76조까지의 규정을 준용한다.

제87조(유치장) 경찰관서에 설치된 유치장은 교정시설의 미결수용실로 보아 이 법을 준용한다.

제88조(준용규정) 형사사건으로 수사 또는 재판을 받고 있는 수형자와 사형확정자에 대하여는 제84조 및 제85조를 준용한다. 〈개정 2008.12.11.〉

제10장 사형확정자

제89조(사형확정자의 수용) ① 사형확정자는 독거수용한다. 다만, 자살방지, 교육·교화프로그램, 작업, 그 밖의 적절한 처우를 위하여 필요한 경우에는 법무부령으로 정하는 바에 따라 혼거수용할 수 있다.

② 사형확정자가 수용된 거실은 참관할 수 없다.

[전문개정 2008.12.11.]

제90조(개인상담 등) ① 소장은 사형확정자의 심리적 안정 및 원만한 수용생활을 위하여 교육 또는 교화프로그램을 실시하거나 신청에 따라 작업을 부과할 수 있다. 〈개정 2008.12.11.〉

② 사형확정자에 대한 교육·교화프로그램, 작업, 그 밖의 처우에 필요한 사항은 법무부령으로 정한다. 〈개정 2008.12.11.〉

제91조(사형의 집행) ① 사형은 교정시설의 사형장에서 집행한다.

② 공휴일과 토요일에는 사형을 집행하지 아니한다.

제11장 안전과 질서

제92조(금지물품) 수용자는 다음 각 호의 물품을 소지하여서는 아니 된다.

1. 마약·총기·도검·폭발물·흉기·독극물, 그 밖에 범죄의 도구로 이용될 우려가 있는 물품
2. 주류·담배·화기·현금·수표, 그 밖에 시설의 안전 또는 질서를 해칠 우려가 있는 물품
3. 음란물, 사행행위에 사용되는 물품, 그 밖에 수형자의 교화 또는 건전한 사회복귀를 해칠 우려가 있는 물품

제93조(신체검사 등) ① 교도관은 시설의 안전과 질서유지를 위하여 필요하면 수용자의 신체 · 의류 · 휴대품 · 거실 및 작업장 등을 검사할 수 있다.

② 수용자의 신체를 검사하는 경우에는 불필요한 고통이나 수치심을 느끼지 아니하도록 유의하여야 하며, 특히 신체를 면밀하게 검사할 필요가 있으면 다른 수용자가 볼 수 없는 차단된 장소에서 하여야 한다.

③ 교도관은 시설의 안전과 질서유지를 위하여 필요하면 교정시설을 출입하는 수용자 외의 사람에 대하여 의류와 휴대품을 검사할 수 있다. 이 경우 출입자가 제92조의 금지물품을 소지하고 있으면 교정시설에 맡기도록 하여야 하며, 이에 응하지 아니하면 출입을 금지할 수 있다.

④ 여성의 신체·의류 및 휴대품에 대한 검사는 여성교도관이 하여야 한다..

⑤ 소장은 제1항에 따라 검사한 결과 제92조의 금지물품이 발견되면 형사 법령으로 정하는 절차에 따라 처리할 물품을 제외하고는 수용자에게 알린 후 폐기한다. 다만, 폐기하는 것이 부적당한 물품은 교정시설에 영치하거나 수용자로 하여금 자신이 지정하는 사람에게 보내게 할 수 있다.

제94조(전자장비를 이용한 계호) ① 교도관은 자살·자해·도주·폭행·손괴, 그 밖에 수용자의 생명·신체를 해하거나 시설의 안전 또는 질서를 해하는 행위(이하 "자살등"이라 한다)를 방지하기 위하여 필요한 범위에서 전자장비를 이용하여 수용자 또는 시설을 계호할 수 있다. 다만, 전자영상장비로 거실에 있는 수용자를 계호하는 것은 자살등의 우려가 큰 때에만 할 수 있다.

② 제1항 단서에 따라 거실에 있는 수용자를 전자영상장비로 계호하는 경우에는 계호직원·계호시간 및 계호대상 등을 기록하여야 한다. 이 경우 수용자가 여성이면 여성교도관이 계호하여야 한다.

③ 제1항 및 제2항에 따라 계호하는 경우에는 피계호자의 인권이 침해되지 아니하도록 유의하여야 한다.

④ 전자장비의 종류·설치장소·사용방법 및 녹화기록물의 관리 등에 관하여 필요한 사항은 법무부령으로 정한다.

제95조(보호실 수용) ① 소장은 수용자가 다음 각 호의 어느 하나에 해당하면 의무관의 의견을 고려하여 보호실(자살 및 자해 방지 등의 설비를 갖춘 거실을 말한다. 이하 같다)에 수용할 수 있다.

1. 자살 또는 자해의 우려가 있는 때
2. 신체적·정신적 질병으로 인하여 특별한 보호가 필요한 때

② 수용자의 보호실 수용기간은 15일 이내로 한다. 다만, 소장은 특히 계속하여 수용할 필요가 있으면 의무관의 의견을 고려하여 연장할 수 있다.

③ 제2항 단서에 따른 기간연장은 7일 이내로 하되, 계속하여 3개월을 초과할 수 없다.

④ 소장은 수용자를 보호실에 수용하거나 수용기간을 연장하는 경우에는 그 사유를 본인에게 알려 주어야 한다.

⑤ 의무관은 보호실 수용자의 건강상태를 수시로 확인하여야 한다.

⑥ 소장은 보호실 수용사유가 소멸한 경우에는 보호실 수용을 즉시 중단하여야 한다.

제96조(진정실 수용) ① 소장은 수용자가 다음 각 호의 어느 하나에 해당하는 경우로서 강제력을 행사하거나 제98조의 보호장비를 사용하여도 그 목적을 달성할 수 없는 경우에만 진정실(일반 수용거실로부터 격리되어 있고 방음설비 등을 갖춘 거실을 말한다. 이하 같다)에 수용할 수 있다.

1. 교정시설의 설비 또는 기구 등을 손괴하거나 손괴하려고 하는 때
2. 교도관 및 경비교도(이하 이 장에서 "교도관등"이라 한다)의 제지에도 불구하고 소란행위를 계속하여 다른 수용자의 평온한 수용생활을 방해하는 때

② 수용자의 진정실 수용기간은 24시간 이내로 한다. 다만, 소장은 특히 계속하여 수용할 필요가 있으면 의무관의 의견을 고려하여 연장할 수 있다.
③ 제2항 단서에 따른 기간연장은 12시간 이내로 하되, 계속하여 3일을 초과할 수 없다.
④ 진정실 수용자에 대하여는 제95조제4항부터 제6항까지의 규정을 준용한다.

제97조(보호장비의 사용) ① 교도관은 수용자가 다음 각 호의 어느 하나에 해당하면 보호장비를 사용할 수 있다.
1. 이송·출정, 그 밖에 교정시설 밖의 장소로 수용자를 호송하는 때
2. 도주·자살·자해 또는 다른 사람에 대한 위해의 우려가 큰 때
3. 위력으로 교도관등의 정당한 직무집행을 방해하는 때
4. 교정시설의 설비·기구 등을 손괴하거나 그 밖에 시설의 안전 또는 질서를 해칠 우려가 큰 때

② 보호장비를 사용하는 경우에는 수용자의 나이, 건강상태 및 수용생활 태도 등을 고려하여야 한다.
③ 교도관이 교정시설의 안에서 수용자에 대하여 보호장비를 사용한 경우 의무관은 그 수용자의 건강상태를 수시로 확인하여야 한다.

제98조(보호장비의 종류 및 사용요건) ① 보호장비의 종류는 다음 각 호와 같다.
1. 수갑
2. 머리보호장비
3. 발목보호장비
4. 보호대(帶)
5. 보호의자
6. 보호침대
7. 보호복
8. 포승

② 보호장비의 종류별 사용요건은 다음 각 호와 같다.
1. 수갑·포승 : 제97조제1항제1호부터 제4호까지의 어느 하나에 해당하는 때
2. 머리보호장비 : 머리부분을 자해할 우려가 큰 때

3. 발목보호장비·보호대·보호의자 : 제97조제1항제2호부터 제4호까지의 어느 하나에 해당하는 때
4. 보호침대·보호복 : 자살·자해의 우려가 큰 때

③ 보호장비의 사용절차 등에 관하여 필요한 사항은 대통령령으로 정한다.

제99조(보호장비 남용 금지) ① 교도관은 필요한 최소한의 범위에서 보호장비를 사용하여야 하며, 그 사유가 소멸하면 사용을 지체 없이 중단하여야 한다.

② 보호장비는 징벌의 수단으로 사용되어서는 아니 된다.

제100조(강제력의 행사) ① 교도관등은 수용자가 다음 각 호의 어느 하나에 해당하면 강제력을 행사할 수 있다.

1. 도주하거나 도주하려고 하는 때
2. 자살하려고 하는 때
3. 자해하거나 자해하려고 하는 때
4. 다른 사람에게 위해를 끼치거나 끼치려고 하는 때
5. 위력으로 교도관등의 정당한 직무집행을 방해하는 때
6. 교정시설의 설비·기구 등을 손괴하거나 손괴하려고 하는 때
7. 그 밖에 시설의 안전 또는 질서를 크게 해치는 행위를 하거나 하려고 하는 때

② 교도관등은 수용자 외의 사람이 다음 각 호의 어느 하나에 해당하면 강제력을 행사할 수 있다.

1. 수용자를 도주하게 하려고 하는 때
2. 교도관등 또는 수용자에게 위해를 끼치거나 끼치려고 하는 때
3. 위력으로 교도관등의 정당한 직무집행을 방해하는 때
4. 교정시설의 설비·기구 등을 손괴하거나 하려고 하는 때
5. 교정시설에 침입하거나 하려고 하는 때
6. 교정시설의 안(교도관이 교정시설의 밖에서 수용자를 계호하고 있는 경우 그 장소를 포함한다)에서 교도관등의 퇴거요구를 받고도 이에 응하지 아니하는 때

③ 제1항 및 제2항에 따라 강제력을 행사하는 경우에는 보안장비를 사용할 수 있다.

④ 제3항에서 "보안장비"란 교도봉 · 가스분사기 · 가스총 · 최루탄 등 사람의 생명과 신체의 보호, 도주의 방지 및 시설의 안전과 질서유지를 위하여 교도관등이 사용하는 장비와 기구를 말한다.
⑤ 제1항 및 제2항에 따라 강제력을 행사하려면 사전에 상대방에게 이를 경고하여야 한다. 다만, 상황이 급박하여 경고할 시간적인 여유가 없는 때에는 그러하지 아니하다.
⑥ 강제력의 행사는 필요한 최소한도에 그쳐야 한다.
⑦ 보안장비의 종류, 종류별 사용요건 및 사용절차 등에 관하여 필요한 사항은 법무부령으로 정한다.

제101조(무기의 사용) ① 교도관등은 다음 각 호의 어느 하나에 해당하는 사유가 있으면 수용자에 대하여 무기를 사용할 수 있다.
1. 수용자가 다른 사람에게 중대한 위해를 끼치거나 끼치려고 하여 그 사태가 위급한 때
2. 수용자가 폭행 또는 협박에 사용할 위험물을 소지하여 교도관등이 버릴 것을 명령하였음에도 이에 따르지 아니하는 때
3. 수용자가 폭동을 일으키거나 일으키려고 하여 신속하게 제지하지 아니하면 그 확산을 방지하기 어렵다고 인정되는 때
4. 도주하는 수용자에게 교도관등이 정지할 것을 명령하였음에도 계속하여 도주하는 때
5. 수용자가 교도관등의 무기를 탈취하거나 탈취하려고 하는 때
6. 그 밖에 사람의 생명·신체 및 설비에 대한 중대하고도 뚜렷한 위험을 방지하기 위하여 무기의 사용을 피할 수 없는 때

② 교도관등은 교정시설의 안(교도관이 교정시설의 밖에서 수용자를 계호하고 있는 경우 그 장소를 포함한다)에서 자기 또는 타인의 생명·신체를 보호하거나 수용자의 탈취를 저지하거나 건물 또는 그 밖의 시설과 무기에 대한 위험을 방지하기 위하여 급박하다고 인정되는 상당한 이유가 있으면 수용자 외의 사람에 대하여도 무기를 사용할 수 있다.
③ 교도관등은 소장 또는 그 직무를 대행하는 사람의 명령을 받아 무기를 사용한다. 다만, 그 명령을 받을 시간적 여유가 없으면 그러하지 아니하다.

④ 제1항 및 제2항에 따라 무기를 사용하려면 공포탄을 발사하거나 그 밖에 적당한 방법으로 사전에 상대방에 대하여 이를 경고하여야 한다.
⑤ 무기의 사용은 필요한 최소한도에 그쳐야 하며, 최후의 수단이어야 한다.
⑥ 사용할 수 있는 무기의 종류, 무기의 종류별 사용요건 및 사용절차 등에 관하여 필요한 사항은 법무부령으로 정한다.

제102조(재난 시의 조치) ① 천재지변이나 그 밖의 재해가 발생하여 시설의 안전과 질서유지를 위하여 긴급한 조치가 필요하면 소장은 수용자로 하여금 피해의 복구나 그 밖의 응급용무를 보조하게 할 수 있다.
② 소장은 교정시설의 안에서 천재지변이나 그 밖의 사변에 대한 피난의 방법이 없는 경우에는 수용자를 다른 장소로 이송할 수 있다.
③ 소장은 제2항에 따른 이송이 불가능하면 수용자를 일시 석방할 수 있다.
④ 제3항에 따라 석방된 자는 석방 후 24시간 이내에 교정시설 또는 경찰관서에 출석하여야 한다.

제103조(수용을 위한 체포) ① 교도관은 수용자가 도주 또는 제133조 각 호의 어느 하나에 해당하는 행위(이하 "도주등"이라 한다)를 한 경우에는 도주 후 또는 출석기한이 지난 후 72시간 이내에만 그를 체포할 수 있다.
② 교도관은 제1항에 따른 체포를 위하여 긴급히 필요하면 도주등을 하였다고 의심할 만한 상당한 이유가 있는 사람 또는 도주등을 한 사람의 이동경로나 소재를 안다고 인정되는 사람을 정지시켜 질문할 수 있다.
③ 교도관은 제2항에 따라 질문을 할 때에는 그 신분을 표시하는 증표를 제시하고 질문의 목적과 이유를 설명하여야 한다.
④ 교도관은 제1항에 따른 체포를 위하여 영업시간 내에 흥행장·여관·음식점·역, 그 밖에 다수인이 출입하는 장소의 관리자 또는 관계인에게 그 장소의 출입이나 그 밖에 특히 필요한 사항에 관하여 협조를 요구할 수 있다.
⑤ 교도관은 제4항에 따라 필요한 장소에 출입하는 경우에는 그 신분을 표시하는 증표를 제시하여야 하며, 그 장소의 관리자 또는 관계인의 정당한 업무를 방해하여서는 아니 된다.

제104조(마약류사범 등의 관리) ① 소장은 마약류사범·조직폭력사범 등 법무부령으로 정하는 수용자에 대하여는 시설의 안전과 질서유지를 위하여 필요한 범위에서 다른 수용자와의 접촉을 차단하거나 계호를 엄중히 하는 등 법무부령으로 정하는 바에 따라 다른 수용자와 달리 관리할 수 있다.
② 소장은 제1항에 따라 관리하는 경우에도 기본적인 처우를 제한하여서는 아니 된다.

제12장 규율과 상벌

제105조(규율 등) ① 수용자는 교정시설의 안전과 질서유지를 위하여 법무부장관이 정하는 규율을 준수하여야 한다.
② 수용자는 소장이 정하는 일과시간표를 준수하여야 한다.
③ 수용자는 교도관의 직무상 지시에 복종하여야 한다.

제106조(포상) 소장은 수용자가 다음 각 호의 어느 하나에 해당하면 법무부령으로 정하는 바에 따라 포상할 수 있다.
1. 사람의 생명을 구조하거나 도주를 방지한 때
2. 제102조제1항에 따른 응급용무에 공로가 있는 때
3. 시설의 안전과 질서유지에 뚜렷한 공이 인정되는 때
4. 수용생활에 모범을 보이거나 건설적이고 창의적인 제안을 하는 등 특히 포상할 필요가 있다고 인정되는 때

제107조(징벌) 소장은 수용자가 다음 각 호의 어느 하나에 해당하는 행위를 하면 제111조의 징벌위원회의 의결에 따라 징벌을 부과할 수 있다.
1. 「형법」, 「폭력행위 등 처벌에 관한 법률」, 그 밖의 형사 법률에 저촉되는 행위
2. 수용생활의 편의 등 자신의 요구를 관철할 목적으로 자해하는 행위
3. 정당한 사유 없이 작업·교육 등을 거부하거나 태만히 하는 행위
4. 제92조의 금지물품을 반입·제작·소지·사용·수수·교환 또는 은닉하는 행위
5. 다른 사람을 처벌받게 하거나 교도관의 직무집행을 방해할 목적으로 거짓 사실을 신고하는 행위

6. 그 밖에 시설의 안전과 질서유지를 위하여 법무부령으로 정하는 규율을 위반하는 행위

제108조(징벌의 종류) 징벌의 종류는 다음 각 호와 같다.

1. 경고
2. 50시간 이내의 근로봉사
3. 3개월 이내의 작업장려금 삭감
4. 30일 이내의 공동행사 참가 정지
5. 30일 이내의 신문열람 제한
6. 30일 이내의 텔레비전 시청 제한
7. 30일 이내의 자비구매물품(의사가 치료를 위하여 처방한 의약품을 제외한다) 사용 제한
8. 30일 이내의 작업 정지
9. 30일 이내의 전화통화 제한
10. 30일 이내의 집필 제한
11. 30일 이내의 서신수수 제한
12. 30일 이내의 접견 제한
13. 30일 이내의 실외운동 정지
14. 30일 이내의 금치(禁置)

제109조(징벌의 부과) ① 제108조제4호부터 제13호까지의 처분은 함께 부과할 수 있다.

② 수용자가 다음 각 호의 어느 하나에 해당하면 제108조제2호부터 제14호까지의 규정에서 정한 징벌의 장기의 2분의 1까지 가중할 수 있다.

1. 2 이상의 징벌사유가 경합하는 때
2. 징벌이 집행 중에 있거나 징벌의 집행이 끝난 후 또는 집행이 면제된 후 6개월 내에 다시 징벌사유에 해당하는 행위를 한 때

③ 징벌은 동일한 행위에 관하여 거듭하여 부과할 수 없으며, 행위의 동기 및 경중, 행위 후의 정황, 그 밖의 사정을 고려하여 수용목적을 달성하는 데에 필요한 최소한도에 그쳐야 한다.

④ 징벌사유가 발생한 날부터 2년이 지나면 이를 이유로 징벌을 부과하지 못한다.

제110조(징벌대상자의 조사) ① 소장은 징벌사유에 해당하는 행위를 하였다고 의심할 만한 상당한 이유가 있는 수용자(이하 "징벌대상자"라 한다)가 다음 각 호의 어느 하나에 해당하면 조사기간 중 분리하여 수용할 수 있다.

1. 증거를 인멸할 우려가 있는 때
2. 다른 사람에게 위해를 끼칠 우려가 있거나 다른 수용자의 위해로부터 보호할 필요가 있는 때

② 소장은 징벌대상자가 제1항 각 호의 어느 하나에 해당하면 접견·서신수수·전화통화·실외운동·작업·교육훈련·공동행사참가 등 다른 사람과의 접촉이 가능한 처우의 전부 또는 일부를 제한할 수 있다.

제111조(징벌위원회) ① 징벌대상자의 징벌을 결정하기 위하여 교정시설에 징벌위원회(이하 이 조에서 "위원회"라 한다)를 둔다.

② 위원회는 위원장을 포함한 5인 이상 7인 이하의 위원으로 구성하고, 위원장은 소장의 바로 다음 순위자가 되며, 위원은 소장이 소속 기관의 과장(지소의 경우에는 7급 이상의 교도관) 및 교정에 관한 학식과 경험이 풍부한 외부인사 중에서 임명 또는 위촉한다. 이 경우 외부위원은 3인 이상으로 한다.

③ 위원회는 소장의 징벌요구에 따라 개회하며, 징벌은 그 의결로써 정한다.

④ 위원이 징벌대상자의 친족이거나 그 밖에 공정한 심의·의결을 기대할 수 없는 특별한 사유가 있는 경우에는 위원회에 참석할 수 없다.

⑤ 징벌대상자는 위원에 대하여 기피신청을 할 수 있다. 이 경우 위원회의 의결로 기피 여부를 결정하여야 한다.

⑥ 위원회는 징벌대상자가 위원회에 출석하여 충분한 진술을 할 수 있는 기회를 부여하여야 하며, 징벌대상자는 서면 또는 말로써 자기에게 유리한 사실을 진술하거나 증거를 제출할 수 있다.

제112조(징벌의 집행) ① 징벌은 소장이 집행한다.

② 소장은 징벌집행을 위하여 필요하다고 인정하면 수용자를 분리하여 수용할 수 있다.

③ 제108조제14호의 처분을 받은 사람에게는 그 기간 중 같은 조 제4호부터 제13

호까지의 처우제한이 함께 부과된다. 다만, 소장은 수용자의 권리구제, 수형자의 교화 또는 건전한 사회복귀를 위하여 특히 필요하다고 인정하면 집필·서신수수·접견 또는 실외운동을 허가할 수 있다.

④ 소장은 제108조제13호 또는 제14호의 처분을 집행하는 경우에는 의무관으로 하여금 사전에 수용자의 건강을 확인하도록 하여야 하며, 집행 중인 경우에도 수시로 건강상태를 확인하여야 한다.

제113조(징벌집행의 정지·면제) ① 소장은 질병이나 그 밖의 사유로 징벌집행이 곤란하면 그 사유가 해소될 때까지 그 집행을 일시 정지할 수 있다.

② 소장은 징벌집행 중인 사람이 뉘우치는 빛이 뚜렷한 경우에는 그 징벌을 감경하거나 남은 기간의 징벌집행을 면제할 수 있다.

제114조(징벌집행의 유예) ① 징벌위원회는 징벌을 의결하는 때에 행위의 동기 및 정황, 교정성적, 뉘우치는 정도 등 그 사정을 고려할 만한 사유가 있는 수용자에 대하여 2개월 이상 6개월 이하의 기간 내에서 징벌의 집행을 유예할 것을 의결할 수 있다.

② 소장은 징벌집행의 유예기간 중에 있는 수용자가 다시 제107조의 징벌대상행위를 하여 징벌이 결정되면 그 유예한 징벌을 집행한다.

③ 수용자가 징벌집행을 유예받은 후 징벌을 받음이 없이 유예기간이 지나면 그 징벌의 집행은 종료된 것으로 본다.

제115조(징벌의 실효 등) ① 소장은 징벌의 집행이 종료되거나 집행이 면제된 수용자가 교정성적이 양호하고 법무부령으로 정하는 기간 동안 징벌을 받지 아니하면 법무부장관의 승인을 받아 징벌을 실효시킬 수 있다.

② 제1항에도 불구하고 소장은 수용자가 교정사고 방지에 뚜렷한 공로가 있다고 인정되면 분류처우위원회의 의결을 거친 후 법무부장관의 승인을 받아 징벌을 실효시킬 수 있다.

③ 이 법에 규정된 사항 외에 징벌에 관하여 필요한 사항은 법무부령으로 정한다.

제13장 권리구제

제116조(소장 면담) ① 수용자는 그 처우에 관하여 소장에게 면담을 신청할 수 있다.

② 소장은 수용자의 면담신청이 있으면 다음 각 호의 어느 하나에 해당하는 사유가 있는 경우를 제외하고는 면담에 응하여야 한다.

1. 정당한 사유 없이 면담사유를 밝히지 아니하는 때
2. 면담목적이 법령에 명백히 위배되는 사항을 요구하는 것인 때
3. 동일한 사유로 면담한 사실이 있음에도 불구하고 정당한 사유 없이 반복하여 면담을 신청하는 때
4. 교도관의 직무집행을 방해할 목적이라고 인정되는 상당한 이유가 있는 때

③ 소장은 특별한 사정이 있으면 소속 교도관으로 하여금 그 면담을 대리하게 할 수 있다. 이 경우 면담을 대리한 사람은 그 결과를 소장에게 지체 없이 보고하여야 한다.

④ 소장은 면담한 결과 처리가 필요한 사항이 있으면 그 처리결과를 수용자에게 통지하여야 한다.

제117조(청원) ① 수용자는 그 처우에 관하여 불복하는 경우 법무부장관·순회점검공무원 또는 관할 지방교정청장에게 청원할 수 있다.

② 제1항에 따라 청원하려는 수용자는 청원서를 작성하여 봉한 후 소장에게 제출하여야 한다. 다만, 순회점검공무원에 대한 청원은 말로도 할 수 있다.

③ 소장은 청원서를 개봉하여서는 아니 되며, 이를 지체 없이 법무부장관·순회점검공무원 또는 관할 지방교정청장에게 보내거나 순회점검공무원에게 전달하여야 한다.

④ 제2항 단서에 따라 순회점검공무원이 청원을 청취하는 경우에는 해당 교정시설의 교도관등이 참여하여서는 아니 된다.

⑤ 청원에 관한 결정은 문서로써 하여야 한다.

⑥ 소장은 청원에 관한 결정서를 접수하면 청원인에게 지체 없이 전달하여야 한다.

제117조의2(정보공개청구) ① 수용자는 「공공기관의 정보공개에 관한 법률」에 따라 법무부장관, 지방교정청장 또는 소장에게 정보의 공개를 청구할 수 있다.

② 현재의 수용기간 동안 법무부장관, 지방교정청장 또는 소장에게 제1항에 따른 정보공개청구를 한 후 정당한 사유 없이 그 청구를 취하하거나 「공공기관의 정보공개에 관한 법률」 제17조에 따른 비용을 납부하지 아니한 사실이 2회 이상 있는 수용자가 제1항에 따른 정보공개청구를 한 경우에 법무부장관, 지방교정청장 또는 소장은 그 수용자에게 정보의 공개 및 우송 등에 들 것으로 예상되는 비용을 미리 납부하게 할 수 있다.

③ 제2항에 따라 정보의 공개 및 우송 등에 들 것으로 예상되는 비용을 미리 납부하여야 하는 수용자가 비용을 납부하지 아니한 경우 법무부장관, 지방교정청장 또는 소장은 그 비용을 납부할 때까지 「공공기관의 정보공개에 관한 법률」 제11조에 따른 정보공개 여부의 결정을 유예할 수 있다.

④ 제2항에 따른 예상비용의 산정방법, 납부방법, 납부기간, 그 밖에 비용납부에 관하여 필요한 사항은 대통령령으로 정한다.

[본조신설 2010.5.4.]

제118조(불이익처우 금지) 수용자는 청원, 진정, 소장과의 면담, 그 밖의 권리구제를 위한 행위를 하였다는 이유로 불이익한 처우를 받지 아니한다.

제3편 수용의 종료

제1장 가석방

제119조(가석방심사위원회) 「형법」 제72조에 따른 가석방의 적격 여부를 심사하기 위하여 법무부장관 소속으로 가석방심사위원회(이하 이 장에서 "위원회"라 한다)를 둔다.

제120조(위원회의 구성) ① 위원회는 위원장을 포함한 5인 이상 9인 이하의 위원으로 구성한다.

② 위원장은 법무부차관이 되고, 위원은 판사, 검사, 변호사, 법무부 소속 공무원, 교정에 관한 학식과 경험이 풍부한 사람 중에서 법무부장관이 임명 또는 위촉한다.

③ 위원회의 심사과정 및 심사내용의 공개범위와 공개시기는 다음 각 호와 같다. 다만, 제2호 및 제3호의 내용 중 개인의 신상을 특정할 수 있는 부분은 삭제하고 공개하되, 국민의 알권리를 충족할 필요가 있는 등의 사유가 있는 경우에는 위원회가 달리 의결할 수 있다. 〈개정 2011.7.18.〉

1. 위원의 명단과 경력사항은 임명 또는 위촉한 즉시
2. 심의서는 해당 가석방 결정 등을 행한 후부터 즉시
3. 회의록은 해당 가석방 결정 등을 행한 후 5년이 경과한 때부터

④ 그 밖에 위원회에 관하여 필요한 사항은 법무부령으로 정한다. 〈신설 2011.7.18.〉

제121조(가석방 적격심사) ① 소장은 「형법」 제72조제1항의 기간이 지난 수형자에 대하여는 법무부령으로 정하는 바에 따라 위원회에 가석방 적격심사를 신청하여야 한다.

② 위원회는 수형자의 나이, 범죄동기, 죄명, 형기, 교정성적, 건강상태, 가석방 후의 생계능력, 생활환경, 재범의 위험성, 그 밖에 필요한 사정을 고려하여 가석방의 적격 여부를 결정한다.

제122조(가석방 허가) ① 위원회는 가석방 적격결정을 하였으면 5일 이내에 법무부장관에게 가석방 허가를 신청하여야 한다.

② 법무부장관은 제1항에 따른 위원회의 가석방 허가신청이 적정하다고 인정하면 허가할 수 있다.

제2장 석방

제123조(석방) 수용자의 석방은 사면·형기종료 또는 권한이 있는 자의 명령에 따라 소장이 한다.

제124조(석방시기) ① 사면, 가석방, 형의 집행면제, 감형에 따른 석방은 그 서류 도달 후 12시간 이내에 행하여야 한다. 다만, 그 서류에서 석방일시를 지정하고 있으면 그 일시에 행한다.

② 형기종료에 따른 석방은 형기종료일에 행하여야 한다.
③ 권한이 있는 자의 명령에 따른 석방은 서류 도달 후 5시간 이내에 행하여야 한다.

제125조(피석방자의 일시수용) 소장은 피석방자가 질병이나 그 밖에 피할 수 없는 사정으로 귀가하기 곤란한 경우에 본인의 신청이 있으면 일시적으로 교정시설에 수용할 수 있다.

제126조(귀가여비의 지급 등) 소장은 피석방자에게 귀가에 필요한 여비 또는 의류가 없으면 법무부장관이 정하는 범위에서 이를 지급하거나 빌려 줄 수 있다.

제3장 사망

제127조(사망 통지) 소장은 수용자가 사망한 경우에는 그 사실을 즉시 그 가족(가족이 없는 경우에는 다른 친족)에게 통지하여야 한다.

제128조(시신의 인도 등) ① 소장은 사망한 수용자의 친족 또는 특별한 연고가 있는 사람이 그 시신 또는 유골의 인도를 청구하는 경우에는 인도하여야 한다. 다만, 제3항에 따라 합장을 한 후에는 그러하지 아니하다.
② 소장은 제127조에 따라 사망 통지를 받은 사람이 통지를 받은 날부터 3일 이내에 그 시신을 인수하지 아니하거나 인수할 사람이 없으면 임시로 매장하여야 한다. 다만, 감염병 예방 등을 위하여 필요하면 즉시 화장을 하는 등 필요한 조치를 할 수 있다. 〈개정 2009.12.29.〉
③ 소장은 제2항에 따라 시신을 임시로 매장한 후 2년이 지나도 인도를 청구하는 사람이 없으면 합장하거나 화장할 수 있다.
④ 소장은 병원이나 그 밖의 연구기관이 학술연구상의 필요에 따라 수용자의 시신인도를 신청하면 본인의 유언 또는 상속인의 승낙이 있는 경우에 한하여 인도할 수 있다.
⑤ 소장은 수용자가 사망하면 법무부장관이 정하는 범위에서 화장·시신인도 등에 필요한 비용을 인수자에게 지급할 수 있다.

제4편 교정자문위원회 등

제129조(교정자문위원회) ① 교정시설의 운영과 수용자 처우 등에 관한 소장의 자문에 응하기 위하여 교정시설에 교정자문위원회(이하 이 조에서 "위원회"라 한다)를 둔다.

② 위원회는 5인 이상 7인 이하의 위원으로 구성하고, 위원장은 위원 중에서 호선하며, 위원은 교정에 관한 학식과 경험이 풍부한 외부인사 중에서 소장의 추천을 받아 법무부장관이 위촉한다.

③ 이 법에 규정된 사항 외에 위원회에 관하여 필요한 사항은 법무부령으로 정한다.

제130조(교정위원) ① 수용자의 교육·교화·의료, 그 밖에 수용자의 처우를 후원하기 위하여 교정시설에 교정위원을 둘 수 있다.

② 교정위원은 명예직으로 하며 소장의 추천을 받아 법무부장관이 위촉한다.

제131조(기부금품의 접수) 소장은 기관·단체 또는 개인이 수용자의 교화 등을 위하여 교정시설에 자발적으로 기탁하는 금품을 받을 수 있다.

제5편 벌칙

제132조(주류의 반입 등) ① 다음 각 호의 어느 하나에 해당하는 행위를 한 사람은 6개월 이하의 징역 또는 200만원 이하의 벌금에 처한다.

1. 주류 · 담배 · 현금 · 수표를 교정시설에 반입하거나 소지 · 사용 · 수수 · 교환 또는 은닉하는 행위
2. 수용자에게 전달할 목적으로 주류 · 담배 · 현금 · 수표를 허가 없이 교정시설에 반입하거나 수용자와 수수 또는 교환하는 행위

② 제1항의 미수범은 처벌한다.

③ 제1항의 금지물품은 몰수한다.

제133조(출석의무 위반 등) 다음 각 호의 어느 하나에 해당하는 행위를 한 수용자

는 1년 이하의 징역에 처한다.

1. 정당한 사유 없이 제102조제4항을 위반하여 일시석방 후 24시간 이내에 교정시설 또는 경찰관서에 출석하지 아니하는 행위
2. 귀휴·외부통근, 그 밖의 사유로 소장의 허가를 받아 교도관의 계호 없이 교정시설 밖으로 나간 후에 정당한 사유 없이 기한 내에 돌아오지 아니하는 행위

부칙 <제11005호, 2011.8.4.> (의료법)

제1조(시행일) 이 법은 공포 후 1년이 경과한 날부터 시행한다. 다만, ···〈생략〉··· 부칙 제4조는 공포한 날부터 시행하고, ···〈생략〉··· 시행한다.

제2조 및 제3조 생략

제4조(다른 법률의 개정) ① 부터 ⑫까지 생략

⑬ 형의 집행 및 수용자의 처우에 관한 법률 일부를 다음과 같이 개정한다.

제39조제2항 중 "정신과"를 "정신건강의학과"로 한다.

⑭ 생략

참고문헌

1. 국내문헌

가이즈 아유무(2010). "사회적기업의 자립은 가능한가?" 제2회 사회적기업 한일 포럼, 2010.1.28 자료집.

갈태웅(2012). 지적장애인 8년간 노예처럼 부린 60대 구속. MBN 뉴스. 2012년 8 월 11일자.

강병준(2011). 사회적기업의 활성화 요인 - 거버넌스적 시각을 바탕으로.. 경기 : 한국학술정보.

강우진(2009). 우리사회의 장애인 인권문제에 관한 사례연구 : 당사자주의 관점을 중심으로. 장안대학교 장안논총, 29, 289-310.

강정숙(2005), "독일 이민자 동화정책의 현황과 문제점", 민족연구 7.

강창구(2010). "북한이탈주민(새터민)의 정착장애요인 분석을 통한 정착지원 방안". 「통일문제연구」, 제22권 제1호 통권53호. pp. 261-290.

경찰청(2010). 경찰백서.

경향신문, 2012. 10.

고승덕 외 5명(2003). 「사회복지개론」, 교문사.

곽금주, "다문하가정의 문화적응을 위하여", 동아일보 2009. 8. 12.

곽민철(2008). 범죄피해자의 권익보호에 관한 연구, 한세대학교 석사학위논문.

곽선화(2009). "사회적기업의 국가별 정책과 전략". 사회적기업 연구원.

교정국(1997). 수용자 교육교화 및 직업훈련 운영과 통계.

교정사회사업연구회(1994). 각국의 교정사업. 광주: 도서출판 예원.

교정사회사업연구회(1996). 「교정사회사업」, 아시아미디어리서치.

구재선 · 서은국(2011). "한국인, 누가 언제 행복한가". 한국심리학회지 : 사회 및 성격, Vol. 25, No. 2. pp. 143-166.

구종회(2001). 사회봉사명제 정착을 위한 사회사업적 개입.

권기헌(2007). "정책학의 정향과 과제 : 정책이론, 신제도주의, 그리고 거버넌스".「국정관리연구」, 제2권 제1호. pp. 5-39.

권영만(2006). 경찰의 범죄피해자 보호에 관한 연구, 전남대학교 석사학위논문.

길준규(2009). "북한이탈주민 정착지원제도의 법적 검토". 「공법학 연구」, 제10권 제4호, pp. 249~275. 한국비교공법학회.

김경호(2010), 「장애인 선교에 대한 현황과 방향제시」, 목원대학교 신학대학원 석사학위논문.

김광웅 · 이봉근(2011). "북한이탈주민의 '사회적배제'에 관한 실증연구".「북한연구학회보」, 제15권 제1호. pp. 1-32.

김금미(2010), "대학생의 결혼이주여성에 대한 다문화 수용적 행동", 한국심리학회지 15-2.

김대순(1998). 국제법론 제3판. 삼영사.

김동배 · 이기영(1999). "민간기관의 탈북자 지원 현황과 과제". .통일연구.제3권 제1호. pp. 256-303.

김문수(2009). 장애인 인권 향상을 위한 교회 장애인복지 활성화 방안 연구. 인권 복지연구, Vol. 7, 39-61.

김미경(1997), "시민권의 발전과 민주주의의 조건", 석사학위논문 고려대학교.

______(2007). "북한이탈 주민의 삶의 만족도에 관한 연구". 「임상사회사업연구」Vol.4 No.3, 한국임상사회사업학회. pp. 19-40.

김봉화 · 김재호(2010). .한국과 영국, 미국을 중심으로 세계 사회적기업의 현황과 전략. 경기: 한국학술정보

김상균 외(2005).「사회복지개론」, 나남출판사.

김상균(2004),「범죄학원론」, 양서원

김상용. 2002. "비교법과 비교법학". .법학연구. 제12권 제4호 pp.93~132. 연세대학교 법학대학 법학연구소.

김선미(2011). "한국의 다문화정책과 지원사업 : 정부와 시민사회의 갈등· 협력· 거버넌스". 「정책연구」, 국가안보전략연구소. pp. 35-69.

김성기(2009). “사회적기업 특성에 관한 쟁점과 함의”. 「한국사회복지정책」 제 36권 제2호 pp.139~166.

______,(2011). 사회적기업의 이슈와 쟁점-‘여럿이 함께’의 동학.. 강원: 아르케

김성돈(2004), “형사법상 회복적 사법의 가능성과 과제, 21세기 형사사법개혁의 방향과 대국민 법률서비스 개선방안(Ⅱ)”, 『한국형사정책연구원』.

______, “형사사법과 회복적 사법”, 『성균관법학』(제17권 제1호), 2005. 6.

______, “형사절차상 피해자-가해자 조정(Victim-Offender Mediation) 제도 도입방안”, 『피해자학연구』(제9권 제1호), 2001. 4.

김성모(2008). “새터민의 안정적 정착을 위한 지역사회지원방안”. 「사회복지」, 여름호. pp.114-125.

김성종(2012). “북한이탈주민 정착지원을 위한 협력적 거버넌스 구축”, .한국콘텐츠 학회논문지. Vol. 12 No.2. pp. 310-321.

김성희, 변용찬, 손창균, 이연희, 이민경, 이송희, 강동욱, 권선진, 오혜경, 윤상용, 이선우(2012). 2011년도 장애인실태조사. 보건복지부.한국보건사회연구원.

김세연(1998) “독일의 난민, 탈주민 및 재이주민 정책”. ‘98한국정치학회 추계학술 회의. pp. 129~147.

김순남(2012). 경찰의 범죄피해자 보호제도에 대한 연구, 영산대학교 석사학위 논문.

김순양(2009). “사회적기업 인증제도의 개선방안 고찰”. 「사회적기업연구」 pp.67 ~99

김영모 외(2000), 「현대사회문제론」, 고헌출판부.

김용세(2002). 경찰의 범죄피해자 보호대책, 치안연구소.

김용세, “형사제재시스템과 회복적 사법-회복적 사법의 이념과 형사제재체계의 개변(이호중)에 관한 의견을 겸하여”-, 『형사법연구』(제23호), 2005. 6.

김용신(2009). “한국사회의 다문화교육지향과 실행전략”, 사회과교육 48-1.

김용우(1981). 「행형관리론」, 국민서관.

김용준 · 이순길(1994). 「교정학」, 고시원.

김용택(1995). “한국교정의 발전 방향에 관한 연구”, 『법무연구』 제22호.

김윤정(1997). 우리나라 장애인 운동의 역사적 전개에 관한 고찰. 가톨릭대학교 대학원 석사학위논문.

김윤태(2009). “사회적기업의 트라일레마”. 「사회와 이론」 통권 제 14집 pp. 243 ~273

김은미 외(2009), 다문화사회 한국, 파주 : 나남.

김은진(2007). “사회적기업과 영리성 : 사회적기업육성법을 중심으로”, 『안암법학』 제25권 pp.885~909.

김재경·이동춘(2009). “수형자 교육교육 프로그램의 문제점과 개선방안”, 『목포과학대 논문집』 제33집, 2009.

김재민(2004). 경찰의 피해자수사 개선방안에 관한 연구, 전남대학교 박사학위논문.

김정래(2002). 「아동권리향연」, 교육과학사.

김정우(1991), “구약율법과 신약윤리의 연속성과 불연속성”,「신학지남」봄호.

김정원(2009). “사회적기업이란 무엇인가?”. 서울:아르케

김주연(2008). 장애인의 인권보장에 관한 고찰. 인권복지연구, Vol. 4, 131-155.

김지을 · 박정렬(2014). ‘현대판 노예’ 양산하는 탈법 직업소개소. 광주일보 2014년 3월 13일자.

김진욱(1998) “한국과 독일의 탈출이주민 정착·지원 정책에 대한 비교연구”.「민족발전연구」, 제2호, pp. 229~264. 중앙대 민족발전연구소.

김창균(1996), “비범죄화의 실현방안”, 『형사정책』 제8호.

김치영(2003) “북한이탈주민의 정착 지원정책과 민간단체 대응전략”. 「통일전략」, 제3권 제2호, pp. 63~95. 기획논문Ⅰ : 북한인권문제와 우리의 대응전략. 한국통일전략학회.

김태원(2010), “다문화현상에 대한 사회통합관점에서의 비판적 고찰”, 민족문화논총 44.

김학실(2012). “사회적기업 유형별 지원제도 우선순위 연구”. 충북대학교 대학중점연구소 연구자료. pp.1~15. http://www.ssri21.or.kr/ 2012년10월12일.

김학태, "범죄와 형벌에 관한 형법이론적 고찰", 『외대논집』(제9권), 2000. 12.
김형식 외 공저(2007), 『사회복지행정론』, 양서원.
김혜순(2009). "다문화정책의 주요 쟁점과 입법과제". .국회도서관보.제46권 제10호 통권 제364호. p. 2-12.
김혜진(2008), "인권과 탈근대적 시민권 담론", 석사학위논문 서울대학교.
김호성(2011). 범죄피해자 보호 및 지원제도에 관한 연구, 경상대학교 박사학위논문.
김효정(2011). 범죄피해자 보호·지원을 위한 경찰활동의 활성화 방안, 피해자학 연구 제19권 제1호.
김희선(2008), "다문화사회 국제이주민의 시민권 비교연구", 석사학위논문 고려대학교.
나요환(2013). 장애인차별금지법 시행에 따른 장애인인권향상에 대한 연구 : 국가 인권위원회의 진정사건 처리를 중심으로. 전남대학교 석사학위논문.
남상철(2000). 「교정발전론」, 시사법률.
노대명(2007). "한국 사회적기업의 환경과 발전 전망". .드푸르니 초청 사회적기업심포지엄., 2007년 3월 발표논문
노성호, 소년범 처우에 있어서 가족회합제도의 도입방안, 『한국공안행정학회보』(제13호), 2002.
류경희(2009), 국외 직무훈련 결과 보고서: 영국 사회적기업의 한국 적용방안연구., 노동부
류명화(2004), 「장애인복지 정보 시스템 실행의 좋은 성공요인 연구」, 가톨릭대학교 대학원 박사학위논문.
류전철, 피해자학적 형법이론의 문제점, 『피해자학연구』(제7권), 1999, p.227.
문보경(2007). "사회적기업육성법과 인증요건". 사회적투자지원센타
민무숙 외(2012), 청소년의 다문화 수용성 조사연구, 서울 : 여성가족부.
박광민(2009). 범죄피해자 보호지원제도의 실태와 연계강화방안, 피해자학연구 제17권 제1호.
박길영(2002). 「소년수형자 교정교육에 관한 연구」, 경기대학교 석사학위논문.

박명선(2006). "독일의 이주민 통합정책". 「국제사회보장동향」, 2006년 겨울호, pp. 61~72. 한국보건사회연구원.

박명선(2007), "독일 이민법과 통합정책의 외국인 차별에 관한 연구", 한국사회학 41-2.

박미숙(2004). 현형법상 형사피해자의 범위, 피해자학연구 제12권 제2호. 법무부 인권구조과(2011). 범죄피해자 보호.지원에 관한 기본계획.

박병식(역), 『범죄 피해자의 인권(UN, Declaration of Basic Principles of Justice for Victims of Crime and Abuse of Power)』, 동국대학교출판부, 2007.

박병식(역), 『현대법이론(田中成明, 現代法理論)』, 동국대학교출판부, 2007.

박상규(2009), "다문화가정의 조기정학을 위한 사회통합방안 연구", 석사학위논문 한서대학교.

박상식(2004), 회복적 사법에 관한 연구, 경상대 대학원 박사학위 논문.

박성재(2011). "북한이탈주민 취업지원제도 효과성 평가-고용지원금과 취업장려금제도를 중심으로". 월간 노동리뷰」, 11월호. pp. 121-136.

박성재 · 김화순(2008). "탈북 이주민 직업훈련의 노동시장 성과에 관한 연구".「직업능력개발연구」, 제11권 제2호. 한국직업능력개발원. pp. 71-96.

박성철(2006), 회복적 사법에 관한 연구, 충남대 대학원 박사학위 논문.

박순우(1996), "시민권(citizenship)보장을 위한 사회입법적 제도에 관한 실증적 연구", 석사학위논문 중앙대학교.

박신규(2008), "국제결혼이주여성의 정체성 및 주체성의 사회적 위치성에 따른 변화", 한국지역지리학회지14-1.

박양숙(2011). "사회복지와 경영, 그 어색함(?)과의 만남". 「무한행진」 Vol.23 http://webzine.ggwf.or.kr/main/articleview.php?uid=217, 2012년 9월 12일

박옥순(2002). 장애인 인권지표 개발 연구 : 한국사회의 장애인 차별 실태에 근거 하여. 중앙대학교 사회개발대학원 석사학위논문.

박옥희(1999), 「장애인복지의 이론과 실제」, 서울: 학문사.

박용진(2010). “사회적기업의 역할 제고방안 연구 – 지역경제 활성화 방안을 중심으로-”. 고려대학교 정책대학원. 경제정책학과 석사학위 논문

박우순(2005), 사회자본과 거버넌스 연결고리, 『하계기획세미나 발표논문집』 pp 163~184, 한국거버넌스학회 한국지방정부학회 공동주관.

박윤숙. 2007a. “북한이탈주민의 현황과 과제”. 「통일로」, 통권222호. 안보문제연구원. pp. 26-39.

박은숙(2008). “북한이탈주민의 실태와 남한사회 정착지원 정책에 관한 연구”.「하계학술 대회 발표논문집」 제4분과 북한사회행정연구회. pp. 577~603.

박정란(2010). “탈북자 지원체계의 쟁점과 발전 방향”. 「북한경제리뷰」제12권 제9호. pp. 50-77.

박종삼(2001), 「교회 사회봉사 이해와 실천」, 서울 : 인간과 복지.

박찬임(2009). “사회적기업의 성장과 정부 지원 : 평가와 새 방향”. 「시민과 세계」 제15호, pp.165~186.

박천응(2007), “한국적 다문화 운동의 실천”, 한국적 다문화주의의 이론화, 한국사회학회 도북아시대위원회 용역보고서.

박헌준(2008). “사회적기업가 육성프로그램”. 『사회적기업 활성화 방안에 관한 심포지엄』, 공동체 자본주의 심포지엄 2008. KDI

박희봉(2002), 사회자본이론의 논점과 연구경향, 『정부학 연구』 제8권 제1호 pp 5~44.

배임호(2000). 비행청소년을 위한 범죄피해자-가해자 중재(mediation). 프로그램 실천 가능성. 교정연구. 한국교정학회.

배임호 · 박경일 · 이태언 · 신석환 · 전영록(2001), 「교정복지론」, 양서원.

배임호외(2004), 「교정복지론」, 파주: 양서원.

배종대(2001). 「형사정책」,서울: 홍문사.

변용찬(2007), “장애인 이용시설 실태 및 개선방안 연구:장애인복지관을 중심으로”, 한국보건복지부 정책연구.

서유경(2005), 시민사회 : 이론과 역사 그리고 대안적 재구성, 서울 : 동아시아.

서창록(2010). “북한이탈주민 지원정책의 굿 거버넌스 탐색 : 취업정책을 중심으로”. 「동서연구」제22 권 제1호. pp. 145-174.

서혜숙(2007), 사회자본과 지역사회복지서비스 수혜자의 만족에 관한 연구, 동아대학교 박사학위논문.

성경률 · 김태성(2006), 『복지국가론』, 나남출판사.

성도경 · 박희봉 · 장철영(2004) 사회자본과 거버넌스 증진을 위한 정부와 시민사회의 역할. 『대한정치학회보 12집 1호』 pp 419~437.

성문재(2013). 한국에 노예 1만여명. 『세계 노예지수 첫 발표』, 이데일리 2013년 10월 17일자.

소진광(2004), 사회적 자본의 측정지표에 관한 연구. 『한국지역개발학회지』 제16권 제1호 pp 89~118.

손병돈, 김기덕, 권선진, 박지영, 이종복, 이혜경, 최승희(2008). 사회복지와 인권. 양서원.

손인수 외(1991). 「교육학개론」, 정민사.

송광섭(1998), 「범죄학과 형사정책」, 유스티니아누스.

송기환(1990), 「장애인 차별과 해방에 관한 윤리적 고찰」, 감리교신학대학 신학대학원 석사학위논문.

송인관(2003). 범죄피해자 보호를 위한 경찰의 역할에 관한 연구, 동국대학교 석사학위논문.

송태호(1995). 「교정교육학」, 미리내.

송태호(2001). “미국교정시설의 수용자교정교육프로그램에 관한 연구”, 『교정연구』 제13호, 한국교정학회.

송호근 외(2010), “한국노동자의 계급의식 결정요인”, Economy and Society 87.

신동수(2009), 「한국교회의 장애인복지 활성화에 관한 연구」, 칼빈대학교 신학대학원 석사학위논문.

신석환(1999), 「보호관찰대상자의 헌법상 기본권에 관한 연구」, 창원대 형정대학원 석사논문.

신성원(2000), 「재가 장애인을 위한 교회의 사회복지 실천에 관한 연구」, 서울 사대 대학원 석사학위논문.

심상달, 고건, 권영준, 이승은(2008). .나눔과 기부 문화 활성화를 위한 사회적 기업의 역할 제고방안.. 서울:KDI

심영구(2014). (취재파일) '염전 노예'는 다시 발견됐을 뿐이다. SBS 뉴스, 2014년 3월 4일자.

안혜영 · 이금순(2007). "북한이탈주민 정착지원을 위한 지역 네트워크 분석".「통일정책연구」, 제16 권 2호. pp. 145-171.

양영신(2003). 장애인 인권의 법적 실현 방안. 전남대학교 석사학위논문.

양옥경(1994), 「사회복지실천과 윤리」, 서울: 한국아카데미.

양옥경 · 김정진 · 서미영 · 김미옥 · 김소희(2000). 「사회복지실천론」, 나남출판.

양준호(2011). "지역과 세상을 살리는 사회적기업". 서울:두남출판사

엄태완(2007). "북한이탈주민의 심리사회적 위기대처 향상 전략: 난민과 이주민 모델의 적용을 통하여". 「통일정책연구」, 제16권 제2호. pp. 173-197.

엄형식(2008). "한국의 사회적 경제와 사회적기업 - 유럽 경험과의 비교 및 시사점". 사회적기업 열린포럼

여중철(2010), "다문화가족의 형성과 문화적 적응", 민족문화논총 44.

염형국(2014). 나는 노예가 아닙니다. 법률저널. 2014년 3월 28일자.

오수길 · 곽병훈(2004), 사회자본-정부-거버넌스의 연계에 관한 시론적 모색: 재가노인복지서비스 전달체계의 역사적 분석을 사례, 『행정학회학보』 제38권 제6호 pp 225~245.

오정수 · 류진석 공저(2006), 『지역사회복지론』, 학지사.

우삼열(2006). 이익단체의 돈벌이 수단으로 전락하고 있는 고용허가제. 월간 복지 동향, 제98호, 26-28.

유동철(2013). 인권관점에서 보는 장애인복지. 학지사.

윤여상(2008). "독일 이주민 정책에 관한 연구 -대량 이주 전·후의 비교를 중심으로-". 「북한학보」제33집 제2호, pp. 179~221. 북한연구소 북한학회.

윤여상(2010). “국제 공조를 통한 상호 역할 분담과 인도주의 하에 최선의 노력 필요”. 「북한」, 북한연구소. pp. 47-55.

윤인진 외(2012), “다문화사회의 공존과 통합과제”, 교육평론235.

이기정(2008), “다문화사회의 문화적 지원을 위한 정책방향과 과제”, 다문화사회의 문화적 지원정책 대토론회, 문화체육관광부.

이무웅(1992). 보호관찰제도론. 서울: 도서출판 풍남.

이백철·양승은(1995). 「교정교육론」, 시사법률.

이상원(2008). 범죄피해자와 인권, 법무부.

이성심(2011). 장애인 인권의 보장에 관한 연구. 세한대학교 석사학위논문.

이숙종, 김희경, 최준규(2008), 사회자본이 거버넌스 형성에 미치는 영향에 관한 연구, 『한국행정학보』 제42권 제1호 pp 149~170에서 재인용.

이안지영(2009), “젠더 시각에서 본 결혼이주여성의 ‘협상하는 시민권’ : 영주권 선택 사례를 중심으로”, 석사학위논문 성공회대학교.

이애리(2014). 신안염전 노예 사건의 전말 ‘노예 12년’ 함께걸음 2014년 3월 7일자.

이영우(2002). 「소년교도소 수형청소년의 사법복지 방안에 관한 연구」, 경희대학교 석사학위논문.

이영철(2001). 범죄피해자 보호대책에 관한 연구- 주로 경찰활동과 관련하여”, 한양대학교 석사학위논문.

이용균(2009), “결혼이주여성의 사회문화 네트워크의 특성”, 한국도시지리학회지10-2.

이용승(2004), “호주의 다문화주의”, 석사학위논문 고려대학교.

이용승(2007), “독일의 다문화 가족 정책”, 민족연구 31, 한국민족연구원.

이용식, 형법의 임무-법익보호인가, 사회윤리보호인가?, 『피해자학연구』(제9권 제2호), 2001.

이용식, 형사피해자의 지위에 대한 소고, 『피해자학연구』(제14권 제1호), 2006. 4.

이용일(2006), “독일연방공화국의 노동조합과 외국인노동자”, 역사학보 190.

이용일(2007), “이민과 다문화 사회로의 도전”, 서양사론 92.

이인재(2009). “한국 사회적기업의 쟁점과 전망”. 『한국사회과학연구소』 .동향과 전망. 통권 75호, pp.109~141

이일노(2007).「수형자의 교정교육에 관한 연구」, 경성대학교 석사학위논문.

이장현(2003). 청소년인권에 대한 소고. 평택대학교 논문집, 99-113.

이진국 · 오영근, 형사사법체계상 회복적 사법이념의 실천방안, 『한국형사정책연구원』, 2006. 12.

이창순(2010). “사회적기업의 조직특성과 제도화”. 『한국인문사회과학회』. 현상과 인식(2010). 가을, pp.251~393

이철호(2008). 장애인차별금지법과 장애인의 인권. 한국콘텐츠학회논문지, 제8권 제8호, 158-175.

이호중, 소년범죄자에 대한 경찰단계의 비범죄화 정책제안, 『형사법연구』(제20호), 2003. 12.

이호중, 한국의 형사사법과 회복적 사법-과거, 현재, 그리고 미래, 『형사법연구』(제32호, 상), 2007.

이호중, 회복적 사법의 이념과 형사제재체계의 재편-트로이목마의 투입? 값싼 형벌 신상품의 개발?, 『형사법연구』(제22호 특집호), 2004. 12.

이회수(2011), “사회적기업 관련법제 비교연구”. 고려대학교 노동대학원 노동법학과 석사학위 논문

이훈동, 피해자관계적형벌론과 수복적사법의 가능성, 『비교법학연구』(제5집), 2005. 3.

이흥재(1989). 장애인 인권의 사회법적 보장. 장애인복지법제(법무자료 제122호), 법무부.

인태정(2009), “다문화사회 지향을 위한 인종의 사회적 괴리감과 문화적 다양성 태도연구”, 국제지역연구 49.

임 혁(2012), “결혼이주여성과 다문화주의 시민권”, 지역사회 67.

장규원(1995), “현행 행형법의 문제점과 개선방안”, 한국형사정책연구원.

장규원(2002). 수사경찰의 피해자 대책의 현황과 과제, 한국형사정책연구원.

장원봉(2008). "한국 사회적기업의 실태와 전망". 『한국도시연구소』.도시와 빈곤. 제 89호, pp.46~74.

장원봉(2010). "사회서비스 영역에서 사회적기업의 역할과 과제". 한국 보건사회연구원. 보건복지포럼. 제 162호, pp.42~56

전광현 외(2010), 「사회봉사의 이해」, 경기도: 양서원.

정갑섭(1990). 교정학, 서울: 을지서적.

정동기(1997), 「사회봉사명령제도의 연구」, 한양대 대학원 박사논문.

정명선, 이경준(2012). 국내 장애인 인권관련 연구동향 분석과 제언. 한국위기관 리논집, 제8권 제5호, 143-164.

정미현(2005), "청소년의 시민군에 대한 인식과 시민교육에 관한 연구", 석사학위논문 숙명여자대학교.

정승재(2008). 사회복지 실천을 위한 인권의 이해. 인권복지연구, Vol. 4, 239-253.

정용균(1995), 「장애인 선교를 위한 교회의 역할」, 고신대학교 신학대학원 신학석사 논문.

정우식외,(2001). 교정사회사업의 이해. 서울: 홍익재.

정유철(2004). 가석방자 재입소율 조사분석, 『교정』 6월호.

정인숙 · 최갑열(2009). "유럽지역의 사회적기업 조직체계 및 재원확보 방안의 비교 와 한국에의 시사점". 국제지역연구. 제13권 제1호. pp.219~240.

정진경(2007), 『사회복지정책분석론』, 동인.

조균석, "범죄피해자지원 개론", 피해자지원센터, 2005.

조상미(2011). "한국 사회적기업 정책의 특징과 도전: 영국, 프랑스, 이탈리아와 비교를 통해". .한국형 사회적기업의 발전 모형은 무엇인가.. 2011.12.16 고려대 공공정책연구소 포럼 자료집, pp.11~38

조영복 역(2009). "사회적기업: 국제비교". 사회적기업연구원, 노동부.

조영복 · 곽선화 역(2011). .사회적기업 육성 계획.. 사회적기업연구원

조영복 · 양용희 · 김혜원(2008). "사회적기업 육성을 위한 중장기적 정책 방향". 사회적기업 연구원. .사회적기업 연구.제1권 제2호, pp.61~89.

조영복·강승화(2008). "사회적기업 인증 결과와 과제: 2007년 10월부터 2008년 5 월까지 인증된 84개 사회적기업을 중심으로". 사회적기업 연구원. .사회적기업 연구. 창간호 연구 노트

조중희(2009). 범죄피해자 권리보호와 제도개선에 관한 연구, 국민대학교 석사학위논문.

조한숙(2009), "농촌노인과 외국인며느리의 고부관계만족도 및 문화적응 스트레스에 관한 연구", 석사학위논문 한세대학교.

조한진(2010). 장애인 인권의 현실과 향후 과제. 대구지방변호사회지, 25, 392-400.

조현상(2009), "한국 다문화주의의 특징과 정책방향에 관한 연구", 석사학위논문 원광대학교.

조흥식·김인숙·김혜란·김혜련·신은주(2003). 「가족복지학」, 학지사

주세현(2000).「소년교도소 교정교육의 문제점과 개선방안에 관한 연구」, 경기대학교 석사학위논문.

지광준(2001), 「범죄와 청소년 비행」, 케이앤비.

차용석, "범죄피해자의 법적 지위 일반론", 『법학연구』(제27권), 2007. 8.

최근혁, 형벌사상의 발전과정과 교육형사상, 『법학연구』(제5권 제1호), 1994.

최대석 외(2010). 『탈북자 정착연구 실태분석과 향후 연구를 위한 시사점』. 북한이탈주민 지원재단 연구용역보고서. 이화여자대학교 통일학연구원.

최성우(2011). 인권의 관점에서 본 한국 장애인운동 연구. 원광대학교 대학원 석사학위논문.

최승호(2010). 『충북지역 북한이탈주민의 자립 .자활 촉진을 위한 네트워크 구축방안』. 충북개발연구원.

최영출(2004), 지역의 사회자본측정지표, 『지방정부연구』 제8권 제3호 pp 119~144.

최옥채(1986). 합리적-정서적 요법에 의한 보호관찰 사례연구. 숭실대학교 대학원 석사학위논문.

최옥채(1999), 「교정복지론」, 아시아리서치.

최옥채(2006). 「교정복지론」, 서울: 학지사.

최인섭(1995). 전과자에 대한 사회적 인식에 관한 연구. 한국형사정책연구원.

최준호(2007), 사회자본의 직업성취 효과에 관한 실증연구: 고졸 청년층의 사회 연결망 효과 분석을 중심으로, 『교육사회연구』 제17권 제2호 pp 115~137.

최혁진(2012). "사회적협동조합을 통한 지역의 사회적경제 실현 전략".

최호윤(2009). "사회적기업 세제 지원정책에 대한 고찰". 사회적기업 연구원, 사회적기업연구. 제3권 1호, 2010.6, pp.91~117.

최희찬(1999). 미국 민영교도소 제도: 그 역사와 발전. 교정, 통권 282호.

하연섭(2011). 『제도분석-이론과 쟁점』. 서울: 다산출판사.

하연섭저(2006), 다산출판사, 『제도분석-이론과 쟁점-』

한상희(2004). 장애인 인권의 법적 기초에 대한 고찰 : 장애인 인권을 바라보는 한 시각. 국제인권법, 제7호. 1-21.

허성희(2006). 한국 경찰의 범죄피해자 보호 방안에 관한 연구, 한세대학교 석사 학위논문.

홍봉선(1997). 갱생보호와 사회복지. 갱생보호. 제7호.

홍봉선(2007). 교정복지론. 고양: 공동체.

황우여 · 김동성(2009). 『재외 탈북자의 법적지위와 국내정착 및 처우방안』. 국회 인권포럼 정책연구 보고서.

황정익(2007). 범죄피해자보호와 경찰활동 개선방안, 한국공안행정학회보 제28호. 서울신문 2011. 10. 14.

2. 국외문헌

前原宏一, 形法と犯罪被害者, 日本 被害者學硏究(第14号), 2004. 3.

諸澤英道, 犯罪被害者の視點からみた形罰, 日本 被害者學硏究(第14号), 2004. 3.

Abandinsky, Haward(1977). Probation and Parole: theory and pratice.

Abandinsky, York:prentice-Hall inc.

Adelmann, Pamela K.(1994). Multiple roles and psychological well-being in a national sample of older adults. Journal of Gerontology, 49 (6),

Alcok Pete, et als(1996), "Citizenship, Empowerment and the Poor-Local Government Anti-Poverty Strategies", Local Government Policy Making 22-4.

Alfred Apsler(1975), An Introduction to Social Science, 2nd ed, N. Y.: Random House.

analysis analytical approach. Journal of Marriage and the Family, 49, 107-116.

and Ranci, C., eds., Dilemmas of the Welfare Mix: The New Structure of Welfare in a Era of Privatization, Kluwer Academy/Plenum Publishers, pp.24~45.

Anderson, R. E & Carter(1981), I.Human Behavior in the Social Environment. N.Y.: Aldine.

Anderson, S. A. & Sabatelli, R. M.(2003). Familly Interaction: A

Anheier, Helmut K., and Salamon, M. 1999. "Volunteering in Cross-National

Aponte, J. F., R. Y. River, and J. Woh., 1995. "Psychological Intervention and Cultural Diversity". Boston: Allyn and Bacon.

Assistance Center, Georgetown University Child Development Center.

B. L. Malina(1981). The New Testament World: Insight from cultural Anthropology, Louisville: John knox Press.

Berelson, B.(1952), Content Analysis in Communications Research, N. Y.: Free Press.

Berk, Richard A & Rossi, Cambridge: Galinger Publishging Company.

Berk, Richard A & Rossi, Peter H.(1997). Prison Reform and State Elites.

Bernal, H. 1988. "Delivering culturally competent care". Connecting Nursing News, 71(3):7-8.

Berry M.(1997). The family at Risk-Issues and Trends in Family Presentation Service, University of South Carilina Press.

Berry, R. E. & Williams, F. L.(1987). Assessing the relationship between quality of life and marital and income satisfaction: A path

Bonoli, Giuliano. 2004. "Politics of New Social Risks and Policies - mapping diversity and accounting for cross-national variation on post industrial welfare states." paper presented at the international sociological Association, RC 19 meeting in Pairs.

Borzaga, Carlo and Defourny, J. eds. 2001. The Emergence of Social Enterprise. London and New York: Routledge.

Borzaga, Carlo, Depedri, S., and Galera, J. 2012. "사회적협동조합의 등장과 발전, 그리고 특성: 국제적 관점에서 본 이탈리아의 경험", 경기복지재단 국제 심포지엄 자료집 2012.11.15. pp.1~52

Borzaga, Carlo. 2003. New Trend in the Non-profit Sector in Europe: The Emergence of Social Entrepreneurship. OECD Publishing pp.31~94.

Boston: Allyn & Bacon.

Bracht, N. F. (1978). Social Work in Health Care. New York: Haworth press.

Brown, J. A.(1992), Hamdbook of Social Work Practice, Springfield, Illions: C. C. Thomas Publisher.

Bundesamt for Migration und Flochtings(2008), Auslanderzahlen 2008, Berlin.

Burcher, Il, P. Klemm, J. Adepoju, 1996. "Fostering cultural competence: A multicultural care plan", Journal of Nursing Education, 35(7): 334-336.

Cafaggi, Fabrizio and Iamiceli, P. 2008. "New Frontiers in the Legal Structure and Legislation of Social Enterprises in Europe: A Comparative Analysis." EUI Working Papers LAW No. 2008/16.

Carens, Joseph H.(2000), Culture, Citizenship and Community, N.Y. : Oxford Univ. Press.

Carney, C. D. and Kahn, K. B. 1984. "Building competencies for effective cross-cultural counseling: A developmental view", The Counseling Psychologist.. 12(1):111-119.

Coates, Astrid, and Wim V. Opstal. 2009. "The Joys and Burdens of Multiple Legal Framework for Social Entrepreneurship - Lesson from the Belgian Case." 2nd EMES International Conference on Social Enterprise Trento(Italy) Jul.1~4. 2009. Working Papaers on Social and Co-operative Entrepreneurship WP-SCE.

Colson, C. W. (1995). Dangerous currents: A New Crime Wave in Coming.

Colson, C. W. (1995). How will We Respond? Justice Report. Winter.

Cross, R., Bazron, K., Dennis, K., and Issacs, M. 1989. "Toward a culturally competent system of care". Washington, DC: CASSP Technical

Crossand J(1996), "The Keppel Affair", History Affair 46-1.

David O. Moberg(1984). Church as a Social Institution, N.Y. Baker Book House.

Defourny, Jacques and Nyssens, M. 2006. "Defining Social Enterprise in Social Enterprises, at the Crossroads of Market, Public Policies and Civil Society(M. Nyssens, ed.)" Routledge, London. pp. 3~26.

Die Bundesregierung(2007), Der Nationale Intergrationsplan : Neue Wege-Neue Chancen, Berlin.

Diller, J. 2004. "Cultural diversity: A primer for the human services(2nd ed..)".

Dishman, L. 2010. "The New Double Bottom Line."

Dodge, Calvert R. (1979). A World Without Prison: alternative to incarceration through the world. Massachusetts: Lexington Books.

Doeringer, Matthew F. 2010. "Fostering Social Enterprise: A Historical and International analysis". Duke Journal of Comparative and International Law. Vol 20. pp.291~329.

Education, Inc.

Esping-Anderson, G(1990), The Three Worlds of Welfare Capitalism, Cambridge : Polity Press.

EUMC. 2005. "Majorities' attitudes towards minorities: Key findings from the Eurobarometer and European social survey. European monitoring centre on racism and xenophobia". Wien, Manz Crossmedia GmbH & Co KG.

Eva, H., Ingrid, P., Satu, A., and Pekka, S. 2010.「유럽사회적기업 부문: 정책과 사례」, 조영복·곽선화·류정란 옮김, 사회적기업 연구원. 2007. Study on Practices and Policies in the Social Enterprise Sector in Eupuop.

Evans, Peter. (1980). Prison Crisis. London: George Allen & Unwin.

Fall 2011. pp.1~52.

Felkens, Georg T. (1973). The Criminal Justice System : it fuction and personnel, New Jersey: Prentice-Hall Inc.

Firsch, N. C. 1990. "An international nursing student exchange program: An educational experience that enhanced student cognitive development", Journal of Nursing Education, 29(1):10-12.

Gitchoff, G. Thomas. (1989). Crime and Correction in Holland: a commentary. Interantional Journal of Offender Therapy and Comparative Criminology, Vol. 33, No. 2.

Glaeser, E. and Shleifer A. 2001. "Not-for-profit entrepreneurs." Journal of Public Economics 81: 99~115.

Gordon, M. M. 1978. "Human nature, class, and ethnicity". New York: Oxford University Press.

Grootaert, C & Bastelare, T(2002). The Role of Social Capital in Development: An Empirica Assessment, N.Y:Cambridge University Press.

Grootaert, C & Bastelare, T(2002). Understanding and Measuring Social Capital: A Multidisiciplanary Tool for Practitioners. N.Y: Word Bank.

http://www.entrepreneur.com/article/205338 2012년 7월 10일

http://www.marcjlane.com/clientuploads/Articles/Marc-Lane-basic_l3c_

Janowitz, Moris(1980), "Observations on the Sociology of Citizenship", Social Forces 59.

Jones, C. O(1984), An Introduction to the Study of Public Poilcy, CA : Brooks/Cole Publishing Co..

Kaiser, Gunther(1984). Priosn System and Correctional Laws: Europe, the U.S. and Japan. New York: Transactional Publication.

Kamlicka, W(2002), Contemporary Political Philosophy, Oxford : Oxford Univ Press.

LaFromboise, T. H. Coleman and Hermandez, A. 1991. "Development and factor tructure of the cross- cultural counseling inventoryrevised".

Lane, Marc J. 2010. "The Low-Profit Limited Liability Company(L3C)."

Leggewie, C(2011), Integration und Segregation, in Bade und Munz, eds., Zusammen mit Anne Lang.

London: National Association for the Care and Resettlement of Offenders.

Loss, M. 2006. "이탈리아의 사회적기업", 「국제노동브리프」, 4(6), 한국노동연

Lum, D. 2005. "Cultural competence, practice stages, and client systems: A case study approach". Thomson/Brooks/Cole.

Lum, D. 2007. "Cultural competence, practice: A framework for understanding diverse groups and justic issues". Belmont, CA: Brooks/Cole.

Manoleas, P. 1994. "An outcome approach to assessing the cultural competence of MSW students", Journal of Multicultural Social Work. 3: 43-57.

Marshall, T. H(1950), Citizenship and Social Class and Other Essay(London : Cambrige Univ.

Marshall, T. H(1963), Sociology at the Cross Roads and Other Essay, Heinmann.

Mason, C, Kirkbride, J., and Bryde, D. 2007. "From Stakeholders to Institutions: the Changing Face of Social Enterprise Governance Theory." Management Decision. Vol. 45 Iss: 2. pp.284~301.

McKelvey, Blake(1974). American PrisonL a study in American social history prior to 1915. New Jersey: Patterson smith.

Mika,H(1995). Editor's Notes. Mediation Quarterly. 12(3)

Morray, J.H., and Hwang, E.I. 2011. "Purpose with Profit: Governance, Enforcement, Capital-Raising and Capital-Locking in Low-Profit Limited Liability Companies." University of Miani Law Review Vol.66.

multigenerational Develipmental Perspective, New York: Pearson

Murphy, John W, & Dison, Jack E.(eds.)(1990). Are Prisons Any Better?: twenty years of correctional reform. Newbury Park: SAGE

NACRO(1990). Criminal Justice Policy for the 1990s: a response to the goverment's white paper on justic and protecting the public.

NASW. 2008. "Code of Ethics".

Natiinal Association of Social Workers(NASW). 2003. "NASW standards for cultural competence in social work practice".

Nibet, Robert(1974), "Citizenship : Two Traditions", Social Research 41.

Office for Official Publications of the Euroupean Communities.

Orland, Leonard(1975), Prisons: houses of darkness. New York: The Free Press.

Parker Owen(2012), "Roma and the Politics of EU Citizenship in France", Journal of Common Market Studies 50-3.

Peels, R., Gijselinckx, C., Opstal, W.V, and Zhao, L. 2009. "Enabling Environment For Social Enterprise Development. Hoger Instituut voor de arbeid

Peguy, C(1994). We can Make a Difference: Keys for Solving the Prison Program. Justice Report(Justic Fellowship). Winter.

Perspective: Initial Comparisons", Law and Cotemporary Problems vol. 63, Duke University School of Law, Autumn, pp.43~66.

primer.pdf. 2012년 9월 15일.

Professional Psychology: Research and practice 11:380-388.

Putnam, R(1993). The Prosperous Community: Social Capital and Public Life. The America Prospect 13.

Putnam, R(2000). Bowling Alone: The Collapse and Revival of american Community. New York: Simon and Schuster.

Ranci, C. 2002. "The Mixed Economy of Social Care in Europe", Ascoli, U.

Reamer, F. 2001. "Social Work Ethic Audit". NASW Press.

Ridley-Duff, R. 2007. "Communitarian Perspectives on Social Enterprise." Corporate Governance V.15 no2. March 2007. Blackwell Publishing.

Ryan, Mick, Ward Tony(1998). Privatization and the penal System: the American experience and the debate in Britain. Milron Keynes: Open University Press. S277-285.

Sean, M., Stacey, C., Michael, C., and Brendan, B. 2011. "Social Enterprise Legal Structure : Options and Prospects for a 'Made in Canada' Solution." Centre for Sustainable Community Development. Simon Faser University - Faculty of the Environment, SFU Centre for Sustainable Community Development with the BC Centre for Social Enterprise | May 2011 pp.1~38.

SEL. 2003. "Keeping It Legal-legal form for social enterprises." Social Enterprise London. www.sel.org.uk/uploads/Keeping-it-Legal.pdf 2012년 4월 12일.

Shaw, C. 2009. "Innovative Finance and Neglected Disease Drug Development-Brifing paper 2. Is the CIC and L3C legislation relevant to drug development?" draft paper prepared June 8, 2009.

Short, Renee(1979). The Care of Long-term Prisoners. London: The MacMillan Press Ltd.

Social Enterprise UK. 2011. "Fight Back Britain: A Report on The State of Social Enterprise Survey 2011." London: Social Enterprise UK Zajtay, I. 1976. "Uber die Ziele und Rechtsvergleichung." Beitrage zur Rechtvergleichung: Ausgewahlte Schriften (J.C.B. Mohr(Paul Siebeck), 1976), S. 55.

Sue, D. W., and Sue, D. 2003. "Counseling the Culturally Diverse". New York: Wiley.

Sue, D. W., and Sue, D. 2006. "Multicultural Social Work Practice". Hoboken, NJ: John Wiley & Sons, INC.

Taylor, Charles (1997), "Nationlism and Modernity", Robert Mckim and Jeff MaMahan (eds.), The Morality of Nationalism, N. Y. : Oxford Univ, Press.

Tomas, Charles W. (1987). Correction in America: problems of the past and the present. Beverly Hills: SAGE.

Tuner, Bryan S(1993), "Contemporary Problems in the Theory of Citizenship", Bryan S. Turner(ed), Citizenship and Social Theory, London : Sage Publications Ltd.

Weber, B(2007), "Immigration and Politics in Germany", The Journal of the International Institue 2-3, University of Michigan International Institute,

Well, M. I. 2000. "Beyond cultural competence: A model for individual and institutional cultural development", Journal of Community Health Nursing, 17(4):189-199.

Whitfied, Dick(ed.)(1991). The state of the Presons: 200 years on. London: Routledge.

Zastrow, Charles(2004). Introduction to Social Work and Social Welfare Belmont: Books/cole-Thomosn Learning.

Zer, H(1990) Chaning Lenses. Scottale. Pennsylvania: Herald Press.

3. 기타 자료

경찰청(2010). 경찰백서.

경향신문, 2012. 10.

고려대 공공정책연구소 포럼 자료집, pp.11~38

고용노동부(2008). "사회적기업 육성 기본계획(2008~2012)".

고용노동부(2009). " 2008 사회적 기업 성과 분석".

교정사회사업연구회(1996). 「교정사회사업」, 아시아미디어리서치.

국가인권위원회(2012). 장애인 인권증진 중장기 계획(2013년-2017년). 연구보고서.

국민일보, 2014. 8. 4.

네이버 국어사전(2014). '노예' 검색. 2014년 3월 17일자.

매경(MK) 뉴스(2014). 염전 양식장 일제 수색, 현대판 '노예' 224명 발견. 2014년 3월 3일자.

머니투데이(2013). 박근혜 정부 '4대악 척결' 로드맵 나왔다. 2013년 2월 21일자.

문화관광부(1988). 청소년 백서.

문화관광부(1999). 청소년 백서.

법무부(1988). 교도소 어떻게 달라졌나.

법무부(1988). 범죄백서.

법무부, "수용자 교육교화 운영지침", 개정 2009. 8.20. 법무부예규 제862호.

법무연수원(2008), 「범죄백서」.

법원행정처(2002), 「새로운 형사재판실무」.

보건복지가족부(2008), "보건복지가족부 장애인실태조사" 자료.

사회복지행정의 이해(2007), 『사회복지행정의 이해』, 창지사.

사회투자지원재단(2009). "해외 사회적기업 법제도 현황". 『사회투자지원 재단』. 노동부

에이블뉴스(2011). '노예할아버지' 가해자 1심 무죄 판결에 반발. 2011년 1월 25일 자.

연합뉴스(2014). 가톨릭.성공회.이슬람, '현대판 노예' 문제 공동대응. 2014년 3

오마이뉴스, 2013. 11 . 23.

통계청(2008). 인구동태건수 및 동태율

통일부. 2011. 『북한이탈주민 정착지원업무 실무편람』.

피해자지원센터(2003). 한국피해자학회, 「범죄피해자 지원」, 성민기업(서울)

한겨레, 2014. 8. 5.

한국교정교화사업연구소(1998). 교정교화, 제1호.

한국기자협회, 2012. 10. 24

한국사회과학데이터센터(2010). 『북한이탈주민 기초설문조사 분석보고서』. 북한 이탈주민지원재단.

Antislavery. http://www.antislavery.org

Freetheslaves. https://www.freetheslaves.net

http: //www.restorativejustice.org/intro/tutorial-introduction-to-restorative-justice

http://blog.makehope.org/smallbiz/792, 2012년10월12일

http://nasdc.org/pubs/standards/cultrual.htm.

http://www.lec.co.kr/news/articleView.html?idxno=32439.

http://www.police.go.kr/infodata/if_victim_guide.jsp

http://www.police.go.kr/infodata/whitepaperview.do?id=1016
KBS 뉴스(2014). 아직도 현대판 '노예제도'가 있나?. 2014년 2월 6일자.
SBS 긴급출동 SOS(2011). 머슴살이 15년. 2011년 1월 28일 SBS 방영.
SBS 뉴미디어부(2014). 현대판 '노예' 충격 … 신안 염전 경찰 뒷북 점검. SBS 뉴스, 2014년 2월 7일자.
SBS 뉴스(2014). 현대판 '노예' 충격…신안 염전 경찰 뒷북 점검. 2014년 2월 7일자.

저자소개

박영숙(성산효대학원교수)

천정환(동서대학교 교수)

곽효문(한영신학대 교수)

김정훈(오산대 겸임교수)

김우수(성결대 외래교수)

김문수(서울기독대외래교수)

정상규(천안교도소)

오봉욱(국제사이버대학 외래교수)

윤지현(한국인권사회복지학회 이사)

신관우(경남대 외래교수)

김주연(인권사회복지학회 부회장)